라선경제무역지대 법률법규집
罗先经济贸易区法律法规汇编

라선경제무역지대 법률법규집
罗先经济贸易区法律法规汇编

초판 1쇄 인쇄 2022년 5월 2일
초판 1쇄 발행 2022년 5월 15일

기 획 중국연변대학조선한국연구중심(中国延边大学朝鲜韩国研究中心)
편 역 로청석(卢青锡) · 리해연(李海燕)

발행인 윤관백
발행처 도서출판 선인

등 록 제5-77호(1998. 11. 4)
주 소 서울특별시 양천구 남부순환로48길 1(1, 2층)
전 화 02-718-6252
팩 스 02-718-6253
E-mail sunin72@chol.com

정 가 49,000원

ISBN 979-11-6068-708-8 93360

라선경제무역지대 법률법규집
罗先经济贸易区法律法规汇编

중국연변대학조선한국연구중심 기획
中国延边大学朝鲜韩国研究中心 企划

로청석·리해연 편역
卢青锡·李海燕 编译

선인

| 서문 |

라선경제무역지대는 조선에서 최초로 지정한 경제특구이다. 1993년 조선에서는 "라선경제무역지대법"을 제정하여 라선경제무역지대의 기본법으로 라선시의 경제발전을 위한 초상인자방면에서 일정한 역할을 하여 경제발전에 도움이 되었다고 할 수 있다. 2011년 개정 "라선경제무역지대법"의 규정과 중조양국의 관련 협의에 근거하여 2012년 "중조라선경제무역지대관리위원회"를 설립하여 라선경제무역지대의 초상인자와 관리를 책임지게 하였다. 관리위원회의 설립과 초상인자와 관리에 필요한 법규는 라선경제무역지대의 관련 규정의 제정을 촉진하였다고 할 수 있다. 그후 조선에서는 대량의 라선경제무역지대법의 하위규정들을 제정하여 초보적으로 라선경제무역지대법체계를 형성하였다. 그 하위규정들을 보면 개발규정, 기업설립규정, 로동규정, 환경보호규정, 세수규정, 재무관리구정, 가공무역규정, 출입체류규정, 검역규정, 부동산규정, 벌금규정, 관리위원회운영규정 등등으로 라선경제무역지대의 전반적인 경제발전에 있어서 법적 기반을 마련하여 주었다고 할 수 있지만 외부에서는 관련 내용, 특히는 라선경제무역지대투자정책, 법규내용에 대해 아는 것이 별로 없는 것 역시 사실이다. 이러한 배경하에 중국연변대학조선한국연구중심의 기획과 조선한국연구중심(연변대학조선반도연구원)의 박찬규원장님의 지지하에 법률연구소에서 관련 법, 규정들에 대한 번역작업을 진행하여 조중양국언어로 본 법규편을 출판하게 되었다.

국외의 투자자들은 본서를 통해 라선경제무역지대법제환경에 대해 료해 할 수 있고 법규정에 따라 라선시에 투자를 하여 라선시경제발전에 참여하여 자기의 합법적인 권익을 보호할 수 있다. 특히 중국의 투자자들이 조선라선경제무역지대에 대한 투자 관련 정책과 법률내용을 료해하는데 큰 도움이 될 것으로 본다. 그 외에 조선연구를 하는 분들도 본서를 통해 라선경제무역지대의 법률법규, 조선의 법률제도에 대해(이부분 삭제)를 료해할 수 있다. 본 서는 라선경제무역지대의 관련 법, 규정을 모두 수집하지는 못했지만 가능한 범위에서 수집을 하여 번역작업을 진행하였다. 부족한 점이 없지는 않지만 앞으로 보충해 나가도록 하겠다.

편역: 로청석·리해연
2021년 11월 11일

罗先经济贸易区是朝鲜选定的最早经济特区，为了吸引国外投资，朝鲜于1993年制定了《罗先经济贸易区法》，历经六次修改，该法作为罗先经济贸易区的基本法，为罗先市的招商引资提供了一定的法律环境，并为罗先市的经济发展发挥了积极作用。根据2011年的《罗先经济贸易区法》相关规定和中朝两国的有关协议，为了经济贸易区的共同管理和运营，2012年中朝两国共同设立了"中朝共同开发和共同管理罗先经济贸易区管理委员会"，负责产业区及特定地区的投资管理工作。中朝罗先经济贸易区管理委员会的成立，进一步加快了罗先经济贸易区的相关规定的制定过程。朝鲜随后制定了大量的罗先经济贸易区法的下位规定，初步形成了罗先经济贸易区法律体系。下位规定包括开发规定、企业设立规定、劳动规定、环境保护规定、税收规定、财务规定、加工贸易规定、出入境滞留规定、检疫规定、不动产规定、罚款规定、管理委员会运营规定及其他相关规定，《罗先经济贸易区法》及其下位规定为罗先市经济发展奠定了良好的法律环境，但其具体内容尚未被外界广泛知晓，特别是外国投资者缺少了解罗先经济贸易区的投资政策、法律环境的有效途径。根据实际需求，在延边大学朝鲜韩国研究中心的策划和朝鲜韩国研究中心（朝鲜半岛研究院）朴灿奎院长的支持下，由法律研究所负责对罗先市经济贸易区法律法规进行了翻译工作，并出版罗先经济贸易区法律法规汇编的中朝对译本。

　　国外投资者可以通过本书了解罗先的法制环境，依法在罗先经济贸易区进行投资活动，参与罗先的经济建设，保护自己合法权益。特别有助于中国投资者了解朝鲜罗先经济贸易区的投资政策及法律法规的内容。另外，从事朝鲜研究的学者也可以通过本书了解罗先经济贸易区的法律法规律制度。本书虽然未能收集罗先经济贸易区相关的全部法律及下位规定，但在力所能及的范围内收集了相关规定并进行了编译。在编译过程中存在的不足之处，日后再继续补充完善。

编译：卢青锡·李海燕

2021年 11月 11日

|차례|

1

조선민주주의인민공화국
라선경제무역지대법

朝鲜罗先经济贸易区法

조선민주주의인민공화국 라선경제무역지대법

주체82(1993)년 1월 31일 최고인민회의 상설회의 결정 제28호로 채택
주체88(1999)년 2월 26일 최고인민회의 상임위원회 정령 제484호로 수정보충
주체91(2002)년 11월 7일 최고인민회의 상임위원회 정령 제3400호로 수정
주체94(2005)년 4월 19일 최고인민회의 상임위원회 정령 제1083호로 수정보충
주체96(2007)년 9월 26일 최고인민회의 상임위원회 정령 제2367호로 수정보충
주체99(2010)년 1월 27일 최고인민회의 상임위원회 정령 제583호로 수정보충
주체100(2011)년 12월 3일 최고인민회의 상임위원회 정령 제2007호로 수정보충

제1장 라선경제무역지대법의 기본

제1조(라선경제무역지대법의 사명)

조선민주주의인민공화국 라선경제무역지대법은 경제무역지대의 개발과 관리에서 제도와 질서를 바로 세워 라선경제무역지대를 국제적인 중계수송, 무역 및 투자, 금융, 관광, 봉사지역으로 발전시키는데 이바지한다.

제2조(라선경제무역지대의 지위)

라선경제무역지대는 경제분야에서 특혜정책이 실시되는 조선민주주의인민공화국의 특수경제지대이다.

제3조(산업구의 건설)

국가는 경제무역지대에 첨단기술산업, 국제물류업, 장비제조업, 1차가공공업, 경공업, 봉사업, 현대농업을 기본으로 하는 산업구들을 계획적으로 건설하도록 한다.

제4조(투자당사자)

경제무역지대에는 세계 여러 나라의 법인이나 개인, 경제조직이 투자할수 있다.
우리 나라 령역밖에 거주하고있는 조선동포도 이 법에 따라 경제무역지대에 투자할수 있다.

朝鲜民主主义人民共和国罗先经济贸易区法

主体82(1993)年1月31日 最高人民会议常设委员会 决定 第28号 制定
主体88(1999)年2月26日 最高人民会议常任委员会 政令 第484号 修订补充
主体91(2002)年11月7日 最高人民会议常任委员会 政令 第3400号 修订
主体94(2005)年4月19日 最高人民会议常任委员会 政令 第1083号 修订补充
主体96(2007)年9月26日 最高人民会议常任委员会 政令 第2367号 修订补充
主体99(2010)年1月27日 最高人民会议常任委员会 政令 第583号 修订补充
主体100(2011)年12月3日 最高人民会议常任委员会 政令 第2007号 修订补充

第一章 罗先经济贸易区法的基本

第一条(罗先经济贸易区法的使命)

为规范开发和管理罗先经济贸易区的制度和秩序,将罗先经济贸易区发展成国际性的转口运输, 贸易, 投资, 金融, 旅游, 服务地区,制定本法.

第二条(罗先经济贸易区的地位)

罗先经济贸易区(以下简称经贸区)是在经济领域中实施优惠政策的朝鲜的经济特区.

第三条(产业区的建设)

国家在经贸区内有计划地建设以高新技术产业, 国际物流业, 装备制造业, 初加工工业, 轻工业, 服务业, 现代农业为主的产业区.

第四条(投资当事人)

世界各国的法人, 个人和经济组织都可以投资经贸区.
居住在朝鲜境外的朝鲜同胞也可以根据本法投资经贸区.

제5조(경제활동조건보장의 원칙)

투자가는 경제무역지대에 회사, 지사, 사무소 같은것을 설립하고 경제활동을 자유롭게 할수 있다.

국가는 토지리용, 로력채용, 세금납부, 시장진출 같은 분야에서 투자가에게 특혜적인 경제활동조건을 보장하도록 한다.

제6조(투자장려 및 금지, 제한부문)

국가는 경제무역지대에서 하부구조건설부문과 첨단과학기술부문, 국제시장에서 경쟁력이 높은 상품을 생산하는 부문의 투자를 특별히 장려한다.

나라의 안전과 주민들의 건강, 건전한 사회도덕생활에 저해를 줄수 있는 대상, 환경보호와 동식물의 생장에 해를 줄수 있는 대상, 경제기술적으로 뒤떨어진 대상의 투자는 금지 또는 제한한다.

제7조(투자가의 재산과 리익, 권리보호원칙)

경제무역지대에서 투자가의 재산과 합법적인 소득, 그에게 부여된 권리는 법적으로 보호된다.

국가는 투자가의 재산을 국유화하거나 거두어들이지 않는다.

사회공공의 리익과 관련하여 부득이하게 투자가의 재산을 거두어들이거나 일시리용하려 할 경우에는 사전에 통지하고 해당한 법적절차를 거치며 차별없이 그 가치를 제때에 충분하고 효과있게 보상하여주도록 한다.

제8조(경제무역지대관리운영의 담당자, 관리위원회사업에 대한 관여금지원칙)

경제무역지대에서 산업구와 정해진 지역의 관리운영은 중앙특수경제지대지도기관과 라선시인민위원회의 지도와 방조밑에 관리위원회가 맡아한다.

이 법에서 정한 경우를 제외하고 다른 기관은 관리위원회의 사업에 관여할수 없다.

제9조(신변안전과 인권의 보장, 비법구속과 체포금지)

경제무역지대에서 공민의 신변안전과 인권은 법에 따라 보호된다.

법에 근거하지 않고는 구속, 체포하지 않으며 거주장소를 수색하지 않는다.

신변안전 및 형사사건과 관련하여 우리 나라와 해당 나라사이에 체결된 조약이 있을 경우에는 그에 따른다.

제10조(적용법규)

경제무역지대의 개발과 관리, 기업운영 같은 경제활동에는 이 법과 이 법시행을 위한 규정, 세칙, 준칙을 적용한다.

第五条(提供经济活动条件的原则)

投资人可以在经贸区内设立公司, 分公司, 办事处等, 并自由进行经济活动.

国家为投资人在土地使用, 雇佣劳动力, 纳税, 市场准入等方面提供优惠的经济活动条件.

第六条(鼓励及禁止, 限制投资部门)

国家在经贸区特别鼓励基础设施建设领域, 尖端科技领域, 生产具有国际市场竞争力产品的领域的投资.

禁止或限制危害国家安全, 居民身体健康, 健康的社会道德生活的项目, 影响环境保护, 动植物生长的项目, 经济技术落后的项目的投资.

第七条(保护投资人的财产和权益原则)

在经贸区依法保护投资人的财产, 合法所得和对其授予的权利.

国家不对投资人的财产实行国有化或征收.

因社会公共利益的需要, 不得不征收或征用投资人财产时, 应事先通知投资人, 并依照有关法律程序, 及时给予充分, 有效, 非歧视的补偿.

第八条(经贸区经营管理的当事人, 禁止对管理委员会工作的干预原则)

在中央特殊经济区指导机关和罗先市人民委员会的指导和协助下, 由管理委员会负责产业区和特定地区的经营管理.

除本法规定以外, 其他机关不得干预管理委员会的工作.

第九条(保障人身安全及人权, 禁止非法拘禁及逮捕)

在经贸区, 公民的人身安全和人权依法受到法律的保护.

不得非法拘禁或逮捕, 不得非法搜查居所.

与人身安全及刑事案件相关联, 朝鲜与其他国家如有签订的条约时, 适用该条约.

第十条(适用法规)

经贸区的开发, 管理, 企业经营等经济活动, 适用本法及本法的施行规定, 细则, 准则.

경제무역지대의 법규가 우리 나라와 다른 나라사이에 체결된 협정, 량해문, 합의서 같은 조약의 내용과 다를 경우에는 조약을 우선 적용하며 경제무역지대밖에 적용하는 법규의 내용과 다를 경우에는 경제무역지대법규를 우선 적용한다.

제2장 경제무역지대의 개발

제11조(개발원칙)

경제무역지대의 개발원칙은 다음과 같다.
1. 경제무역지대와 그 주변의 자연지리적조건, 자원, 생산요소의 비교우세보장
2. 토지, 자원의 절약과 합리적인 리용
3. 경제무역지대와 그 주변의 생태환경보호
4. 생산과 봉사의 국제적인 경쟁력제고
5. 무역, 투자 같은 경제활동의 편의보장
6. 사회공공의 리익보장
7. 지속적이고 균형적인 경제발전의 보장

제12조(개발계획과 그 변경)

경제무역지대의 개발은 승인된 개발계획에 따라 한다.

개발계획에는 개발총계획, 지구개발계획, 세부계획 같은것이 속한다.

개발계획의 변경승인은 해당 개발계획을 승인한 기관이 한다.

제13조(경제무역지대의 개발방식)

경제무역지대는 일정한 면적의 토지를 기업이 종합적으로 개발하고 경영하는 방식, 기업에게 하부구조 및 공공시설의 건설과 관리, 경영권을 특별히 허가해주어 개발하는 방식, 개발당사자들사이에 합의한 방식 같은 여러가지 방식으로 개발할 수 있다.

개발기업은 하부구조 및 공공시설건설을 다른 기업을 인입하여 할수도 있다.

제14조(개발기업에 대한 승인)

경제무역지대의 개발기업에 대한 승인은 중앙특수경제지대지도기관이 관리위원회 또는 라선시인민위원회를 통하여 개발기업에게 개발사업권승인증서를 발급하는 방법으로 한다.

개발기업의 위임, 개발사업권승인증서의 발급신청은 관리위원회 또는 라선시인민위원회가 한다.

经贸区的法律法规与朝鲜和其他国家之间签订的协定，谅解备忘录，协议书等条约的内容不一致时，优先适用条约；与适用于经贸区外的法律法规的内容不一致时，优先适用经贸区的法律法规.

第二章 经贸区的开发

第十一条(开发原则)

经贸区的开发原则如下：

　　1．保障经贸区及其周围的自然地理条件、资源及生产因素的比较优势；

　　2．节约并合理使用土地、资源；

　　3．保护经贸区及其周边的生态环境；

　　4．提高生产和服务的国际竞争力；

　　5．为贸易，投资等经济活动提供方便；

　　6．维护社会公共利益；

　　7．保障可持续的均衡的经济发展.

第十二条(开发规划及变更)

经贸区的开发按照批准的开发规划进行.

开发规划包括开发总规划，地区开发规划和局部规划等.

开发规划的变更批准，由批准该规划的机关负责.

第十三条(经贸区的开发方式)

经贸区的开发可以采取将一定面积的土地由企业成片开发经营的方式；或将基础设施和公共设施的建设和管理，经营权特别许可给企业进行开发的方式；以及开发当事人之间以协议的方式开发等多种开发方式.

开发企业可以引入其他企业参与建设基础设施及公共设施.

第十四条(开发企业的批准)

经贸区开发企业的批准，由中央特殊经济区指导机关通过管理委员会或罗先市人民委员会向开发企业颁发开发事业权批准证书的方式进行.

由管理委员会或者罗先市人民委员会负责进行对开发企业的委任，开发事业权批准证书的颁发申请工作.

제15조(토지종합개발경영과 관련한 토지임대차계약)

토지종합개발경영방식으로 개발하는 경우 개발기업은 국토관리기관과 토지임대차계약을 맺어야 한다.

토지임대차계약에서는 임대기간, 면적, 구획, 용도, 임대료의 지불기간과 지불방식, 그밖의 필요한 사항을 정한다.

국토관리기관은 토지임대료를 지불한 개발기업에게 토지리용증을 발급해주어야 한다.

제16조(토지임대기간)

경제무역지대에서 토지임대기간은 해당 기업에게 토지리용증을 발급한 날부터 50년까지로 한다.

경제무역지대안의 기업은 토지임대기간이 끝난 다음 계약을 다시 맺고 임대받은 토지를 계속 리용할수 있다.

제17조(부동산의 취득과 해당 증서의 발급)

경제무역지대에서 기업은 규정에 따라 토지리용권, 건물소유권을 취득할수 있다. 이 경우 해당 기관은 토지리용증 또는 건물소유권등록증을 발급하여준다.

제18조(토지리용권과 건물의 양도와 임대가격)

개발기업은 개발계획과 하부구조건설이 진척되는데 따라 개발한 토지와 건물을 양도, 임대할 권리를 가진다. 이 경우 양도, 임대가격은 개발기업이 정한다.

제19조 (토지리용권, 건물소유권의 변경과 그 등록)

경제무역지대에서 기업은 유효기간안에 토지리용권과 건물소유권을 매매, 교환, 증여, 상속의 방법으로 양도하거나 임대, 저당할수 있다. 이 경우 토지리용권, 건물소유권의 변경등록을 하고 토지리용증 또는 건물소유권등록증을 다시 발급받아야 한다.

제20조 (건물, 부착물의 철거와 이설)

철거, 이설을 맡은 기관, 기업소는 개발공사에 지장이 없도록 개발지역안의 공공건물과 살림집, 부착물 같은것을 철거, 이설하고 주민을 이주시켜야 한다.

제21조 (개발공사착수시점과 계획적인 개발)

개발기업은 개발구역안의 건물과 부착물의 철거, 이설사업이 끝나는 차제로 개발공사에 착수하여야 한다.

第十五条(与土地综合开发经营相关的土地租赁合同)

以土地综合开发经营的方式进行开发时,开发企业应与国土管理机关签订土地租赁合同.

土地租赁合同包括租赁期间,面积,区划,用途,租金的支付期限与支付方式和其他所需事项.

国土管理机关应向支付土地租赁费用的开发企业颁发土地使用证.

第十六条(土地租赁期间)

经贸区的土地租赁期间为自向有关企业颁发土地使用证之日起至50年.

经贸区内的企业可以在土地租赁期间届满后,重新签订租赁合同后继续使用该土地.

第十七条(取得房地产, 颁发有关证书)

在经贸区内企业依法可以取得土地使用权和建筑物的所有权.此时,有关机关应颁发土地使用证或者建筑物所有权登记证.

第十八条(土地使用权和建筑物的转让和租赁价格)

开发企业根据开发规划和基础设施建设的进展程度,具有转让,租赁已开发的土地和建筑物的权利.此时,转让,租赁价格由开发企业确定.

第十九条(土地使用权、建筑物所有权的变更和登记)

经贸区内的企业可以在有效期内以买卖,交换,赠与,继承的方式,转让,租赁,抵押土地使用权和建筑物所有权.此时,应办理土地使用权和建筑物所有权的变更登记手续,并重新取得土地使用证或建筑物所有权登记证.

第二十条(建筑及其附着物的拆迁与移建)

负责拆迁或移建的机关, 企业, 在不影响开发工程的前提下, 负责拆迁和移建开发区内的公共建筑, 住宅, 附着物等,并搬迁居民.

第二十一条(开发工程的动工时间和有计划的开发)

开发企业应在开发区的建筑物和附着物的拆迁, 移建工程结束之时, 启动开发工程.

제22조 (농업토지, 산림토지, 수역토지의 개발리용)

경제무역지대에서 투자가는 도급생산방식으로 농업토지, 산림토지, 수역토지를 개발리용할수 있다. 이 경우 해당 기관과 계약을 맺어야 한다.

제3장 경제무역지대의 관리

제23조 (경제무역지대의 관리원칙)

경제무역지대의 관리원칙은 다음과 같다.
1. 법규의 엄격한 준수와 집행
2. 관리위원회와 기업의 독자성보장
3. 무역과 투자활동에 대한 특혜제공
4. 경제발전의 객관적법칙과 시장원리의 준수
5. 국제관례의 참고

제24조 (관리위원회의 설립, 지위)

경제무역지대의 관리운영을 위하여 관리위원회를 내온다.
관리위원회는 산업구와 정해진 지역의 관리운영을 맡아하는 현지관리기관이다.

제25조 (관리위원회의 구성)

관리위원회는 위원장, 부위원장, 서기장과 필요한 성원들로 구성한다.
관리위원회에는 경제무역지대의 개발과 관리에 필요한 부서를 둔다.

제26조 (관리위원회의 책임자)

관리위원회의 책임자는 위원장이다.
위원장은 관리위원회를 대표하며 관리위원회의 사업을 주관한다.

제27조 (관리위원회의 사업내용)

관리위원회는 자기의 관할범위에서 다음과 같은 사업을 한다.
1. 경제무역지대의 개발과 관리에 필요한 준칙작성
2. 투자환경의 조성과 투자유치
3. 기업의 창설승인과 등록, 영업허가
4. 투자장려, 제한, 금지목록의 공포
5. 대상건설허가와 준공검사
6. 대상설계문건의 보관
7. 독자적인 재정관리체계의 수립

第二十二条(农业土地、山林土地、水域的开发利用)

经贸区内的投资人可以以承包生产的方式开发利用农业土地, 山林土地及水域.此时,应与有关机关签订合同.

第三章 经贸区的管理

第二十三条(经贸区的管理原则)

经贸区的管理原则如下:

    1.严格遵守和执行法律法规;

    2.保障管理委员会和企业的独立性;

    3.提供贸易和投资活动的优惠;

    4.遵守经济发展的客观规律及市场原理;

    5.参考国际惯例.

第二十四条(管理委员会的设立, 地位)

为了经贸区的管理和运营,设立管理委员会.

管理委员会是负责产业区及特定地区管理和运营的当地管理机关.

第二十五条(管理委员会的组成)

管理委员会由委员长, 副委员长, 秘书长及其必要的人员组成.

管理委员会设立经贸区开发和管理所需的科室.

第二十六条(管理委员会的负责人)

管理委员会的负责人是委员长.

委员长代表管理委员会主持管理委员会的工作.

第二十七条(管理委员会的工作内容)

管理委员会在其管辖区域内负责以下工作:

    1.制定经贸区开发管理所需的准则;

    2.营造投资环境和招商引资;

    3.批准企业设立, 登记, 颁发营业许可证;

    4.颁布鼓励, 限制, 禁止的投资目录;

    5.项目建设许可和竣工验收;

    6.项目设计文件的归档管理;

    7.建立独立的财政管理体系;

8. 토지리용권, 건물소유권의 등록
9. 위임받은 재산의 관리
10. 기업의 경영활동협조
11. 하부구조 및 공공시설의 건설, 경영에 대한 감독 및 협조
12. 관할지역의 환경보호와 소방대책
13. 인원, 운수수단의 출입과 물자의 반출입에 대한 협조
14. 관리위원회의 규약작성
15. 이밖에 경제무역지대의 개발, 관리와 관련하여 중앙특수경제지대지도기관과 라선시인민위원회가 위임하는 사업

제28조 (관리위원회의 사무소설치)

관리위원회는 필요에 따라 사무소 같은것을 둘수 있다.
사무소는 관리위원회가 위임한 권한의 범위안에서 사업을 한다.

제29조 (사업계획과 통계자료의 제출)

관리위원회는 해마다 사업계획과 산업구와 정해진 지역의 통계자료를 중앙특수경제지대지도기관과 라선시인민위원회에 내야 한다.

제30조 (라선시인민위원회의 사업내용)

라선시인민위원회는 경제무역지대의 개발, 관리와 관련하여 다음과 같은 사업을 한다.
1. 경제무역지대법과 규정의 시행세칙작성
2. 경제무역지대의 개발과 기업활동에 필요한 로력보장
3. 이밖에 경제무역지대의 개발, 관리와 관련하여 중앙특수경제지대지도기관이 위임한 사업

제31조 (중앙특수경제지대지도기관의 사업내용)

중앙특수경제지대지도기관은 다음과 같은 사업을 한다.
1. 경제무역지대의 발전전략작성
2. 경제무역지대의 개발, 건설과 관련한 국내기관들과의 사업련계
3. 다른 나라 정부들과의 협조 및 련계
4. 기업창설심의기준의 승인
5. 경제무역지대에 투자할 국내기업의 선정
6. 경제무역지대생산품의 지대밖 국내판매협조

8. 登记土地使用权, 建筑物所有权;

9. 管理所委任的财产;

10. 协助企业的经营活动;

11. 监督与协助基础设施及公共设施的建设及经营;

12. 建立管辖地区内的环境保护和消防对策;

13. 协助经贸区人员, 运输工具和物资的出入;

14. 制定管理委员会的章程;

15. 其他与经贸区的开发, 管理相关的由中央特殊经济区指导机关和罗先市人民委员会委任的事项.

第二十八条(设立管理委员会办事处)

管理委员会根据需要, 可以设立办事处等.

办事处在管理委员会授权的范围内进行工作.

第二十九条(提交工作计划与统计资料)

管理委员会每年应向中央特殊经济区指导机关和罗先市人民委员会提交工作计划及产业区及特定地区的统计资料.

第三十条(罗先市人民委员会的工作内容)

罗先市人民委员会负责如下与经贸区开发, 管理相关的工作:

1. 制定经济贸易区法和规定的施行细则;

2. 保障经贸区的开发和企业经营所需的劳动力;

3. 其他与经贸区开发, 管理相关的由中央特殊经济区指导机关委任的事项.

第三十一条(中央特殊经济区指导机关的工作内容)

中央特殊经济区指导机关负责如下工作:

1. 制定经贸区发展战略;

2. 负责与国内其他机关有关经贸区的开发, 建设的联系工作;

3. 协调与其他国家政府的合作和联系;

4. 批准企业设立审议标准;

5. 选定投资经贸区的国内企业;

6. 协助经贸区产品在经贸区外国内其他地区的销售.

제32조 (예산의 편성과 집행)

관리위원회는 예산을 편성하고 집행한다. 이 경우 예산작성 및 집행정형과 관련한 문건을 중앙특수경제지대지도기관과 라선시인민위원회에 내야 한다.

제33조 (관리위원회사업에 대한 협조)

중앙특수경제지대지도기관과 라선시인민위원회는 관리위원회의 사업을 적극 도와주어야 한다.

제34조 (자문위원회의 운영)

경제무역지대에서는 지대의 개발과 관리운영, 기업경영에서 제기되는 문제를 협의, 조정하기 위한 자문위원회를 운영할수 있다.

자문위원회는 라선시인민위원회와 관리위원회의 해당 성원, 주요기업의 대표들로 구성한다.

제35조 (원산지관리)

경제무역지대에서 원산지관리사업은 원산지관리기관이 한다.

원산지관리기관은 상품의 원산지관리사업을 경제무역지대법규와 국제관례에 맞게 하여야 한다.

제4장 기업창설 및 경제무역활동

제36조 (심의, 승인절차의 간소화)

경제무역지대에서는 통일적이며 집중적인 처리방법으로 경제무역활동과 관련한 각종 심의, 승인절차를 간소화하도록 한다.

제37조 (기업의 창설신청)

투자가는 산업구에 기업을 창설하려 할 경우 관리위원회에, 산업구밖에 기업을 창설하려 할 경우 라선시인민위원회에 기업창설신청문건을 내야 한다.

관리위원회 또는 라선시인민위원회는 기업창설신청문건을 받은 날부터 10일안으로 승인하거나 부결하고 그 결과를 신청자에게 알려주어야 한다.

제38조 (기업의 등록, 법인자격)

기업창설승인을 받은 기업은 정해진 기일안에 기업등록, 세관등록, 세무등록을 하여야 한다.

등록된 기업은 우리 나라 법인으로 된다.

第三十二条(预算的编制和执行)

管理委员会编制和执行预算.此时,应向中央特殊经济区指导机关和罗先市人民委员会提交有关编制和执行预算情况的文件.

第三十三条(协助管理委员会工作)

中央特殊经济区指导机关和罗先市人民委员会应积极协助管理委员会的工作.

第三十四条(运营咨询委员会)

为了协议和调解在经贸区开发,经营管理,企业经营中出现的问题,可以在经贸区设立和运营咨询委员会.

咨询委员会由罗先市人民委员会,管理委员会有关人员和主要企业的代表组成.

第三十五条(原产地管理)

经贸区的原产地管理工作由原产地管理机关负责.

原产地管理机关应根据经贸区法规和国际惯例负责进行商品原产地管理工作.

第四章 企业的设立及经济贸易活动

第三十六条(审议,批准程序的简化)

在经贸区,应通过统一和集中的方式,简化与经济贸易活动相关的审议及批准程序.

第三十七条(申请设立企业)

拟在产业区内设立企业的投资人应向管理委员会提交企业设立申请文件;拟在产业区外设立企业时,应向罗先市人民委员会提交企业设立申请文件.

管理委员会或罗先市人民委员会应自收到企业设立申请文件之日起10日内决定批准或者不予批准,并应将其结果告知申请人.

第三十八条(企业登记,法人资格)

获得批准设立的企业,应在规定的时间内完成企业登记,海关登记,税务登记.

获得登记的企业成为朝鲜的法人.

제39조 (지사, 사무소의 설립과 등록)

경제무역지대에 지사, 사무소를 설립하려 할 경우에는 정해진데 따라 라선시인 민위원회 또는 관리위원회의 승인을 받고 해당한 등록수속을 하여야 한다.

제40조 (기업의 권리)

경제무역지대에서 기업은 경영 및 관리질서와 생산계획, 판매계획, 재정계획을 세울 권리, 로력채용, 로임기준과 지불형식, 생산물의 가격, 리윤의 분배방안을 독자적으로 결정할 권리를 가진다.

기업의 경영활동에 대한 비법적인 간섭은 할수 없으며 법규에 정해지지 않은 비용을 징수하거나 의무를 지울수 없다.

제41조 (기업의 업종 및 변경승인)

기업은 승인받은 업종범위안에서 경영활동을 하여야 한다.

업종을 늘이거나 변경하려 할 경우에는 승인을 다시 받아야 한다.

제42조 (계약의 중시와 리행)

기업은 계약을 중시하고 신용을 지키며 계약을 성실하게 리행하여야 한다.

당사자들은 계약의 체결과 리행에서 평등과 호혜의 원칙을 준수하여야 한다.

제43조 (지대밖 우리 나라 기업과의 경제거래)

기업은 계약을 맺고 경제무역지대밖의 우리 나라 령역에서 경영활동에 필요한 원료, 자재, 물자를 구입하거나 생산한 제품을 판매할수 있다.

우리 나라 기관, 기업소, 단체에 원료, 자재, 부분품의 가공을 위탁할수도 있다.

제44조 (상품, 봉사의 가격)

경제무역지대에서 기업들사이의 거래되는 상품과 봉사가격, 경제무역지대안의 기업과 지대밖의 우리 나라 기관, 기업소, 단체사이에 거래되는 상품가격은 국제시장가격에 준하여 당사자들이 협의하여 정한다.

식량, 기초식품 같은 중요 대중필수품의 가격과 공공봉사료금은 라선시인민위원회가 정한다. 이 경우 기업에 생긴 손해에 대한 재정적보상을 한다.

제45조 (무역활동)

경제무역지대에서 기업은 가공무역, 중계무역, 보상무역 같은 여러가지 형식의 무역활동을 할수 있다.

제46조 (특별허가경영권)

경제무역지대에서는 하부구조시설과 공공시설에 대하여 특별허가대상으로 경영하게 할수 있다.

第三十九条(分公司, 办事处的设立与登记)

在经贸区设立分公司, 办事处时, 应依照规定经罗先市人民委员会或管理委员会批准, 并办理相关登记手续.

第四十条(企业的权利)

在经贸区企业具有建立经营及管理秩序, 生产计划, 销售计划, 财务计划的权利;独自决定用工, 工资标准和支付方式, 产品价格, 利润分配方案的权利.

不得对企业的经营活动进行非法干涉, 不得征收法律法规没有规定的费用或赋予义务.

第四十一条(企业的业种及其变更批准)

企业应在批准的经营范围内进行经营活动.

增加或者变更经营范围时, 应重新获得批准.

第四十二条(合同的重视与履行)

企业应重视合同, 守信用, 诚实履行合同.

当事人在合同签订及其履行过程中应遵守平等互惠的原则.

第四十三条(与经贸区外国内企业的经济交易)

企业可以通过签订合同在经贸区外的朝鲜的其他地区购买经营活动所需的原料, 材料, 物资, 也可以向朝鲜的其他地区销售其产品.

根据需要也可以委托朝鲜的机关, 企业, 团体进行原料, 材料, 零部件的加工.

第四十四条(商品和服务的价格)

经贸区内企业之间交易的商品和服务的价格, 经贸区内企业与区外的朝鲜的机关, 企业, 团体交易时的商品价格, 可参照国际市场价格, 由当事人协商确定.

粮食, 基本食品等重要的生活必需品的价格和公共服务费, 由罗先市人民委员会确定.此时, 对企业造成的损失, 给予相应的财政上的补偿.

第四十五条(贸易活动)

经贸区企业可以从事加工贸易, 转口贸易, 补偿贸易等各种形式的贸易活动.

第四十六条(特许经营权)

在经贸区可以对基础设施和公共设施的建设, 允许特许经营.

특별허가경영권을 가진 기업이 그것을 다른 기업에게 양도하거나 나누어주려 할 경우에는 계약을 맺고 해당 기관의 승인을 받아야 한다.

제47조 (자연자원의 개발허용)

경제무역지대의 기업은 생산에 필요한 원료, 연료보장을 위하여 해당 기관의 승인을 받아 지대의 자연자원을 개발할수 있다.

경제무역지대밖의 자연자원개발은 중앙특수경제지대지도기관을 통하여 한다.

제48조 (경제무역지대상품의 구입)

경제무역지대밖의 우리 나라 기관, 기업소, 단체는 계약을 맺고 지대안의 기업이 생산하였거나 판매하는 상품을 구입할수 있다.

제49조 (로력의 채용)

기업은 우리 나라의 로력을 우선적으로 채용하여야 한다.

필요에 따라 다른 나라 로력을 채용하려 할 경우에는 라선시인민위원회 또는 관리위원회에 통지하여야 한다.

제50조 (월로임최저기준)

경제무역지대의 기업에서 일하는 종업원의 월로임최저기준은 라선시인민위원회가 관리위원회와 협의하여 정한다.

제51조 (광고사업과 야외광고물의 설치승인)

경제무역지대에서는 규정에 따라 광고업과 광고를 할수 있다.

야외에 광고물을 설치하려 할 경우에는 해당 기관의 승인을 받는다.

제52조 (기업의 회계)

경제무역지대에서 기업은 회계계산과 결산에 국제적으로 통용되는 회계기준을 적용할수 있다.

제5장 관세

제53조 (특혜관세제도의 실시)

경제무역지대에서는 특혜관세제도를 실시한다.

제54조 (관세의 면제대상)

관세를 면제하는 대상은 다음과 같다.

获得特许经营权的企业向其他企业转让或分配特许经营权时, 应签订合同和获得有关机关的批准.

第四十七条(允许开采自然资源)

经贸区企业为保障生产所需的原料, 燃料, 经有关机关的批准后, 可以开采经贸区的自然资源.

开采经贸区外自然资源时, 应通过中央特殊经济区指导机关进行.

第四十八条(购买经贸区的商品)

经贸区外的朝鲜的机关, 企业, 团体可以通过签订合同, 购买经贸区内企业生产或销售的商品.

第四十九条(用工)

经贸区企业应优先聘用朝鲜的劳动力.

根据需要聘用外籍人员时, 应通知罗先市人民委员会或管理委员会.

第五十条(最低月工资标准)

经贸区企业职工的最低月工资标准, 由罗先市人民委员会会同管理委员会协商确定.

第五十一条(广告事业及设置屋外广告牌的批准)

在经贸区根据规定可以开展广告业及广告业务.

在屋外设置广告牌时, 应经有关机关的批准.

第五十二条(企业会计)

经贸区企业的会计记帐和决算, 可以适用国际通用的会计标准.

第五章 关税

第五十三条(实施优惠关税制度)

在经贸区实施优惠关税制度.

第五十四条(免征关税对象)

免征关税的对象如下:

1. 경제무역지대의 개발에 필요한 물자
2. 기업의 생산과 경영에 필요한 수입물자와 생산한 수출상품
3. 가공무역, 중계무역, 보상무역을 목적으로 경제무역지대에 들여오는 물자
4. 투자가에게 필요한 사무용품과 생활용품
5. 통과하는 다른 나라의 화물
6. 다른 나라 정부, 기관, 기업, 단체 또는 국제기구가 기증하는 물자
7. 이밖에 따로 정한 물자

제55조 (관세면제대상에 관세를 부과하는 경우)

무관세상점의 상품을 제외하고 관세면제대상으로 들여온 물자를 경제무역지대 안에서 판매할 경우에는 관세를 부과한다.

제56조 (수입원료, 자재와 부분품에 대한 관세부과)

기업이 경제무역지대에서 생산한 상품을 수출하지 않고 지대 또는 지대밖의 우리 나라 기관, 기업소, 단체에 판매할 경우에는 그 상품생산에 쓰인 수입원료, 자재와 부분품에 대하여 관세를 부과시킬수 있다.

제57조 (물자의 반출입신고제)

경제무역지대에서 관세면제대상에 속하는 물자의 반출입은 신고제로 한다.

관세면제대상에 속하는 물자를 반출입하려 할 경우에는 반출입신고서를 정확히 작성하여 해당 세관에 내야 한다.

제58조 (관세납부문건의 보관기일)

기업은 관세납부문건, 세관검사문건, 상품송장 같은 문건을 5년동안 보관하여야 한다.

제6장 통화 및 금융

제59조 (류통화폐와 결제화폐)

경제무역지대에서 류통화폐와 결제화폐는 조선원 또는 정해진 화폐로 한다.

조선원에 대한 외화의 환산은 지대외화관리기관이 정한데 따른다.

제60조 (은행의 설립)

경제무역지대에서 투자가는 규정에 따라 은행 또는 은행지점을 내오고 은행업무를 할수 있다.

1.为经贸区开发所需的物资;

2.企业生产,经营所需的进口物资和生产的出口商品;

3.以加工贸易,转口贸易,补偿贸易为目的进入经贸区的物资;

4.投资人所需的办公用品和生活用品;

5.过境的其他国家的货物;

6.其他国家政府,机关,企业,团体或国际组织捐赠的物资;

7.其他另行规定的物资.

第五十五条(对免征关税对象加征关税的情况)

除免税商店的商品外,以免征关税对象进口的物资,如要在经贸区内销售时,应加征关税.

第五十六条(对进口原料,材料及零部件征收关税)

企业在经贸区内生产的商品,如果不出口,而是将其销售到区内或区外的朝鲜的机关,企业,团体时,可以对生产该产品所使用的进口原料,材料,零部件的征收关税.

第五十七条(物资的出入境申报制)

在经贸区,属于免征关税对象的物资的出入,实行申报制.

需要出入免征关税对象的物资时,应向有关海关提交填写准确的出入境申报单.

第五十八条(缴纳关税文件的保存期限)

企业的缴纳关税文件,海关检查文件,提单等文件应保存五年.

第六章 通货及金融

第五十九条(流通货币和结算货币)

在经贸区内,流通货币和结算货币为朝鲜元或规定的货币.

外汇与朝鲜元的汇率,适用由经贸区外汇管理机关确定的标准.

第六十条(设立银行)

投资人可以依法在经贸区内设立银行或其分行,并开展银行业务.

제61조 (기업의 돈자리)

기업은 경제무역지대에 설립된 우리 나라 은행이나 외국투자은행에 돈자리를 두어야 한다.

우리 나라 령역밖의 다른 나라 은행에 돈자리를 두려 할 경우에는 정해진데 따라 지대외화관리기관 또는 관리위원회의 승인을 받아야 한다.

제62조 (자금의 대부)

경제무역지대에서 기업은 우리 나라 은행이나 외국의 금융기관으로부터 경제무역활동에 필요한 자금을 대부받을수 있다.

대부받은 조선원과 외화로 교환한 조선원은 중앙은행이 지정한 은행에 예금하고 써야 한다.

제63조 (보험기구의 설립과 보험가입)

경제무역지대에서 투자가는 보험회사를, 다른 나라의 보험회사는 지사, 사무소를 설립운영할수 있다.

경제무역지대에서 기업과 개인은 우리 나라 령역안에 있는 보험회사의 보험에 들며 의무보험은 정해진 보험회사의 보험에 들어야 한다.

제64조 (유가증권의 거래)

외국인투자기업과 외국인은 규정에 따라 경제무역지대에서 유가증권을 거래할수 있다.

제7장 장려 및 특혜

제65조 (소득의 송금, 투자재산의 반출)

경제무역지대에서는 합법적인 리윤과 리자, 리익배당금, 임대료, 봉사료, 재산판매수입금 같은 소득을 제한없이 우리 나라 령역밖으로 송금할수 있다.

투자가는 경제무역지대에 들여왔던 재산과 지대에서 합법적으로 취득한 재산을 제한없이 경제무역지대밖으로 내갈수 있다.

제66조 (수출입의 장려)

경제무역지대의 기업 또는 다른 나라 개인업자는 지대안이나 지대밖의 기업과 계약을 맺고 상품, 봉사, 기술거래를 할수 있으며 수출입대리업무도 할수 있다.

第六十一条(企业的银行账户)

经贸区的企业应在经贸区内设立的朝鲜银行或外国投资银行开设银行账户.

在朝鲜境外的外国银行开设账户时,应获得经贸区外汇管理机关或管理委员会的批准.

第六十二条(贷款)

在经贸区,企业可以向朝鲜银行或外国的金融机构借贷其经济贸易活动所需的资金.

借贷的朝鲜元和用外汇兑换的朝鲜元应存入中央银行指定的银行并使用.

第六十三条(设立保险机构, 参加保险)

在经贸区, 投资人可以设立和经营保险公司;其他国家的保险公司 可以设立和经营分公司, 办事处.

在经贸区内, 企业和个人应向朝鲜境内的保险公司投保,并应购买规定的保险公司的义务保险.

第六十四条(有价证券的交易)

外国人投资企业和外国人可以依法在经贸区进行有价证券的交易.

第七章 鼓励及优惠

第六十五条(所得的汇款, 投资财产的汇出)

在经贸区,可以不受限制地将合法的利润, 利息, 利益分红, 租金, 服务费, 财产销售收入金等所得汇往国外.

投资人可以不受限制地将带入经贸区的财产和在经贸区合法取得的财产,带出经贸区.

第六十六条(鼓励进出口)

经贸区企业或其他国家的个体业者可以与经贸区内外的企业签订合同,从事商品, 服务, 技术交易,也可以从事进出口代理业务.

제67조 (기업소득세률)

경제무역지대에서 기업소득세률은 결산리윤의 14%로 한다.

특별히 장려하는 부문의 기업소득세률은 결산리윤의 10%로 한다.

제68조 (기업소득세의 감면)

경제무역지대에서 10년이상 운영하는 정해진 기업에 대하여서는 기업소득세를 면제하거나 감면하여 준다.

기업소득세를 면제 또는 감면하는 기간, 감세률과 감면기간의 계산시점은 해당 규정에서 정한다.

제69조 (토지리용과 관련한 특혜)

경제무역지대에서 기업용토지는 실지수요에 따라 먼저 제공되며 토지의 사용분야와 용도에 따라 임대기간, 임대료, 납부방법에서 서로 다른 특혜를 준다.

하부구조시설과 공공시설, 특별장려부문에 투자하는 기업에 대하여서는 토지위치의 선택에서 우선권을 주며 정해진 기간에 해당한 토지사용료를 면제하여줄수 있다.

제70조 (개발기업에 대한 특혜)

개발기업은 관광업, 호텔업 같은 대상의 경영권취득에서 우선권을 가진다.

개발기업의 재산과 하부구조시설, 공공시설운영에는 세금을 부과하지 않는다.

제71조 (재투자분에 해당한 소득세의 반환)

경제무역지대에서 리윤을 재투자하여 등록자본을 늘이거나 새로운 기업을 창설하여 5년이상 운영할 경우에는 재투자분에 해당한 기업소득세액의 50%를 돌려준다.

하부구조건설부문에 재투자할 경우에는 납부한 재투자분에 해당한 기업소득세액의 전부를 돌려준다.

제72조 (지적재산권의 보호)

경제무역지대에서 기업과 개인의 지적재산권은 법적보호를 받는다.

라선시인민위원회는 지적재산권의 등록, 리용, 보호와 관련한 사업체계를 세워야 한다.

제73조 (경영과 관련한 봉사)

경제무역지대에서는 규정에 따라 은행, 보험, 회계, 법률, 계량 같은 경영과 관련한 봉사를 할수 있다.

第六十七条(企业所得税率)

经贸区内的企业所得税率为结算利润的14%.

特别鼓励部门的企业所得税率为结算利润的10%.

第六十八条(减免企业所得税)

对于在经贸区经营十年以上的特定企业,可以免除或减免企业所得税.

免除或减免企业所得税的期限,减税税率及减免期限的计算起点,由相关规定另行规定.

第六十九条(与土地使用相关的优惠)

经贸区的企业用土地,按实际需要优先提供,并根据土地使用领域和用途,在土地租赁期限,租金及缴纳方式上,给予不同的优惠.

对投资基础设施,公共设施及特别鼓励部门的企业,在选择土地位置方面给予优先权,并可以在规定的期限内免征其土地使用费.

第七十条(对开发企业的优惠)

开发企业在获得对旅游业,酒店业等项目的经营权方面,拥有优先权.

对开发企业的财产和运营的基础设施,公共设施,不予征税.

第七十一条(返还相当于再投资额的所得税)

在经贸区,企业将其利润再投资增加注册资本或新设企业且经营五年以上时,返还相当于已缴纳的再投资总额的50%的企业所得税额.

对基础设施领域进行再投资时,返还相当于已缴纳的再投资总额的100%的所得税额.

第七十二条(保护知识产权)

在经贸区,企业和个人的知识产权受法律保护.

罗先市人民委员会应建立与知识产权的登记,利用,保护有关的工作体系.

第七十三条(与经营有关的服务)

在经贸区可以根据规定提供银行,保险,会计,法律,计量等与经营有关的服务.

제74조 (관광업)

경제무역지대에서는 바다기슭의 솔밭과 백사장, 섬 같은 독특한 자연풍치, 민속 문화 같은 유리한 관광자원을 개발하여 국제관광을 널리 조직하도록 한다.

투자가는 규정에 따라 경제무역지대에서 관광업을 할수 있다.

제75조 (편의보장)

경제무역지대에서는 우편, 전화, 팍스 같은 통신수단을 자유롭게 리용할수 있다.

거주자, 체류자에게는 교육, 문화, 의료, 체육분야의 편리를 제공한다.

제76조 (물자의 자유로운 반출입)

경제무역지대에는 물자를 자유롭게 들여올수 있으며 그것을 보관, 가공, 조립, 선별, 포장하여 다른 나라로 내갈수 있다. 그러나 반출입을 금지하는 물자는 들여 오거나 내갈수 없다.

제77조 (인원, 운수수단의 출입과 물자의 반출입조건보장)

통행검사, 세관, 검역기관과 해당 기관은 경제무역지대의 개발과 기업활동에 지장이 없도록 인원, 운수수단의 출입과 물자의 반출입을 신속하고 편리하게 보장하여야 한다.

제78조 (다른 나라 선박과 선원의 출입)

다른 나라 선박과 선원은 경제무역지대의 라진항, 선봉항, 웅상항에 국제적으로 통용되는 자유무역항출입질서에 따라 나들수 있다.

제79조 (외국인의 출입, 체류, 거주)

외국인은 경제무역지대에 출입, 체류, 거주할수 있으며 려권 또는 그것을 대신하는 출입증명서를 가지고 정해진 통로로 경제무역지대에 사증없이 나들수 있다.

우리 나라의 다른 지역에서 경제무역지대에 출입하는 질서는 따로 정한다.

제8장 신소 및 분쟁해결

제80조 (신소와 그 처리)

경제무역지대에서 기업 또는 개인은 관리위원회, 라선시인민위원회, 중앙특수 경제지대지도기관과 해당 기관에 신소할수 있다.

신소를 받은 기관은 30일안에 료해처리하고 그 결과를 신소자에게 알려주어야 한다.

第七十四条(旅游业)

在经贸区应充分利用海边松林, 沙滩, 岛屿等独特的自然风光和民俗文化等有利的旅游资源, 大力组织和发展国际旅游业.

根据规定, 投资人可以在经贸区开展旅游业.

第七十五条(提供便利)

在经贸区可以自由使用邮件, 电话, 传真等通信工具.

向居住和滞留人员提供教育, 文化, 医疗, 体育方面的便利.

第七十六条(物资的自由出入境)

物资可以自由出入经贸区, 也可以经保管, 加工, 组装, 甄别, 包装后再运往国外. 但不得进口或出口禁止的物资.

第七十七条(保障人员, 运输工具, 物资的出入境条件)

边检, 海关, 检疫机关和相关部门应保障人员, 运输工具, 物资的进出境的迅速和便利, 以保证经贸区开发和企业活动的顺利进行.

第七十八条(外籍船舶和船员的出入境)

外籍船舶和船员可以按照国际通用的自由贸易港出入秩序, 出入经贸区的罗津港, 先锋港, 雄尚港.

第七十九条(外国人出入境, 滞留, 居住)

外国人可以出入, 滞留, 居住在经贸区, 持护照或可替代护照的出入证件从规定的通道无需签证出入经贸区.

从朝鲜的其他地区出入经贸区的规定, 另行规定.

第八章 申诉及解决纠纷

第八十条(申诉及处理)

在经贸区, 企业或个人可以向管理委员会, 中央特殊经济区指导机关, 罗先市人民委员会和有关机关提起申诉.

受理机关应在30日内了解和处理申诉, 并应将其处理结果告知申诉人.

제81조 (조정에 의한 분쟁해결)

관리위원회 또는 해당 기관은 분쟁당사자들의 요구에 따라 분쟁을 조정할수 있다. 이 경우 분쟁당사자들의 의사에 기초하여 조정안을 작성하여야 한다.

조정안은 분쟁당사자들이 수표하여야 효력을 가진다.

제82조 (중재에 의한 분쟁해결)

분쟁당사자들은 합의에 따라 경제무역지대에 설립된 우리 나라 또는 다른 나라 국제중재기관에 중재를 제기할수 있다.

중재는 해당 국제중재위원회의 중재규칙에 따른다.

제83조 (재판에 의한 분쟁해결)

분쟁당사자들은 경제무역지대의 관할재판소에 소송을 제기할수 있다.

경제무역지대에서의 행정소송절차는 따로 정한다.

부 칙

제1조 (법의 시행일)

이 법은 공포한 날부터 시행한다.

제2조 (법의 해석권)

이 법의 해석은 최고인민회의 상임위원회가 한다.

第八十一条(调解)

管理委员会及有关机关可以根据纠纷当事人的要求调解纠纷.此时,应根据纠纷当事人的要求,制作调解书.

调解书经纠纷当事人的签字方可生效.

第八十二条(仲裁)

纠纷当事人可以根据协议向设于经贸区的朝鲜或者其他国家国际仲裁机构申请仲裁.

仲裁应遵守有关国际仲裁委员会的仲裁规则.

第八十三条(诉讼)

纠纷当事人可以向经贸区的管辖法院提起诉讼.

经贸区的行政诉讼程序,另行规定.

附 则

第一条(本法的施行日)

本法自公布之日起施行.

第二条(本法的解释权)

本法由最高人民会议常任委员会负责解释.

2

라선경제무역지대 인민보안단속규정
罗先经济贸易区人民保安管制规定

라선경제무역지대 인민보안 단속규정

주체102 (2013)년 2월6일 최고인민회의 상임위원회 결정 제117호로 채택

제1장 일반규정

제1조 (사명)

이 규정은 라선경제무역지대에서 법질서위반행위에 대한 인민보안단속을 강화하여 라선경제무역지대의 안정을 보장하는데 이바지한다.

제2조 (군중의 리익을 옹호하고 군중에 의거하는 원칙)

라선경제무역지대(이 아래부터 지대라고 한다.)에서 법질서위반행위에 대한 인민보안단속은 인민보안기관이 한다.

인민보안기관은 지대의 인민보안단속에서 군중의 리익을 옹호하고 군중에 적극 의거한다.

제3조 (준법교양)

인민보안기관은 준법교양사업을 실속있게 벌려 지대의 기관, 기업소, 단체와 공민, 외국투자기업, 외국인이 법질서를 자각적으로 지키도록 한다.

제4조 (인민보안단속에서 과학성, 객관성, 신중성, 공정성보장)

인민보안기관은 법질서위반행위에 대한 단속, 조사, 취급, 처리에서 과학성, 객관성, 신중성, 공정성을 보장한다.

인민보안단속과정에 인권을 유린하거나 직권을 람용하는 행위는 할수 없다.

제5조 (사회적교양과 법적제재의 결합)

인민보안기관은 법질서위반자의 처리에서 사회적교양을 위주로 하면서 법적제재를 옳게 결합시킨다.

제6조 (인민보안단속사업에 대한 협력)

지대에서 기관, 기업소, 단체와 공민, 외국투자기업, 외국인은 법질서위반행위

罗先经济贸易区人民保安管制规定

主体102(2013)年 2月 6日 最高人民会议常任委员会 决定 第117号 制定

第一章 一般规定

第一条(使命)

为加强罗先经济贸易区违法行为的人民保安管制,保障罗先经济贸易区的稳定,制定本规定.

第二条(拥护群众利益, 依靠群众原则)

对罗先经济贸易区(以下简称经贸区)的违法行为的管制,由人民保安机关负责.

人民保安机关在经贸区的管制工作,采取拥护群众利益,依靠群众的原则.

第三条(守法教育)

人民保安机关应认真进行守法教育工作,促使经贸区内的机关, 企业, 团体, 公民, 外国投资企业, 外国人自觉的遵守法律.

第四条(管制工作要保障科学性, 客观性, 慎重性, 公正性)

人民保安机关对违法行为的管制, 调查, 经办, 处理过程要保障科学性, 客观性, 慎重性, 公正性.

管制过程中禁止蹂躏人权或者滥用职权的行为.

第五条(社会教养和依法制裁的结合)

人民保安机关在处理违法行为人时,应以社会教养为主,并应处理好与依法制裁的结合.

第六条(对管制工作的协助)

经贸区内的机关, 企业, 团体和公民, 外国投资企业, 外国人应积极协助人民

에 대한 인민보안기관의 단속, 조사, 취급, 처리사업에 적극 협력하여야 한다.

제7조 (적용대상)

이 규정은 지대에서 법질서를 어긴 기관, 기업소, 단체와 공민, 외국투자기업, 외국인에게 적용한다.

외교특권을 가진 외국인이 법질서를 어긴 경우에는 외교적절차에 따라 처리한다.

제8조 (련관법규의 적용)

지대안의 인민보안단속사업과 관련하여 이 규정에 규제하지 않은 사항은 해당 법규에 따른다.

제2장 단속 및 조사

제9조 (인민보안단속의 기본요구)

지대에서 인민보안단속사업의 직접적담당자는 인민보안원이다.

인민보안원은 법질서위반행위를 제때에 단속하고 조사하며 정해진 단속 및 조사 방법과 절차를 엄격히 지켜야 한다.

법질서위반행위를 한자(이 아래부터 법질서위반자라고 한다.)를 단속, 조사하는 과정에 범죄혐의가 인정될 경우에는 형사소송절차에 따라 조사, 취급, 처리한다.

제10조 (인민보안단속대상)

인민보안원은 다음과 같은 법질서위반행위를 단속한다.
1. 국가의 정치적안전에 위험을 주는 행위
2. 지대에서 지켜야 할 법규범을 어기는 행위
3. 사회공중질서를 어기는 행위
4. 수상하거나 의심스러운 행위

제11조 (단속시 신분확인)

인민보안원은 법질서위반자를 단속하려 할 경우 먼저 자기의 신분을 밝히고 단속리유를 알려주어야 한다.

제12조 (단속조서의 작성)

인민보안원은 법질서위반자를 단속하였을 경우 단속조서를 작성하여야 한다.

단속조서는 개인별로 작성하며 필요한 경우 법질서위반자의 진술내용을 자필로 받을수 있다.

保安机关对违法行为的管制, 调查, 经办, 处理工作.

第七条(适用对象)

本规定适用于在经贸区内违法的机关, 企业, 团体和公民, 外国投资企业, 外国人.
拥有外交豁免权的外国人违法时, 通过外交途径处理.

第八条(相关法规的适用)

在经贸区内与管制相关联, 本规定未作规定的事项, 适用相关法规的规定.

第二章 监管及调查

第九条(管制的基本要求)

在经贸区内直接负责管制工作的人是人民保安员(人民警察) .
人民保安员应及时管制并调查违法行为, 并严格遵守规定的管制及调查方法, 程序.
对违反法秩序行为人(以下简称违法人员) 进行管制, 调查时, 认为具有犯罪嫌疑时,
应按照刑事诉讼程序进行调查, 经办, 处理.

第十条(管制对象)

人民保安员可以管制下列违法行为:
1.对国家的政治安全造成危险的行为;
2.违反经贸区法规的行为;
3.违反社会公共秩序的行为;
4.作出奇怪或者可疑行为的.

第十一条(管制时确认身份)

人民保安员对违法人员进行管制时, 应亮明自己的身份和说明管制的理由.

第十二条(制作管制笔录)

人民保安员在管制违法人员时, 应制作管制笔录.
管制笔录按人制作, 必要时可以要求违法人员自己写陈述内容.

조서에는 단속된 자의 이름과 단속된 날자, 장소, 리유를 밝히고 작성자와 단속된 자의 도장이나 지장을 찍는다.

증인, 감정인, 해석인, 통역인, 립회인이 있을 경우에는 그들의 확인도 받는다.

제13조 (단속과 이관)

인민보안원은 법질서위반행위를 발견한 즉시 단속하여야 한다.

단속된 자가 자기 관할이 아닐 경우에는 단속조서를 작성한 다음 그를 조서, 증거물과 함께 해당 관할기관에 넘겨준다.

제14조 (인민보안원의 요구와 그 리행)

인민보안원은 단속된 자의 신분을 정확히 확인하거나 법질서위반행위를 조사하기 위하여 단속된 자, 증인에게 인민보안기관이나 해당 장소까지 함께 갈것을 요구할수 있다.

단속된 자와 증인은 인민보안원의 요구에 응하여야 하며 법질서위반행위의 조사와 관련한 물음에 사실대로 답변하여야 한다.

제15조 (법질서위반자료의 등록, 조사)

인민보안기관은 단속하였거나 신고, 이관받은 법질서위반행위와 관련한 자료를 제때에 정확히 등록하고 조사하여야 한다.

제16조 (관할지역밖에서의 조사)

인민보안원은 관할지역밖에서 법질서위반행위를 밝히기 위한 조사를 할수 있으며 해당 지역 인민보안기관에 필요한 자료를 의뢰할수 있다. 이 경우 해당 지역 인민보안기관은 조사에 협력하여야 한다.

제17조 (법질서위반행위와 련관있는 외국인의 출국중지)

인민보안기관은 외국인이 법질서위반행위와 련관되여있을 경우 조사가 끝날 때까지 그의 출국을 중지시킬것을 지대출입국사업기관에 요구할수 있다. 이 경우 지대출입국사업기관은 해당 외국인의 출국을 중지시켜야 한다.

제18조 (증거의 수집, 고착, 등록)

인민보안원은 법적요구에 맞게 법질서위반행위의 증거를 찾아내고 진술서 또는 조서로 고착하고 등록하여야 한다.

제19조 (증거의 보관, 처리)

인민보안원은 법질서위반행위의 단속 및 조사과정에 얻은 증거를 책임적으로 보관관리하여야 한다.

管制笔录应写明被管制人员的姓名, 管制日期, 地点, 理由, 并在笔录加盖管制人员的印章或手印.

如有证人, 鉴定人, 解析人员, 翻译人员, 例会人员时, 也应取得他们的确认.

第十三条(管制和移交)

人民保安员发现违法行为时应立即进行管制.

如被管制人员不属于自己管辖时, 写明管制笔录后同笔录, 物证一并移交有管辖权的机关.

第十四条(人民保安员的要求及履行)

为了正确确认被管制人员或调查违法行为, 人民保安员可以要求被管制人员, 证人一同前往人民保安机关或者有关场所.

被管制人员和证人应服从人民保安员的要求, 并如实地回答与违法行为调查相关的询问.

第十五条(违法资料的登记, 调查)

人民保安机关应及时正确地登记并调查被管制或者举报, 移交的有关违法行为的资料.

第十六条(管辖区域外的调查)

为查明违法行为人民保安员可以在管辖区域外进行调查, 可以向有关经贸区人民保安机关委托必要的资料.此时, 有关经贸区人民保安机关应协助调查.

第十七条(禁止与违法行为有牵连的外国人离境)

人民保安机关认为外国人与违法行为有牵连时, 可以向经贸区出入境工作机关要求至调查结束前不准其离境.此时, 经贸区出入境工作机关不得批准该外国人离境.

第十八条(证据的收集, 固定, 登记)

人民保安员应按照法律的规定, 查出违法行为的证据, 并以陈述书, 管制记录固定其违法行为, 并登记.

第十九条(证据的保管, 处理)

人民保安员应以负责任的态度保管和管理好违法行为管制及调查过程中收集到的证据.

인민보안기관의 결정이 없이 증거를 해당 기관, 기업소, 단체와 공민, 외국투자기업, 외국인에게 넘겨줄수 없다.

제20조 (단속된 자에 대한 검신)

인민보안원은 단속된 자의 몸이나 소지품에 법질서위반행위와 련관된 증거물, 증거문서 같은것이 있다고 인정되는 경우 검신을 할수 있다. 이 경우 2명의 립회인을 세운다.

단속된 자가 녀성인 경우 검신과 립회는 녀성이 한다.

제21조 (압수)

인민보안원은 법질서위반행위와 련관된 돈과 물건, 문서 같은것을 압수할수 있다. 이 경우 압수절차는 압수, 몰수규정에 따른다.

제22조 (감정의뢰)

인민보안원은 법질서위반행위의 조사와 관련하여 필요한 경우 해당 전문기관에 감정을 의뢰할수 있다.

제23조 (검증과 검진)

인민보안원은 증거수집과 고착을 위하여 현장검증, 증거물검증을 할수 있다.

사람의 몸에서 위반행위와 련관된 흔적, 특징을 찾아내기 위하여 검진도 할수 있다. 이 경우 2명의 립회인을 세워야 한다.

제24조 (식별과 대질)

인민보안원은 법질서위반행위와 련관된 사람 또는 물건을 정확히 식별하여야 한다.

법질서위반행위와 관련하여 여러 사람이 한 진술이 서로 다른 경우에는 그들을 맞대여놓고 물어볼수 있다.

제25조 (억류대상)

인민보안기관은 다음의 대상을 억류할수 있다.

1. 법질서를 어기고 도주하는자
2. 공모하여 법질서를 어긴자
3. 법질서위반행위의 조사를 방해하는자
4. 신분이 확인되지 않은자
5. 운행질서를 어긴 자동차, 뜨락또르, 배 같은 운수수단

제26조 (억류금지대상)

인민보안기관은 산전 3개월, 산후 7개월기간에 있는 녀성과 중병환자, 전염성 질병환자를 억류할수 없다.

未经人民保安机关的决定,不得向有关机关,企业,团体和公民,外国投资企业,外国人移交证据.

第二十条(对被管制人员的搜身)

人民保安员认为在被管制人员身上或者携带物品中有与违法行为有关的物证,证据文件等时,可以搜身.此时,应有两名陪同人员.

如被管制人员是女性时,由女性搜身和陪同.

第二十一条(扣押)

人民保安员可以扣押与违法行为有关的钱和物品,文件等.此时,扣押程序依照扣押,没收的规定.

第二十二条(委托鉴定)

与违法行为的调查相关,人民保安员认为有必要时,可以向有关专业机关委托鉴定.

第二十三条(验证和检查身体)

人民保安员为了收集证据和固定,可以进行现场验证和物证的验证.

为了从人的身上查找与违法行为有关的痕迹,特点,也可以进行身体诊察.此时,应有两名陪同人员.

第二十四条(辨别和对质)

人民保安员应正确辨别与违法行为有关的人或者物品.

与违法行为有关的多人的陈述不一致时,可以对质询问.

第二十五条(扣留对象)

人民保安机关可以对下列对象进行扣留:

1.违法后逃跑的人;

2.合谋违法的人;

3.阻碍调查违法行为的人;

4.未能确认身份的人;

5.违反交通秩序的汽车,拖拉机,船舶等运输工具.

第二十六条(禁止扣留对象)

人民保安机关不得扣留产前3个月,产后7个月以内的妇女和重病患者,传染病人.

제27조 (법질서위반자의 억류기간)

법질서위반자의 억류기간은 분주소에서는 3일간, 시인민보안국에서는 10일간 으로 한다.

법질서위반자가 여러 법질서위반행위를 하였거나 공모자 또는 증인이 도주하여 조사를 끝낼수 없을 경우에는 해당 검찰기관의 승인을 받아 억류기간을 10일간 더 연장할수 있다.

제28조 (운수수단의 억류기간)

운수수단의 억류기간은 10일간으로 한다.

법질서를 위반하여 운수수단을 억류당한 자가 회피 또는 도주하여 조사를 제때 에 끝낼수 없을 경우에는 단위책임자의 비준을 받아 해당 운수수단의 억류기간을 10일간 더 연장할수 있다.

제29조 (억류절차)

인민보안원은 법질서위반자 또는 운수수단을 억류하려 할 경우 24시간안으로 억류결정서를 작성하여 단위책임자의 비준을 받아야 한다.

억류한 자에게 로동을 시키는 행위, 억류한 운수수단을 리용하는 행위는 할수 없다.

제30조 (억류통지)

인민보안기관은 법질서위반자를 억류하였을 경우 24시간안으로 검사와 억류한 자 의 가족, 거주지 또는 해당 기관, 기업소, 단체와 외국투자기업에 통지하여야 한다.

외국인을 억류하였을 경우에는 24시간안으로 지대출입국사업기관에 통지하여 야 한다.

제31조 (기술기재의 사용)

인민보안원은 엄중한 법질서위반자가 단속에 응하지 않고 도주하거나 생명, 건 강에 위험을 줄수 있는 폭행을 하면서 달려드는 경우 그것을 제지시키기 위하여 기 술기재를 사용할수 있다.

제32조 (기관, 기업소, 단체의 운수수단, 기재의 리용)

인민보안원은 도주하는 법질서위반자를 단속하기 위하여 긴급히 필요한 경우 기 관, 기업소, 단체와 공민, 외국투자기업, 외국인이 가지고있는 운수수단과 기재를 리용할수 있다. 이 경우 해당 기관, 기업소, 단체와 공민, 외국투자기업, 외국인 은 인민보안원의 요구에 응하여야 한다.

리용한 운수수단과 기재는 본인에게 돌려주어야 하며 파손시켰을 경우에는 그 가치를 보상하여야 한다.

第二十七条(违法人员的扣留期限)

对违法人员的扣留期限是派出所为3日, 市人民保安局为10日.

违法人员触犯多项法律或者共犯或证人逃逸而未能结束调查时, 经有关检察机关的批准, 可以延长10日的扣留期限.

第二十八条(运输工具的扣留期限)

运输工具的扣留期限为10日.

因违法行为被扣留运输工具的人回避或者逃逸而未能及时结束调查时, 经单位负责人的批准, 对该运输工具的扣留期限可以延长10日.

第二十九条(扣留程序)

人民保安员需要扣留违法人员或者运输工具时, 应在24小时内制作扣留决定书, 并应获得单位负责人的批准.

禁止对扣留人员进行劳动, 使用扣留的运输工具.

第三十条(通知扣留)

人民保安机关扣留违法人员时, 应在24小时内通知检察官和扣留人员家属, 居住地或者有关机关, 企业, 团体和外国投资企业.

扣留外国人时, 应在24小时内通知经贸区出入境工作机关.

第三十一条(使用技术器材)

人民保安员在严重违法人员拒绝服从管制而逃逸, 或者实施对生命, 健康造成危险的暴行时, 为了阻止上述行为, 可以使用技术器材.

第三十二条(使用机关, 企业, 团体的运输工具, 器材)

为了管制逃逸的违法人员而情况紧急时, 人民保安员可以使用机关, 企业团体和公民, 外国投资企业外国人拥有的运输工具和器材.此时, 有关机关, 企业, 团体和公民, 外国投资企业, 外国人应答应人民保安员的要求.

使用过的运输工具和器材应返还给本人, 如有破损应予以补偿.

제3장 법질서위반자의 처분

제33조 (법질서위반자에 대한 처리의 일반적요구)

인민보안기관은 법질서위반행위의 목적과 동기, 수단과 방법, 실행정도, 공모관계, 위험성정도와 법질서위반자의 개준성정도 같은것을 고려하여 법질서위반자를 처리하여야 한다.

제34조 (처리관할)

법질서위반자에 대한 처리는 그를 단속한 인민보안기관이 한다.

경우에 따라 법질서위반자의 거주지 또는 그가 일하는 곳을 관할하는 인민보안기관이 처리하게 할수도 있다.

제35조 (처리기간)

법질서위반자의 처리기간은 단속한 날부터 30일까지로 한다.

법질서위반행위의 정상이 가벼울 경우에는 정해진데 따라 현지에서 벌금을 물리거나 교양처리할수 있다.

제36조 (법질서위반행위를 퇴치하기 위한 조치)

인민보안기관이 법질서위반행위를 한 기관, 기업소, 단체와 공민, 외국투자기업, 외국인에게 그것을 시정할것을 요구하는 통지서를 발급할수 있다.

통지서를 받은 기관, 기업소, 단체와 공민, 외국투자기업, 외국인은 통지서에 지적된 기간안에 결함을 시정하고 인민보안기관에 알려야 한다.

제37조 (처리결정)

인민보안기관은 법질서위반자에게 행정처벌을 주거나 교양처리하는 결정을 한다.

법질서위반행위를 한 외국인이 인민보안기관의 적법적요구에 응하지 않거나 법질서위반행위의 정상이 특히 무거울 경우에는 그에 따르는 행정처벌과 함께 기한전출국 또는 강제출국결정을 할수 있다. 이 경우 지대출입국사업기관과 합의하여야 한다.

제38조 (행정처벌)

인민보안기관은 법질서위반자에게 정상에 따라 벌금, 로동교양 또는 중지, 변상, 몰수, 자격정지, 자격박탈, 강급 같은 처벌을 준다.

벌금, 로동교양처벌은 독립적으로 주며 중지, 변상, 몰수, 자격정지, 자격박탈, 강급처벌은 독립적으로 줄수도 있고 벌금, 로동교양처벌에 덧붙여 줄수도 있다. 이 경우 벌금처벌과 변상처벌은 함께 줄수 없다.

第三章 违法人员的处分

第三十三条(对违法人员处理的一般要求)

人民保安机关应考虑违法行为的目的和动机, 手段和方法, 实施程度, 合谋关系, 危害程度和违法人员的悔改可能性程度等进行处理.

第三十四条(管辖处理)

对违法人员的处理, 由管制该违法人员的人民保安机关负责.

根据具体情况, 也可以由管辖违法人员居住地或工作地的人民保安机关负责处理.

第三十五条(处理期限)

对违法人员的处理期间是自管制之日起30日.

违法行为情节较轻时, 依照规定可以在现场处于罚款或以教养的方式处理.

第三十六条(为纠正违法行为的措施)

人民保安机关可以向实施违法行为的机关, 企业, 团体和公民, 外国投资企业, 外国人发送要求纠正的通知书.

收到通知书的机关, 企业, 团体和公民, 外国投资企业, 外国人应在通知书规定的期限内纠正其缺点, 并通知人民保安机关.

第三十七条(处理决定)

人民保安机关可以对违法人员作出行政处罚或者教养处理的决定.

实施违法行为的外国人拒绝接受人民保安机关要求, 或者违法行为情节特别严重时, 可以处于行政处罚的同时, 作出限期内离境或者强制离境的决定. 此时, 应与经贸区出入境工作机关协商处理.

第三十八条(行政处罚)

人民保安机关可以根据具体情节, 对违法人员处以罚款, 劳动教养, 中止, 抵偿, 没收, 停止资格, 剥夺资格, 降级等处罚.

罚款, 劳动教养处罚可以单独处罚, 中止, 赔偿, 没收, 停止资格, 剥夺资格, 降级可以单独处罚或者也可以加上罚款, 劳动教养的处罚. 此时, 不得同时处以罚款和抵偿处罚.

제39조 (교양처리)

인민보안기관은 법질서위반행위의 정상이 가볍거나 행정처벌을 주지 않고도 능히 고칠수 있다고 인정될 경우 법질서위반자의 보호자 또는 교양을 책임진자로부터 담보서를 받고 교양처리할수 있다.

제40조 (외국투자기업, 외국인의 벌금처벌)

인민보안기관은 법질서위반행위를 한 외국투자기업 또는 외국인에게 외화로 벌금을 부과할수 있다.

외국투자기업에 부과하는 벌금한도액은 10만€까지, 외국인에게 부과하는 벌금한도액은 1000€까지이다. 그러나 려행질서, 교통질서, 숙박질서, 사회공중질서를 어긴 외국인에게는 현지에서 20€까지, 엄중한 경우 60€까지의 벌금을 부과할수 있다.

제41조 (외국인의 자격정지처벌)

인민보안기관은 법질서위반행위를 한 외국인이 다른 나라에서 받은 자격을 지대에 체류하는 기간 림시정지시키거나 완전정지시킬수 있다.

제4장 제재 및 신소

제42조 (제재)

이 규정에 정해진 단속, 조사, 취급, 처리질서를 어겼을 경우에는 정상에 따라 행정적 또는 형사적책임을 지운다.

제43조 (신소와 그 처리)

인민보안기관이 단속, 조사, 취급, 처리에 대하여 의견이 있을 경우에는 상급인민보안기관이나 해당 기관에 신소할수 있다.

신소를 받은 기관은 30일안으로 료해처리하고 그 정형을 신소자에게 알려주어야 한다.

第三十九条(教养处理)

人民保安机关认为违法行为情节较轻或者不处以行政处罚也能改正时,可以从违法人员的监护人或者负责教养的负责人处取得担保书后,以教养的方式进行处理.

第四十条(对外国投资企业, 外国人的罚款)

人民保安机关可以对实施违法行为的外国投资企业或者外国人,以外汇作出罚款决定.

对外国投资企业处罚的罚款限额最高为100000€,对外国人处罚的罚款限额最高为1000€.但对违反旅游秩序, 交通秩序, 住宿秩序, 社会公共秩序的外国人,在现场可以处罚最高为20€的罚款,严重时可以处罚最高为60€的罚款.

第四十一条(对外国人的停止资格处罚)

人民保安机关可以对实施违法行为的外国人的在其他国家取得的资格,在经贸区滞留期间可以作出临时停止其资格或全面停止其资格的处罚决定.

第四章 制裁及申诉

第四十二条(制裁)

违反本规定规定的管制, 调查, 经办, 处理秩序时,根据情节可以追究行政或者刑事责任.

第四十三条(申诉及其处理)

对人民保安机关的管制, 调查, 经办, 处理有异议时,可以向上一级人民保安机关或者有关机关提出申诉.

收到申诉的机关应在30日之内进行了解, 处理申诉,并向申诉人通知其处理结果.

3

라선경제무역지대 도로교통규정

罗先经济贸易区道路交通规定

3. 罗先经济贸易区道路交通规定

라선경제무역지대 도로교통규정

주체102(2013)년 6월6일 최고인민회의 상임위원회 결정 제132호로 채택
주체104(2015)년 11월25일 최고인민회의 상임위원회 결정 제85호로 수정보충

제1장 일반규정

제1조 (사명)

이 규정은 라선경제무역지대안의 도로교통사업에서 제도와 질서를 바로 세워 교통의 안전성과 신속성을 보장하는데 이바지한다.

제2조 (도로교통사업기관)

라선경제무역지대(이 아래부터 지대라고 한다.)에서 도로교통사업은 라선시인민위원회와 인민보안기관이 한다.

라선시인민위원회와 인민보안기관은 지대의 도로교통질서를 엄격히 세우도록 한다.

제3조 (우측통행원칙)

지대에서 보행자와 차는 우측통행의 원칙을 엄격히 준수하여야 한다.

제4조 (도로안전시설물의 관리원칙)

지대에서는 현대적인 도로안전시설물을 설치하고 그 관리를 정상화하도록 한다.

제5조 (교통지휘신호의 준수원칙)

지대에서는 교통지휘신호의 정확성과 신속성을 보장하도록 한다.

보행자와 차는 교통지휘신호를 엄격히 준수하여야 한다.

제6조 (도로교통사업에 대한 물질적보장)

라선시인민위원회와 관리위원회, 해당 기관은 도로안전시설물의 설치 및 관리, 도로확장과 기술개건, 수리보수 같은 도로교통과 관련한 사업에 필요한 물질적보장대책을 바로세워야 한다.

罗先经济贸易区道路交通规定

主体102(2013)年 6月 6日 最高人民会议 常任委员会 决定 第132号 制定
主体104(2015)年 11月 25日 最高人民会议 常任委员会 决定 第85号 修订补充

第一章 一般规定

第一条(使命)

为树立罗先经济贸易区道路交通工作制度和秩序,保障交通的安全性和迅速性,制定本规定.

第二条(道路交通管理机关)

罗先经济贸易区(以下简称经贸区)的道路交通工作,由罗先市人民委员会和人民保安机关负责.

罗先市人民委员会和人民保安机关应建立严格的经贸区道路交通秩序.

第三条(右侧通行原则)

在经贸区内行人和车辆应严格遵守右侧通行原则.

第四条(道路安全设施的管理原则)

在经贸区应设置现代化的道路安全设施,并进行管理.

第五条(遵守指挥交通信号的原则)

在经贸区应保证交通指挥信号的正确性和迅速性.

行人和车辆应严格遵守交通指挥信号.

第六条(对道路交通工作的物质保障)

罗先市人民委员会和管理委员会,有关机关应正确树立道路安全设施的设置及其管理,道路扩建,技术改建,维护等有关道路交通工作所需的物质保障对策.

제7조 (적용대상)

이 규정은 지대에서 도로를 리용하는 기관, 기업소, 단체와 공민, 외국투자기업 (다른 나라 기관 포함), 외국인(해외동포 포함)에게 적용한다.

제8조 (관련법규, 조약의 적용)

지대안의 도로교통사업과 관련하여 이 규정에서 규제하지 않은 사항은 해당 법규에 따른다.

도로교통사업과 관련하여 우리 나라와 다른 나라사이에 체결된 협정, 합의서 같은 조약이 있을 경우에는 그에 따른다.

제2장 보행자의 통행

제9조 (보행자통행의 기본요구)

보행자는 걸음길로 통행하여야 한다.

걸음길이 정확히 구분되여있지 않는 도로에서는 오른쪽변두리로 통행하여야 한다.

제10조 (차길건느기)

차길을 건느려는 보행자는 건늠길로 통행하여야 한다.

건늠길이 따로 없는 차길을 건느려 할 경우에는 차가 없는가를 살피고 안전할 때 곧바로 건너가야 한다.

제11조 (학령전어린이, 장애인의 보호)

학령전어린이는 보호자와 함께 도로로 통행하여야 한다.

걸음걸이나 건늠길에서 장애인, 어린이들의 통행의 안전성을 보장하여야 한다.

제12조 (보행자의 자전거리용)

자전거(동력과 발의 힘을 함께 리용할수 있는 자전거 포함)를 리용하는 보행자는 자전거길로, 자전거길이 따로 없는 도로에서는 걸음길로, 걸음길이 따로 없는 도로에서는 오른쪽변두리로 통행하여야 한다.

신호종, 조명 등이 없거나 제동장치가 불비한 자전거는 리용할수 없다.

제13조 (보행자의 삼륜자전거리용)

삼륜자전거를 리용하는 보행자는 시내의 자전거길로 통행하여야 한다.

자전거길이 없는 도로에서는 오른쪽변두리로 통행하여야 한다.

第七条(适用对象)

本规定适用于在经贸区内利用道路的机关, 企业, 团体, 公民, 外国投资企业(包括外国机关), 外国人(包括海外同胞).

第八条(有关法规, 条约的适用)

与经贸区道路交通工作相关联, 未规定事项, 适用其他法规的规定.

与道路交通工作相关联, 我国与外国订有协定, 协议书等条约时, 适用该条约.

第二章 步行人的通行

第九条(行人通行的基本要求)

行人应利用人行道.

未具体区分人行道的道路上应在道路右侧通行.

第十条(通过机动车道)

要通过机动车道时, 应利用人行横道.

需要通过未单独设置人行横道的机动车道时, 注意观察有无车辆通行, 安全时及时通过.

第十一条(保护学龄前儿童, 残疾人)

学龄前儿童应与监护人一起通过道路.

应保障人行道, 人行横道中的残疾人, 儿童通行的安全性.

第十二条(利用自行车)

利用自行车(包括动力和脚踏的自行车)的人应利用自行车道, 在没有自行车道的道路上应利用人行道, 没有人行道的道路上应在道路右侧骑行.

不得利用没有车铃, 照明灯或者制动装置的自行车.

第十三条(利用三轮自行车)

利用三轮自行车的人, 应在市内自行车道通行.

在未设置自行车道的道路, 应靠道路右侧骑行.

제14조 (보행자의 짐수레리용)

짐수레를 리용하는 보행자는 기본도로가 아닌 도로로 다녀야 한다.

기본도로에서는 짐수레를 리용할수 없다.

제15조 (보행자의 우마차리용)

우마차를 리용하는 보행자는 지정된 도로의 오른쪽변두리로 정해진 시간에만 통행하여야 한다.

보행자는 우마차를 차가 어길수 없는 좁은 도로에 세워두거나 환경을 오염시키지 말아야 한다.

수레나 발구를 메우지 않은 소, 말 같은 짐승을 몰고가는 보행자는 다른 보행자나 차의 통행에 지장을 주지 않도록 하여야 한다.

제3장 운전자격심사

제16조 (운전자격심사에서 나서는 기본요구)

운전자격에 대한 심사제도는 차통행안전을 보장하는데서 나서는 선차적요구이다.

운전자격심사기관은 운전자격심사기준에 따라 운전자격시험과 운전면허증의 발급 및 운전사등록사업을 바로 하여야 한다.

제17조 (운전면허신청 및 운전면허증의 발급)

운전면허를 받으려는 공민은 운전자격심사기관에 운전면허신청문건을 내고 응시하여야 한다.

운전자격심사기관은 운전면허시험결과에 따라 합격자를 등록하고 운전면허증을 발급하여야 한다.

제18조 (외국인의 운전면허)

운전면허를 받으려는 외국인은 운전자격심사기관에 운전면허신청문건을 내야 한다.

해당 나라로부터 발급받은 운전면허증을 소지한 외국인도 지대에 등록되어 차번호를 발급받은 차를 리용하려는 경우에는 운전자격심사기관으로부터 운전면허증을 발급받아야 한다.

제19조 (운전면허증의 재발급)

운전사는 운전면허증을 분실 또는 오손시킨 경우, 운전면허증의 기재내용이 달라졌거나 유효기간이 지난 경우 운전자격심사기관에 운전면허증의 재발급신청문건을 내야 한다.

第十四条(利用两轮手推车)

利用两轮手推车的人,应利用主车道以外的道路.

主车道上禁止利用两轮手推车.

第十五条(利用牛马车)

只能在指定道路的右侧边和指定的时间内利用牛马车.

牛马车不得停留在不能会车的狭窄的道路上,并不得污染环境.

赶未套畜力车或者爬犁的牛, 马等牲口时,应注意不要影响行人或车辆的通行.

第三章 审查驾驶资格

第十六条(审查驾驶资格的基本要求)

对驾驶资格的审查制度是保证车辆安全通行的首要要求.

驾驶资格审查机关应根据审查驾驶资格标准, 正确进行驾驶资格考试和颁发驾驶证及驾驶员登记工作.

第十七条(申请驾驶证及颁发驾驶证)

需要取得驾驶证的公民,应向驾驶资格审查机关提交驾驶证申请文件,并参加考试.

驾驶资格审查机关根据驾驶证考试成绩,对合格的人进行登记并颁发驾驶证.

第十八条(外国人的驾驶证)

需要取得驾驶证的外国人,应向驾驶资格审查机关提交驾驶证申请文件.

持有有关国家颁发的驾驶证的外国人, 如要利用在经贸区登记的, 有牌照的车辆,也应从驾驶资格审查机关取得驾驶证.

第十九条(驾驶证的补发)

机动车驾驶人遗失或者毁损驾驶证时, 或驾驶证的内容发生变更时, 驾驶证逾期时,应向驾驶资格审查机关提交补发申请文件.

운전자격심사기관은 신청문건을 검토하고 운전면허증을 재발급한다.

제20조 (운전면허증발급 수수료)

지대에서는 운전면허증의 발급 또는 재발급과 관련하여 정해진 수수료를 물어야
한다.

제4장 차등록 및 기술검사

제21조 (차등록 및 기술검사의 기본요구)

지대에서 차등록 및 기술검사를 정확히 하는것은 도로교통안전질서를 세우는데
서 나서는 기본담보이다.

차등록 및 기술검사는 차량감독기관이 한다.

제22조 (차등록의무)

다음의 경우에는 차를 차량감독기관에 의무적으로 등록하여야 한다.

1. 차를 새로 구입하여 리용하려 할 경우
2. 이미 등록된 차를 이관받아 리용하려는 경우
3. 차소유자의 이름 또는 기관명칭이나 소속, 거주지가 달라진 경우
4. 차의 색, 구조, 용도, 번호를 바꾸려는 경우
5. 다른 나라에 등록된 차가 지대에 들어오는 경우
6. 차등록정형을 전반적으로 재확인하는 경우

제23조 (차등록대상, 등록금지대상)

지대에서 승용차, 화물차, 뻐스, 특수차, 뜨락또르, 오토바이 같은 차는 차량감
독기관에 등록하고 차번호를 받아야 한다.

폐기된 차, 비법적으로 구입한 차, 조향륜이 오른쪽에 있는 차는 등록할수 없다.

제24조 (차등록 및 차등록증, 번호판의 발급)

차를 등록하려는 기관, 기업소, 단체와 공민, 외국투자기업과 외국인은 차등록
신청문건을 차량감독기관에 내야 한다. 이 경우 차등록과 관련한 문건을 첨부하여
야 한다.

차량감독기관은 차등록신청문건을 검토하고 등록한 다음 차등록증과 번호판을
발급하여야 한다.

차등록증, 번호판을 분실하였거나 오손시킨 경우에는 차량감독기관에 재발급신
청문건을 내고 다시 발급받는다.

驾驶资格审查机关审查申请文件后,可补发驾驶证.

第二十条(驾驶证手续费)

在经贸区取得或者补发驾驶证时,应缴纳规定的手续费.

第四章 车辆登记注册及技术检查

第二十一条(车辆登记及技术检查的基本要求)

在经贸区对车辆进行登记及进行技术检查是树立道路交通安全秩序的基本保证.
由车辆监督机关负责车辆的登记和技术检查.

第二十二条(车辆登记义务)

有下列情形之一时,有义务向车辆监督机关进行车辆登记:

1.购买新车拟利用时;

2.已登记车辆拟交接利用时;

3.车辆所有者的姓名或机关名称,隶属,居住地发生变更时;

4.拟更换车辆的颜色,结构,用途,车辆牌照时;

5.在外国登记的车辆进入经贸区时;

6.再确认车辆的登记情况时.

第二十三条(车辆登记对象,禁止登记对象)

在经贸区轿车,货车,客车,特殊车辆,拖拉机,摩托车等车辆应向车辆监督机关登记并应取得车辆牌照.

禁止登记报废的车辆,非法购买的车辆,方向盘在右侧的车辆.

第二十四条(车辆登记,车辆登记证,颁发牌照)

需要登记车辆的机关,企业,团体和公民,外国投资企业,外国人应向车辆监督机关提交车辆登记申请文件.此时,应附上车辆登记有关的文件.

车辆监督机关对车辆登记申请文件进行审查和登记后颁发车辆登记证和牌照.

遗失或者损毁车辆登记证,牌照时,应向车辆监督机关提交补发申请文件并重新取得.

제25조 (차의 번호)

기관, 기업소, 단체와 공민, 외국투자기업과 외국인은 차에 정해진 규격과 형식, 방법대로 번호판을 달고 차번호를 써야 한다.

등록수속을 하는 기간에는 차량감독기관이 발급한 림시표식판을 달고 통행하여야 한다.

차의 번호판은 차량감독기관만이 제작할수 있다.

제26조 (다른 나라 차의 등록)

지대출입질서에 따라 다른 나라에 등록된 차를 리용하여 지대에 들어오는 외국인은 정해진 시간안에 차량감독기관에 림시등록을 하여야 한다.

차량감독기관은 림시등록하는 차에 등록기간을 밝힌 림시등록증과 림시차번호를 발급하여야 한다. 그러나 관광, 참관, 회의 같은 목적으로 단기로 출입하는 차에는 통행표식을 발급한다.

제27조 (차등록의 삭제)

차등록을 삭제하려는 기관, 기업소, 단체와 공민, 외국투자기업과 외국인은 차량감독기관에 신청하여 차등록을 삭제한 다음 차등록증과 번호판 또는 통행표식을 바쳐야 한다.

제28조 (다른 나라 차의 등록삭제)

다른 나라 차의 림시등록기간이 만기되였거나 통행표식을 발급받은 차를 리용하는 외국인이 사업을 끝마치고 출국하는 경우 해당 차의 등록을 삭제하여야 한다. 이 경우 차량감독기관은 차등록을 삭제한 외국인에게 차등록삭제확인서를 발급해준다.

제29조 (차의 기술검사)

지대에 등록된 차는 차량감독기관으로부터 기술검사를 받고 기술검사표를 발급받아야 한다.

기술검사를 받으려는 기관, 기업소, 단체와 공민, 외국투자기업과 외국인은 기술검사신청문건을 차량감독기관에 내며 검사에 필요한 문건과 공구, 비품을 갖추어야 한다.

차량감독기관은 해당 문건을 검토하고 검사를 진행하며 합격된 차에는 기술검사표를 발급한다.

제30조 (기술검사를 하는 경우)

차량감독기관은 다음의 경우에 기술검사를 한다.

1. 차를 처음으로 등록할 경우

第二十五条(车辆牌照)

机关, 企业, 团体和公民, 外国投资企业, 外国人应在车辆上按规定的规格, 形式, 方法悬挂和使用车辆牌照.

在办理车辆登记手续期间, 应悬挂车辆监督机关颁发的临时牌照.

由车辆监督机关负责制作车辆牌照.

第二十六条(外国车辆的登记)

根据经贸区出入境秩序的规定, 利用在外国登记的车辆进入经贸区的外国人应在规定的时间内向车辆监督机关申请办理临时登记手续.

车辆监督机关应向临时登记的车辆颁发载明登记期间的临时登记证和临时车辆牌照.对以旅游, 参观, 会议等目的短期进出的车辆颁发通行标识.

第二十七条(注销登记车辆)

拟注销登记车辆的机关, 企业, 团体和公民, 外国投资企业, 外国人应向车辆监督机关提交登记车辆的注销申请后上交车辆登记证和车辆牌照或者通行标识.

第二十八条(外国车辆的注销登记)

外国车辆的临时登记期间到期或者利用通行标识车辆的外国人结束工作回国时, 应注销有关车辆的登记.此时, 车辆监督机关应向注销登记车辆的外国人颁发注销车辆登记确认书.

第二十九条(车辆的技术检查)

登记在经贸区的车辆应接收车辆监督机关的技术检查, 并领取技术检查单.

拟接收技术检查的机关, 企业, 团体和公民, 外国投资企业, 外国人应向车辆监督机关提交技术检查申请文件, 并准备好检查所需的文件, 工具, 备用品.

车辆监督机关审核有关文件并进行检查后, 对检查合格的车辆发给技术检查单.

第三十条(需要进行技术检查的情况)

车辆监督机关对下列情况进行技术检查:

1.初次登记车辆时;

2. 차의 구조를 고치고 변경등록하는 경우

3. 차를 폐기하는 경우

4. 기술검사유효기간이 된 경우

5. 차의 기술상태를 다시 판정하여야 할 문제가 제기되였을 경우

6. 중앙인민보안기관이 기술검사를 조직하는 경우

제31조 (료금의 지불)

지대에서는 차의 등록, 차번호 및 통행표식의 발급, 차의 기술검사와 관련한 정해진 료금을 지불하여야 한다.

제5장 차의 통행

제32조 (차통행의 기본요구)

차의 통행질서를 바로 세우는것은 도로교통안전의 기본담보이다.

인민보안기관은 차의 통행질서를 엄격히 세워 교통사고를 미리 막아야 한다.

제33조 (운행중에 운전수가 지켜야 할 사항)

운행중에 운전수는 다음의 사항들을 엄격히 지켜야 한다.

1. 운전면허증을 늘 소지하여야 한다.

2. 차등록증, 기술검사표 같은 차와 관련한 문건을 갖추어야 한다.

3. 담배를 피우거나 손전화기를 사용하지 말아야 한다.

4. 술, 맥주 같은 주정이 있는 음료를 마시고 운전하지 말아야 한다.

5. 정신을 강하게 자극하는 약물을 사용하지 말아야 한다.

6. 오토바이를 운전할 경우 안전모와 보호안경을 착용하여야 한다.

7. 교통보안원의 정당한 요구에 제때에 응해야 한다.

8. 차를 깨끗이 관리하고 옷차림을 단정히 하여야 한다.

9. 이밖에 정해진 질서를 준수하여야 한다.

제34조 (차운행의 금지사항)

다음의 경우에는 차를 운행할수 없다.

1. 차등록을 하지 않았거나 기술검사를 받지 않았을 경우

2. 차번호, 표식판이 없거나 확인할수 없는 경우

3. 기술검사유효기간이 지났을 경우

4. 기름이 새거나 가스배출기준을 초과하였을 경우

2.改造车辆的结构, 进行变更登记时;

3.报废车辆时;

4.技术检查有效期届满时;

5.发生需要重新判定车辆技术状况时;

6.由中央人民保安机关组织技术检查时.

第三十一条(支付费用)

在经贸区对车辆进行登记, 颁发车辆牌照及通行标识, 车辆技术检查时, 应支付规定的费用.

第五章 车辆的通行

第三十二条(车辆通行的基本要求)

正确树立车辆通行秩序是道路交通安全的的基本保证.

人民保安机关应严格树立通行秩序, 预防交通事故的发生.

第三十三条(车辆运行中驾驶员应遵守的事项)

车辆运行中驾驶员应严格遵守下列事项:

1.随身携带驾驶证;

2.具备车辆登记证, 技术检查单等有关车辆的文件;

3.运行中禁止抽烟, 使用手机;

4.禁止饮用酒, 啤酒等含酒精的饮料驾驶车辆;

5.不得服用强烈刺激精神的药物;

6.驾驶摩托车时, 应带安全帽和护眼眼镜;

7.应及时配合交通保安员的正当要求;

8.应保持车辆的整洁及端正衣装;

9.遵守其他规定的秩序.

第三十四条(车辆禁驶事项)

有下列情形之一的车辆不得行驶:

1.未登记车辆或未经技术检查的;

2.没有车辆号码, 牌照或者不能确认车辆的;

3.超过技术检查有效期的;

4.漏油或者超过汽车尾气排放标准的;

5. 석탄, 세멘트 같은 날리는 짐을 그대로 실었거나 어지러울 경우
6. 승인없이 폭발성, 유독성, 방사성물질을 운반하는 경우
7. 조향장치, 제동장치, 조명 및 신호장치, 뒤비침거울 같은 장치들의 기술상
태가 불비한 경우

제35조 (차의 달림선, 속도)

차는 차길로만 통행하여야 한다.

차달림선이 표시된 차길에서는 정해진 차달림선으로 규정된 속도로 통행하여야 한다.

차달림선이 표시되어있지 않는 차길에서는 차의 속도와 종류, 운행목적 같은것
에 따라 서로 양보하면서 통행하여야 한다.

제36조 (차의 경적)

학교, 유치원, 탁아소, 병원 같은 구역이나 주택구역, 건늠길에서는 차의 경적
을 울릴수 없다.

제37조 (차의 급제동, 급저속)

통행하는 차는 갑자기 세우거나 속도를 급하게 낮추지 말아야 한다.

예견치 못하였던 정황이 발생하여 차를 급제동하거나 속도를 급속으로 낮추려
할 경우에는 긴급차경적을 울리거나 제동등을 켜는것 같은 앞뒤로 사고위험을 최
대로 막기 위한 안전대책을 취하여야 한다.

제38조 (차의 저속통행)

사귐길, 정류소, 건늠길표식이 있는 곳, 안전보임거리가 제한된 곳, 교통이 복
잡한 곳으로 통행하거나 눈, 비, 안개, 먼지 같은 일기조건으로 통행에 지장을 받
을 때에는 차의 속도를 낮추고 통행하여야 한다.

제39조 (차의 사귐길통행)

도로의 사귐길로 통행하려는 차는 속도를 점차 낮추면서 가려는 방향의 신호등
을 컨 다음 해당한 자리바꿈선에 들어서서 교통지휘신호에 따라 통행하여야 한다.

교통보안원과 자동신호등이 없는 도로의 사귐길에서는 가려는 방향의 신호등을
켜고 교통안전에 주의를 돌리면서 낮은 속도로 통행하여야 한다.

제40조 (차의 굴길, 다리통행)

굴길을 통행하는 차는 시속을 낮추면서 조명등을 켜고 통행하며 다리로 통행하
는 차는 다리의 안전표식대로 짐을 싣고 통행하여야 한다.

어기기 힘든 굴길과 다리에서는 먼저 들어선 차를 우선 통과시켜야 한다.

5.散装煤炭, 水泥等扬起的货物或者车辆不整洁的;

6.未经批准运输易燃性, 有毒性, 放射性物质的;

7.方向盘, 刹车, 照明及信号灯, 后视镜等部件的状态未达技术要求的.

第三十五条(车辆的线路, 速度)

车辆只能在机动车道路行使.

在道路上划有机动车道的, 应在机动车道按规定的速度行驶.

在道路上未划机动车道的, 应当根据车辆的速度, 种类, 行驶目的等因素, 安全行驶.

第三十六条(车辆鸣笛)

禁止在学校, 幼儿园, 托儿所, 医院等区域或者住宅区, 人行道上鸣笛.

第三十七条(车辆的急刹车, 急减速)

行驶中的车辆不得急刹车或急减速行驶.

如发生预料不到的情况必须要采取急刹车或紧急降低车速时, 应采取鸣笛, 打开应急灯等最大限度防止前后左右事故的安全措施.

第三十八条(车辆的低速行驶)

在交叉路口, 停车站, 标有人行横道的地方, 安全可视距离有限的地方, 交通复杂的地方行驶或者因雪, 雨, 大雾, 灰尘等天气条件车辆行驶受阻时, 应当降低行驶速度.

第三十九条(车辆的十字路口行驶)

车辆通过十字路口时, 应逐渐降低车速, 打开车辆信号灯后驶进车道后按照交通信号灯行驶.

在通过没有交通保安员和自动信号灯的十字路口时, 打开车辆信号灯后注意交通安全的前提下, 减速慢行.

第四十条(车辆通过隧道, 桥梁)

通过隧道的车辆应降低车速的同时打开车辆灯光行驶, 通过桥梁的车辆应按桥梁的安全标识装货和行驶.

不能会车的隧道和桥梁上, 应当让行先驶进的车辆.

제41조 (차의 철길사귐길통행)

철길사귐길을 통과하려는 차는 반드시 철길사귐길 10m앞에서부터 렬차의 운행이 없는가와 철길차단물이 열려있는가를 정확히 확인하고 안전신호가 있은 다음 통행하여야 한다.

제42조 (차의 밤통행)

밤에 통행하는 차는 조명의 보임거리를 보장하여야 한다.

차가 어기는 경우에는 원거리등과 근거리등을 엇바꾸어 켜서 다른 차의 통행에 지장을 주지 말아야 한다.

제43조 (긴급통행)

구급차, 소방차, 교통안전차, 도로청소차 같이 긴급임무수행중에 있는 차는 교통안전이 보장되는 조건에서 달림선에 제정된 속도보다 높게 또는 낮게 통행할수 있다. 이 경우 경보장치와 표식등을 사용하여 통행안전을 보장받아야 한다.

교통보안원과 다른 차들은 긴급임무수행중에 있는 차의 통행을 우선적으로 보장하여야 한다.

제44조 (교육차와 시험차의 통행)

교육차와 시험운행을 하려는 차는 인민보안기관에 통지하고 정해진 시간에 지정된 도로로 통행하여야 한다.

교육차, 시험차에는 제정된 표식을 하여야 한다.

제45조 (뜨락또르, 오물운반차, 삼륜짐오토바이의 통행)

도시에서 뜨락또르, 오물운반차는 정해진 시간에 지정된 도로로 통행하여야 한다.

삼륜짐오토바이의 리용은 따로 정한 질서에 따른다.

제46조 (외국인차의 지대밖에 대한 통행)

지대에 등록된 외국인의 차는 지대밖의 우리 나라 령역을 운행할수 없다.

외국인의 차가 부득이하게 지대밖으로 운행하려고 할 경우에는 출입국 사업기관, 인민보안기관, 해당 기관의 승인을 받아야 한다.

제47조 (차의 따라앞서기와 어기기)

차는 차달림선이 따로 없는 도로에서 차를 따라앞서려 할 경우 해당한 신호를 하며 신호를 받은 차는 따라앞서려는 차에 길을 내주어야 한다. 그러나 좁은 차길, 따라앞설수 없는 표식이 있는 구간의 차길, 굽인돌이, 사귐길, 건늠길, 정류소, 다리, 굴길, 철길사귐길 같은 곳에서는 차를 따라앞설수 없다.

第四十一条(车辆通过铁路道口)

通过铁路道口的车辆, 应在铁路道口10m前确认有无列车通过和铁路道口栏杆是否打开, 并亮起安全信号后通过.

第四十二条(车辆的夜间行驶)

夜间行驶的车辆应保证车辆照明的可视距离.

车辆交错时, 交叉使用远近光灯, 不得影响其他车辆的行驶.

第四十三条(紧急通行)

救护车, 消防车, 交通安全车, 道路清扫车等执行紧急任务的车辆, 在保证交通安全的前提下, 前进方向的道路上超速或低速行驶.此时, 应使用警报装置和标识灯保障交通安全.

交通保安员和其他车辆应优先保障执行紧急任务车辆的通行.

第四十四条(教练车和试车用车辆的行驶)

教练车和试车用车辆的通行, 应通知人民保安机关, 并只能在规定的时间内, 规定的道路上行驶.

教练车和试车用车辆应悬挂规定的标识.

第四十五条(拖拉机, 搬运垃圾车辆, 三轮摩托车的通行)

在城市里拖拉机, 搬运垃圾车辆只能在规定的时间内, 规定的道路上行驶.

三轮摩托车利用秩序另行规定.

第四十六条(外国人车辆在经贸区外的通行)

登记在经贸区的外国人车辆禁止在经贸区外的我国的其他地方通行.

因不得已的事由, 外国人车辆需要在经贸区外通行时, 应获得出入境管理机关, 人民保安机关, 有关机关的批准.

第四十七条(超车和会车)

在未划线的道路超车时, 要给出超车信号和接到信号的车辆应让道允许超车.但路面狭窄, 有禁止超车标识的地段, 拐弯处, 交叉道口, 人行横道, 停车站, 桥梁, 隧道, 铁路交叉路口等地方禁止超车.

차가 어기는 경우 언덕길에서는 먼저 본 차 또는 내려오는 차가, 큰 길과 좁은 길사이에서는 큰 길로부터 들어오는 차가 길을 양보하여야 한다.

제48조 (정차, 주차)

차는 정해진 정차, 주차장소에 세워야 한다.

굴길, 다리, 사귐길, 철길건늠길, 시야가 제한된 언덕길과 굽인돌이 같은 곳, 정차금지표식이 있는 곳, 주차표식이 없는 곳에는 차를 세울수 없다.

제49조 (인원의 승차)

승용차, 뻐스 같은 차에는 정해진 수의 인원만을 태워야 한다.

화물차에는 필요한 안전시설을 갖추고 정해진 인원을 태울수 있다. 이 경우 인민보안기관의 승인을 받아야 한다.

자동부림식, 반끌림식, 짐함식, 짐틀식, 탕크식화물차와 련결차, 강재, 원목, 폭발성물질, 방사성물질, 독성물질, 인화성물질 같은것을 실은 화물차의 적재함에는 인원을 태울수 없다.

제50조 (짐의 포장과 짐표식, 안전기재의 착용)

화물차는 적재정량과 정해진 규격대로 짐을 실어야 하며 운행과정에 날리거나 떨어져 도로를 파손시키거나 보행자와 다른 차의 통행에 지장을 줄수 있는 짐은 포장하여 실어야 한다.

폭발성물질, 방사성물질, 독성물질, 인화성물질 같은것을 싣는 차는 짐을 정해진대로 포장하고 해당한 표식을 하며 소방기재 같은 안전기재를 철저히 갖춘 다음 인민보안기관의 승인을 받아야 한다.

제51조 (장치물의 설치와 표식의 금지)

기관, 기업소, 단체와 공민, 외국투자기업과 외국인은 차량감독기관의 승인없이 차에 장치물을 설치하거나 표식을 할수 없다.

제52조 (차의 련결차)

련결차를 끌려는 차는 련결고리를 2중으로 하여야 한다.

여러대의 련결차를 끌려 할 경우에는 매 련결차에 제동, 조명장치를 설치하여야 한다.

제53조 (차의 고장퇴치, 고장난 차의 끌기)

통행중에 고장난 차는 차길의 오른쪽변두리에 세워놓고 주의표식을 차의 앞뒤에 한 다음 고장을 퇴치하여야 한다.

会车时, 坡道上先看见的车辆或先进入的车辆先行, 大道和小道之间则进入大道的车辆应该让行.

第四十八条(停车, 停放车辆)

车辆应停放在规定的停车场.

在隧道, 桥梁, 交叉路口, 铁路交叉路口, 可视距离有限的坡道, 拐弯处, 有禁止停车标识的地方, 未设置停车标识的地方禁止停车.

第四十九条(人员的乘坐)

在轿车, 客车等车辆载人不得超过核定的人数.

在货车上配备必要的安全措施后可以载人.此时,应获得人民保安机关的批准.

在自动卸货式, 半牵拉式, 集装箱式, 平台式, 槽式载重汽车, 挂车和装载钢材, 原木, 易爆性物质, 放射性物质, 毒性物质, 易燃性物质等的货车上禁止载人.

第五十条(货物的包装和标识, 携带安全器材)

货车的载货量应按规定的规格装载货物, 在行驶过程中飘散或掉落破坏道路或影响行人和其他车辆的货物, 应包装后再装载.

装载易爆性物质, 放射性物质, 毒性物质, 易燃性物质等的车辆, 应按规定进行包装和贴标识, 同时充分配备消防器材等安全设施后, 还后获得人民保安机关的批准.

第五十一条(不得设置装饰物和贴标识)

机关, 企业, 团体和公民, 外国投资企业, 外国人未经车辆监督机关的批准, 不得在车辆设置装饰物和贴标识.

第五十二条(车辆牵引挂车)

拟牵引挂车的车辆应设置双重挂钩.

拟牵引多辆挂车时,应在每台牵引车上都应安装刹车闸, 照明装置.

第五十三条(故障车辆的处理, 牵引)

行驶中发生故障的车辆应停靠在道路的右侧, 并在车辆前后设置注意标识, 然后对车辆进行维修.

차를 세워둘수 없는 도로에서는 고장난 차를 빨리 끌어내야 한다. 이 경우 고장난 차를 끄는 차는 해당한 안전대책을 세워야 한다.

제6장 도로교통사업에 대한 지도통제

제54조 (교통사고시 운전사의 임무)

교통사고를 일으킨 운전사는 인민보안기관에 제때에 알리며 보행자와 다른 차의 통행에 지장이 없도록 하여야 한다.

제55조 (도로교통사업에 대한 통일적지도)

도로교통사업에 대한 지도는 중앙인민보안지도기관의 통일적인 지도밑에 지대인민보안기관과 해당 기관이 한다.

인민보안기관과 해당 기관은 도로교통사업을 정상적으로 장악하고 지도하여야 한다.

제56조 (도로교통사업의 료해장악 및 위험개소의 퇴치)

인민보안기관과 도로관리기관은 도로교통사업을 정상적으로 료해장악하고 보행자와 차의 교통안전상태를 늘 검열하고 위험개소들을 퇴치하여야 한다.

제57조 (도로교통안전교양)

해당 기관, 기업소, 단체는《교통안전교양실》을 꾸려놓고 도로교통안전교양사업을 실속있게 진행하며 차정비상태를 정상적으로 검열하여야 한다.

제58조 (학생, 어린이들의 교육교양)

교육교양기관과 해당 기관은 학생, 어린이들속에 차통행질서와 보행질서, 공중도덕질서에 대한 규정들과 일반지식을 교육하며 교통안전교양직관물이나 안전교양마당 같은것을 리용한 교양사업을 여러가지 형식과 방법으로 조직진행하여야 한다.

제59조 (사고위험개소에 대한 통보)

기관, 기업소, 단체와 공민, 외국투자기업과 외국인은 교통사고를 일으켰거나 교통질서를 어겼거나 도로교통에 지장을 줄수 있는 사고위험개소를 발견하였을 경우 제때에 대책을 세우고 인민보안기관 또는 도로관리기관에 제때에 알려야 한다.

제60조 (원상복구, 손해보상)

이 규정을 어겨 도로와 그 안전시설물을 파손시켰거나 위치를 변경시킨 자, 차를 파손시켰거나 사람의 생명, 재산에 피해를 준 경우에는 원상복구시키거나 해당한 손해를 보상하여야 한다.

在无法停靠车辆的道路上应尽快牵引出故障车辆.此时,牵引故障车辆时应采取相关的安全措施.

第六章 对公路交通工作的指导管理

第五十四条(造成交通事故时司机的任务)

造成交通事故的司机应及时通知人民保安机关,并不得影响行人和其他车辆的通行.

第五十五条(对道路交通工作的统一指导)

道路交通工作的指导是在中央人民保安指导机关的统一指导下,由经贸区人民保安机关和有关机关负责.

人民保安机关和有关机关应正常掌握和指导道路交通工作.

第五十六条(道路交通工作的了解,掌握以及消除危险因素)

人民保安机关和道路管理机关应正常的了解,掌握道路交通状况,经常检查行人和车辆的交通安全秩序,并消除危险因素.

第五十七条(道路交通安全教育)

有关机关,企业,团体应设立《交通安全教育室》,认真进行道路交通安全教育工作,并应经常检查车辆的维修情况.

第五十八条(对学生,儿童的教育培训)

教育培训机关和有关机关应向学生和儿童进行对车辆通行秩序,步行秩序,公共道德秩序的规定和一般知识的教育,并利用交通安全教育直观资料或者交通安全教育场地等各种形式和方法组织进行交通安全的培训.

第五十九条(对事故危险因素的通知)

机关,企业,团体和公民,外国投资企业,外国人如发现交通事故的发生或者违反交通秩序,可能影响道路交通的危险因素时,应及时采取相应的措施,并及时通知人民保安机关或者道路管理机关.

第六十条(恢复原状,补偿损失)

违反本规定破坏道路及其安全设施或者变更其位置的人,破坏车辆或者对人的生命财产造成损害时,应恢复原状或者补偿相应的损失.

제61조 (운행중지)

차의 기술상태가 불비하거나 용도를 변경하여 리용하였거나 통행질서를 심히 어겼거나 사고위험을 조성하였을 경우에는 차의 운행을 일정한 기간 중지시킨다.

제62조 (차의 억류)

다음의 경우에는 차를 일정한 기간 억류한다.
1. 등록하지 않은 차를 리용하였을 경우
2. 교통사고를 일으켰을 경우
3. 단속에 응하지 않거나 사고를 내고 도주하였을 경우
4. 가스배출기준을 심히 초과하였을 경우
5. 술, 맥주 같은 주정이 있는 음료나 중독성약물을 먹고 차를 운전하는 경우
6. 차통행질서를 어겨 엄중한 결과를 발생시켰을 경우

제63조 (자격정지 및 강급, 자격박탈)

인민보안기관은 도로교통질서를 어긴 행위의 정상에 따라 운전자격을 정지시키거나 급수를 내려놓으며 엄중한 경우에는 운전자격을 박탈한다.

외국인이 도로교통질서를 위반한 경우 다른 나라에서 받은 자격을 지대에 체류하는 기간 림시정지시키거나 완전정지시킬수 있다.

제64조 (벌금)

도로와 교통안전시설물의 설치 및 관리질서, 보행자의 통행질서, 차등록 및 기술검사질서, 차통행질서 같은 도로교통안전질서를 어긴 기관, 기업소, 단체와 공민, 외국투자기업과 외국인에게 벌금을 물릴수 있다. 이 경우 외국투자기업과 외국인에게는 지대외화관리기관이 정한 환률에 따라 외화로 벌금을 물린다.

교통질서위반행위의 정상이 가벼운 경우에는 현지에서 벌금을 물릴수 있다.

제65조 (몰수)

인민보안기관은 다음의 경우 해당한 차를 몰수할수 있다.
1. 교통사고를 일으켜 엄중한 인명피해 또는 재산피해를 발생시킨 경우
2. 교통단속에 응하지 않고 도주하거나 반항하는 경우
3. 등록되지 않은 차를 리용하거나 차등록증, 차번호를 위조한 경우
4. 정해진 가스배출기준을 초과하는 경우
5. 비법적으로 구입한 차를 리용하는 경우
6. 승인없이 장치물을 설치하거나 표식을 한 경우
7. 운행중지처벌을 받은 차가 운행한 경우
8. 이밖에 도로교통질서를 엄중히 위반하였을 경우

第六十一条(停止运行)

车辆的技术状况不完整, 或变更用途使用车辆, 严重违反通行秩序或者造成事故危险时, 可以在一定期限内停止车辆的运行.

第六十二条(车辆的扣留)

有下列情形之一的车辆, 可以扣留一定期限:

1. 利用未登记车辆的;
2. 发生交通事故的;
3. 不服从交通管制或造成事故逃逸的;
4. 严重超过车辆尾气排放标准的;
5. 饮用酒, 啤酒等含酒精的饮料或者中毒性药物后驾驶车辆的;
6. 违反车辆通行秩序, 发生严重后果的.

第六十三条(停止资格及降级, 剥夺资格)

人民保安机关可以根据违反道路交通秩序行为的具体情况, 有权停止司机的驾驶资格, 降级其驾驶资格, 严重时可以剥夺其驾驶资格.

外国人违反道路交通秩序时, 在经贸区滞留期间可以临时停止或者完全停止在外国领取的驾驶资格.

第六十四条(罚款)

违反道路和交通安全设施的设置及管理秩序, 行人的通行秩序, 车辆登记及技术检查秩序, 车辆通行秩序等道路交通安全序的机关, 企业, 团体, 公民, 外国投资企业和外国人可以处以罚款.此时, 对外国投资企业, 外国人可以根据经贸区外汇管理机关规定的汇率处以外汇罚款.

违反交通秩序行为较轻时, 可以在现场处以罚款.

第六十五条(没收)

有下列情况之一的, 人民保安机关可以没收车辆:

1. 发生交通事故,造成严重的人员伤亡, 财产损失的;
2. 不服从交通管制而逃逸或反抗的;
3. 利用未登记车辆或伪造车辆登记证, 车辆牌照的;
4. 超过规定的处理尾气排放标准的;
5. 利用非法购买的车辆的;
6. 未经批准安装装饰品或者贴标识的;
7. 利用受停止运行处罚的车辆的;
8. 其他严重违反道路交通秩序的.

제66조 (행정적 및 형사책임)

이 규정을 어겨 엄중한 결과를 일으킨 자에게는 해임, 철직에 이르기까지 보다 무거운 행정적책임을 지운다.

위법행위가 범죄를 이룰 경우에는 책임있는 자에게 형사책임을 지운다.

제67조 (신소와 그 처리)

이 규정의 집행과 관련하여 의견이 있을 경우에는 중앙인민보안지도기관과 지대 인민보안기관, 해당 기관에 신소할수 있다.

신소를 받은 기관은 30일안으로 료해처리하고 그 정형을 신소자에게 알려주어야 한다.

第六十六条(行政及刑事责任)

违反本规定引起严重后果的人,可以追究免职, 撤职为止的严重的行政责任.

违法行为构成犯罪的,对负有责任的人追究刑事责任.

第六十七条(申诉及其处理)

与执行本规定存有异议时,可以向中央人民保安指导机关和经贸区人民保安机关, 有关机关提出申诉.

收到申诉的机关应在30日内进行了解和处理,并向申诉人通知其处理情况.

4

라선경제무역지대 기업창설 운영규정

罗先经济贸易区企业设立运营规定

4. 罗先经济贸易区企业设立运营规定

라선경제무역지대 기업창설 운영규정

주체102 (2013)년 9월 12일 최고인민회의 상임위원회 정령 제 138호로 채택

제1장 일반규정

제1조(사명)

이 규정은 라선경제무역지대에서 외국인투자기업의 창설운영질서를 바로 세워 기업의 경영활동조건을 원만히 보장하는데 이바지한다.

제2조(기업창설의 당사자)

다른 나라의 법인이나 개인, 경제조직과 해외동포는 라선경제무역지대(이 아래 부터 지대라고 한다.)에 투자하여 기업을 창설하고 운영할수 있다.

우리 나라 기관, 기업소, 단체도 다른 나라 투자가와 공동으로 기업을 창설하고 운영할수 있다.

제3조(기업의 형식)

지대에서는 여러가지 형식의 기업을 창설운영할수 있다.

기업조직형식은 해당 세칙 또는 준칙으로 정한다.

제4조(기업창설승인 및 등록기관)

지대에서 기업창설의 승인과 등록은 라선시인민위원회 또는 관리위원회(이 아래 부터 기업창설승인기관이라고 한다.)가 한다.

은행, 보험 같은 특수한 분야의 기업창설은 해당 중앙지도기관이 승인한다.

제5조(등록 및 수수료)

기업은 기업등록, 세무등록, 세관등록을 하고 해당 등록증을 발급받는다. 이 경우 정해진 수수료를 문다.

등록증은 위조, 수정, 매매하거나 빌려줄수 없다.

罗先经济贸易区企业设立运营规定

主体102（2013）年9月12日 最高人民会议 常任委员会 政令 第138号 制定

第一章 一般规定

第一条（使命）

为确立罗先经济贸易区的外国人投资企业设立及经营秩序，以顺利保障企业的经营活动条件，制定本规定．

第二条（设立企业的当事人）

外国的法人或个人，经济组织和海外同胞，可以在罗先经济贸易区(以下简称经贸区)投资设立企业并进行经营．

朝鲜的机关，企业，团体，也可以与外国投资人共同设立并经营企业．

第三条（企业形式）

在经贸区可以设立并经营各种形式的企业．

企业组织形式通过细则或准则的形式另行规定．

第四条（企业设立的审批及登记机关）

在经贸区，由罗先市人民委员会或管理委员会(以下简称企业设立审批机关) 负责企业设立的审批和登记工作．

银行，保险等特殊领域企业的设立，由有关中央指导机关批准．

第五条（登记和手续费）

企业应当办理企业登记，税务登记，海关登记并领取相关的登记证，同时缴纳规定的手续费．

不得伪造，修改，买卖或出借登记证．

제6조(기업의 지위)

지대에서 기업은 평등한 지위를 가진다.

기업은 공정한 경쟁, 등가보상, 신용의 원칙에서 경영활동을 한다.

제2장 기업의 창설

제7조(기업의 창설신청)

기업을 창설하려는 투자가는 기업창설신청서를 기업창설승인기관에 내야 한다.

기업창설신청서에는 투자가의 이름과 주소, 창설하려는 기업의 명칭, 기업책임자의 이름, 총투자액, 등록자본, 업종, 투자방식과 기간, 관리기구, 종업원수, 경영기간, 조업예정날자 같은 사항을 밝히며 기업의 규약, 자본신용확인서, 투자가능성보고서 같은것을 첨부한다.

제8조 (기업의 창설승인 및 부결)

기업창설승인기관은 기업창설신청서를 접수한 날부터 10일안으로 신청내용을 검토하고 승인하거나 부결하여야 한다.

기업창설을 승인하였을 경우에는 기업창설승인서를, 부결하였을 경우에는 그 리유를 밝힌 통지서를 발급한다.

제9조(기업등록증의 발급과 기업창설일)

기업창설승인을 받은 기업은 기업등록을 하고 기업등록증을 발급받아야 한다.

기업등록증에는 기업명칭, 주소, 법정대표이름, 등록자본, 기업조직형식, 업종, 존속기간 같은 사항을 밝힌다.

기업등록증을 발급한 날을 기업의 창설일로 한다.

제10조(특수업종에 대한 승인질서)

지대에서 은행, 보험, 법률분야의 기업을 설립하려 할 경우에는 정해진 절차에 따라 해당 중앙지도기관의 승인을 받아야 한다.

제11조 (출자방식)

기업의 출자는 화폐와 현물재산 또는 재산권으로 한다. 이 경우 현물재산과 재산권의 가치평가는 출자당시의 국제시장가격에 기초하여 한다.

출자재산과 재산권의 가치는 검증기관의 검증을 받아야 한다.

第六条(企业的地位)

在经贸区,企业具有平等的地位.

企业进行经营活动,应当遵守公平竞争,等价补偿,诚实信用原则.

第二章 设立企业

第七条(申请设立企业)

拟设立企业的投资人,应当向企业设立审批机关提交企业设立申请书.

企业设立申请书记载投资人的姓名和地址,拟设立的企业名称,企业负责人的姓名,投资总额,注册资本,行业,投资方式和期限,管理机构,职工人数,经营期限,预定开业日期等事项,并附上企业章程,资信证明确认书,投资可行性研究报告等文件.

第八条(企业设立的批准或者驳回决定)

企业设立审批机关应自收到企业设立申请书之日起10日内,审查申请的内容,作出批准或者驳回的决定.

批准企业设立的,颁发企业设立批准书;决定驳回的,送达说明其理由的通知书.

第九条(企业登记证的颁发和企业设立日)

获得企业设立批准的企业,应办理企业登记并领取企业登记证.

企业登记证应记载企业名称,地址,法定代表人的姓名,注册资本,企业组织形式,行业,经营期限等事项.

企业领取企业登记证之日,为企业设立日.

第十条(特种行业的批准程序)

在经贸区拟设立银行,保险,法律领域的企业的,应当按照法定程序获得有关中央指导机关的批准.

第十一条(出资方式)

企业可以用货币和实物财产或财产权出资.对实物财产和财产权评估作价,以出资当时的国际市场价格为基础.

出资财产和财产权的价值,应经过鉴定机关的鉴定.

제12조 (출자기간과 그 연기)

출자는 정해진 기간안에 하며 출자를 분할하여 하는 경우에는 3년안에 하여야 한다.

초기투자는 기업등록증을 받은 때부터 90일안으로 등록자본의 30%이상 하여야 한다.

특별한 사정으로 정해진 기간안에 출자할수 없을 경우에는 기업창설승인기관에 출자기일연장신청서를 내고 승인을 받아야 한다.

제13조 (기업의 창설조건과 등록자본)

기업은 경영활동에 필요한 관리성원과 종업원, 고정된 영업장소를 가져야 한다.

등록자본은 기업총투자액의 30%이상 되여야 한다.

제14조 (세관등록, 세무등록)

기업은 기업등록증을 받은 날부터 14일안으로 세관등록, 세무등록을 하여야 한다.

세관등록은 지대세관에, 세무등록은 라선시인민위원회 세무국에 한다.

제3장 기업의 경영활동

제15조 (영업허가)

기업은 조업전에 기업창설승인기관에 영업허가신청서를 내고 영업허가를 받아야 한다. 이 경우 투자실적확인문건, 준공검사확인문건, 생산공정 및 시설물의 안전성담보문건, 환경영향평가문건과 이밖에 필요한 자료를 함께 낸다.

기업창설승인기관은 영업허가신청문건을 접수한 날부터 7일안으로 검토하고 영업허가증 또는 부결통지서를 발급하여야 한다.

제16조 (기업등록증, 영업허가증의 게시)

기업은 기업등록증과 영업허가증원본을 반드시 경영장소의 잘 보이는 곳에 게시하여야 한다.

제17조 (업종의 준수와 업종변경)

기업은 승인받은 업종의 범위에서 경영활동을 하여야 한다.

업종을 늘이거나 변경하려 할 경우에는 기업창설승인기관의 승인을 받아야 한다.

第十二条(出资期限及其延期)

出资应当在规定的期限内完成,分期出资的,应当在三年之内完成.

首次投资应在企业领取企业登记证之日起90日内完成并达到注册资本的30%以上.

因不得已的事由,未能在指定期限内出资的,应当向企业设立审批机关提交延长出资期限申请书并经批准.

第十三条(企业设立条件和注册资本)

企业应当具备为经营活动所需的管理人员和职工,固定的营业场所.

注册资本应占企业投资总额的30%以上.

第十四条(海关登记,税务登记)

企业应当自领取企业登记证之日起14日内办理海关登记和税务登记.

海关登记在经贸区海关办理;税务登记在罗先市人民委员会税务局办理.

第三章 企业经营活动

第十五条(营业许可)

企业应当在开业前向企业设立审批机关提交营业许可申请书并获得营业许可.提交申请书应当附上投资财产鉴定文件,竣工验收确认文件,生产工程和设施的安全担保文件,环境影响评价文件以及其他必要的资料.

企业设立审批机关应自收到营业许可申请文件之日起7日内进行审查并发放营业许可证或者驳回通知书.

第十六条(企业登记证,营业执照的公示)

企业应在经营场所的显眼处公示企业登记证和营业许可证.

第十七条(经营范围及变更经营范围)

企业应在批准的经营范围内从事经营活动.

增加或者变更经营范围的,应经企业设立审批机关的批准.

제18조 (영업감독 및 영업허가증의 재발급)

기업창설승인기관은 기업의 업종에 따르는 경영활동정형을 감독하며 영업허가증에 대한 확인을 정기적으로 하여야 한다.

기업은 영업허가증을 분실하였거나 심히 오손되였을 경우 10일안으로 다시 발급받아야 한다.

제19조 (제품판매)

기업은 생산한 제품을 지대안이나 다른 나라에 판매할수 있다.

지대밖의 우리 나라 령역에 대한 제품판매는 정해진 절차에 따라 해당 기관과 계약을 맺고 한다.

제20조 (제품판매가격과 봉사가격)

기업은 자기가 생산한 제품이나 제공하는 봉사에 대한 가격을 자체로 정할수 있다. 이 경우 알곡류와 중요대중생활용품의 가격, 공공봉사비용은 라선시인민위원회가 정한 기준가격보다 높게 정할수 없다.

제21조 (비법행위의 금지)

기업은 경영활동과정에 지적재산권을 침해하거나 제품모방, 뢰물행위, 허위광고, 비법거래, 공모입찰 같은 행위로 다른 기업의 합법적인 권리와 리익을 침해하지 말아야 한다.

제22조 (광고)

기업은 자체로 또는 전문기관에 의뢰하여 제품판매나 봉사소개와 관련한 광고를 할수 있다. 이 경우는 광고는 진실하고 합법적인것이여야 한다.

제23조 (지대밖의 기관, 기업소, 단체와의 거래)

기업은 정해진 절차에 따라 지대밖의 우리 나라 기관, 기업소, 단체와 계약을 맺고 경영활동에 필요한 물자를 구입하거나 원료, 자재, 부분품을 위탁가공할수 있다.

제24조 (경영물자, 제품의 반출입)

기업은 경영활동에 필요한 원자재, 연료 같은 물자를 지대에 들여오거나 생산한 제품을 우리 나라 령역밖으로 제한없이 내갈수 있다. 그러나 지대안이나 지대밖의 우리 나라 령역에서 구입한 수산물, 광석 같은 자연부원을 가공하지 않고 그대로 내가려 할 경우에는 해당 절차에 따라 승인을 받아야 한다.

第十八条(营业监督及营业许可证的补发)

企业设立审批机关按企业的经营范围对其经营活动情况进行监督,并定期检查企业的营业许可证.

企业遗失或严重毁损营业许可证的,应在10日内重新申领营业许可证.

第十九条(产品销售)

企业可以在经贸区销售其生产的产品,也可以销往其他国家.

将产品销往经贸区外朝鲜其他地方的,应按规定程序与有关机关签订合同.

第二十条(产品销售价格和服务价格)

企业对其生产的产品或提供的服务可以自行定价,但粮食类和重要的公众生活用品的价格,公共服务费用不得高于罗先市人民委员会制定的标准价格.

第二十一条(禁止违法行为)

企业在经营活动过程中禁止以侵犯知识产权,仿冒产品,贿赂行为,虚假广告,非法交易,串通投标等行为,侵犯其它企业的合法权益.

第二十二条(广告)

企业可以自行或者委托专门机关进行有关产品销售或介绍服务的广告.广告应当真实而合法.

第二十三条(与经贸区外的机关, 企业, 团体的交易)

企业可以按规定的程序与经贸区外的朝鲜的机关, 企业,团体签订合同,采购在经营活动所需的物资或者委托加工原料, 材料,零部件.

第二十四条(经营物资,产品的进出)

企业可以将经营活动所需的原材料,燃料等物资购入经贸区,也可以无限制地将生产的产品销往朝鲜境外.但对在经贸区或者经贸区外朝鲜境内采购的水产品,矿石等自然资源未经加工直接出口的,应按有关程序获得批准.

제25조 (기업의 보험가입)

기업은 보험에 드는 경우 지대에 있는 보험회사의 보험에 들어야 한다.

의무보험은 중앙보험지도기관이 정한 보험회사에 든다.

제26조 (로력채용)

기업은 우리 나라 로력을 우선적으로 채용하여야 한다.

일부 관리인원과 특수한 직종의 기술자, 기능공은 다른 나라 로력으로 채용할수 있다.

제27조 (로력의 관리)

기업은 지대로동법규에 따라 로력을 관리하여야 한다.

제28조 (직업동맹조직의 활동조건보장)

기업의 종업원들은 직업동맹조직을 내올수 있다.

기업은 직업동맹조직의 활동조건을 보장하여야 한다.

제4장 기업의 재정회계

제29조 (기업의 회계결산)

기업은 해마다 회계결산을 진행하여야 한다.

회계결산년도는 1월 1일부터 12월 31일까지로 한다.

기업의 년간회계결산서는 회계검증을 받아야 효력을 가진다.

제30조 (회계기준의 준수)

지대에서 기업회계는 정해진 회계기준에 따라 한다.

기업은 회계서류를 작성,발행하며 그 내용을 회계장부에 사실대로 기록,계산하여야 한다.

2중장부를 리용하는 행위를 할수 없다.

제31조 (예비기금의 조성)

기업은 결산리윤에서 정해진 기업소득세를 납부한 다음 예비기금을 조성하여야 한다.

예비기금은 등록자본의 25%가 될 때까지 해마다 결산리윤의 5%로 적립한다.

예비기금은 기업의 경영손실을 메꾸거나 생산규모 또는 등록자본을 늘이는데 리용한다.

第二十五条(企业的投保)

企业参加投保的,应当向经贸区内的保险公司投保.

义务保险,向中央保险指导机关指定的保险公司投保.

第二十六条(录用劳动力)

企业应优先录用朝鲜的劳动力.

对于部分管理人员及特殊工种的技术员和技工可以聘用其他国家的劳动力.

第二十七条(劳动力管理)

企业应根据经贸区劳动法规管理劳动力.

第二十八条(保障职业同盟组织的活动条件)

企业员工可以成立职业同盟组织(工会).

企业应保障职业同盟组织的活动条件.

第四章 企业的财务会计

第二十九条(企业的会计结算)

企业应每年进行会计结算.

会计结算年度为每年1月1日起至12月31日止.

企业的年度会计结算书,应经过会计验收才具有效力.

第三十条 (遵守会计标准)

在经贸区,企业会计应遵守规定的会计标准.

企业编制和发行会计文件,并在会计账簿上如实记录, 计算其内容.

不得在法定账簿之外私设账簿.

第三十一条(建立储备基金)

企业应从结算利润中缴纳规定的企业所得税后,建立储备基金.

每年提取结算利润的5%列入储备基金,累积达到注册资本的25%为止.

储备基金用于弥补企业的经营亏损, 扩大生产规模或者增加企业注册资本.

제32조 (기타 기금의 조성)

기업은 상금기금, 문화후생기금, 양성기금 같은 기금을 자체로 적립하고 리용할 수 있다.

제33조 (리윤배당)

기업은 결산리윤에서 기업의 손실을 메꾸거나 예비기금을 적립하고 남은 순리윤으로 출자자들에게 리윤배당을 하여야 한다.

제34조 (세금의 납부)

기업은 지대에 적용되는 세금을 정해진 세률에 따라 정확히 납부하여야 한다.

제5장 기업의 변경 및 해산

제35조 (기업의 변경등록신청과 기일)

기업등록사항을 변경한 기업은 기업창설승인기관에 변경등록신청서를 내고 변경등록수속을 하여야 한다.

변경등록수속은 해당 사유가 발생한 날부터 30일안에 한다.

제36조 (기업변경등록신청문건에 첨부할 자료)

기업의 등록자본이나 출자액을 변경하였을 경우에는 해당 증명자료를, 규약을 수정한 경우에는 수정한 규약사본을 변경등록신청서에 첨부한다.

제37조 (기업등록증의 재발급)

기업창설승인기관은 변경등록신청서를 접수한 날부터 7일안으로 그것을 검토확인하고 기업등록증을 다시 발급하여야 한다.

제38조 (특수업종의 기업변경등록)

은행, 보험 같은 분야의 기업은 변경등록신청을 기업창설승인기관을 통하여 해당 중앙지도기관에 하여야 한다.

해당 중앙기관의 승인통지를 받은 경우에는 7일안으로 변경등록수속을 하여야 한다.

제39조 (기업의 해산사유)

기업이 해산되는 경우는 다음과 같다.

1. 최고결의기관에서 해산을 결정하였을 경우
2. 기업파산이 선고되었을 경우
3. 기업등록증이 회수되였거나 영업중지처벌을 받았을 경우

第三十二条(建立其他基金)

企业可以自主建立和使用奖励基金, 文化福利基金, 培训基金等基金.

第三十三条(分配利润)

企业应从结算利润中弥补企业亏损或提取储备基金, 用所余纯利润, 向各出资人进行分配.

第三十四条(纳税)

企业应当按照规定的税率正确缴纳适用于经贸区的税款.

第五章 企业的变更及解散

第三十五条(企业的变更登记申请和期限)

企业变更企业登记事项的, 应当向企业设立审批机关提交登记变更申请书, 并办理登记变更手续.

企业应从变更事由发生之日起30日内办理登记变更手续.

第三十六条(企业变更登记申请文件的附加资料)

变更企业的注册资本或出资额的, 应在变更登记申请书附上相关证明资料;修改企业章程的, 应附加修改的章程复印件.

第三十七条(重新颁发企业登记证)

企业设立审批机关应自收到变更登记申请书之日起7日内进行审查, 并重新颁发企业登记证.

第三十八条(特种行业的企业登记变更)

银行, 保险等领域企业, 应通过企业设立审批机关向有关中央指导机关提出变更申请.

收到中央指导机关的批准通知的, 应当在7日之内办理变更登记手续.

第三十九条(企业解散事由)

公司因下列原因解散

1.最高决议机关决定解散;

2.宣告企业破产;

3.被收缴企业登记证或受到营业停止处罚;

4. 이밖에 해산사유가 생겼을 경우

제40조 (청산위원회의 조직)

청산위원회는 기업의 해산을 선포한 날부터 14일안에 조직한다.

채권자는 청산위원회가 제때에 조직되지 않을 경우 기업창설승인기관에 청산위원회를 조직해줄것을 요구할수 있다.

제41조 (청산위원회의 사업내용)

청산위원회는 다음과 같은 사업을 한다.

1. 기업의 재산을 조사하고 재정상태표와 재산목록을 작성한다.
2. 채권자에게 기업해산을 통지한다.
3. 기업의 재산을 넘겨받아 끝내지 못한 업무를 처리한다.
4. 바치지 못한 세금을 납부한다.
5. 기업의 재산에 대한 가치평가를 한다.
6. 청산하고 남은 재산을 확정한다.
7. 기업의 채권, 채무를 청산한다.
8. 기업을 대표하여 민사소송활동에 참가한다.
9. 이밖에 청산사업과 관련하여 제기된 문제를 처리한다.

제42조 (청산안작성과 기업재산의 처리)

청산위원회는 기업의 재산을 정리하고 재정상태표와 재산목록에 기초하여 청산방안을 작성하며 최고결의기관, 기업창설승인기관 또는 해당 재판소의 승인을 받아야 한다.

기업의 재산에서 청산수속비용, 종업원로임 및 보상금, 세금, 기업채무를 청산하고 남은 재산은 출자비률 또는 규약에서 정한 분배비률에 따라 출자자에게 분배한다.

제43조 (파산선고의 제기)

청산위원회는 기업의 재산을 정리하고 재정상태표와 재산목록을 작성한 다음 그 기업의 재산으로 채무를 청산할수 없다고 인정될 경우 해당 재판소에 파산을 제기하여야 한다.

제44조 (청산보고서의 제출)

청산위원회는 청산이 끝난 다음 청산보고서를 작성하여 최고결의기관, 기업창설승인기관 또는 해당 재판소에 내야 한다.

4.发生其他解散事由.

第四十条(成立清算委员会)

自企业宣告解散之日起14日之内成立清算委员会.

如逾期未能成立清算委员会的,债权人可以申请企业设立审批机关组成清算委员会.

第四十一条(清算委员会的工作内容)

清算委员会进行下列工作:

1.调查企业的财产,编制资产负债表和财产清单;

2.向债权人通知企业解散;

3.接管企业财产,处理企业未了结的业务;

4.清缴所欠税款;

5.对企业财产进行估价;

6.确定清算后的剩余财产;

7.清理企业的债权和债务;

8.代表企业参与民事诉讼活动;

9.处理与清算工作有关的其他问题.

第四十二条(制定清算方案和处理企业财产)

清算委员会在清理企业财产后,根据资产负债表和财产清单制定清算方案,清算方案应经最高决议机关,企业设立审批机关或有关法院的批准.

从企业财产中扣除清算手续费用,职工工资及补偿金,税款,企业债务后,对剩余财产按出资比例或者章程约定的分配比例向各出资人进行分配.

第四十三条(提出破产申请)

清算委员会在清理企业财产,编制资产负债表和财产清单后,认为企业财产不足以清偿债务的,应当向有关法院提出破产申请.

第四十四条(提交清算报告)

企业清算结束后,清算委员会应编制清算报告,并报送最高决议机构,企业设立审批机关或有关法院.

제45조 (기업등록의 취소)

청산위원회는 기업의 청산사업이 끝나면 기업등록, 세관등록, 세무등록의 취소수속을 하고 거래은행의 돈자리를 막아야 한다.

제46조 (청산하고 남은 재산처리)

기업을 청산하고 남은 재산은 지대안에서 처리하거나 지대밖으로 내갈수 있다.

제6장 제재 및 분쟁해결

제47조 (벌금)

이 규정을 어겼을 경우 벌금적용기준은 다음과 같다.
1. 기업등록증, 영업허가증을 받지 않고 영업활동을 하였을 경우 1만~1만5000€까지
2. 거짓증명문건을 제출하거나 중요사실을 숨기고 기업을 등록하였을 경우 2000~1만€까지
3. 기업의 변경등록을 하지 않았을 경우 2000~5000€까지
4. 출자자가 정당한 근거없이 자기의 출자액을 빼돌렸을 경우 1만˜2만€까지
5. 기업이 청산할 때 재산을 은닉하고 재정상태표와 재산목록에 대하여 허위기록을 하였을 경우 2000~15000€까지
6. 채무를 청산하기전에 기업의 재산을 분배하였을 경우 기업의 은닉재산 또는 채무청산전에 분배한 금액의 5~10%까지
7. 기업이 정기적인 영업허가증확인을 거절하였을 경우 1000~5000€까지
8. 이밖에 법규를 어겼을 경우 1000~1만€까지

제48조 (몰수)

기업이 청산기간에 은닉한 재산과 청산과 관계없는 경영을 하여 얻은 소득, 청산위원회가 직권을 리용하여 차지한 재산같은 비법소득을 몰수한다.

기업이 업종과 관계없는 영업을 하여 얻은 비법소득과 마약 같은 금지품, 통제품이나 밀수밀매로 얻은 재산이나 자금도 몰수한다.

제49조 (영업활동의 중지 및 회수)

다음의 경우에는 기업의 영업활동을 중지시키거나 기업등록증을 회수한다.
1. 초기출자를 90일안에 하지 못하였거나 3년이 지나도록 기업경영을 할수 없을 경우에는 기업등록증을 회수한다.

第四十五条(注销企业登记)

企业的清算工作结束后,清算委员会应当办理企业登记,海关登记,税务登记的注销手续,并注销开户银行的账户.

第四十六条(处理清算后剩余财产)

对企业清算之后的剩余财产,可以在经贸区内处理,也可以带出经贸区外.

第六章 处罚及解决纠纷

第四十七条(罚款)

违反本规定时,适用的罚款标准如下:

1. 没有企业登记证,营业许可证而进行经营活动的,处以10000~15000€的罚款;
2. 提交虚假证明文件或者隐瞒重要事实取得企业登记的,处以2000~10000€的罚款;
3. 未办理企业变更登记的,处以2000~5000€的罚款;
4. 出资人没有正当理由抽逃其出资的,处以10000~20000€的罚款;
5. 企业在清算时隐匿财产,对资产负债表和财产清单作虚假记录的,处以2000~15000€的罚款;
6. 在清偿债务前分配企业财产的,处以相当于企业隐匿财产或未清偿债务前分配的金额的5%~10%的罚款;
7. 企业拒绝进行定期的营业许可证确认工作,处以1000~5000€的罚款;
8. 其它违反有关法律法规的,处以1000~10000€的罚款.

第四十八条(没收)

对于企业在清算期间隐匿的财产,与清算无关的经营所得,清算委员会利用职权侵占的财产等非法所得,予以没收.

对于企业因开展与经营范围无关的经营活动所获取的违法所得,毒品等违禁品,管制产品或经走私获取的财产或资金,也予以没收.

第四十九条(停止营业活动及收缴)

有下列情形之一的,停止企业营业活动或者收缴企业登记证:

1. 在90日之内没有完成首次投资或超过三年未能进行企业经营活动的,收缴企业登记证;

2. 영업허가증을 발급받은후 6개월안에 경영활동을 진행하지 않거나 경영활
   동이 중지된지 1년이 지나도록 결함을 퇴치하지 않았을 경우 기업등록증,
   영업허가증을 회수한다.
3. 이밖에 법규를 어겼을 경우 영업활동을 중지시키거나 영업허가증을 회수할
   수 있다.

제50조 (분쟁해결)

기업창설운영과 관련하여 발생한 분쟁은 협의의 방법으로 해결한다.

정해진데 따라 조정이나 중재, 재판의 방법으로 해결할수도 있다.

2. 企业自领取营业许可证之日起6个月内没有开展经营活动, 或者责令停止经营
   活动已过一年, 还未纠正其缺陷的, 收缴企业登记证, 营业许可证;
3. 其它违反有关法律法规的, 可以责令停止经营活动或者收缴营业许可证.

第五十条(解决纠纷)

与企业设立及经营相关的纠纷, 通过协商的方式解决.

按照规定也可以通过调解, 仲裁, 诉讼的方式解决.

4-1

라선경제무역지대 기업창설 운영규정 시행세칙

罗先经济贸易区企业设立经营规定施行细则

라선경제무역지대 기업창설 운영규정 시행세칙

주체103(2014)년5월5일 라선시인민위원회 결정 제137호로 채택

제1장 일반세칙

제1조

이 세칙은《라선경제무역지대기업창설운영규정》을 정확히 집행하기 위하여 제정한다.

제2조

다른 나라의 법인이나 개인,경제조직과 해외동포 (이 아래부터는 외국측투자가라고 한다.)는 라선경제무역지대 (이 아래부터는 지대라고 한다.)에 투자하여 기업을 창설하고 운영할수 있다.

우리 나라 기관,기업소,단체(이 아래부터 우리측 투자가라고 한다.)도 외국측투자가와 공동으로 기업을 창설하고 운영할수 있다.

제3조

지대에서는 합영기업, 합작기업, 외국인기업과 같은 외국인투자기업, 도급생산경영기업(이 아래부터는 기업이라고 한다.)을 창설운영할수 있다.

합영기업은 우리측 투자가와 외국측 투자가가 공동으로 투자하여 창설하고 공동으로 경영하며 출자몫 또는 계약에 따라 리윤을 분배하는 기업이다.

합작기업은 우리측 투자가와 외국측 투자가가 공동으로 투자하여 창설하고 우리측 투자가가 생산과 경영을 하며 계약조건에 따라 외국측 투자가의 투자몫에 따르는 상환을 하거나 리윤을 분배하는 기업이다.

합영, 합작기업은 당사자들이 투자한 재산과 기업경영과정에 늘어난 재산에 대한 소유권을 가지며 소유재산의 범위안에서 기업의 채무에 대한 책임을 진다.

외국인기업은 외국측 투자가가 단독으로 투자하고 운영하는 기업이다.

罗先经济贸易区企业设立经营规定施行细则

主体103（2014）年5月5日 罗先市人民委员会 决定 第137号 制定

第一章 一般细则

第一条

　　为正确执行《罗先经济贸易区企业设立运营规定》,制定本施行细则.

第二条

　　其他国家的法人或个人,经济组织和海外同胞(以下简称为外国投资者)可以在罗先经济贸易区(以下简称为经贸区)投资设立经营企业.

　　朝鲜的机关,企业和团体(以下简称为朝鲜投资者),也可以和外国投资者共同设立经营企业.

第三条

　　在经贸区可以设立并经营合营企业,合作企业,外国人企业等外国人投资企业,承包生产经营企业(以下简称为企业).

　　合营企业是指朝鲜投资者和外国投资者共同投资设立,共同经营,并按出资比例或者根据合同约定分配利润的企业.

　　合作企业是指朝鲜投资者和外国投资者共同投资设立,由朝鲜投资者负责生产和经营,并按照合同约定对外国投资者先行偿还投资或者分配利润的企业.

　　合营,合作企业对当事人投资的财产和企业经营过程中增加的财产享有所有权,并以其所有的财产为限,对企业债务承担责任.

　　外国人企业是指外国投资者单独投资并经营的企业.

도급생산경영기업은 외국측 투자가와 우리측 투자가가 맺은 도급생산경영계약에 따라 농업토지, 산림토지, 수역토지개발 및 경영에 필요한 기술과 자본을 투자하여 창설하고 생산경영활동을 맡아하는 기업이다.

도급생산경영기업은 단독 또는 합영, 합작의 방법으로 운영할수 있다.

제4조

기업은 지대밖의 우리 나라 령역이나 다른 나라에 지사, 대리점, 출장소(이 아래부터는 지사라고 한다.)같은 것을 설립할수 있다.

제5조

하부구조건설부문과 첨단과학기술부문, 국제시장에서 경쟁력이 높은 상품을 생산하는 부문의 투자를 특별히 장려한다.

장려부문의 기업은 지대의 해당 법규에 따라 토지리용, 로력채용, 세금납부, 시장진출 같은 분야에서 특혜를 받을수 있다.

제6조

출판, 보도, 방송, 교육과 같이 국가가 따로 정한 부문의 대상, 주민들의 건강, 건전한 사회도덕생활에 저해를 주거나 국토 및 자원에 피해를 줄수 있는 대상과 같이 나라의 안전과 사회공동의 리익에 저해를 주는 대상에 대한 기업의 창설을 금지하며 환경보호기준을 초과하는 대상, 설비와 생산공정이 경제기술적으로 뒤떨어진 대상, 나라의 자원을 가공하지 않고 그대로 수출하는 대상, 경제적효과성이 적은 대상에 대한 창설을 제한한다.

제7조

기업창설의 승인과 등록은 라선시인민위원회 또는 관리위원회(이 아래부터 기업창설승인기관이라고 한다.)가 한다.

관리위원회 관할지역밖에서 기업창설의 승인과 등록은 라선시인민위원회, 관리위원회 관할지역에서 기업창설의 승인과 등록은 관리위원회가 한다.

관리위원회의 기업창설승인과 등록은 해당 준칙에 따른다.

은행, 보험같은 특수한 분야의 기업창설승인은 해당 중앙지도기관이 하며 기업등록은 기업창설승인기관에 한다.

제8조

기업은 기업등록, 세무등록, 세관등록을 하고 해당 등록증을 발급받는다. 이 경우 정해진 수수료를 문다.

등록증은 위조, 수정, 매매하거나 빌려줄수 없다.

承包生产经营企业是指根据外国投资者和朝鲜投资者签订的承包生产经营合同,投资开发及经营农业用地,山林用地,水域用地所需的技术和资金而设立并负责生产经营活动的企业.

承包生产经营企业可以采取独资,合营,合作的经营方式.

第四条

企业可以在经贸区外的朝鲜境内或其他国家设立分公司,代理处,办事处(以下简称为分公司).

第五条

特别鼓励在基础设施建设领域和尖端科学技术领域,生产在国际市场上具有竞争力的产品的领域进行投资.

根据经贸区的法律法规的规定,投资鼓励领域的企业在土地使用,录用劳动力,纳税,准入市场等方面,享受优惠待遇.

第六条

对出版,报道,广播,教育等国家另行规定的领域的项目;影响居民健康,社会道德生活的项目或者损害国土及资源的项目等损害国家安全和社会共同利益的项目,国家禁止设立企业.对超过环境保护标准的项目,设备和生产工艺的经济技术性落后的项目,将未加工的国家资源直接出口的项目,经济效益差的项目,国家限制设立企业.

第七条

罗先市人民委员会和管理委员会(以下简称企业设立审批机关)负责企业设立的审批和登记工作.

对在管理委员会的管辖区域外设立企业,由罗先市人民委员会负责审批和登记工作.对在管理委员会管辖区域设立企业,由管理委员会负责审批和登记.

管理委员会应根据有关准则进行企业设立审批和登记工作.

对银行,保险等特殊领域的企业设立,审批工作由有关的中央指导机关负责,而企业登记在企业设立审批机关办理.

第八条

企业办理企业登记,税务登记,海关登记,领取相应的登记证,并支付相应的手续费.

禁止伪造,修改,买卖或出借登记证.

제9조

지대에서 기업은 평등한 지위를 가진다.

기업은 공정한 경쟁, 등가보상, 신용의 원칙에서 경영활동을 한다.

제10조

기업은 경영관리와 생산, 판매, 재정활동과 로력채용, 로임기준과 지불형식, 상품가격, 리윤분배를 독자적으로 결정할 권리를 가진다.

기업의 경영활동에 대한 비법적인 간섭은 할수 없으며 법규에 정해지지 않은 비용을 징수하거나 의무를 지울수 없다.

제11조

기업의 재산은 국유화하지 않으며 기업과 당사자의 합법적권리와 리익은 지대에서 법적보호를 받는다.

기업의 로력과 재산은 불가피한 경우를 제외하고 다른 부문에 동원시키지 말아야 하며 동원시켰을 경우에는 해당한 보상을 하여야한다.

제12조

투자가와 기업은 지대의 법과 규정을 존중하며 철저히 지켜야 한다.

제13조

기업의 문건은 조선어로 작성하여야 한다.

문건을 외국어로 작성할 경우에는 조선어로 된 번역문을 첨부하여야 한다.

제2장 기업의 창설

제14조

외국측 투자가는 단독으로 또는 우리측 투자가와 계약을 체결하고 과학기술부문과 전자, 자동화, 기계제작, 금속, 채취, 동력, 건재, 제약, 화학, 건설, 운수, 금융, 관광봉사 부문을 비롯한 여러 부문에서 기업을 창설할수 있다.

제15조

합영, 합작기업은 앞선 기술을 받아들이거나 설비를 갱신하여 제품의 질을 국제적수준으로 높일수 있으며 경쟁력이 있는 수출품을 생산할수 있거나 원료, 연료, 자재, 동력을 절약하고 이미 마련된 생산능력을 효과적으로 리용할수 있거나 선진적인 영농기술을 받아들여 농업생산을 높여야 창설할수 있다.

第九条

在经贸区企业具有平等的地位.

企业的经营活动应当遵守公平竞争, 等价补偿, 诚实信用的原则.

第十条

企业对经营管理, 生产, 销售, 财务活动和录用劳动力, 工资标准和支付方式, 商品价格和利润分配等事项, 享有独立决定的权利.

不得非法干涉企业的经营活动, 不得收取法律没有规定的费用和不得赋予法律没有规定的义务.

第十一条

对企业财产不实行国有化, 在经贸区, 企业和当事人的合法权益受法律保护.

企业的劳动力和财产不得动用到其他部门, 因不可避免事由需要动用的, 应当给予相应的补偿.

第十二条

投资者和企业应严格遵守经贸区的法律和规定.

第十三条

企业的文件应用朝鲜文编制.

文件需要用外文编制的, 应当附加朝鲜文翻译本.

第二章 企业的设立

第十四条

外国投资者, 可以在科学技术领域和电子, 自动化, 机械制造, 金属, 开采, 动力, 建材, 制药, 化学, 建设, 运输, 金融, 旅游服务等多个领域单独或与朝鲜投资者签订合同6设立企业.

第十五条

能够引进先进技术或通过更新设备将产品质量提高到国际标准;或能够生产具有竞争力的出口产品;或能够节省原料, 燃料, 材料和动力, 有效地利用已有的生产条件;或者能够引进先进的农业技术来提高农业生产的, 可以设立合营, 合作企业.

제16조

외국인기업은 다음의 조건가운데서 어느 한가지라도 만족시키는 경우에만 창설할수 있다.

1. 첨단기술을 비롯한 현대적인 기술과 최신설비로 장비되여야 한다.
2. 국제시장에서 경쟁력이 강한 수출품을 생산할수 있어야 한다.
3. 생산제품의 질과 봉사수준을 세계적수준으로 높일수 있어야 한다.

제17조

기업을 창설하려는 투자가는 기업창설신청문건을 기업창설승인기관에 내야 한다.

기업창설신청문건에는 기업형식, 투자가의 이름과 주소, 창설하려는 기업의 명칭, 법인대표이름, 기업책임자의 이름, 총투자액, 등록자본, 업종, 투자방식과 기간, 경영 및 분배방식, 관리기구, 종업원수, 경영기간, 조업예정날자 같은 사항을 밝히며 기업의 규약, 자본신용확인서, 투자가능보고서 같은것을 첨부한다.

합영, 합작기업인 경우 기업창설신청문건에 합영, 합작계약문건, 도급생산경영기업인 경우 도급생산경영계약문건에 주요투자기계설비 및 자재명세서를 첨부하여야 하며 지사인 경우 지사설립신청문건에 기업등록문건사본을 첨부하여야 한다.

지사설립신청문건에는 지사의 설립 근거, 활동내용, 기구, 설립하려는 장소 같은것을 밝혀야 한다.

제18조

기업의 규약은 기업의 설립과 조직기구, 경영관리방법 등을 규정한 서면문건이다.

기업의 규약에는 다음과 같은 내용이 포함되여야 한다.

1. 기업의 명칭, 소재지
2. 당사자명, 소재지
3. 기업의 조직목적, 업종, 생산규모, 경영기간
4. 총투자액, 투자단계와 기간, 등록자본, 출자몫, 출자명세, 출자기간, 출자몫의 양도
5. 도급생산경영기업인 경우 경영 및 분배방식
6. 리사회 또는 공동협의기구의 구성과 임무, 운영방식, 통지방법, 기업의 최고결의기관대표자
7. 경영관리기구 및 관리성원과 그 임무
8. 재정관리, 로력관리의 중요한 내용

第十六条

设立外国人企业,应当满足下列条件之一:

1. 具备包括尖端技术在内的现代化技术和最新设备的;
2. 能够生产在国际市场具有较强竞争力的产品的;
3. 能够将产品质量和服务水平提高到世界水平的.

第十七条

拟设立企业的投资者应向企业设立审批机关提交企业设立申请文件.

企业设立申请文件应当记载企业形式, 投资者的姓名和住址, 拟设立企业的名称, 法人代表姓名, 企业负责人姓名, 投资总额, 注册资本, 行业类型, 投资方式和期间, 经营及分配方式, 管理机构, 职工人数, 经营期限, 开业预定日期等事项, 并附加企业章程, 资信确认书, 投资可行性报告等文件.

设立合营, 合作企业的, 提交企业设立申请文件的同时, 应当附加合营, 合作的合同书;设立承包生产经营企业的, 提交承包生产经营合同文件的同时, 应当附加主要投资机器设备及材料明细表;设立分公司的, 提交分公司设立申请文件的同时, 应当附加企业登记文件副本.

分公司设立申请文件应当记载设立理由, 活动内容, 机构, 设立场所等事项.

第十八条

企业的章程是指规定企业设立, 组织机构和经营管理方式等内容的书面文件.

企业章程应包括下列内容:

1. 企业的名称, 住所;
2. 当事人姓名或名称, 住所;
3. 企业的组织目的, 行业类型, 生产规模, 经营期限;
4. 投资总额, 投资阶段和期限, 注册资本, 出资比例, 出资明细, 出资时间, 出资额的转让;
5. 承包生产经营企业时,其经营及分配方式;
6. 董事会或共同协商机构的组成和职责, 运营方式, 通知方法, 企业的最高决议机关的代表人;
7. 经营管理机构及管理成员及其任务;
8. 财务管理和劳动力管理的重要内容;

9. 재정결산과 리윤분배(투자상환), 기금의 조성 및 리용

10. 직업동맹조직의 활동조건

11. 규약의 수정보충

12. 해산과 청산

13. 이밖의 필요한 내용

제19조

투자가능보고서에는 투자관계, 건설과 관련한 자료, 생산 및 생산물처리와 관련한 자료, 로력, 원료, 자재, 지금, 동력, 용수의 소요량과 그 보장대책, 단계별 수익성타산 자료, 기술적분석자료, 환경보호, 로동안전 및 위생과 관련한 자료 이밖의 필요한 자료가 포함되여야 한다.

제20조

계약문건에는 다음과 같은 내용이 포함되여야 한다.

1. 기업의 명칭, 소재지

2. 계약당사자명, 소재지

3. 기업의 창설목적과 업종, 경영기간

4. 총투자액, 등록자본, 출자몫과 출자액, 출자기간, 출자몫의 양도

5. 출자명세(화폐재산, 현물재산, 공업소유권, 기술비결)

6. 계약당사자의 권리와 의무

7. 경영 및 분배방식

8. 리사회 또는 공동협의기구 조직과 운영

9. 경영관리기구와 종업원수(그중 외국인수)

10. 로력관리, 생산 또는 봉사활동(생산물의 처리, 설비, 원료, 자재의 구입, 기술이전 등)

11. 돈자리를 개설한 은행

12. 재정결산과 기금의 조성 및 리용

13. 투자몫의 상환 또는 리윤분배

14. 직업동맹조직

15. 계약위반에 대한 책임과 면제조건, 분쟁해결

16. 계약내용의 수정, 보충 및 취소, 보험, 불가항력적인사유 준거법

17. 계약의 효력

18. 해산과 청산

19. 이밖의 필요한 내용

9. 财务结算和利润分配(投资偿还), 基金的设立和使用;

10. 职业同盟组织的活动条件;

11. 章程的修订补充;

12. 解散和清算;

13. 其他必要内容.

第十九条

投资可行性报告应当包括投资关系, 与建设相关的资料, 处理生产及生产物相关的资料, 劳动力, 原料, 材料, 资金, 动力和用水需求量及其保障对策, 阶段性的收益性计划资料, 技术分析资料, 有关环境保护, 劳动安全及卫生的相关资料及其他必要的资料.

第二十条

合同文件应包括以下内容:

1. 企业的名称, 住所;

2. 合同当事人的姓名或名称, 住所;

3. 企业设立目的和行业类型, 经营期限;

4. 投资总额, 注册资本, 出资比例和出资额, 出资期间, 出资份额的转让;

5. 出资明细(货币财产, 实物财产, 工业产权, 专有技术);

6. 合同当事人的权利和义务;

7. 经营及分配方式;

8. 董事会或共同协议机构的组织和运营;

9. 经营管理机关和职工人数(其中外国人的人数);

10. 劳动力管理, 生产服务活动(生产物的处理, 设施, 原料, 材料的采购, 技术转移等);

11. 开设账户的银行;

12. 财务结算和基金的设立及使用;

13. 投资的偿还或利润分配;

14. 职业同盟组织的活动条件;

15. 违约责任, 免责条件和纠纷解决;

16. 合同内容的修改, 补充和撤消;保险, 不可抗力事由的准据法;

17. 合同效力;

18. 解散和清算;

19. 其他必要的内容.

제21조

　주요투자기계설비 및 자재명세서에는 기계설비 및 지재명, 규격, 용도, 단위, 수량, 단가 ,총액,　생산공장 및 회사명, 수입해오는 나라명 이밖의 필요한 내용을 밝히고 기계설비와 관련한 설명문건을 첨부하여야 한다.

제22조

　합영, 합작기업과 도급생산경영기업을 창설하는 경우 우리측 투자가는 외국측 투자가와 합영, 합작 및 도급생산경영계약을 맺은 다음 관계기관들의 합의를 받아 기업창설신청문건, 기업의 규약, 투자가능 보고서를 외국측 투자가와 공동으로 혹은 봉사기관에 의뢰하여 작성한 다음 직접 또는 대리인을 통하여 기업창설승인기관에 내야 한다.

　외국인 기업을 창설하는 경우 외국측 투자가는 기업창설신청문건, 기업의 규약,　투자가능 보고서를 직접 또는 봉사기관에 의뢰하여 작성한 다음 직접 또는 대리인을 통하여 기업창설승인기관에 내야 한다.

제23조

　지사를 설립하려는 기업은 지사설립신청문건을 기업창설승인기관을 통하여 해당 기관에 내여 승인을 받아야 한다.

제24조

　기업창설승인기관은 기업창설신청문건을 받은 날부터 10일안으로 신청내용을 검토하고 승인하거나 부결하여야 한다.

　기업창설을 승인하였을 경우에는 기업창설승인서를 부결하였을 경우에는 그 리유를 밝힌 통지서를 발급한다.

　기업창설승인기관은 제출된 신청문건에 결함이 있을 경우 신청자에게 시정할것을 요구하여야 한다.

　기업창설승인통지문건에는 기업의 명칭과 소재지, 당사자명, 총투자액과 등록자본, 당사자의 출자몫과 출자액, 출자기간, 기업의 경영기간, 조업예정날자, 업종과 경영범위, 돈자리를 개설할 은행, 관리기구와 종업원수(그중 외국인수) 이밖의 필요한 내용을 밝혀야 한다.

제25조

　기업창설승인을 받은 기업은 기업등록을 하고 기업등록증을 발급받아야 한다.

　기업등록증에는 기업의 명칭, 주소, 법정대표이름, 등록자본, 기업조직형식, 업종, 존속기간 같은 사항을 밝힌다.

第二十一条

　　主要投资机器设备及材料明细表应当记载机器设备及材料名称, 规格, 用途, 单位
, 数量, 单价, 总价, 生产工厂及公司名称, 进口国家的名称和其他必要的内容, 并附
加与机器设备相关的说明文件.

第二十二条

　　设立合营, 合作企业和承包生产经营企业的, 朝鲜投资者应先与外国投资者签订
合营, 合作及承包生产经营合同后, 经有关机关的同意, 与外国投资者共同制作或委
托服务机关制作企业设立申请文件, 企业章程, 投资可行性报告, 并直接或通过代理
人向企业设立审批机关提交.

　　设立外国人企业的, 由外国投资者制作或委托服务机关制作企业设立申请文件
, 企业章程, 投资可行性报告, 并直接或通过代理人向企业设立审批机关提交.

第二十三条

　　拟设立分公司的企业, 通过企业设立审批机关向有关机关提交分公司设立申请文
件.

第二十四条

　　企业设立审批机关在收到企业设立申请文件之日起10日内, 审查申请内容并做出
批准或不予批准的决定.

　　决定批准的, 颁发企业设立批准证书;决定不予批准的, 发放说明其理由的通知书.

　　企业设立审批机关发现报送的的申请文件存在瑕疵时, 应要求申请人改正.

　　企业设立审批通知文件应当记载企业名称和住所, 当事人的姓名或名称, 投资总
额和注册资本, 当事人的出资比例和出资额, 出资期间, 企业的经营期限, 开业预定
日期, 行业类型和经营范围, 拟开设账户的银行, 管理机构和职工人数(其中外国人
人数) 以及其他必要的内容.

第二十五条

　　经批准设立的的企业应办理企业登记, 并领取企业登记证.

　　企业的登记证应当记载企业名称, 住所, 法人代表姓名, 注册资本, 企业组织形式
, 行业类型, 存续期间等事项.

기업창설승인기관은 기업창설승인서와 함께 기업등록증을 발급할수 있다.

기업등록증을 발급한 날을 기업의 창설일로 하며 등록된 기업은 우리 나라의 법인으로 된다.

제26조

기업은 경영활동에 필요한 관리성원과 종업원, 고정된 영업장소를 가져야 한다.

제27조

기업등록증을 발급받은 기업은 해당 절차에 따라 기업등록증에 지적된 명칭대로 기업의 공인을 조각한 다음 해당 기관에 등록하며 거래은행에 돈자리를 개설하여야 한다.

제28조

기업은 기업등록증을 받은 날부터 14일안으로 세관등록, 세무등록을 하여야 한다.

세관등록은 지대세관에, 세무등록은 라선시인민위원회세무국에 한다.

제3장 출자

제29조

기업의 출자는 기업창설승인문건에 정한데 따라하여야 한다.

제30조

출자는 화폐와 현물재산 또는 재산권으로 한다.

재산권에는 공업소유권, 저작소유권, 토지 및 부동산리용권 같은것이 포함된다.

제31조

외국측 투자가가 출자하는 현물재산은 투자가의 소유이면서 기업의 생산에 필수적인것이여야 하며 우리 나라령역에 없거나 우리나라 령역에서 생산하더라도 질적 및 량적수요를 충족시키지 못하는것이여야 한다.

제32조

공업소유권, 저작소유권의 출자는 다음과 같은 조건가운데서 한가지 이상의 조건에 맞아야 할수 있다.

　　1.새로운 제품을 또는 수출제품을 생산할수 있어야 한다.
　　2.국제적수준에서 제품의 질과 생산성을 높일수 있어야 한다.

企业设立审批机关发给企业设立批准证书时,可以同时颁发企业登记证.

企业的登记证书签发日期为企业成立日期,登记的企业成为朝鲜的法人.

第二十六条

企业应具备经营活动所必要的管理人员,职工和固定的营业场所.

第二十七条

领取企业登记证的企业应当按规定的程序,根据企业登记证确定的名称刻制公章,并向有关机关进行登记和在开户银行开设账户.

第二十八条

企业应在收到企业登记证之日起14日内办理海关登记和税务登记.

在经贸区海关办理海关登记,在罗先市人民委员会税务局办理税务登记.

第三章 出资

第二十九条

企业的出资应按企业设立审批文件确定的内容进行.

第三十条

出资方式为货币,实物财产或财产权.

财产权包括工业产权,著作权,土地及不动产使用权等权利.

第三十一条

外国投资者出资的实物财产,应当是投资者所有的,企业生产所必需的财产,并在朝鲜没有或在朝鲜可以生产但无法满足其质量和数量需求的财产.

第三十二条

作为出资的工业产权和著作权,必须符合下列条件中的一项以上:

1.能够生产新产品或是出口产品;

2.按照国际标准,能够提高产品的质量和生产性;

3.로력, 원료, 자재, 연료, 동력을 최대한 절약하거나 우리 나라의 자원을 충분히 리용할수 있어야 한다,

4.로동안전을 보장하고 환경을 보호할수 있는 것이여야 한다.

제33조

현물재산으로 출자하는 경우에는 현물재산명, 규격, 단위, 수량, 용도, 가격, 총액, 생산공장 및 회사명, 현물재산을 수입해오는 나라명 이밖의 필요한 내용을 밝힌 명세서와 계산서, 수출입품검사문건 같은것이 있어야 한다.

공업소유권, 저작소유권으로 출자하는 경우에는 명칭, 소유자명, 실용가치, 유효기간 같은것을 밝힌 설명서와 기술문헌, 도면, 조작지도서와 같은 기술자료, 평가가격의 계산근거 같은것이 있어야 한다.

이 경우 출자비률은 등록자본의 20%를 넘지 말아야 한다.

제34조

부동산으로 출자하는 경우에는 해당 부동산의 면적, 용도, 가격, 부동산리용권의 유효기간 같은것을 밝힌 설명서와 도면, 기술자료, 평가가격의 계산자료, 해당 소유권 또는 리용권 증서가 있어야 한다.

제35조

출자는 다음의 경우에 인정한다.

1.화폐재산은 해당한 금액을 거래은행의 기업돈자리에 넣었을 경우

2.부동산은 그 소유권 또는 리용권을 기업에 이전하는 수속을 끝낸 다음 해당 재산등록기관에 등록하였을 경우

3.부동산밖의 현물재산은 소유권 또는 리용권의 이전 수속을 끝내 다음 기업의 구내에 옮겨놓았을 경우

4.재산권은 해당 소유권증서를 기업에 이전하는 수속이 끝났을 경우

제36조

출자하는 현물재산과 재산권의 가치평가는 출자당시의 국제시장가격에 준하여 당사자들이 합의하여 정한다.

출자재산과 재산권의 가치는 검증기관의 검증을 받아야 한다.

출자하는 재산의 값은 조선원 또는 외화로 계산한다.

조선원과 외화의 환산은 계산당일 지대 중앙은행이 발표한 교환시세에 따라 계산한다.

3.最大限度地节约人力, 原料, 材料, 燃料, 动力, 或能够充分利用我国的资源;

4.能够保障劳动安全, 保护环境.

第三十三条

用实物财产出资的, 应当具备记载实物财产名称, 规格, 单位, 数量, 用途, 价格, 总额, 生产工厂及公司名称, 实物财产的出口国家以及其他必要的内容的明细书, 计算书和进出口商品审查文件等文件.

用工业产权, 著作权出资的, 应具备记载名称, 所有人姓名或名称, 使用价值, 有效期限等内容的说明书和技术文件, 图纸, 操作说明书等技术资料, 以及能够评估价格的计算依据等文件.其出资比例不得超过注册资本的20%.

第三十四条

用不动产出资的, 应当具备记载相关不动产的面积, 用途, 价格, 说明不动产使用权的有效期限等内容的说明书和图纸, 技术资料, 评估价格的计算资料, 有关所有权或使用权的证书等文件.

第三十五条

在下列情况下认定其出资:

1.以货币财产出资的,将货币财产存入企业在开户银行开设的账户;

2.以不动产财产出资的,办理了不动产所有权或使用权的转移手续,并在财产登记机关办理登记的;

3.以不动产以外的其他实物财产出资的,办理了所有权或使用权的转移手续,并将实物财产转移至企业内部;

4.以财产权出资的,办理了将所有权证书转移给企业的手续.

第三十六条

用实物财产或者财产权出资的, 其评估作价按出资时的国际市场价格,由当事人协商确定.

出资的财产和财产权的价值, 须经验证机关的验证.

出资财产的价值, 以朝鲜元或外汇计算.

朝鲜元和外汇的汇率按计算当日的经贸区中央银行公布的外汇牌价来计算.

제37조

합영, 합작기업인 경우 출자재산을 당시의 가격으로 계산한 출자총액이 계약 또는 규약에 정한 출자의 총액보다 적을 경우 해당 투자가가 그 차액만큼 더 보충하여 출자하여야 한다.

합영, 합작기업에 출자하는 몫은 당사자들이 합의하여 정할수 있으나 외국측 투자가는 등록자본의 30%이상을 출자하여야 한다.

제38조

기업은 정해진 기간안에 출자하며 분할하여 출자할 경우에는 3년안에 하여야 한다.

초기출자는 기업등록증을 받은 날부터 90일안으로 등록자본의 30%이상 하여야 한다.

부득이한 사정으로 정해진 기간안에 출자할수 없을 경우에는 기업창설승인기관에 출자기일연장신청서를 내고 승인을 받아야 한다.

출자기간연장신청문건에는 기업명, 당사자명, 주소, 출자금액, 연장기간, 연장근거 같은 내용을 밝혀야 한다.

출자기간은 여러번 연장할수 있으나 총 연장기간은 12개월을 넘을수 없다.

제39조

기업은 투자할 때마다(단계별 출자를 끝냈을 경우)회계검증기관의 검증을 받은 출자확인문건을 기업창설승인기관에 내야 하며 출자자에게 출자증서를 발급해주어야 한다.

출자증서에는 출자자명, 출자몫, 출자금액, 기업의 명칭과 경영기간, 기업등록 날자와 번호를 밝혀야 한다.

제40조

기업창설승인기관은 투자가가 정당한 리유없이 정한 기간안에 출자하지 않았을 경우 기업창설승인을 취소할수 있다. 이 경우 기업등록기관, 세무기관과 해당 세관에 그에 대하여 통지하여야 한다.

제41조

출자를 정한 기간안에 하지 않아 손해를 주었을 경우에는 손해입은 당사자에게 준 손해를 보상하여야 한다.

제42조

투자가는 자기 출자몫의 일부 또는 전부를 제3자에게 양도(판매, 증여에 한함) 또는 상속할수 있다.

第三十七条

对合营,合作企业的出资财产,按照当时的价格计算的出资总额如果低于合同或章程约定的出资额的,应当由投资者补足其差额.

双方当事人可以协商确定合营,合作企业的出资比例,但外国投资者出资应占注册资本的30%以上.

第三十八条

企业应在规定的期限内出资,分期出资的应在3年内完成出资.

首期出资,不得低于注册资本的30%,且应当自收到企业登记证之日起90日内缴清.

因不得已的事由不能在按期出资的,应当向企业设立审批机关提交延长出资期限申请书,并获得批准.

出资期限延长申请文件应记载企业名称,当事人姓名或名称,住址,出资额,延长期限,延长事由等内容.

出资期限可以多次延长,但是累计不得超过12个月.

第三十九条

企业对于每次投资(结束了阶段性的出资时),都应向企业设立审批机关提交会计验证机构提供的出资确认文件,并向出资者出具出资证明书.

出资证明书应记载出资人姓名或名称,出资金额,企业名称和经营期限,登记日期和登记号码.

第四十条

投资者无正当理由未按期缴纳其出资的,企业设立审批机关可以撤消企业设立许可,并通知企业登记机关,税务机关,海关机关.

第四十一条

因投资者不按期缴纳出资而造成损失的,应当赔偿当事人的损失.

第四十二条

投资者可以向第三人转让(限于出售,赠与)或继承其部分或全部的出资.

합영, 합작당사자가 출자몫을 양도하려고 할 경우에는 상대측 당사자의 동의를 받고 리사회 또는 공동협의기구에 제기하여 토의결정한 다음 기업창설승인기관의 승인을 받아 기업등록기관과 세무기관, 해당 세관에 7일안에 변경등록을 하여야 한다.

출자몫을 판매할 경우 같은 판매조건에서 상대측 당사자는 우선구매권을 가진다.

제43조

총투자액은 기업을 창설운영하는데 필요한 자금의 총액이며 등록자본은 기업등록기관에 등록한 기업의 자기자본이다.

총투자액과 등록자본의 차액은 차입금으로 충당할수 있다.

기업은 창설초기 등록자본을 다음의 비률로 보장하여야 한다.

    1.총투자액 100만€ 까지는 총투자액의 70%이상

    2.총투자액 100만1€부터 300만€까지는 총투자액의 60%이상

    3.총투자액 300만1€부터 600만€까지 총투자액의 50%이상

    4.총투자액 600만1€부터 1000만€끼지는 총투자액의 40%이상

    5.총투자액1000만1€부터 2000만€까지는 총투자액의 35%이상

    6.총투자액2000만1 이상부터는 총투자액의 30%이상

제44조

등록자본은 늘일수는 있으나 줄일수 없다.

등록자본을 늘이려고 할 경우에는 최고결의기구에서 토의결정한 다음 기업창설승인기관의 승인을 받아야 한다.

등록지본을 늘이려고 할 경우에는 7일안으로 기업등록기관과 세무기관, 해당 세관에 등록자본의 변경내용을 등록하여야 한다.

제4장 관리기구

제45조

최고결의기구로서 합영기업에는 리사회를, 합작기업에는 공동협의기구를 조직한다.

외국인기업에는 필요에 따라 리사회를 조직할수 있다.

제46조

리사회는 합영기업의 최고결의기관이며 합영기업의 모든 중요한 문제를 결정한다.

리사회에는 리사장과 부리사장, 리사를 둔다.

합영당사자는 출자비률에 따라 리사회성원선출권한을 가진다.

合营, 合作企业的当事人拟转让其出资的, 须征得对方当事人同意, 并提交董事会或共同协商机构协商决定, 报经企业设立审批机关批准后, 于批准之日起7日内在企业登记机关, 税务机关和海关机关办理变更登记.

出售其出资的, 在同等条件下对方当事人享有优先购买权.

第四十三条

投资总额是设立经营企业所需的资金总额. 注册资本是企业在企业登记机关登记的企业的自有资本.

投资总额和注册资本之间的差额, 可以通过借款的方式解决.

企业设立初期, 对注册资本应当保障以下比例:

1. 投资总额为100万€以下的, 应占投资总额的70%以上;
2. 投资总额为100万1€以上300万€以下的, 应占投资总额的60%以上;
3. 投资总额为300万1€以上600万€以下的, 应占投资总额的50%以上;
4. 投资总额为600万1€以上1000万€以下的, 应占投资总额的40%以上;
5. 投资总额为1000万1€以上2000万€以下的, 应占投资总额的35%以上;
6. 投资总额为2000万1€以上的, 应占投资总额的30%以上.

第四十四条

注册资本可以增加, 但不得减少.

增加注册资本时, 应当经最高决议机关讨论决定, 并报企业设立审批机关批准.

企业拟增加注册资本, 应于7日内在企业登记机关和税务机关, 海关机关办理注册资本变更登记手续.

第四章 管理机关

第四十五条

作为最高决议机关, 合营企业设立董事会, 合作企业设立共同协商机构.

外国人企业根据需要可以设立董事会.

第四十六条

董事会是合营企业的最高决议机关, 决定合营企业的所有重要事项.

董事会设董事长, 副董事长和董事.

合营双方根据出资比例, 享有选派董事会成员的权限.

제47조

리사회의 리사장과 부리사장은 리사회의에서 선거하며 련임할수 있다.

리사의 임기는 3년으로 하며 필요한 경우에는 합영당사자들이 합의하여 그 임기를 달리 할수도 있다.

리사장은 합영기업의 법정대표이다.

부리사장은 리사장의 사업을 방조하며 리사장의 결원인 경우 그를 대리한다.

제48조

리사회는 정기회의와 림시회의를 소집한다.

정기회의는 년에 1차이상, 림시회의는 필요한 때마다 소집할수 있다.

림시회의는 리사회성원 3분의1이상의 요구에 따라 할수있다.

제49조

리사회의를 소집하려고 할 경우 정기회의는 30일전에, 림시회의는 15일전에 회의날자, 장소, 토의문제를 리사들에게 서면으로 통지하여야 한다. 리사회의는 일반적으로 합영기업의 소재지에서 개최하여야 한다.

제50조

리사회의는 전체 성원의 3분의2이상 참가하여야 성립된다.

리사회의에서는 규약을 수정보충하거나 기업의 발전대책, 경영활동계획, 결산과 분배, 기업의 책임자와 부책임자, 회계검열원, 회계책임자의 임명 및 해임, 등록자본의 증가, 출자몫의 양도, 업종변경, 경영기간연장, 해산, 청산위원조직같은 중요한 문제를 토의결정한다.

제51조

규약의 수정보충, 출자몫의 양도, 업종 및 등록자본의 변동, 경영기간연장, 기업해산에 대한 리사회의 결정은 리사회의에 참가한 리사들의 전원찬성으로, 이밖의 문제는 과반수의 찬성으로 채택된다.

제52조

리사는 1인1표의 결의권을 가진다.

리사회의 결정은 거수가결의 방법, 비밀투표 또는 서면의 방법으로 하며 리사회의 합법적인 결정에 대하여 그 누구도 간섭할수 없다.

제53조

리사는 대리인을 통하여 결의권을 행사할수 있다.

第四十七条

董事长和副董事长由董事会选举产生,并可以连任.

董事的任期为3年,必要时合营当事人可以协商变更其任期.

董事长是合营企业的法定代表人.

副董事长辅助董事长的工作,当董事长缺席时,可以代理其工作.

第四十八条

董事会组织定期会议和临时会议.

定期会议每年至少召开一次,必要时可以随时召开临时会议.

经1/3以上董事提议,可以召开临时会议.

第四十九条

关于召集董事会议,定期会议应在30日前,临时会议应在15日前,向董事们书面通知会议日期,时间,需要讨论的问题等.通常情况下,应在合营企业的所在地召开董事会议.

第五十条

董事会议应有三分之二以上的董事出席方可举行.

董事会议讨论决定企业章程的修改补充,企业发展策略,经营活动计划,结算和分配,企业经理和副经理,会计检查员,会计负责人的任命和解聘,注册资本的增加,出资的转让,经营范围的变更,经营期限的延长,解散,组织清算委员等重要的事项.

第五十一条

对于企业章程的修改补充,出资的转让,行业类型和注册资本的变更,经营期限的延长,企业解散的事项,由出席董事会议的董事一致通过方可作出决议.其他事项,过半数董事同意即可作出决议.

第五十二条

董事具有1人1票的表决权.

董事会采取举手表决,无记名投票和书面表决等方法作出决定.对董事会合法的决定,任何人不得干涉.

第五十三条

董事可以通过代理人行使表决权.

대리권을 행사하려고 할 경우에는 리사장에게 통지하고 대리권의 범위를 밝힌 위임장을 대리인에게 지참시켜야 한다.

제54조

합작기업에는 비상설로 공동협의기구를 둘수 있다.

공동협의기구는 의장과 부의장, 필요한 성원으로 구성타며 그 수는 합작당사자들이 합의하여 정한다.

공동협의기구성원에는 합작당사자와 기업책임자가 포함되여야 한다.

의장과 부의장은 합작당사자 일방이 다 맡아할수 있다.

제55조

공동협의기구는 합작당사자들의 합의에 따라 필요할 때마다 협의회를 소집한다.

회의날자와 장소, 토의문제는 기업책임자가 회의소집 30일전으로 공동협의기구성원들에게 알려주어야 한다.

제56조

공동협의기구에서는 등록자본의 증가, 업종변경, 경영기간의 연장, 기업의 발전대책, 년간경영활동계획, 새기술도입과 제품의 질제고, 투자 및 재투자, 출자몫의 양도와 같은 합작기업의 경영에서 나서는 중요한 문제들을 토의결정한다.

제57조

최고결의기구의 회의록은 회의에 참가한 성원들이 수표한 다음 기업이 해산된 후 1년까지 우리측 당사자가 보관하여야 한다.

제58조

기업에는 경영관리기구를 두고 기업의 일상경영관리를 맡아하도록 한다.

경영관리기구에는 기업의 책임자와 부책임자, 회계성원 이밖의 필요한 성원이 포함된다.

합영기업의 책임자와 부책임자, 회계책임자는 합영당사자들이 각각 나누어 맡아할수 있다.

제59조

합영, 합작기업의 경영관리성원은 다른 기관이나 기업의 직무를 겸임할수 있다.

제60조

기업의 경영관리성원은 자기 사업에 대하여 최고결의기관앞에 책임지며 자기의 잘못으로 기업에 손해를 주었을 경우 그 손해를 보상할 책임을 진다.

行使代理权的,应通知董事长,代理人应携带表明代理权限的委托书.

第五十四条

合作企业可以组织非常设的共同协商机构.

共同协商机构由议长,副议长和必要的成员组成,其具体人数由合作当事人协商确定.

共同协商机构成员应当包括合作当事人和企业负责人.

合作当事人一方可以同时担任议长和副议长.

第五十五条

共同协商机构根据合作当事人的协商,必要时召集协商会议.

会议日期,场所和讨论内容,应由企业负责人在召集会议30日前通知共同协商机构的成员.

第五十六条

共同协商机构可以协商和决定注册资本的增加,行业类型的变更,经营期限的延长,企业发展策略,年度经营活动计划,新技术的引进和产品质量的提高,投资及再投资,出资额的转让等合作企业的重要事项.

第五十七条

最高决议机关的会议记录应有出席会议的成员的签字,直至企业解散后1年,由朝鲜的当事人保管.

第五十八条

企业设经营管理机关,负责企业的日常经营管理工作.

经营管理机关由企业的负责人,副负责人,会计成员及其他必要成员组成.

合营各方当事人可以分别担任合营企业的经理,副经理,会计负责人.

第五十九条

合营,合作企业的经营管理成员可以兼任其他机关或企业的职务.

第六十条

企业的经营管理成员对企业的最高决议机关负责其工作,因其自身的过错给企业造成损失的,承担损害赔偿责任.

제5장 영업허가 및 경영활동

제61조

기업은 영업허가를 받아야 경영활동을 할수 있다.

제62조

영업허가는 기업창설승인통지문건에 밝힌 조업예정날자안에 받아야 한다.

제63조

불가피한 사정으로 영업허가를 조업예정날자안에 받을수 없을 경우에는 기업창설승인기관에 조업기일연장신청문건을 내여 승인을 받아야 한다.

제64조

영업허가는 다음과 같은 조건이 갖추어졌을 경우에 받을수 있다.

1. 건물을 신설 또는 확장하였을 경우에는 준공검사에서 합격되여야 한다.
2. 생산부문인 경우에는 시운전을 한 다음 새제품을 생산하여야 한다.
3. 봉사부문에서는 해당 설비 및 시설을 갖추고 봉사물자의 구입과 같은 봉사준비를 끝내야 한다.
4. 승인받은 투자를 하여야 한다.
5. 이밖의 영업활동에 필요한 준비를 끝내야 한다.

제65조

영업준비를 끝낸 기업은 준공검사기관, 생산공정 및 시설물의 안전성확인기관 같은 해당 기관에 검사 또는 확인과 관련한 의뢰문건을 내야 한다.

제66조

검사, 확인과 관련한 의뢰문건을 받은 해당 기관은 정한 기간안으로 의뢰받은 대상을 검사 또는 확인하고 결함이 있을 경우 그것을 시정시킨 다음 해당한 검사 또는 확인문건을 발급해주어야 한다.

제67조

영업허가를 받으려는 기업은 기업창설승인기관에 영업허가신청문건을 내야 한다.

기업창설승인기관에 제출하는 영업허가신청문건에는 기업의 명칭, 소재지, 조업예정날자, 총투자액, 등록자본, 투자실적, 업종과 같은 내용을 밝히고 투자실적확인문건, 준공검사확인문건, 생산공정 및 시설물의 안전성담보문건, 환경영향평가문건, 시제품견본 같은것을 첨부하여야 한다.

第五章 营业许可及经营活动

第六十一条

企业取得营业许可,才可以从事经营活动.

第六十二条

营业许可,应当在企业设立审批通知文件记载的开业日期之前取得.

第六十三条

因不得已的事由,未能在开业日期前获得营业许可的,应向企业设立审批机关提交
开业预定日期延期申请书,并应获得批准.

第六十四条

具备下列条件的,可以获得营业许可:

1. 新建或扩建建筑物,应取得竣工验收合格;
2. 生产部门,应当进行试生产后再生产新产品;
3. 服务部门,应具备有关设备及设施,并采购服务物资等服务准备工作终了;
4. 应当进行获得批准的投资;
5. 完成其他经营活动所需的准备工作.

第六十五条

做完营业准备的企业应向竣工验收机关,生产工程及设施的安全性确认机关等有
关机关提交请求验收或确认的委托文件.

第六十六条

收到验收或确认的委托文件的机关,应在规定的期限内对被委托的项目进行验收
或确认.发现存在瑕疵时,责令企业改正后,颁发验收或确认文件.

第六十七条

需要取得营业许可的企业,应向企业设立审批机关提交营业许可申请文件.

向企业设立审批机关提交的营业许可申请文件应当记载企业名称,住所,开业预
定日期,投资总额,注册资本,实际投资,行业类型等内容,另外需要附上实际投资确
认书,竣工验收确认文件,生产工程及设施的安全担保文件,环境影响评估文件,试
制品样本等文件.

제68조

　　기업창설승인기관은 영업허가신청문건을 받은 날부터 7일안으로 검토하고 영업허가증 또는 부결통지서를 발급하여야 한다.

　　기업은 영업허가증서를 발급받았을 경우 해당 세무기관과 세관에 그에 대하여 통지하여야한다.

제69조

　　기업은 기업등록증과 영업허가증원본을 경영장소의 잘 보이는 곳에 게시하여야 한다.

제70조

　　기업은 승인받은 업종의 범위에서 경영활동을 하여야 한다.

　　업종을 늘이거나 변경하려 할 경우에는 기업창설승인기관의 승인을 받아야 한다.

　　업종확대 또는 변경신청서에는 투자가의 이름과 주소, 등록된 기업의 명칭과 소재지, 법정대표의 이름, 기업책임자의 이름, 총투자액, 등록자본, 업종, 기업형태, 관리기구, 종업원수, 경영기간, 확대 또는 변경되는 업종과 그 리유 같은사항을 밝히며 업종 확대 또는 변경하는것과 관련하여 수정된 기업의 규약, 자본신용 확인서, 투자가능보고서 같은것을 첨부한다.

제71조

　　기업창설승인기관은 업종변경신청문건을 받은날부터 10일안으로 심의한 다음 승인 또는 부결하여야 하며 그 결과를 신청자와 관계기관에 통지하여야 한다.

제72조

　　기업은 업종변경승인통지문건을 받은 날부터 7일안으로 영업허가증을 다시 발급받아야 한다.

제73조

　　기업창설승인기관은 기업의 업종에 따르는 경영활동정형을 감독하며 영업허가증에 대한 확인을 정기적으로 하여야 한다.

　　기업은 영업허가증을 분실하였거나 심히 오손시켰을 경우 10일안으로 다시 발급받아야 한다.

제74조

　　기업은 생산과 경영활동에 필요한 물자(륜전기재포함)와 기술, 저작소유권을 지대 또는 제대밖의 우리 나라 령역이나 다른 나라에서 구입할수 있으며 기술 또는 저작소유권, 생산한 제품을 우리 나라 령역이나 다른 나라에 판매할수 있다.

第六十八条

　　企业设立审批机关应自收到营业许可申请文件之日起7日内,进行审查,签发营业
许可证或发放否决通知书.

　　企业获得营业许可证之后,应当向有关税务机关和海关通知相关情况.

第六十九条

　　企业应将企业登记证和营业许可证原本悬挂于经营场所醒目的位置.

第七十条

　　企业应在获得批准的行业范围内进行营业活动.

　　扩大或变更行业类型时,应获得企业设立审批机关的批准.

　　变更或扩大行业的变更申请书应记载投资者的姓名和住址,登记企业的名称和住
所,法定代表人姓名,企业负责人姓名,投资总额,注册资本,行业类型,企业类型,管
理机关,职工人数,经营期限,扩大或变更行业类型的原因等内容,并附上因扩大或
变更行业类型而修改的企业章程,资信确认书,投资可行性报告等文件.

第七十一条

　　企业设立审批机关应自收到行业类型的变更申请文件之日起10日内进行审查,并
作出批准或不予批准的决定,并向申请人和有关机关通知其结果.

第七十二条

　　企业自收到行业类型变更批准通知文件之日起7日内,应重新领取营业许可证.

第七十三条

　　企业设立审批机关按照企业的行业类型对其经营活动情况进行监督,定期检查企
业的营业许可证.

　　企业遗失或严重毁损营业许可证的,应在10日内重新申领营业许可证.

第七十四条

　　企业可以在经贸区或者经贸区外的朝鲜其他区域或外国购买生产经营所需的物
资(包括运输器材),技术,知识产权,也可以向朝鲜其他区域或外国销售其技术或知
识产权,生产的产品.

제75조

기업은 정해진 절차에 따라 지대밖의 우리 나라기관, 기업소, 단체와 계약을 맺고 생산과 경영활동에 필요한 물자를 구입하거나 원료, 자재, 부분품을 위탁가공할수있으며 생산한 제품을 판매할수 있다.

계약에는 계약당사자의 이름, 소재지, 계약기간, 계약날자, 계약대상과 수량, 질, 기술적요구, 가격 및 대금지불, 넘겨주고 받기, 계약리행담보, 계약위반에 대한 책임, 분쟁해결같은 내용을 밝혀야 한다.

제76조

기업은 직접 또는 지대의 해당 기관에 위탁하여 생산과 경영활동에 필요한 물자, 기술, 저작소유권을 수입하거나 생산품과 기술, 저작소유권을 수출할수 있다.

제77조

기업은 자기가 생산한 제품이나 제공하는 봉사에 대한 가격을 해당 시기 국제시장가격에 준하여 당사자들이 합의하여 정한다. 이 경우 알곡류와 중요대중생활용품의 가격, 공공봉사비용은 라선시인민위원회가 정한 기준가격보다 높게 정할수 없다.

제78조

기업은 기본건설을 직접 맡아하거나 우리 나라의 건설기업소에 위탁하여 할수 있다.
필요한 경우에는 지대건설감독기관의 승인을 받아 다른 나라 건설기업에 건설을 위탁할수 있다.

제79조

기업은 기업창설승인기관의 승인을 받아 가공무역, 중계무역, 보상무역 같은 여러가지 형식의 무역활동을 할수 있다.

제80조

기업은 경영활동과정에 지적재산권을 침해하거나 제품모방, 뢰물행위, 허위광고, 비법거래, 공모입찰 같은 행위로 다른 기업의 합법적인 권리와 리익을 침해하지 말아야 한다.

제81조

기업은 자체로 또는 전문기관에 의뢰하여 제품판매나 봉사소개와 관련한 광고를 할수 있다. 이 경우 광고는 진실하고 합법적인것이여야 한다.

第七十五条

　　企业按照规定的程序可以与经贸区外的朝鲜的机关, 企业, 团体签订合同, 采购经营活动所需的物资或者委托加工原料, 材料, 零部件, 并销售其生产的产品.

　　合同应当记载当事人姓名或名称, 住所, 合同期限, 签约日期, 合同对象和数量, 质量, 技术要求, 价格及支付款项, 货物交接, 合同履行担保, 违约责任和纠纷解决等内容.

第七十六条

　　企业可以直接或委托经贸区的有关机关进口生产经营所需的物资, 技术, 知识产权, 或者出口产品和技术, 知识产权.

第七十七条

　　企业对生产的产品或提供的服务, 可依据当时的国际市场价格由当事人之间协商定价.此时, 粮食类和重要的公众生活用品价格, 公共服务费用不得高于罗先市人民委员会制定的标准价格.

第七十八条

　　企业可以自已进行基本建设, 也可以委托朝鲜的建设企业进行基本建设.
　　必要时经经贸区建设监督机关的批准, 可以委托外国建设企业进行基本建设.

第七十九条

　　企业经企业设立审批机关的批准, 可以进行加工贸易, 中介贸易, 补偿贸易等多种形式的贸易活动.

第八十条

　　企业在经营活动过程中, 不得以侵犯知识产权, 仿冒产品, 贿赂行为, 虚假广告, 非法交易, 串通投标等行为, 侵犯其它企业的合法权益.

第八十一条

　　企业可以自行或者委托专门机关进行有关销售产品或介绍服务的广告.广告应当真实合法.

제82조

기업은 경영활동에 필요한 원자재, 연료 같은 물자를 지대에 들여오거나 생산한 제품을 우리 나라 령역밖으로 제한없이 내갈수 있다. 그러나 지대안이나 지대밖의 우리 나라 령역에서 구입한 수산물, 광석 같은 자연부원을 가공하지 않고 그대로 내가려 할 경우에는 해당 절차에 따라 승인을 받아야 한다.

제83조

기업은 투자물자, 생산과 경영활동에 필요한 물자(륜전기재 포함)를 다른 나라에서 들여오거나 생산한 제품을 다른 나라에 내가는 경우 해당 기관에 반출입신청문건을 내야 한다.

물자반출입신청문건에는 반출입물자명, 수량, 가격과 금액, 국경통과지점과 기간, 반출입근거 같은것을 밝혀야 한다.

제84조

공업소유권, 기술비결, 저작소유권을 다른 나라에서 들여오거나 다른 나라에 내가려고 할 경우에는 지대과학기술행정기관에 해당 수출입허가신청문건을 내야 한다.

수출입허가신청문건에는 공업소유권, 기술비결, 저작소유권의 명칭, 내용, 가격, 수출입근거 같은것을 밝혀야 한다.

제85조

해당 기관은 물자반출입신청문건에는 접수한 당일에, 수출입허가신청문건은 접수한 날부터 5일안으로 검토한 다음 승인하거나 부결하여야 한다.

제86조

기업이 생산과 경영활동에 필요한 물자를 수입하거나 생산제품을 수출하는 물자, 지대개발에 필요한 물자, 무역을 목적으로 들여오는 물자, 사무용품과 생활용품, 기증물자, 이밖에 따로 정한 물자에는 관세를 부과하지 않는다.

그러나 생산한 상품과 수입한 물자를 공화국령역에서 판매하는 경우에는 상품생산에 쓰인 원료, 자재와 부분품에 관세를 부과한다.

제87조

기업은 외국측 투자가의 투자몫으로 들여오는 현물재산을 지대수출입품검사기관(공업소유권, 기술비결, 저작소유권은 과학기술행정기관)에 의뢰하여 검사 및 확인을 받아야한다.

第八十二条

企业可以不受限制地将经营活动所需的原材料, 燃料等物资运入经贸区, 或将生产的产品运往国外.但将在经贸区内或经贸区外朝鲜境内采购的海产品, 矿石等自然资源未经加工直接运往国外的,应当按照有关程序获得批准.

第八十三条

企业从其他国家进口投资物资, 生产经营所需物资(包括轮转器材) 或将生产产品销往国外时,应向有关机关提交进出口申请文件.

物资进出口申请文件应当记载进出口物资名称, 数量, 价格和金额, 过境地点和期间, 进出口证明等事项.

第八十四条

企业从其他国家进口或向外国出口工业产权, 专有技术, 知识产权时, 应当向经贸区科学技术行政机关提交有关进出口许可申请文件.

进出口许可申请文件应当记载工业产权, 专有技术, 知识产权的名称, 内容, 价格和进出口证明等事项.

第八十五条

对于物资进出口申请文件, 应于收到文件当日做出批准或不批准的决定.对进出口许可申请文件,应于收到文件之日起5日内进行审查并做出批准或不批准的决定.

第八十六条

对于企业进口的生产经营所需的物资或出口的生产产品, 经贸区的开发所需的物资, 贸易所需的物资, 办公用品和生活用品, 赠与物资以及其他另行规定的物资, 免征关税.

但是, 如将生产的商品和进口的物资在朝鲜境内销售时, 对于用于生产商品的原料, 材料和零部件, 征收关税.

第八十七条

企业对外国投资者作为投资而进口的实物财产,应当委托经贸区进出口商品审查机关(工业产权, 专有技术, 知识产权应委托科学技术行政机关) 进行审查并确认.

제88조

지대수출입품검사기관과 과학기술행정기관은 검사 및 확인의뢰문건에 따라 현물재산 또는 공업소유권, 기술비결, 저작소유권을 검사, 확인한 다음 해당한 문건을 발급해주어야 한다.

제89조

기업은 보험에 드는 경우 지대에 있는 보험회사의 보험에 들어야 한다.

의무보험은 중앙보험지도기관이 정한 보험회사에 든다.

제90조

기업은 경영활동에 필요한 로력을 지대 로동법규에 따라 채용하여야 한다.

제91조

기업은 우리 나라 로력을 우선적으로 채용하여야 한다.

일부 관리인원과 특수한 직종의 기술자, 기능공은 다른 나라 로력으로 채용할수 있다. 이 경우 기업창설승인기관에 채용하는 다른 나라 로력에 대하여 통지를 하여야 한다.

다른 나라 로력채용통지문건에는 채용되는 기술자, 기능공의 이름, 남녀별, 난날, 국적, 민족별, 직무, 경력, 채용기간, 거주지, 로임기준 및 생활보장조건 같은 내용을 밝혀야 한다.

제92조

기업은 지대로동법규에 따라 로력을 관리하여야 한다.

기업은 종업원에게 로동보호용구, 작업필수품, 영양식료품 같은 로동보호물자를 공화국의 로동법규범에서 정한 기준보다 낮지 않게 자체로 정하고 제때에 보장해주어야 한다.

제93조

기업의 종업원들은 직업동맹조직에 내올수 있다.

기업은 종업원의 권리와 리익에 관계되는 문제를 직업동맹조직과 합의하여 처리하여야 한다.

제94조

기업은 직업동맹조직의 활동조건과 자금을 보장하여야 한다.

외국인기업은 월마다 직업동맹조직에 다음과 같은 기준의 활동자금을 보장해주어야 한다.

第八十八条

经贸区进出口货物审查机关和科学技术行政机关应当根据委托及确认文件对实物财产或工业产权,专有技术,知识产权进行审查,确认,并颁发有关文件.

第八十九条

企业投保时,应当向经贸区内的保险公司投保.

义务保险,向中央保险指导机关指定的保险公司投保.

第九十条

企业应当按照经贸区劳动法规录用经营活动所需的劳动力.

第九十一条

企业应当优先录用朝鲜的劳动力.

对于部分管理人员及特殊工种的技术员和技工,可以录用外国人,但应将录用的其他国家劳动力的相关事项通知企业设立审批机关.

录用其他国家劳动力通知文件应当记载录用技术人员和技工的姓名,性别,出生日期,国籍,民族,职务,经历,录用时间,居住地,工资标准及生活保障条件等内容.

第九十二条

企业应当按照经贸区劳动法规管理劳动力.

企业自行制定向劳动者提供劳动保护用具,工作必备品,营养食品等劳动保护物资的标准,并及时保障上述物质的提供.但其规定不得低于朝鲜劳动法规定的标准.

第九十三条

企业的职工可以组织职业同盟组织.

企业应与职业同盟组织协商处理与职工的权利和利益相关的问题.

第九十四条

企业应当保障职业同盟组织的活动条件和资金.

外国企业应当每个月向职业同盟组织提供下列活动资金:

1. 종업원 500명까지는 전체 종업원월로임 2%에 해당한 자금
2. 종업원 501명부터 1000명까지는 전체 종업원 월로임의 1.5%에 해당한 자금
3. 조업원 1001명이상은 전체 종업원 월로임의 1%에 해당한 자금

제6장 기업의 재정회계

제95조

기업은 해마다 회계결산을 하여야 한다.

회계결산년도는 1월1일부터 12월31일까지로 한다.

기업을 창설한 해의 결산년도는 기업창설일부터 12월31일까지로 하며 기업을 해산한 해의 결산년도는 그해 1월1일부터 해산되는 날까지로 한다.

기업의 년간회계결산서는 회계검증을 받아야 효력을 가진다.

제96조

기업의 년간결산은 다음해 2월안으로 총수입에서 원가와 거래세, 영업세, 기타 지출을 덜고 결산리윤을 확정하는 방법으로 하여야 한다.

제97조

기업회계는 정해진 회계기준에 따라 한다.

기업은 회계서류를 작성, 발행하며 그 내용을 회계장부에 사실대로 기록, 계산 하여야 한다.

2중장부를 리용하는 행위는 할수 없다.

제98조

기업의 경영계산은 조선원 또는 정해진 화폐로 하여야 한다.

경영계산을 외화로 할 경우 회계문건에 외화와 조선원을 같이 표기하여야 하며 외화에 대한 조선원의 환산은 해당시기 지대 중앙은행이 발표한 환자시세에 따라 한다.

제99조

기업은 고정재산을 취득한 날로부터 1개월안으로 지대세무기관(이 아래로부터는 고정재산등록기관이라 한다.)에 등록하여야 한다.

1.从业人员500人以下的,应当提供相当于全体从业人员月收入的2%的资金;

2.从业人员501人以上1000以下时,应当提供相当于全体从业人员月收入的1.5%的资金;

3.从业人员1001人以上时,应当提供相当于全体从业人员月收入的1%的资金.

第六章 企业的财务会计

第九十五条

企业应当每年进行财务结算.

会计结算年度自公历1月1日起至12月31日止.

企业设立当年的会计结算年度为自企业设立之日起至当年的12月31日止.

企业解散的,其会计结算年度为自解散当年的1月1日起至企业解散之日止.

企业的年度会计结算书,只有经过会计验证才具有效力.

第九十六条

企业的年度结算方法如下：第二年二月末之前,在企业每年的总收入中扣除成本和交易税,营业税及其他支出,将剩余的利润确定为结算利润.

第九十七条

企业会计应当按照规定的会计标准进行.

企业编制和发行会计文件,并将其内容如实的记录,计算在会计账簿上.

不得在法定账簿之外私设账薄.

第九十八条

企业的经营计算,应当使用朝鲜元或者规定的货币.

用外汇进行经营计算的,应当用外汇和朝鲜元同时标记在会计文件上,外币与朝鲜元的兑换应当按照当时经贸区中央银行公布的汇率计算.

第九十九条

企业应自取得固定财产之日起1个月内向经贸区税务机关(以下简称为固定财产登记机关)办理登记.

제100조

기업은 등록된 고정재산을 폐기, 양도, 저장할수 있다. 이 경우 최고결의기구에서 토의결정하거나 합영, 합작당사자들이 합의하여야 하며 국가재산은 5일안으로 해당 신청문건을 고정재산등록기관에 내여 합의를 받아야 한다.

기업은 고정재산의 폐기, 양도, 저당정형을 고정재산등록기관에 등록하여야 한다.

제101조

기업은 고정재산감가상각금을 따로 적립하고 고정재산을 갱신하거나 보수하는데 써야 한다.

필요한 경우에는 고정재산감가상각금을 류동자금으로 쓸수 있으나 다음 분기안으로 메꾸어야 한다.

제102조

기업은 고정재산에 대한 실사를 년에 1차 이상 한 다음 고정재산실사보고문건을 작성하여 고정재산등록기관에 내야 한다.

제103조

기업은 결산리윤에서 정해진 기업소득세를 납부한 다음 예비기금을 조성하여야 한다.

예비기금은 등록자본의 25%가 될 때까지 해마다 결산리윤의 5%로 적립한다.

예비기금은 경영손실을 메꾸거나 생산규모 또는 등록자본을 늘이는데 리용한다.

제104조

기업은 상금기금, 문화후생기금, 양성기금 같은 기금을 자체로 적립하고 리용할수 있다.

제105조

기업은 결산리윤에서 기업소득세를 바치고 기업의 손실을 메꾸거나 예비기금을 적립하고 남은 순리윤으로 출자자들에게 리윤배당을 하여야 한다.

제106조

기업은 분기결산문건을 분기가 끝난 다음달 15일까지, 년간결산문건은 결산년도가 끝난 다음해 2월안으로 기업창설승인기관과 세무기관에 내야 한다.

년간결산문건에는 회계검증기관의 검증문건을 첨부하여야 한다.

第一百条

企业对登记的固定财产可以报废, 转让和抵押, 但应当经最高决议机关协商决议或由合营, 合作企业的当事人协商同意;对于国家财产应当在5日之内向固定财产登记机关提交相关申请文件并应获得批准.

对于固定财产的报废,转让和抵押的情况,企业应当在固定财产登记机关办理登记.

第一百零一条

企业应当另行设立固定财产折旧基金,并用于固定财产的更新或维修.

根据需要可以将固定财产折旧基金作为流动资金使用,但应当在下一季度期间予以弥补.

第一百零二条

企业每年至少进行一次固定财产清查,制作固定财产清查报告文件,并报送固定财产登记机关.

第一百零三条

企业应在结算利润中缴纳规定的企业所得税后,建立储备基金.

每年应当提取结算利润的5%列入储备基金, 直至储备基金累计达到注册资本的25%.

储备基金用于弥补企业损失,扩大生产规模或者增加注册资本.

第一百零四条

企业可以自行设立和使用奖励基金, 文化福利基金, 培训基金等基金.

第一百零五条

企业应当从结算利润中缴纳企业所得税,弥补经营亏损或提取储备基金后,用剩余的净利润向出资者分配利润.

第一百零六条

季度结算文件应当在每一季度结束后下个月的15号之前,年度结算文件则在年度结束后第二年的2月末之前提交到企业设立审批机关和税务机关.

年度结算文件应附上会计验证机关的验证文件.

제107조

투자가는 기업에서 얻은 리익금을 기업에 재투자할수 있다.

제108조

외국측 투자가는 출자몫에 따르는 상환 또는 리윤분배로 받은 물자, 자금과 기타 합법적으로 얻은 소득을 세금없이 공화국령역밖으로 내갈수 있다.

제109조

기업은 지대에 적용되는 세금을 정해진 세률에 따라 정확히 계산납부하여야 한다.

농업생산 및 생산물판매와 관련하여 발생하는 세금은 면제한다. 그러나 생산물가공에서 얻은 소득과 같은 일부항목에는 세금을 부과할수 있다.

제7장 기업의 변경 및 해산

제110조

기업등록사항을 변경한 기업은 기업창설승인기관에 변경등록신청서를 내고 변경등록수속을 하여야한다.

변경등록신청서에서는 기업의 명칭과 소재지, 변경된 내용과 그 근거를 밝힌다.

변경등록수속은 해당 사유가 발생한 날부터 30일안으로 한다.

제111조

기업의 등록자본이나 출자액을 변경하였을 경우에는 해당 증명자료를, 규약을 수정하였을 경우에는 수정한 규약사본을 변경등록신청서에 첨부한다.

제112조

기업의 경영기간을 연장할 경우 기업의 경영기간이 끝나기 6개월전에 기업창설승인기관에 경영기간연장신청문건을 내여 승인을 받아야 한다.

경영기간연장신청문건에는 기업의명칭과 소재지, 연장기간과 근거를 밝힌 다음 최고결의기관의 결정분건이나 합영, 합작당사자합의문건, 투자가능성보고서 같은것을 첨부하여야 한다.

제113조

기업창설승인기관은 변경등록신청서를 받은날부터 7일안으로 검토확인하고 기업등록증을 다시 발급하여야 한다.

第一百零七条

投资者可以将其在企业分得的利润进行再投资.

第一百零八条

外国投资者可以将作为投资偿还或利润分配而获得的物资, 资金和其他合法所得带出朝鲜境外, 且不需缴纳税金.

第一百零九条

企业应当按照规定的税率, 正确计算并缴纳适用于经贸区的税金.

对于因农业生产, 销售产品而产生的税金, 予以免除.但是对于因加工产品获得的所得等部分项目, 可以征收税金.

第七章 企业的变更及解散

第一百一十条

变更企业登记事项的企业应向企业设立审批机关提交变更登记申请书, 并办理变更登记手续.

变更登记申请书应当记载企业名称和住所, 变更内容及其理由.

企业应当在发生变更事项之日起30日内办理变更登记手续.

第一百一十一条

企业的注册资本或出资额发生变化的, 提交变更登记申请书, 并附上相关的证明资料, 修改企业章程的, 提交变更登记申请书, 并附上修改的章程副本.

第一百一十二条

延长企业经营期限的, 应在期限届满前6个月向企业设立审批机关提交延长经营期限申请书, 并应获得批准.

延长经营期限申请书应当记载企业名称和住所, 延长期限和延长原因等内容, 并附上最高决议机关的决议文件或合营, 合作当事人的协议文件, 投资可行性报告等文件.

第一百一十三条

企业设立审批机关应当自收到变更登记申请书之日起7日内审查确认, 并重新签发企业登记证.

제114조

기업은 기업등록증을 다시 발급받은 날부터 14일안으로 해당 기관에 변경등록을 하고 영업허가증, 세무등록증, 세관등록증을 다시 발급받아야 한다.

제115조

은행, 보험 같은 분야의 기업은 변경등록신청을 기업창설승인기관을 통하여 해당 중앙지도기관에 하여야 한다.

해당 중앙지도기관의 승인통지를 받은 경우에는 7일안으로 변경등록수속을 하여야 한다.

제116조

기업이 해산되는 경우는 다음과 같다.

1. 최고결의기관에서 해산을 결정하였을 경우
2. 기업의 파산이 선고되었을 경우
3. 기업등록증이 회수되었거나 영업중지처벌을 받았을 경우
4. 이밖에 해산사유가 생겼을 경우

제117조

기업은 기업의 해산사유가 인정된 경우 해산신청문건을 기업창설승인기관에 내야 한다.

기업의 해산신청문건에는 기업의 명칭, 해산근거를 밝히고 그것을 확인할수있는 해당 문건을 첨부하여야 한다.

기업창설승인기관은 해산사유가 명백한 기업이 해산신청을 하지 않은 경우 기업의 해산을 선포할수 있다.

제118조

합영, 합작당사자들이 계약의무를 리행하지 않아 기업을 해산하는 경우 입은 손해를 책임있는 당사자가 보상하여야 한다.

제119조

기업창설승인기관은 기업해산신청문건을 받은날부터 10일안으로 그것을 승인하거나 부결하는 결정을 한 다음 해당한 통지문건을 신청자에게 보내주어야 한다.

제120조

청산위원회는 기업의 해산을 선포한날부터 14일안으로 조직한다.

채권자는 청산위원회가 제때에 조직되지 않을 경우 기업창설승인기관에 청산위원회를 조직해줄것을 요구할수 있다.

第一百一十四条

重新领取企业登记证之日起14日内,企业应当向有关机关进行变更登记,重新领取营业许可证,税务登记证,海关登记证.

第一百一十五条

银行,保险等领域的企业应当通过企业设立审批机关向中央指导机关提出变更登记申请.

企业自接到中央指导机关的批准通知之日起7日之内办理变更登记手续.

第一百一十六条

企业解散事由如下:

1.最高决议机构决定解散的;

2.企业被宣告破产的;

3.被收缴企业登记证或责令停止营业的;

4.发生其他解散事由的.

第一百一十七条

企业的解散事由被认定的,企业应向企业设立审批机关提交解散申请文件.

企业的解散申请文件应当记载企业名称,解散理由,并附上能证明解散理由的相关文件.

对于有明确的解散事由而没有申请解散的企业,企业设立审批机关有权宣告企业破产.

第一百一十八条

因合营,合作当事人不履行合同义务而解散企业的,对所受损失由有过错的当事人予以赔偿.

第一百一十九条

企业设立审批机关自收到企业解散申请文件之日起10日内做出批准或不予批准的决定,并向申请人送达有关通知文件.

第一百二十条

应在宣告企业解散之日起十四日之内成立清算委员会.

逾期不成立清算委员会的,债权人可以向企业设立审批机关请求组织清算委员会.

제121조

청산위원회성원에는 채권자대표, 합영, 합작당사자, 기업책임자, 회계검증기관의 대표, 그밖의 필요한 성원이 포함되여야 한다.

제122조

청산위원회는 다음과 같은 사업을 한다.

1. 기업의 재산을 조사하고 재정상태표와 재산목록을 작성한다.
2. 채권자에게 기업해산을 통지한다.
3. 기업의 재산을 넘받아 끝내지 못한 업무를 처리한다.
4. 바치지 못한 세금을 납부한다.
5. 기업의 재산에 대한 가치평가를 한다.
6. 청산하고 남은 재산을 확정한다.
7. 기업의 채권, 채무를 청산한다.
8. 기업을 대표하여 민사소송활동에 참가한다.
9. 이밖에 청산사업과 관련하여 제기된 문제를 처리한다.

제123조

청산위원회는 조직된 날부터 10일안으로 채권자와 채무자에게 기업의 해산에 대하여 통지해주어야 한다.

제124조

채권자는 해산통지를 받은 날부터 30일안으로 채권청구문건을 청산위원회에 내야 한다.

채권청구문건에는 채권자명, 채권의 내용과 근거를 밝히고 해당한 확인문건을 첨부하여야 한다.

제125조

청산위원회는 채권청구문건을 접수한 순서대로 등록하며 청산안에 따라 채권자의 채권을 처리해주어야한다.

제126조

청산위원회는 기업의 재산을 정리하고 재정상태표와 재산목록에 기초하여 청산방안을 작성하며 최고결의 기관, 기업창설승인기관 또는 해당 재판소의 승인을 받아야 한다.

기업의 재산에서 청산수속비용, 종업원로임 및 보상금, 세금, 기업채무를 청산하고 남은 재산은 출자비률 또는 규약에서 정한 분배비률에 따라 출자자에게 분배하다.

第一百二十一条

清算委员会成员由债权人代表, 合营或合作当事人, 企业负责人, 会计验证机关的代表人以及其他必要的成员组成.

第一百二十二条

清算委员会行使下列职权:

1. 清理企业的财产, 编制资产负债表和财产清单;
2. 向债权人通知企业解散事项;
3. 接管企业财产, 处理企业未了结的业务;
4. 清缴所欠税款;
5. 对企业财产作价评估;
6. 确定清偿债务后的剩余财产;
7. 清理企业的债权, 债务;
8. 代表企业参与民事诉讼活动;
9. 处理与清算工作有关的其他事务.

第一百二十三条

清算委员会自成立之日起10日内向债权人和债务人通知企业解散事项.

第一百二十四条

债权人在收到解散通知之日起30日内将债权请求文件提交到清算委员会.

债权请求文件应当记载债权人姓名或名称, 债权内容和证据等内容, 并附上确认债权的文件.

第一百二十五条

清算委员会应按照债权请求文件的受理顺序进行登记, 并按照清算方案来处理债权人的债权.

第一百二十六条

清算委员会在清理企业财产后, 根据资产负债表和财产清单制定清算方案, 并报最高决议机关, 企业设立审批机关或法院批准.

企业财产在分别支付清算费用, 职工工资及补偿金, 税款, 企业债务后, 剩余财产按照出资比例或者章程约定的分配比例分配给出资者.

제127조

청산위원회는 기업의 재산을 정리하고 재정상태표와 재산목록을 작성한 다음 그 기업의 재산으로 채무를 청산할수 없다고 인정될 경우 해당 재판소에 파산을 제기하여야 한다.

제128조

청산위원회는 청산이 끝난 다음 청산보고서를 작성하여 최고결의기관, 기업창설승인기관 또는 재판소에 내야 한다.

제129조

청산위원회는 기업의 청산사업이 끝나면 기업등록, 세관등록, 세무등록의 취소수속을 하고 거래은행의 돈자리를 막아야 한다.

제130조

기업을 청산하고 남은 재산은 지대안에서 처리하거나 지대밖으로 내갈수 있다.

제8장 제재 및 분쟁해결

제131조

이 세칙을 어겼을 경우의 벌금적용기준은 다음과 같다.

1. 기업등록증, 영업허가증을 받지 않고 영업활동을 하였을 경우 1만~1만 5000€까지
2. 거짓증명문건을 제출하거나 중요사실을 숨기고 기업을 등록하였을 경우 2000~1만€까지
3. 기업의 변경등록을 하지 않앗을 경우 2000~5000€까지
4. 출자자가 정당한 근거없이 자기의 출자액을 빼돌렸을 경우 1만~2만€까지
5. 기업이 청산할 때 재산을 은닉하고 재정상태표와 재산목록에 대하여 허위기록을 하였을 경우 2000~1만5000€까지
6. 채무를 청산하기전에 기업의 재산을 분배하였을 경우 기업의 은닉재산 또는 채무청산전에 분배한 금액의 5~10%까지
7. 기업이 정기적인 영업허가증확인을 거절하였을 경우 1000~5000€까지
8. 이밖에 해당 법규를 어겼을 경우 1000~1만€까지

第一百二十七条

清算委员会在清理企业财产,编制财务状况表和财产清单后,认为企业财产不足以清偿债务的,应当向法院申请破产.

第一百二十八条

企业清算结束后,清算委员会应编制清算报告书,并报送最高决议机关和企业设立审批机关或法院.

第一百二十九条

企业的清算工作结束后,清算委员会应当办理企业登记,海关登记,税务登记的注销手续,并注销开户银行的账户.

第一百三十条

企业清算之后,剩余财产可以在经贸区内处理,也可以带出经贸区外.

第八章 制裁及解决纠纷

第一百三十一条

对于违反本细则的行为,处以以下罚款:

1. 未获得企业登记证和营业许可证进行经营活动的,处以10000～15000€的罚款;
2. 企业提交虚假证明文件或者隐瞒重要事实取得企业登记的,处以2000～10000€的罚款;
3. 企业未办理变更登记的,处以2000～5000€的罚款;
4. 出资人没有正当理由抽逃其出资的,处以10000～20000€的罚款;
5. 企业在清算时隐匿财产,对资产负债表和财产清单作虚假记录时,处以2000～15000€的罚款;
6. 清偿债务之前分配企业财产的,处以相当于企业隐匿财产或清偿债务之前分配金额的5%～10%的罚款;
7. 企业拒绝进行定期的营业许可证确认工作,处以1000～5000€的罚款;
8. 其它违反有关法律法规的,处以1000～10000€的罚款.

제132조

기업이 청산기간에 은닉한 재산과 청산과 관계없는 경영을 하여 얻은 소득, 청산위원회가 직권을 리용하여 차지한 재산 같은 비법소득은 몰수한다.

기업이 업종과 관계없는 영업을 하여 얻은 비법소득과 마약같은 금지품, 통제품이나 밀수밀매로 얻은 자금과 재산도 몰수 한다.

제133조

다음의 경우에는 기업의 영업활동을 중지시키거나 기업등록증을 회수한다.

1. 초기출자를 90일안으로 하지 못하였거나 3년이 지나도록 기업경영을 할수 없을 경우에는 기업등록증을 회수한다.
2. 영업허가증을 발급받은 후 6개월안에 경영활동을 하지 않거나 경영활동이 중지된지 1년이 지나도록 결함을 퇴치하지 않았을 경우에는 기업등록증, 영업허가증을 회수한다.
3. 이밖에 해당 법규를 어겼을 경우에는 영업활동을 중지시키거나 영업허가증을 화수할수 있다.

제134조

기업의 창설운영과 관련하여 발생한 분정은 협의의 방법으로 해결한다.

정해진데 따라 조정이나 중재, 재판의 방법으로 해결할수도 있다.

제135조

기업은 기업활동과 관련하여 의견이 있을 경우 신소와 청원을 할수 있다.

신소와 청원을 접수받은 기관은 접수한 날로부터 30일안으로 처리하여야 한다.

第一百三十二条

对于企业在清算期间隐匿的财产, 与清算无关的经营所得, 清算委员会利用职权侵占的财产等非法所得, 予以没收.

对企业通过与业务无关的经营所获取的违法所得, 毒品等违禁品, 管制品或经走私获取的资金和财产, 也予以没收.

第一百三十三条

有下列情形之一的, 停止企业营业活动或者收缴企业登记证:

1. 在90日之内未能完成首次出资或超过三年未能进行企业经营活动的, 收缴企业登记证;
2. 企业自领取营业许可证之日起6个月内没有开展经营活动, 或者责令停止经营活动已过一年, 尚未改正其缺陷的, 收缴企业登记证和营业许可证;

3. 其它违反有关法律法规的, 可以责令停止经营活动或者收缴营业许可证.

第一百三十四条

与企业设立, 经营有关的纠纷, 通过协商的方式解决.

根据规定也可以通过调解, 仲裁, 诉讼的方式解决.

第一百三十五条

企业对有关企业活动有异议的, 可以通过申诉与请愿的方式解决.

受理申诉和请愿的机关, 应当在受理之日起30日内进行处理.

5

라선경제무역지대
외국투자기업 로동규정

罗先经济贸易区
外国投资企业劳动规定

라선경제무역지대 외국투자기업 로동규정

주체102 (2013)년9월12일 최고인민회의 상임위원회 결정 제139 호로 채택
주체104 (2015)년8월26일 최고인민회의 상임위원회 결정 제75호로 수정보충

제1장 일반규정

제1조(규정의 사명)

이 규정은 라선경제무역지대에서 로력의 채용, 로동과 휴식, 로동보수와 로동보호, 사회보험 및 사회보장과 관련한 질서를 바로세워 외국투자기업의 경영활동과 종업원의 로동생활조건을 원만히 보장하는데 이바지한다.

제2조(로력관리기관)

라선경제무역지대(이 아래부터 지대라고 한다.)에서 로력관리사업은 라선시인민위원회와 관리위원회가 한다.

관리위원회는 산업구와 정해진 지역의 로력관리사업을 한다.

지대의 로력관리사업에 대한 통일적인 장악과 통제는 라선시인민위원회가 한다.

제3조(로력채용원칙)

지대에서 외국투자기업(이 아래부터 기업이라고 한다.)은 우리 나라 로력을 기본으로 채용한다.

관리성원이나 특수한 직종의 기술자, 기능공은 다른 나라 로력으로 채용할수 있다.

로동할 나이에 이르지 못한 미성인의 채용은 금지한다.

제4조(로동생활분야에서의 남녀평등, 녀성종업원의 건강보호)

지대의 로동생활분야에서 녀성은 남성과 동등한 권리를 가진다.

라선시인민위원회와 관리위원회, 기업은 녀성종업원의 로동조건보장과 건강보호에 특별한 관심을 돌린다.

罗先经济贸易区外国投资企业劳动规定

主体102（2013）年9月12日 最高人民会议 常任委员会 决定 第139号 制定
主体104（2015）年8月26日 最高人民会议 常任委员会 决定 第75号 修订补充

第一章 一般规定

第一条（规定的使命）

为正确建立罗先经济贸易区的劳动力的录用, 劳动和休息, 劳动报酬和劳动保护, 社会保险和社会保障的有关秩序, 以保障外国投资企业经营活动和职工的劳动生活条件,制定本规定.

第二条（劳动力管理机关）

罗先市人民委员会和管理委员会负责罗先经济贸易区(以下简称为经贸区)的劳动力管理工作.

管理委员会负责产业区和指定区域的劳动力管理工作.

罗先市人民委员会统一掌握和管制经贸区劳动力管理工作.

第三条（劳动力录用原则）

在经贸区,原则上外国投资企业(以下简称为企业)应当录用朝鲜的劳动力.

对于管理人员或特殊工种的技术人员, 技工,可以录用外国劳动力.

不得录用未满劳动年龄的未成年人.

第四条（劳动生活领域男女平等, 女职工的健康保护）

在经贸区的劳动生活领域,妇女享有与男子同等的权利.

罗先市人民委员会和管理委员会,企业应特别关切女职工的劳动条件保障和健康保护.

제5조(로동조건의 보장)

지대에서는 종업원에게 안전하고 문화위생적인 로동조건을 보장하도록 한다.

제6조(종업원월로임최저기준의 제정)

지대에서 종업원월로임최저기준은 라선시인민위원회가 관리위원회와 협의하여 정한다. 이 경우 최저생계비, 로동생산능률, 로력채용상태 같은것을 고려한다.

라선시인민위원회는 종업원월로임최저기준을 정기적으로 공포하며 지대의 실정에 맞게 체계적으로 높인다.

제7조(직업동맹조직과 종업원대표)

지대에서는 기업의 실정에 맞게 직업동맹조직을 내오고 운영한다.

규모가 작은 기업에는 종업원대표를 둔다.

직업동맹조직과 종업원대표는 종업원들의 권리와 리익을 대표하며 기업의 경영 활동에 협력한다.

제8조 (로동분야에서 기업의 독자성)

지대에서 기업은 법규에 정한 범위에서 로력채용, 로임기준과 지불형식, 로동 조건보장과 같은 사업을 독자적으로 결정할 권리를 가진다.

제2장 로력의 채용과 해고

제9조(로력보장기관)

지대에서 우리 나라 로력을 보장하는 사업은 라선시인민위원회가 한다.

기업은 라선시인민위원회가 보장한 로력이 자기의 실정에 맞지 않을 경우에는 채용하지 않을수 있다.

제10조(우리 나라 로력의 신청)

기업은 우리 나라 로력을 채용하려는 경우 로력신청문건을 직접 또는 관리위원 회를 통하여 라선시인민위원회에 내야 한다. 이 경우 로력신청문건에는 채용할 로력자수, 성별, 년령, 업종, 기술기능수준, 채용기간, 로임수준, 로동조건 같은 것을 밝힌다.

제11조 (우리 나라 로력의 보장)

라선시인민위원회는 로력신청문건을 접수한 때부터 30일안으로 기업이 요구하 는 우리 나라 로력을 보장하여야 한다. 그러나 지대밖의 우리 나라 다른 지역에 있는 로력를 보장하는 경우에는 그 기간을 초과할수 있다.

第五条(劳动条件的保障)

在经贸区应当给职工提供安全,文化卫生的劳动条件.

第六条(制定职工月工资最低标准)

在经贸区,职工月工资最低标准,由罗先市人民委员会与管理委员会协商确定.此时,应考虑最低生活费用,劳动生产率,劳动力录用情况等.

罗先市人民委员会应定期公布职工月工资最低标准,并根据经贸区实际情况逐步提高其标准.

第七条(职工同盟组织及职工代表)

在经贸区根据企业的具体情况,组织和运营职工同盟组织.

小规模企业,设职工代表.

职工同盟组织和职工代表,代表职工的权益,并协助企业的经营活动.

第八条(劳动领域的企业独立性)

在经贸区,企业在法定范围内有权自主决定劳动力录用,工资标准及支付方式,劳动条件保障等事项.

第二章 劳动力的录用和解雇

第九条(劳动力保障机关)

在经贸区,由罗先市人民委员会保障朝鲜的劳动力.

罗先市人民委员会提供的劳动力不符合企业实际情况的,可以不录用.

第十条(朝鲜劳动力的申请)

企业拟录用朝鲜劳动力的,直接或者通过管理委员会向罗先市人民委员会提交劳动力申请文件.劳动力申请文件记载需要录用的职工人数,性别,年龄,行业,技术技能水平,录用期限,工资水平,劳动条件等事项.

第十一条(朝鲜劳动力的保障)

罗先市人民委员会应自收到劳动力申请文件之日起30日内向企业提供所需的朝鲜劳动力.但提供朝鲜其他地区的劳动力时,可以逾期提供.

우리 나라 로력을 보장받는 기업은 라선시인민위원회에 해당한 료금을 지불하여야 한다.

제12조 (다른 나라 로력의 채용통지)

다른 나라 로력을 채용할 기업은 라선시인민위원회 또는 관리위원회에 서면으로 통지하여야 한다. 이 경우 통지서에 채용 할 외국인의 이름, 성별, 생년월일, 국적, 거주지, 지식정도, 기술자격, 간단한 경력, 직종 같은것을 밝힌다.

제13조 (로력채용계약의 체결)

로력을 채용하는 기업은 로력자와 채용기간, 로동시간, 초기월로임액 같은것을 밝힌 로력채용계약을 맺어야 한다.

로력채용계약을 맺은 당사자는 기업의 종업원으로 된다.

제14조 (로동계약의 체결)

기업은 직업동맹조직 또는 종업원대표와 로동계약을 맺어야 한다.

로동계약에서는 로동시간과 휴식시간, 로동보수, 로동보호기준, 로동생활질서, 문화후생조건, 상벌기준 같은것을 정한다.

제15조 (로동계약서의 제출)

기업은 로동계약을 체결하였을 경우 계약서를 7일안으로 라선시인민위원회 또는 관리위원회에 내고 승인을 받아야 한다.

라선시인민위원회 또는 관리위원회는 로동계약서에 결함이 있을 경우 계약을 다시 맺을것을 요구할수 있다.

제16조 (로력채용계약, 로동계약의 효력)

로력채용계약은 맺은 날부터, 로동계약은 라선시인민위원회 또는 관리위원회의 승인을 받은 날부터 효력을 가진다.

해당 법규에 어긋나거나 사기, 강요로 맺은 계약은 효력을 가지지 못한다.

제17조 (로력채용계약, 로동계약의 변경, 취소)

로력채용계약, 로동계약은 당사자들이 합의하여 변경하거나 취소할수 있다.

로동계약을 변경, 취소하였을 경우에는 라선시인민위원회 또는 관리위원회의 승인을 받는다.

제18조 (종업원의 해고사유)

기업이 로력채용기간이 끝나기전에 종업원을 내보낼수 있는 경우는 다음과 같다.

得到朝鲜劳动力保障的企业,应向罗先市人民委员会支付相应的费用.

第十二条(录用其他国家劳动力的通知)

拟录用其他国家劳动力的企业,应当以书面形式通知罗先市人民委员会或管理委员会.通知书应当载明拟录用的外国人的姓名,性别,出生日期,国籍,居住地,知识水平,技术资格,简历,工种等事项.

第十三条(签订劳动力录用合同)

录用劳动力的企业,应与劳动者签订劳动力录用合同,合同上注明录用期间,劳动时间,初期月工资等.

签订劳动力录用合同的当事人成为企业的职工.

第十四条(签订劳动合同)

企业应当与职工同盟组织或职工代表签订劳动合同.

劳动合同应规定劳动时间,休息时间,劳动报酬,劳动保护标准,劳动生活秩序,文化福利条件,赏罚标准等.

第十五条(提交劳动合同)

签订劳动合同后,企业应在7日内向罗先市人民委员会或管理委员会提交合同书,并经批准.

劳动合同有瑕疵的,罗先市人民委员会或管理委员会可以要求重新签订合同.

第十六条(劳动力录用合同和劳动合同的效力)

劳动力录用合同,自签订合同之日起生效;劳动合同自罗先市人民委员会或管理委员会批准之日起生效.

违反有关法规或以欺诈,强迫手段签订的合同,不具有法律效力.

第十七条(劳动力录用合同,劳动合同的变更,撤销)

劳动力录用合同,劳动合同,经当事人协商可以变更或撤销.

变更,撤销劳动合同的,应经罗先市人民委员会或管理委员会的批准.

第十八条(解雇职工的事由)

有下列情形之一的,企业可以在劳动力录用期限届满之前解雇职工:

1. 종업원이 질병 또는 부상(직업병, 작업중 입은 부상 제외)으로 치료를 받았으나 자기 직종 또는 기업안의 다른 직종에서 일할수 없을 경우
2. 기업의 경영조건 또는 기술조건의 변동으로 종업원이 남을 경우
3. 종업원이 기술기능의 부족으로 자기 직종에서 일할수 없을 경우
4. 종업원이 기업의 재산에 막대한 손실을 주었거나 로동생활질서를 어겨 엄중한 결과를 일으켰을 경우

제19조 (종업원의 해고와 관련한 통지)

종업원을 내보내려는 기업은 직업동맹조직 또는 종업원대표와 토의하며 30일전에 해당 사유를 당사자에게 알려주어야 한다.

종업원을 내보냈을 경우에는 그 정형을 라선시인민위원회 또는 관리위원회에 통지하여야 한다.

제20조 (종업원을 해고할수 없는 사유)

종업원을 해고할수 없는 경우는 다음과 같다.

종업원이 직업병을 앓거나 작업과정에 부상당하여 치료받고 있을 경우

병치료를 받는 기간이 6개월을 초과하지 않았을 경우

임신, 산전산후휴가, 어린이에게 젖먹이는 기간에 있을 경우

제21조 (종업원의 사직사유)

종업원이 사직할수 있는 경우는 다음과 같다.

개인적으로 일을 그만두거나 다른 일을 해야 할 사정이 생겼을 경우

직종이 맞지 않아 기술기능을 충분히 발휘할수 없을 경우

학교에 입학하였을 경우

제22조 (종업원의 사직절차)

사직하려는 종업원은 기업에 사직서를 내야 한다.

기업은 사직서를 접수한 날부터 30일안에서 사직을 연기할데 대하여 요구할수 있다. 이 경우 종업원은 특별한 사정이 없는 한 기업의 요구에 응하여야 한다.

제23조 (양성, 기술견습)

기업은 기능공양성, 기술견습을 위하여 종업원을 다른 나라에 내보낼수 있다. 이 경우 라선시인민위원회의 승인을 받아야 한다.

1. 职工因患病或者负伤(职业病, 工伤除外), 经治疗仍不能从事原工作或企业内其他岗位的工作;
2. 因企业经营或技术条件发生变化, 导致劳动力的剩余;
3. 职工因技术技能的不足, 不能胜任自己的岗位工作;
4. 职工给企业造成重大财产损失或者因违反劳动生活秩序造成严重后果.

第十九条(与解雇职工有关的通知)

拟解雇职工的企业, 应与职工同盟组织或职工代表进行协商, 并应在30日前向当事人告知相关事由.

解雇职工的, 应将其情形通知罗先市人民委员会或管理委员会.

第二十条(不得解雇职工的事由)

下列情况, 不得解雇职工:
1. 职工因职业病或工伤正在治疗的;
2. 治疗期间未超过6个月的;
3. 女职工在孕期, 产前产后休假期, 哺乳期的.

第二十一条(职工的辞职事由)

下列情况下, 职工可以提出辞职:
1. 因个人原因不能工作或需要从事其他工作;
2. 因工种不符合不能充分发挥其技术技能;
3. 入学.

第二十二条(职工辞职程序)

拟辞职的职工应向企业递交辞职书.

企业自收到辞职书之日起30日内可以要求延期辞职.如无特殊情况, 职工应当服从企业的要求.

第二十三条(培养, 技术培训)

为了培养技工, 培训技术,企业经罗先市人民委员会的批准可以向国外派遣职工.

제3장 로동시간과 휴식

제24조 (로동시간)

지대에서 종업원의 로동시간은 하루 8시간, 주 평균 48시간을 초과할수 없다.

기업은 생산, 경영상특성에 따라 필요한 경우 종업원의 건강을 보장하는 조건에서 하루에 3시간정도 로동시간을 연장할수 있다.

제25조 (로동시간의 준수)

기업은 종업원에게 정해진 로동시간안에서 로동을 시켜야 한다.

연장작업을 시키거나 명절일, 공휴일, 휴가기간에 로동을 시키려 할 경우에는 직업동맹조직 또는 종업원대표와 합의하여야 한다.

종업원은 정해진 로동시간을 지키며 로동을 성실히 하여야 한다.

제26조 (명절일과 공휴일의 휴식보장)

기업은 종업원에게 우리 나라 명절일과 공휴일의 휴식을 보장하여야 한다.

명절일과 공휴일에 로동을 시켰을 경우에는 7일안으로 대휴를 주어야 한다.

제27조 (휴가보장)

기업은 종업원에게 해마다 14일간의 정기휴가를 주며 중로동, 유해로동을 하는 종업원에게는 7~21일간의 보충휴가를 주어야 한다.

녀성종업원에게는 산전 60일, 산후 90일간의 휴가를 준다.

제4장 로동보수

제28조 (로동보수의 내용)

종업원의 로동보수에는 로임, 장려금, 상금 같은것이 속한다.

기업은 로동의 질과 량에 따라 로동보수를 정확히 계산하며 같은 로동을 한 종업원들에 대해서는 성별, 년령에 관계없이 로동보수를 꼭같이 지불하여야 한다.

제29조 (종업원월로임의 제정)

종업원의 월로임은 기업이 정한다. 이 경우 종업원월로임최저기준보다 낮게 정할수 없다.

조업준비기간에 있는 기업의 종업원 또는 견습공, 무기능공의 월로임은 종업원월로임최저기준의 70%이상의 범위에서 정할수 있다.

第三章 劳动时间和休息

第二十四条(劳动时间)

经贸区职工的劳动时间,每天不得超过8小时,周平均不得超过48小时.

企业根据生产,经营的特殊性要求,必要时在保证职工健康的条件下,可以一日延长3小时左右的劳动时间.

第二十五条(遵守劳动时间)

企业应当在指定的劳动时间内给职工安排工作.

安排加班或在节日,休息日,休假期间安排工作时,应当与职工同盟组织或职工代表协商.

职工应当遵守规定的劳动时间,尽职尽责.

第二十六条(保障节日和公休日的休息)

企业应当保障职工在朝鲜的节日和公休日休息.

在节日和公休日安排工作的,应在7日内给予代休.

第二十七条(保障休假)

企业应当每年给予职工14日的定期休假,对从事重劳动,有害劳动的职工给予7～21日的补充休假.

对女职工给予产前60日,产后90日的产假.

第四章 劳动报酬

第二十八条(劳动报酬的内容)

职工的劳动报酬包括工资,奖励金,奖金等.

企业应当根据劳动质量和数量准确计算劳动报酬,不分性别,年龄实行同工同酬制度.

第二十九条(制定职工月工资)

职工月工资,由企业自行制定.其标准不得低于职工月工资最低标准.

开业预备期内的企业的职工,或者实习工,无技能工人的月工资,不得低于职工月工资最低标准的70%.

제30조 (휴가비의 지불)

기업은 정기 및 보충휴가를 받은 종업원에게 휴가일수에 따르는 휴가비를 지불하여야 한다.

휴가비는 로임을 지불하는 때에 함께 지불한다.

제31조 (휴가비의 계산방법)

휴가비는 휴가받기 전 마지막 3개월간의 로임을 실가동일수에 따라 평균한 하루로임에 휴가일수를 적용하여 계산한다.

제32조 (휴가기간의 작업에 대한 로임)

기업은 휴가기간에 있는 종업원에게 작업을 시켰을 경우 휴가비와 함께 일당 또는 시간당 로임액의 100%에 해당한 로임을 주어야 한다.

제33조 (생활보조금)

기업은 양성기간에 있거나 기업의 책임으로 일하지 못하는 종업원에게 일당 또는 시간당 로임의 60%이상에 해당한 생활보조금을 주어야 한다.

생활보조금을 주는 기간은 3개월을 넘을수 없다.

제34조 (연장작업과 야간작업에 대한 로임)

기업은 종업원에게 야간작업을 시켰거나 정해진 로동시간밖의 연장작업을 시켰을 경우 일당 또는 시간당 로임액의 150%에 해당한 로임을 주어야 한다.

로동시간밖의 야간작업을 시켰을 경우에는 일당 또는 시간당로임액의 200%에 해당한 로임을 주어야 한다.

야간작업이란 22시부터 다음날 6시사이의 로동을 말한다.

제35조 (명절일, 공휴일의 로동에 대한 로임)

기업은 명절일, 공휴일에 종업원에게 일을 시키고 대휴를 주지 않았을 경우 일당 또는 시간당 로임액의 200%에 해당한 로임을 주어야 한다.

제36조 (상금, 장려금의 지불)

기업은 결산리윤의 일부로 상금기금을 조성하고 일을 잘하는 종업원에게 상금 또는 장려금을 줄수 있다.

제37조 (로동보수의 지불)

기업은 종업원의 로동보수를 정해진 기간안에 전액 지불하여야 한다.

로임은 화폐로 지불하며 상금과 장려금은 화폐로 지불하거나 상품으로 줄수도 있다.

第三十条 (支付休假费)

企业应当向获得定期休假或者补充休假的职工,按休假日期支付休假费.

休假费在支付工资时一并支付.

第三十一条(休假费的计算方法)

关于休假费,按休假前最后3个月工资的实际工作日平均的日工资,乘于休假日数计算其休假费.

第三十二条(休假期间工作的工资)

企业对处于休假期间的职工安排工作时,支付休假费的同时按天或者按小时工资的100%支付其工资.

第三十三条(生活补助金)

企业应当向处于培训期间或因企业责任未能参加工作的职工,按天或按时工资的60%以上支付其生活补助金.

补助金的支付期间不超过3个月.

第三十四条(加班和夜间作业的工资)

安排职工夜班或延长工作时间的,企业应当按天或按小时工资的150%支付其工资.

工作时间外安排夜班工作的,应支付按天或按时工资的200%的工资.

夜间作业是指自22点至次日6点之间的劳动.

第三十五条(节日, 公休日劳动的工资)

企业在节日,公休日安排职工工作并没有安排补休时,应当按天或按小时的200%支付其工资.

第三十六条(支付奖金, 奖励金)

企业可以用结算利润的一部分设立奖金基金,给予工作优秀的职工奖金或奖励金.

第三十七条(劳动报酬的支付)

企业应当在规定的期限内全额支付职工的劳动报酬.

工资用货币支付,奖金和奖励金可以用货币支付,也可以发放商品.

로동보수를 주는 날이 되기전에 사직하였거나 기업에서 내보낸 종업원에게는 수속이 끝난 날부터 7일안으로 로동보수를 지불하여야 한다.

제38조 (퇴직보조금의 지불)

기업은 자체의 사정으로 종업원을 내보내는 경우 보조금을 주어야 한다.

보조금은 종업원을 기업에서 내보내기전 마지막 3개월간의 로임을 평균한 월로임에 일한 해수를 적용하여 계산한다. 그러나 로동년한이 1년이 못되는 경우에는 1개월분의 로임을 적용하여 계산한다.

제5장 로동보호

제39조 (로동안전 및 산업위생조건의 보장)

로동안전시설을 갖추어 종업원이 안전하게 일할수 있는 조건을 보장하는것은 기업의 의무이다.

기업은 고열, 가스, 먼지, 소음을 막고 채광, 조명, 통풍 같은 산업위생조건을 보장하여야 한다.

제40조 (녀성로력의 보호)

기업은 녀성종업원을 위한 로동위생보호시설을 특별히 갖추어야 한다.

임신하였거나 젖먹이는 기간에 있는 녀성종업원에게는 연장작업, 야간작업, 힘들고 건강에 해로운 작업을 시킬수 없다.

제41조 (탁아소, 유치원의 운영)

기업은 실정에 맞게 종업원의 자녀를 위한 탁아소, 유치원을 꾸리고 운영할수 있다.

제42조 (로동안전기술교육)

기업은 종업원에게 로동재해를 방지하기 위한 로동안전기술교육을 준 다음 일을 시켜야 한다.

로동안전기술교육의 기간과 내용은 업종과 직종에 따라 기업이 정한다.

제43조 (로동보호물자의 공급)

기업은 종업원에게 로동보호용구, 작업필수품, 영양제, 세척제, 약제 같은 로동보호물자를 정해진 기준대로 제때에 공급하여야 한다.

对于支付劳动报酬之前辞职或解雇的职工,办完手续之日起7日内支付其劳动报酬.

第三十八条(支付退职补助金)

因企业自身原因解雇职工的,应当支付补助金.

补助金以解雇职工前最后3个月平均的月工资乘以工作年限计算其补助金.

但工作不足一年的,按一个月的工资计算其补助金.

第五章 劳动保护

第三十九条(劳动安全及产业卫生条件的保障)

企业有义务齐备劳动安全设施,以保障职工安全工作的条件.

企业应当阻挡高热,瓦斯,尘土,噪音,保障采光,照明,通风等产业卫生条件.

第四十条(对女职工的保护)

企业应当特别为女职工配备劳动卫生保护设施.

对孕期或哺乳期的女职工,不得安排加班,夜间作业,辛苦及有害健康的工作.

第四十一条(托儿所,幼儿园的经营)

企业根据具体情况,可以为职工子女设立和经营托儿所,幼儿园.

第四十二条(劳动安全技术教育)

为了防止劳动灾害,企业在安排职工工作前,应当对职工进行劳动安全技术培训.

企业根据行业和工种,自行安排劳动安全技术培训的时间和内容.

第四十三条(劳动保护物资的提供)

企业应按规定向职工按时提供劳动保护用具,工作必需品,营养保健品,洗涤剂,药品等劳动保护物资.

제44조 (로동재해위험의 제거)

기업은 교대별, 주별 설비점검체계를 세우고 설비점검을 정상적으로 하여야 한다.

로동재해위험이 생겼을 경우에는 즉시 영업을 중지하고 그것을 제거하여야 한다.

제45조 (로동보호질서의 준수)

종업원은 작업설비를 규정대로 관리, 운영하며 로동안전시설과 로동보호물자의 리용질서를 철저히 지켜 로동재해와 사고를 미리 막아야 한다.

제46조 (사고발생시의 조치)

기업은 작업과정에 종업원이 사망하였거나 심한 부상, 중독 같은 사고를 일으켰을 경우 즉시 대책을 세우고 라선시인민위원회 또는 관리위원회에 통지하여야 한다.

통지를 받은 기관은 제때에 사고정형을 료해하고 해당한 대책을 세워야 한다.

제6장 사회문화시책

제47조 (사회문화시책의 실시)

기업에서 일하는 우리 나라 공민과 그 가족은 국가가 실시하는 사회문화시책의 혜택을 받는다.

사회문화시책에는 무료교육, 무상치료, 사회보험, 사회보장 같은것이 속한다.

지대에서 사회문화시책과 관련한 사업은 라선시인민위원회가 맡아한다.

제48조 (사회문화시책비의 조성)

지대에서 사회문화시책비는 사회문화시책기금으로 보장한다.

사회문화시책기금은 기업으로부터 받는 사회보험료와 종업원으로부터 받는 사회문화시책금으로 조성한다.

제49조 (사회보험료의 납부)

기업은 우리 나라 공민인 종업원에게 지불하는 로임총액의 15%를 사회보험료로 달마다 계산하여 다음달 10일안으로 라선시인민위원회가 정한 은행에 납부하여야 한다.

제50조 (사회문화시책금의 납부)

우리 나라 공민인 종업원은 로임의 일정한 몫을 사회문화시책금으로 계산하여 다음달 10일안으로 라선시인민위원회가 정한 은행에 납부하여야 한다.

第四十四条 (消除劳动灾害危险)

企业应当建立按班, 按周期检查设备的体制, 经常进行设备检查.

如发生劳动灾害危险时, 应及时停止生产并消除危险.

第四十五条 (遵守劳动保护秩序)

职工须按规定对设备进行管理, 操作, 严格遵守劳动安全设施和劳动保护物资的使用秩序, 以预防劳动灾害和事故的发生.

第四十六条 (发生事故时采取的措施)

职工作业过程中如发生死亡, 重伤, 中毒等事故时, 企业应立即采取措施, 并通知罗先市人民委员会或管理委员会.

接到通知的机关应及时了解事故情况, 并采取相应的措施.

第六章 社会文化政策

第四十七条 (实施社会文化政策)

在企业工作的朝鲜公民及和其家属, 享受国家实施的社会文化政策的待遇.

社会文化政策包括免费教育, 无偿医疗, 社会保险, 社会保障等.

罗先市人民委员会负责经贸区的有关社会文化政策的工作.

第四十八条 (建立社会文化政策费用)

在经贸区, 用社会文化政策基金保障社会文化政策费用.

社会文化政策基金由企业缴纳的社会保险费和职工缴纳的社会文化政策费组成.

第四十九条 (缴纳社会保险费)

企业将向朝鲜职工发放的工资总额的15%作为社会保险金按月计算, 于下个月10日之前向罗先市人民委员会指定的银行缴纳.

第五十条 (缴纳社会文化政策费用)

作为朝鲜公民的职工将工资的一部分作为社会文化政策费用予以计算, 于下个月10日之前向罗先市人民委员会指定的银行缴纳.

제51조 (문화후생기금의 조성과 리용)

기업은 결산리윤의 일부로 종업원을 위한 문화후생기금을 조성하고 쓸수 있다.

문화후생기금은 종업원의 문화기술수준향상, 체육사업, 후생시설의 운영 같은 데 쓴다.

제7장 제재 및 분쟁해결

제52조 (손해보상, 원상복구)

이 규정을 어겨 기업 또는 종업원의 생명과 건강, 재산에 피해를 준 경우에는 원상복구시키거나 해당한 손해를 보상시킨다.

제53조 (연체료의 부과)

사회보험료를 제때에 납부하지 않았을 경우에는 납부기일이 지난 날부터 매일 0.05%에 해당한 연체료를 물린다.

제54조 (벌금)

기업에게 벌금을 물리는 경우와 벌금액의 한도는 다음과 같다.

1. 비법적으로 연장작업을 시켰거나 휴식을 제대로 시키지 않았을 경우 한사람당 30~200€까지
2. 비법적으로 로력을 채용하였을 경우 한사람당 100~500€까지
3. 종업원을 비법적으로 해고시켰을 경우 한사람당 200~1000€까지
4. 로동보수를 정해진대로 지불하지 않았을 경우 200~10000€까지
5. 로동보호안전 및 산업위생조건을 제대로 보장하지 않았을 경우 300~20000€까지
6. 로력관리기관의 정상적인 사업을 방해하였을 경우 100~300€까지
7. 이밖에 법규를 어겼을 경우 50~10000€까지

제55조 (중지)

다음의 행위의 정상이 무거울 경우에는 기업의 영업을 중지시킨다.

종업원들에게 로동안전시설 및 로동보호조건을 규정대로 갖추어주지 않았을 경우

직업동맹조직의 적법적인 활동에 지장을 주었을 경우

정해진 비용을 제대로 납부하지 않았을 경우

第五十一条(建立和使用文化福利基金)

企业为职工从结算利润中提取一部分列入文化福利基金而使用.

文化福利基金可用于职工文化技术水平的提高, 体育事业, 福利设施的经营等事业.

第七章 制裁和纠纷解决

第五十二条(损害赔偿, 恢复原状)

因违反本规定对企业或职工的生命和健康, 财产造成损害的, 责令其恢复原状或赔偿损失.

第五十三条(滞纳金)

未按时缴纳社会保险费的, 自超过缴纳之日起每日缴纳0.05%的滞纳金.

第五十四条(罚款)

处以企业罚款的情形和罚款额度如下:

1.非法安排加班或没有安排正常休息的, 处以人均30～200€的罚款;

2.非法录用劳动力的, 处以人均100～500€的罚款;

3.非法解雇职工的, 处以人均200～1000€罚款;

4.未按照规定支付劳动报酬的, 处以200～10000€罚款;

5.未按规定保障劳动保护安全及工业卫生条件的, 处以300～20000€的罚款;

6.妨碍劳动管理机关正常工作的, 处以100～300€的罚款;

7.其他违反法规的情况, 处以50～10000€的罚款;

第五十五条(停业)

下列行为中情节严重的, 责令企业停止营业:

没有按照规定向职工提供劳动安全设施和劳动保护条件的;

妨碍职工同盟组织的合法活动;

未缴纳规定的费用.

제56조 (몰수)

기업이 이 규정을 어기고 비법적으로 소득을 얻었을 경우에는 정해진 절차에 따라 해당 소득을 몰수 한다.

제57조 (분쟁해결)

로동과 관련하여 생긴 의견상이는 당사자들사이에 협의의 방법으로 해결한다.

협의의 방법으로 해결할수 없는 분쟁은 조정이나 중재, 재판의 방법으로 해결할수 있다.

제58조 (신소와 그 처리)

이 규정의 집행과 관련하여 의견이 있는 기업이나 종업원은 라선시인민위원회와 관리위원회, 해당 기관에 신소할수 있다.

신소를 받은 기관은 30일안으로 료해처리하고 그 결과를 신소자에게 알려주어야 한다.

第五十六条 (没收)

企业违反本规定获得非法所得的,按规定程序没收相应的所得.

第五十七条 (解决纠纷)

与劳动相关发生的异议,当事人之间通过协商解决.

协商不成的,通过调解,仲裁,诉讼的方式解决.

第五十八条 (申诉及处理)

企业或职工对执行本规定有异议的,可以向罗先市人民委员会和管理委员会,有关机关提出申诉.

受理申诉的机关应在30日内进行了解处理,并通知申诉人其结果.

5-1

라선경제무역지대
외국투자기업 로동규정 시행세칙

罗先经济贸易区
外国投资企业劳动规定施行细则

라선경제무역지대 외국투자기업 로동규정 시행세칙

주체 103(2014)년 11월17일 라선시인민위원회 결정 제162호로 채택

제1조

이 세칙은 라선경제무역지대에서 외국투자기업에 필요한 로력의 채용, 로동과 휴식, 로동보수와 로동보호, 사회보험 및 사회보장, 종업원의 로동조건 및 로동생활상권리와 리익을 보장하기 위하여 제정한다.

제2조

라선경제무역지대(이 아래부터는 지대라 한다)에 창설되는 외국투자기업(합영, 합작, 외국인기업)에 필요한 로력자의 알선, 채용, 해고, 기능공양성, 로동보수, 로동보호, 사회보험, 사회보장과 같은것은 이 세칙에 따른다.

제3조

외국투자기업(이 아래부터는 기업이라 한다.)에 대한 로력관리사업은 라선시인민위원회(이 아래부터는 로력관리기관이라 한다.)가 하며 관리위원회는 관할지역의 로력관리사업을 로력관리기관을 통하여 한다.

제4조

로력관리기관은 지대안의 로력원천을 늘 장악하고 있어야 하며 지대밖의 로력을 보장할수 있는 실무적대책을 철저히 세우고 기업이 요구하는 로력을 제때에 보장하여야 한다.

제5조

기업은 지대에서 우리 나라 로력을 기본으로 채용한다. 관리성원이나 특수한 직종의 기술자, 기능공은 다른 나라 로력으로 채용할수있다.

16살에 이르지 못한 미성인의 채용은 금지한다.

罗先经济贸易区外国投资企业劳动规定施行细则

主体103(2014)年11月17日 罗先市市人民委员会决定 第162号 制定

第一条

为保障罗先经济贸易区的外国投资企业所需劳动者录用, 劳动与休息, 劳动报酬和劳动保护, 社会保险及社会保障, 职工的劳动条件及劳动生活权利和利益, 制定本细则.

第二条

设立于罗先经济贸易区(以下简称为经贸区)的外国投资企业(合营, 合作, 外国人企业)所需的劳动者的介绍, 录用, 解雇, 培养技工, 劳动报酬, 劳动保护, 社会保险, 社会保障等, 适用本细则的规定.

第三条

由罗先市人民委员会(以下简称劳动力管理机关)负责对外国投资企业(以下简称为企业)的劳动管理工作.管理委员会应该通过管辖经贸区的劳动力管理机关处理劳动力管理工作.

第四条

劳动力管理机关应经常性的掌握了解经贸区的劳动力需要情况, 制定可以保障经贸区外劳动力的实务对策, 及时保障企业所需的劳动力.

第五条

原则上经贸区企业应录用我国的劳动力.管理人员或特殊行业的技术人员, 技工等可以录用其他国家的人.

禁止录用未满16岁的未成年人.

제6조

기업이 받아들인 로력은 자연재해 같은 불가항력적인 경우를 제외하고 다른 일에 동원하지 않는다.

제7조

기업은 종업원들이 안전하고 문화위생적인 환경에서 일할수 있도록 로동조건을 개선하고 그들의 생명과 건강을 보호증진시키는데 선차적인 관심을 돌려야 한다.

제8조

녀성은 로동생활분야에서 남성과 동등한 권리를 가진다. 로력관리기관과 관리위원회, 기업은 녀성종업원의 로동조건보장과 건강보호에 특별한 관심을 돌린다.

제9조

지대에서 기업의 종업원 월로임 최저기준은 최저생계비, 로동생산능률, 로력채용상태 같은것을 고려하여 75.2€이상으로 한다.

종업원 월로임 최저기준은 라선시인민위원회가(관리위원회 관할지역안의 종업원월로임최저기준은 관리위원회와 협의하여)정한다.

제10조

이 세칙 집행에 대한 감독통제는 로력관리기관이 한다.

제11조

기업의 로력보장은 라선시인민위원회(이 아래부터는 로력보장기관이라 한다)가 하며 외국인기업에 대한 로력보장은 외국투자기업복무소에 위임하여 할수 있다.

제12조

기업은 우리 나라 로력을 채용하려 할 경우 로력자수, 성별, 년령, 업종, 기술기능수준, 채용기간, 로임수준, 로동조건 같은것을 밝힌 로력신청문건을 직접 또는 관리위원회를 통하여, 외국인기업은 외국투자기업복무소를 통하여 로력보장기관에 내야 한다.

제13조

외국투자기업복무소는 로력보장기관의 위임에 따라 기업에서 요구하는 로력보장을 위해 필요한 경우 해당한 장소들에 로력모집과 관련한 광고를 낼수 있으며 모집된 로력들에 대한 명단을 기업별로 작성하여 제때에 로력보장기관에 보고하여야 한다.

第六条

除了自然灾害等不可抗力情况以外, 不得动员企业录用的劳动力从事其他劳动.

第七条

为让职工在安全, 文化卫生的环境中工作, 企业应改善相应的劳动条件, 并首先要关心和保护及增进职工的生命和健康.

第八条

劳动生活领域女性与男性具有同等的权利.劳动力管理机关和管理委员会, 企业应特别关注女性职工的劳动条件保障和健康保护.

第九条

经贸区企业的职工月工资最低标准, 考虑了最低生活费, 劳动生产效率, 劳动力招聘情况等, 确定为 75.2€ 以上.

职工月工资最低标准, 由罗先市人民委员会确定(管理委员会管辖经贸区以内的职工月工资最低标准应与管理委员会协商).

第十条

由劳动力管理机关负责监督控制本细则的执行.

第十一条

企业的劳动力保障由罗先市人民委员会负责(以下简称为劳动力保障机关), 对外国人企业的劳动力保障, 可以委托给外国投资企业服务所.

第十二条

企业录用朝鲜劳动力时, 应把记载劳动力人数, 性别, 年龄, 行业, 技术技能水平, 录用期间, 工资标准, 劳动条件等的劳动力申请文件通过管理委员会提交劳动力保障机关.外国人企业则通过外国投资企业服务所提交给劳动力保障机关.

第十三条

外国投资企业服务所根据劳动力保障机关的委任, 为了保障企业要求的劳动力, 可以在相应的场所粘贴招工广告, 按企业分别制作劳动力招聘名单, 并及时向劳动力保障机关报告.

로력보장기관은 모집된 로력명단을 보고받은 다음 기업별로력신청문건에 기초하여 승인 또는 부결결과를 관리위원회와 외국투자기업복무소에 제때에 통지해주어야 한다.

제14조

외국투자기업복무소는 로력보장기관으로부터 승인받은 로력자에 대하여 8일안으로 필요한 수속과 로동교양을 진행하고 로력보장기관의 파견장과 함께 기업에 보내주어야 한다.

지대밖의 우리 나라 다른 지역에 있는 로력을 보장하는 경우에는 그 기간을 초과할수 있다.

제15조

기업은 로력보장기관과 외국투자기업복무소가 보내준 로력자와 채용기간, 로동시간, 초기월로임액, 로동보호조건보장 같은것을 밝힌 로력채용계약을 맺어야 한다.

로력채용계약을 맺은 로력자는 기업의 종업원으로 된다.

로력채용계약을 맺은 기업은 2일안으로 계약서사본에 기업의 공인을 찍어 관리위원회와 외국투자기업복무소에 보내야 한다.

로력보장기관의 파견장이 있는 로력자만이 기업과 로력채용계약을 맺을수 있다.

제16조

외국투자기업복무소는 외국인기업의 실정에 맞게 직업동맹조직을 내오고 책임자를 임명해주어야 한다.

종업원이 10명이상인 기업에는 직업동맹위원회를 조직하며 그 이하인 기업에는 종업원대표를 둔다.

직업동맹조직과 종업원대표는 종업원들의 권리와 리익을 대표하며 기업의 경영활동에 협력한다.

제17조

기업은 직업동맹조직 또는 종업원대표와 로동계약을 맺고 경영활동을 하여야 한다.

로동계약에서는 로동시간과 휴식시간, 로동보수, 로동보호기준, 로동생활질서, 문화후생조건, 상벌기준 같은것을 밝힌다.

기업은 로동계약을 체결하였을 경우 계약서를 7일안으로 관리위원회와 외국투자기업복무소의 합의를 받아 로력보장기관에 내고 승인을 받아야 한다.

劳动力保障机关收到劳动力招聘名单报告后,根据企业的劳动力申请文件,作出批准和驳回的决定,并及时通知管理委员会和外国投资企业服务所.

第十四条

外国投资企业服务所应在8日内对劳动力保障机关批准的劳动力进行必要的手续和劳动培训后,与劳动力保障机关的派遣证一起,一并送交企业.

需要保障经贸区外朝鲜其他地区的劳动力时,可以超过该期间.

第十五条

企业应与劳动力保障机关和外国投资企业服务所派遣的劳动者签订劳动合同,内容包括录用期间,劳动时间,最初月工资,劳动保护提交保障等.

签订劳动合同的劳动者成为企业的职工.

签订劳动合同的企业应在2日内向管理委员会和外国投资企业服务所送达加盖企业公章的合同副本.

持有劳动力保障机关派遣证的劳动者,才可以与企业签订劳动合同.

第十六条

外国投资企业服务所应根据外国人企业的实际情况,组织职工同盟组织和任命负责人.

职工人数超过10人以上的企业,可以组织职工同盟组织,10人以下时设职工代表.

职工同盟组织和职工代表代表职工的权利和利益,协助企业的经营活动.

第十七条

企业应与职工同盟组织或职工代表签订劳动合同,从事经营活动.

劳动合同包括劳动时间,休息时间,劳动报酬,劳动保护标准,劳动生活秩序,文化福利条件,奖惩标准等.

企业签订劳动合同后,应在7日内与管理委员会和外国投资企业服务所达成协议后,并应获得劳动力保障机关的批准.

로력보장기관 또는 외국투자기업복무소는 로동계약서에 결함이 있을 경우 계약을 다시 맺을것을 요구할수 있다.

기업은 직업동맹조직 또는 종업원대표와 로동계약을 맺은 조건에서만 종업원들에게 일을 시킬수 있다.

이 세칙에 어긋나거나 사기, 강요로 맺은 계약은 효력을 가지지 못한다.

제18조

기업은 매월 직업동맹조직에 아래와 같은 활동자금을 보장해주어야 한다.

1. 종업원 500명까지는 전체 종업원 월로임의 2%에 해당한 자금
2. 종업원 501명부터 1000명까지는 전체 종업원 월로임의 1.5%에 해당한 자금
3. 종업원 1001명이상은 전체 종업원 월로임의 1%에 해당한 자금

제19조

기업은 기술자, 기능공을 비롯하여 절박하게 요구되는 로력자를 외국투자기업복무소에 의뢰하여 로력보장기관의 승인에 따라 림시로력채용계약을 맺고 수속전 15일-30일동안 채용할수있다.

제20조

기업은 다른 나라 로력을 채용하려는 경우 로력보장기관 또는 관리위원회에 채용할 외국인의 이름, 성별, 생년월일, 국적, 거주지, 지식정도, 기술자격, 간단한 경력, 직종 같은것을 서면으로 통지하여야 한다.

제21조

우리 나라 로력을 보장받은 기업은 로력알선 료금을 지대중앙은행에 납부하고 확인서를 로력보장기관에 로력채용계약을 맺은 다음날(법정로동일)까지 보내야한다.

로력자당 알선료금의 가격은 시인민위원회가격기관에서 정한다.

제22조

로력자의 수속과 관련한 질서는 다음과 같다.

기업은 로력보장기관과 외국투자기업복무소가 보내준 로력자에 대하여 료해하고 로력채용조건에 맞는 로력자의 《종업원입직신청서》와 《로력조절배치의뢰서》에 기업의 공인을 찍은 다음 로력보장기관과 외국투자기업복무소에 보낸다.

로력보장기관과 외국투자기업복무소는 《종업원입직신청서》에 합의경유를 받게 된 기관(일군)의 경유확인을 받은 다음 《종업원입직신청서》는 해당기업에 보내고 《로력조절배치의뢰서》는 로력을 내보내는 기관, 기업소에 보내주어야 한다.

劳动力保障机关或外国投资企业服务所发现合同存在缺陷时,可以要求重新签订合同.

企业只能按照与职工同盟组织或职工代表签订的劳动合同的条件,让职工从事相应的劳动.违反本细则或以诈骗,胁迫的方式签订的合同,不具有效力.

第十八条

企业应保障职工同盟组织每月下列活动的资金:

1.职工人数达到500人时,相当于全体职工月工资2%的资金;
2.职工人数达到501至1000人时,相当于全体职工月工资1.5%的资金;
3.职工人数达到1000人以上时,相当于全体职工月工资1%的资金;

第十九条

技术人员,技工等企业迫切需要的人员,可以委托外国投资企业服务所根据劳动力保障机关的批准,签订临时劳动合同,办理手续前可以录用15－30日.

第二十条

企业录用其他国家的劳动力时,向劳动力保障机关或管理委员会以书面形式通知需要录用的外国人的姓名,性别,出生年月日,国籍,居住地,知识程度,技术资格,简历,职业等.

第二十一条

录用朝鲜劳动力的企业,应向经贸区中央银行缴纳劳动力介绍费,签订劳动合同的翌日止(法定工作日)向劳动力保障机关送交确认书.

劳动者每人的介绍费,由罗先市人民委员会价格机关确定.

第二十二条

劳动者的手续和相关秩序如下:

企业了解劳动力保障机关和外国投资企业服务所送来的劳动者,对符合录用条件的劳动者的《职工入职申请书》和《劳动安排委托书》加盖企业的公章后送交劳动力保障机关和外国投资企业服务所.

劳动力保障机关和外国投资企业服务所在得到机关工作人员对《职工入职申请书》的确认后,《职工入职申请书》送达有关企业,《劳动安排委托书》送达派出劳动者的机关,企业.

로력자를 내보내는 기관, 기업소는 로력보장기관과 외국투자기업복무소에서 보내온 《로력조절배치의뢰서》를 확인하고 2일안으로 《종업원입직신청서》에 합의 경유를 받게 된 기관(일군)의 경유확인을 받은 다음 《종업원입직신청서》는 해당 기관, 기업소에 보관하고 《로력조절배치의뢰서》에 기관, 기업소 공인을 찍은 다음 로력보장기관과 외국투자기업복무소에 보내주어야 한다.

외국투자기업복무소는 《로력조절배치의뢰서》를 확인하고 로력보장기관에 제기하여 로력파견장 또는 로력소환장을 발급받아 로력을 받거나 내보내는 기관, 기업소에 보내주어야 한다.

로력파견장 또는 로력소환장을 받은 기관, 기업소는 8일안으로 모든 수속을 끝내고 해당한 문건을 로력자와 함께 기업에 넘겨주며 기업은 로력접수회보서를 제때에 로력보장기관에 보내주어야 한다.

제23조

로력채용계약은 맺은 날부터, 로동계약은 로력보장기관 또는 관리위원회의 승인을 받은 날부터 효력을 가진다.

제24조

로력채용계약, 로동계약은 당사자들이 합의하여 변경하거나 취소할수 있다.

로동계약을 변경, 취소하려 할 경우에는 관리위원회와 외국투자기업복무소의 합의를 받아 로력보장기관의 승인을 받는다.

제25조

기업은 아래와 같은 경우 로력채용기간이 끝나기 전에 종업원을 내보낼수 있다.

1. 종업원이 질병 또는 부상(직업병, 작업중에 입은 부상제외)으로 치료를 받았으나 자기 직종 또는 기업안의 다른 직종에서 일할수 없을 경우
2. 기업의 경영조건 또는 기술조건의 변동으로 종업원이 남을 경우
3. 종업원이 기술기능의 부족으로 자기 직종에서 일할수 없을 경우
4. 종업원이 기업의 재산에 막대한 손실을 주었거나 로동생활질서를 어겨 엄중한 결과를 일으켰을 경우

제26조

기업은 종업원을 내보내려는 경우 직업동맹조직 또는 종업원대표와 토의하며 30일전에 해당 당사자에게 알려주어야 한다.

기업은 내보내는 종업원에 대하여 퇴직리유를 외국투자기업복무소를 통하여 로력보장기관과 관리위원회에 통지하고 승인을 받은 종업원은 외국투자기업복무소에 넘겨준다.

派出劳动者的机关, 企业确认劳动力保障机关和外国投资企业服务所送来的《劳动安排委托书》后, 2日内得到《职工入职申请书》确认的工作人员的确认后, 《职工入职申请书》由有关机关, 企业保管, 在《劳动安排委托书》加盖机关, 企业的公章后送达劳动力保障机关和外国投资企业服务所.

外国投资企业服务所确认《劳动安排委托书》后向劳动力保障机关提出和取得劳务派遣证或劳务召回证后送达派出或召回劳务的机关, 企业.

收到劳务派遣证或劳务召回证的机关, 企业应在8日内结束所有的手续, 相关文件与劳动者一并送交企业, 企业应及时向劳动力保障机关送交劳动者接收信函.

第二十三条

劳动录用合同自签订之日起, 劳动合同是获得劳动力保障机关或管理委员会批准之日起具有效力.

第二十四条

由当事人通过协商, 变更或取消劳动录用合同, 劳动合同.

变更, 取消劳动合同时, 应与管理委员会和外国投资企业服务所达成协议和获得劳动力保障机关的批准.

第二十五条

发生下列情形时, 企业可以在录用期间结束之前, 开除职工:

1. 职工因疾病或伤痛(职业病, 工作中负伤的除外) 接受过治疗, 但还是不能胜任岗位或企业内其他岗位工作时;
2. 因企业经营条件或技术条件的变更, 留有多余职工时;
3. 职工因其技术能力的不足, 不能胜任自己岗位工作时;
4. 职工造成企业财产的巨大的损失或违反劳动生活秩序产生严重后果的.

第二十六条

企业开除职工时, 应与职工同盟组织或职工代表协商, 并应在30日前通知当事人.

关于开除职工, 企业通过外国投资企业服务所向劳动力保障机关和管理委员会通知其开除理由, 获得批准的职工送交外国投资企业服务所.

외국투자기업복무소는 기업이 내보낸 로력자를 로력보장기관의 로력파견장이 발급될때까지 다른 기관, 기업소에 들어가 일할수 있도록 알선해 주어야 한다.

제27조

기업은 아래의 경우 보건기관의 의학적확인이 있는 조건에서 종업원을 해고할수 없다.
    1. 직업병을 앓거나 작업과정에 부상당하여 치료받고있을 경우
    2. 병치료를 받는 기간이 6개월을 초과하지 않았을 경우
    3. 임신, 산전산후휴가, 어린이에게 젖먹이는 기간에 있을 경우

제28조

종업원은 아래의 경우 직업동맹조직 또는 종업원대표와 합의하고 사직할수 있다.
    1. 개인적으로 일을 그만두거나 다른 일을 해야 할 사정이 생겼을 경우
    2. 직종이 맞지 않아 기술기능을 충분히 발휘할수 없을 경우
    3. 학교에 입학하였을 경우
사직하려는 종업원은 기업에 사직서를 내야 한다.

기업은 사직서를 접수한 날부터 30일안으로 직업동맹조직 또는 종업원대표와 합의하고 사직을 연기할데 대하여 요구할수 있다. 이 경우 종업원은 특별한 사정이 없는 한 기업의 요구에 응하여야 한다.

사직하는 종업원은 외국투자기업복무소의 승인과 로력보장기관의 파견장에 의해서만 이동할수있다.

제29조

기업은 기능공양성, 기술견습을 위하여 종업원을 다른 나라에 내보낼수 있다.
이 경우 로력관리기관의 승인을 받아야 한다.

제30조

기능공양성은 직업기술교육을 통하여 한다.
로력관리기관은 지대의 특성에 맞게 직업기술교육체계를 정연하게 세우고 기능로력후비를 체계적으로 양성하여야 한다.

직업기술교육은 일정한 직종의 기술기능작업을 원만히 수행할수 있도록 필요한 지식과 기술기능을 배워주는 교육이다.

제31조

직업기술교육은 부분별 또는 해당 기업에 조직된 직업기술교육단위에서 한다.
직업기술교육단위에는 기능공학교, 기능공양성소, 기능공양성반(이 아래부터는 직업기술학교라 한다)같은것이 속한다.

企业送回的劳动者, 在劳动力保障机关颁发劳务派遣证时为止, 外国投资企业服务所应把该劳动者介绍其到其他机关, 企业工作.

第二十七条

在下列具有保健机关医学确认条件下, 企业不得解雇职工.

    1.患有职业病或工作中负伤而正在接受治疗的;

    2.治病期间未超过6个月的;

    3.属于怀孕, 产前产后休假, 哺乳期间的;

第二十八条

下列情况职工与职工同盟组织或职工代表协商后可以辞职:

    1.个人主动辞职或存在需要从事其他工作的事由时;

    2.岗位不符未能充分发挥其技术能力时;

    3.入学时.

职工辞职需要向企业递交辞职信.

企业自收到辞职信之日起30日内与职工同盟组织或职工代表协商后可以要求其延期辞职.此时, 如无其他特别的事由, 职工应服从企业的要求.

辞职的职工, 只能根据外国投资企业服务所的批准和劳动力保障机关的派遣证, 才可以办理工作调动.

第二十九条

为了培训技工, 技术见习, 企业可以向其他国家派遣职工.

此时, 应获得劳动力管理机关的批准.

第三十条

通过职业技术教育进行技工的培训.

劳动力管理机关应根据经贸区的特点, 建立完整的职业技术教育体系, 系统的培养技工的后备力量.

职业技术教育是为从事一定行业的技术工作而对其进行必要知识和技术技能的教育.

第三十一条

职业技术教育由按部门或有关企业组织的职业技术教育单位进行.

职业技术教育单位包括技工学校, 技工培训所, 技工培训班(以下简称职业技术学校) 等.

제32조

직업기술학교의 양성직종과 규모는 지대의 경제부문별 기능공 수요에 따라 로력관리기관이 정한다.

직업기술학교를 내오거나 없애려고 하는 경우에는 로력보장기관의 승인을 받아야 한다.

직업기술학교를 내오거나 없애는 절차는 다음과 같다.

직업기술학교를 내오려는 기업은 기능공수요에 따르는 양성지표, 규모, 양성목표급수를 정확히 타산한데 따라 직업기술학교의 교사, 기숙사, 실습장을 비롯한 교육시설들과 실습설비, 교구비품 등 물질기술적조건을 구비하기 위한 대책을 세운다음《직업기술학교조직신청서》를 로력관리기관에 내야 한다.

직업기술학교조직을 승인받은 기업은 5개월내에 교원대렬과 교육조건을 원만히 갖추어야 하며 해당 양성지표에 대한 교육강령을 작성하여 로력관리기관의 승인을 받아야 한다. 교원대렬과 교육조건을 갖추지 않고 교육강령을 작성승인받지 않는 직업기술학교는 운영할수 없다.

직업기술학교는 다음과 같은 원칙에서 조직하여야 한다.

양성생규모가 50명이상인 기업에는 학교를, 양성생규모가 50명이하인 기업에는 양성반을 조직하여야 한다.

부문 또는 지역단위로 조직한 직업기술학교는 로력관리기관이 직접 운영하는 직업기술학교에 소속시킬수도 있다.

기업에 조직한 직업기술학교의 교장은 기업책임자가 겸임하며 부문 또는 지역단위로 조직한 직업기술학교의 교장은 전임으로 둔다. 부문 또는 지역단위로 조직한 직업기술학교는 공인과 돈자리를 둔다.

제33조

직업기술학교의 양성기간은 해당 직종의 양성급수에 따라 3개월~2년으로 한다. 양성직종은 해당기업의 기본직종으로 정하는것을 원칙으로 한다.

양성직종과 그에 따르는 양성기간은 로력관리기관이 정한다.

제34조

직업기술학교의 교육강령은 자체로 작성한 다음 로력관리기관의 심의를 거쳐 집행하여야 한다.

직업기술학교는 로력관리기관의 승인없이 교육강령을 고칠수 없으며 승인되지 않은 교육강령은 집행할수 없다.

第三十二条

职业技术学校的培训种类和规模,根据经贸区经济部门技工的需要,由劳动力管理机关确定.

设立或取消职业技术学校时,应获得劳动力保障机关的批准.

设立或取消职业技术学校的程序如下:

设立职业技术学校的企业应在技工需求的培养指标,规模,培养目标级别正确计算的基础上制定职业技术学校的校舍,宿舍,实习室等教育设施和实习设备,教具等物质技术条件的对策,其后向劳动力管理机关提交《职业技术学校组织申请书》.

获得职业技术学校组织批准的企业,应在5个月内配齐师资力量和具备教育条件,制定依据培养指标的教育纲领,并获得劳动力管理机关的批准.不得运营不具备师资力量和教育条件和教育纲领未获得批准的职业技术学校.

职业技术学校按下列原则组织运营:

培养规模为50人以上的企业可以组织学校,培养规模为50人以下的企业可组织培训班.

部门或地区单位组织的职业技术学校可以并入由劳动力管理机关直接运营的职业技术学校.

企业组织的职业技术学校的校长由企业负责人兼任,部门或地区单位组织的职业技术学校的校长由专门人员担任.部门或地区单位组织的职业技术学校设公章和账号.

第三十三条

职业技术学校的培养期间,按职业培养级别可以分为3个月至2年.培养职业种类的原则是以有关企业的基本行业为基本.

培养职业种类和其培养期间,由劳动力管理机关确定.

第三十四条

职业技术学校的教育纲领自己制定后,获得劳动力管理机关的审议后执行.

职业技术学校不得修改未经劳动力管理机关批准的教育纲领,不得执行未获批准的教育纲领.

제35조

직업기술학교는 기술기능교육을 통하여 고급중학교졸업생을 비롯한 기술기능이 없는 대상은 3~4급공으로, 현직 해당직종에서 일하던 대상은 4~5급공으로 양성하여야 한다.

특수한 경우에는 로력보장기관의 승인을 받아 그 이상급수의 기능공으로 양성하여야 한다. 기업은 일정한 기술기능을 요구하는 직종에 배치할 대상이 기술기능이 없거나 낮은 경우에는 직업기술학교에 보내여 양성한 다음 로동에 참가시켜야 한다.

제36조

직업기술학교는 해마다 필요한 성원들로 졸업시험위원회를 조직하고 시험에서 합격된 학생들에게 해당 직종의 기술기능급수를 밝힌 졸업증을 내주어야 한다.

제37조

기업은 기술기능급수사정사업을 엄격히 하여야 하며 기술일군, 고급기능공을 비롯한 우수한 일군들을 기술기능급수시험위원으로 선발하고 시험을 엄격하게 쳐야 한다.

시험위원을 선발할수 없는 경우에는 로력보장기관에 의뢰하여 시험을 쳐야 한다.

제38조

기술기능급수시험은 년간 기술기능학습과정을 마친 대상에 대하여 실지 일하고 있는 직종으로 1급~4급까지는 1년에 한번, 5급~6급은 2년에 한번, 7급~8급은 3년에 한번씩 조직하여야 한다.

다음과 같은 대상은 년한에 관계없이 응시한다.

    1. 국가적으로 평가받은 대상.

    2. 기술기능적문제들을 해결하여 제품의 질을 높이고 수입을 늘이는데 기여한 대상.

    3. 기술기능강습과 전습을 끝낸 대상.

    4. 기능공학교 과정안을 마치고 졸업하는 대상.

    5. 새로 들어왔거나 직종을 바꾼 대상.

    6. 이밖에 제기되는 대상.

제39조

기업은 기술기능급수시험에 응시대상을 의무적으로 참가시켜야 하며 정당한 리유없이 참가하지 않는 경우에는 기술기능급수를 한급 낮추어야 한다.

자기직종의 최고기능급수를 가진 기능공은 제자리급수시험에 참가하여야 한다.

第三十五条

职业技术学校通过技术技能教育,包括高级中学毕业生在内没有技术技能的对象培养为3~4级工,现职的职工培养为4~5级工.

特殊情况下获得劳动力保障机关的批准,培养该工种级别以上的技能工.需要一定技术技能的岗位没有可以安排的人员时,企业应把相关人员送到职业技术学校进行培养后再投入到劳动.

第三十六条

职业技术学校每年应组织由有关人员组成的毕业考试委员会,对考试合格的学生颁发表明其职业技术技能级别的毕业证.

第三十七条

企业应严格执行技术技能级别工作,把包括技术人员,高级技工等在内的优秀的人员选拔为技术技能级别考试委员会委员,并进行严格的考试.

不能选拔考试委员时,应委托劳动力保障机关进行考试.

第三十八条

关于技术技能级别考试,对完成技术技能学习课程的对象,实际工作的职业的1~4级是每年组织一次;5~6级是两年组织一次;7~8级是三年组织一次.

下列对象不受年限限制,可以随时进行考试:

1.受到国家评价(表彰)的对象;

2.解决技术技能问题,为提高产品质量和增加收入作出贡献的对象;

3.完成技术技能学习和专门学习的对象;

4.完成技术技能学习课程和毕业的对象;

5.新入职或换职业的对象;

6.其他对象.

第三十九条

企业有义务让考试对象参加技术技能级别考试,无正当理由未参加时,应降低一级技术技能级别.

具有本职业最高技能级别的技工,应参加本级别考试.

제40조

기업은 종업원의 로동시간을 하루 8시간, 주 평균 48시간이상 초과할수 없으며 필요한 경우 연장작업을 시키거나 명절일, 공휴일, 휴가기간에 로동을 시키려 할 경우 직업동맹조직 또는 종업원대표와 합의하여야 한다.

제41조

기업은 종업원의 건강을 보장하는 조건에서 하루에 3시간정도 로동시간을 연장할수 있다.

종업원은 정해진 로동시간을 지키며 로동을 성실히 하여야 한다.

제42조

기업은 종업원에게 우리 나라 명절일과 공휴일의 휴식을 보장하여야 하며 로동을 시켰을 경우에는 7일안으로 대휴를 주어야 한다.

제43조

기업은 해마다 14일간의 정기휴가를 종업원에게 주어야 하며 중로동, 유해로동을 하는 종업원에게는 7～21일간의 보충휴가를 주어야 한다.

녀성종업원에게는 의료기관의 확인서가 있는 조건에서 산전 60일, 산후 90일간의 휴가를 준다.

제44조

종업원의 로동보수에는 로임, 장려금, 상금 같은것이 속한다.

기업은 로동의 질과 량에 따라 로동보수를 정확히 계산하며 같은 로동을 한 종업원들에 대해서는 성별, 년령에 관계없이 로동보수를 꼭같이 지불하여야 한다.

제45조

종업원의 월로임은 기업이 정한다. 이 경우 월로임을 종업원월로임최저기준보다 낮게 정할수 없다.

조업준비기간에 있는 종업원 또는 견습공, 무기능공의 월로임은 종업원월로임최저기준의 70%이상의 범위에서 정할수 있다.

조업준비기간은 3개월을 넘을수 없다.

제46조

기업은 정기 및 보충휴가를 받은 종업원에게 휴가일수에 따르는 휴가비를 지불하여야 한다.

산전산후휴가를 받은 녀성종업원에게는 기업이 90일에 해당한 휴가비를 지불하여야 한다.

第四十条

　　企业职工的劳动时间不得超过每日8小时, 一周平均48小时.必要时安排加班或节假日, 公休日, 假期安排劳动时, 应与职工同盟组织或职工代表进行协商.

第四十一条

　　企业在保证职工健康的条件下, 每日可以延长3个小时的劳动时间.
　　职工应遵守规定的劳动时间, 认真工作.

第四十二条

　　企业应保障职工的朝鲜的节假日和公休日的休息, 如安排劳动时应在7日内安排休假.

第四十三条

　　企业每年应安排14日的职工定期休假, 从事重劳动, 有害劳动的职工, 应安排7～21日的补充休假.
　　对女性职工, 如有医疗机构的确认书时, 应安排产前60日, 产后90日的休假.

第四十四条

　　职工的劳动报酬包括工资, 奖励金, 奖金等.
　　企业应按照劳动质量和劳动量正确计算劳动报酬, 从事同一劳动的职工, 不分性别, 年龄, 要支付相同的劳动报酬.

第四十五条

　　职工的月工资由企业确定.此时, 月工资不得低于职工月工资最低标准.
　　试用期的职工或实习生, 无技能的职工的月工资, 可以在职工月工资最低标准的70%的范围内确定.
　　试用期不得超过3个月.

第四十六条

　　企业应向定期休假及补充休假的职工, 支付按休假日期的休假费.
　　对产前产后休假的女性职工, 企业应支付相当于90日的休假费.

휴가비는 로임을 지불하는 때에 함께 지불한다.

제47조

휴가비는 휴가받기 전 마지막 3개월간의 로임을 실가동일수에 따라 평균한 하루 로임에 휴가일수를 적용하여 계산한다.

제48조

기업은 휴가기간에 있는 종업원에게 작업을 시켰을 경우 휴가비와 함께 일당 또는 시간당 로임액의 100%에 해당한 로임을 주어야 한다.

제49조

기업은 양성기간에 있거나 기업의 책임으로 일하지 못하는 종업원에게 일당 또는 시간당 로임의 60%이상에 해당한 생활보조금을 주어야 한다.

생활보조금을 주는 기간은 3개월을 넘을수 없다.

제50조

기업은 종업원에게 야간작업을 시켰거나 정해진 로동시간밖의 연장작업을 시켰을 경우 일당 또는 시간당 로임액의 150%에 해당한 로임을 주어야 한다.

로동시간밖의 야간작업을 시켰을 경우에는 일당 또는 시간당 로임액의 200%에 해당한 로임을 주어야 한다.

야간작업이란 22시부터 다음날 6시사이의 로동을 말한다.

제51조

기업은 명절일, 공휴일에 종업원에게 일을 시키고 대휴를 주지 않았을 경우 일당 또는 시간당 로임액의 200%에 해당한 로임을 주어야 한다.

제52조

기업은 결산리윤의 일부로 상금기금을 조성하고 일을 잘하는 종업원에게 상금 또는 장려금을 줄수 있다.

제53조

기업은 종업원의 로동보수를 정해진 기간안에 전액 지불하여야 한다.

로임은 화페로 지불하며 상금과 장려금은 화페로 지불하거나 상품으로 줄수도 있다.

로동보수를 주는 날이 되기전에 사직하였거나 기업에서 내보낸 종업원에게는 수속이 끝날 날부터 7일안으로 로동보수를 지불하여야 한다.

支付工资时, 一并支付休假费.

第四十七条

休假费的计算, 休假前最后3个月工资按实际工作日平均后按日工资乘于休假天数.

第四十八条

休假期安排职工工作时, 应支付休假费和日工资或按时工资100%的工资.

第四十九条

企业应为进行培养或因企业原因不能工作的职工, 支付日工资或按时工资60%的生活补助金.

生活补助金的支付, 不得超过3个月.

第五十条

企业安排职工夜班或规定时间以外的工作时, 应支付日工资或按时工资150%的工资.

安排劳动时间以外的夜班时, 应支付日工资或按时工资200%的工资.

夜班是指从22时至次日6时之间的劳动.

第五十一条

在节假日, 公休日企业安排职工工作而未安排代休假时, 应支付日工资或按时工资200%的工资.

第五十二条

企业可以把结算利润的一部分作为奖励基金, 给优秀的职工颁发奖金或奖励金.

第五十三条

企业应按时全额支付职工的劳动报酬.

工资以货币支付, 奖金和奖励金可以是货币, 也可以是商品.

对支付工资日之前辞职或开除的职工, 办完手续之日起7日内支付其劳动报酬.

제54조

기업은 자체의 사정으로 종업원을 내보내는 경우 보조금을 주어야 한다.

보조금은 종업원을 기업에서 내보내기 전 마지막 3개월간의 로임을 평균한 월 로임에 일한 해수를 적용하여 계산한다. 그러나 로동년한이 1년이 못되는 경우에는 1개월분의 로임을 적용하여 계산한다.

제55조

기업은 로동안전시설을 갖추어 종업원이 안전하게 일할수 있는 조건을 보장하여야 한다.

기업은 고열, 가스, 먼지, 소음을 막고 채광, 조명, 통풍같은 산업위생조건을 보장하여야 한다.

제56조

기업은 로동보호사업을 생산에 확고히 앞세울데 대한 국가의 정책과 법규범의 요구를 엄격히 지켜야 한다.

로동보호사업에 대한 통일적인 장악과 지도는 시인민위원회(이 아래부터는 로동보호감독기관이라 한다)와 따로 정한 로동보호감독일군이 한다.

로동보호감독기관은 로동보호사업과 관련하여 다른 나라 국제기구와의 협력과 교류를 발전시켜야 한다.

기업은 로동보호사업정형을 월, 분기, 년마다 정기적으로 총화하여야 한다.

년간 로동보호사업총화는 다음해 1월안으로 하여야 한다.

기업의 로동보호사업은 기업의 책임자가 직업동맹조직 또는 종업원대표와 협의하여 직접 조사하고 집행하며 총화하여야 한다.

제57조

기업은 로동안전교양체계를 바로 세우고 종업원들에게 정기적으로 로동안전교양을 주어야 한다.

새로 들어온 종업원에게는 5~20일간, 직종을 바꾸는 종업원에게는 2~5일간, 규정위반자에게는 10~30일간, 리론교양과 현장에서 로동안전규정의 요구에 맞게 일하는 방법을 배워주는 형식으로 로동안전교양을 주어야 한다.

제58조

지대안의 산업부문별 로동안전과 관련된 교양자료는 로동보호기관이 작성하거나 해당 기업에서 작성한 다음 로동보호기관의 심의를 받아 리용한다.

第五十四条

企业因自身的原因开除职工时,应支付补助金.

补助金的计算,开除职工前最后3个月工资的平均工资结合工作年份计算其补助金.但工作年限未达到1年时,适用1个月的工资标准,支付其补助金.

第五十五条

企业应配置劳动安全设施,保障职工在安全的条件下工作.

企业应防止高温,瓦斯,粉尘,噪音的发生,保障采光,照明,通风等产业卫生条件.

第五十六条

企业应严格遵守在生产中树立劳动保护工作的国家政策和法规的要求.

由市人民委员会和其工作人员负责对劳动保护工作(以下简称劳动保护监督机关)的统一的管理和领导.

在劳动保护方面,劳动保护监督机关应发展与其他国家,国际机构的合作与交流.

企业应定期按月,季度,年总结劳动保护工作的情况.

年度劳动保护工作的总结,应在下一年的1月份内进行.

企业的劳动保护工作由企业负责人和职工同盟组织或职工代表协商后直接进行调查和执行,并进行总结.

第五十七条

企业应建立劳动安全教育体系,定期向职工进行劳动安全教育.

新入职的职工的教育时间为5～20日,转换职业的职工为2～5日,违反规定者为10～30日,以理论教育和在现场按照劳动安全规定的要求,教会如何工作的形式进行劳动安全教育.

第五十八条

经贸区内的按产业部门的劳动安全相关的教育材料,由劳动保护机关制作或有关企业制作后接受劳动保护机关的审议后才能使用.

제59조

기업은 로동안전시설 및 로동위생조건을 개선완비하고 현대화하기 위한 사업을 계획적으로 진행하여 종업원들이 보다 안전하고 문화위생적인 조건에서 일하도록 하여야 한다.

제60조

기계설비와 같이 회전하는 물체에는 안전장치를, 높은 열과 압력, 화염과 폭발, 전기감전, 유독성물질과 같은 인명피해의 위험성이 있는 장소에는 보호장치를 하여야 하며 사고의 위험성을 미리 알리는 소리, 표식과 같은 신호장치를 하여야 한다.

제61조

기업은 불비한 로동안전시설과 위험한 곳을 찾아내어 제때에 안전대책을 세워야 하며 사람의 건강에 해롭거나 위험한 곳에서는 로동안전대책이 없이 종업원들에게 일을 시키지 말아야 한다.

제62조

기업은 로동보호조건에 맞게 건물 또는 구축물을 건설하거나 기계설비 및 공구, 지구를 만들어야 한다.

제63조

기업은 예방의학 및 로동위생의 요구에 맞게 생산조건을 갖추어 주어야 하며 종업원들의 로동과정과 생산환경에 미치는 유해인자를 정상적으로 측정하고 철저히 막아야 한다.

제64조

기업은 종업원들에게 생리적허용한계를 초과하는 로동을 시키지 말아여 하며 건강에 해로운 고열, 가스, 먼지, 소음, 진동, 습기 같은것을 막고 위생학적요구에 맞게 채광, 조명, 난방, 통풍, 보호장치 같은것을 충분히 보장하여 종업원들이 안전하고 문화위생적인 환경에서 일하게 하여야 한다.

제65조

기업은 종업원들에 대한 건강검진을 정상적으로 하며 합숙, 식당, 수리소, 목욕탕과 같은 후방생활조건과 보조위생시설을 원만히 보장해주어야 한다.

제66조

작업대상과 성격에 따라 작업필수품, 로동보호용구, 영양제, 세척제, 기타 약제(보호약제, 해독제, 피부보호제)의 공급대상과 기준은 로동보호기관이 정한다.

第五十九条

企业应有计划的进行劳动安全设施及劳动卫生条件的改善及现代化的工作,让职工在更安全和有文化卫生条件的环境中工作.

第六十条

机械设备等旋转的设备应安装安全设施,高温和高压,火焰和爆炸,触电危险,有毒物质等存在侵害人身安全危险性的场所,应该设置相应的保护设施.并设置事先告知事故危险性的声音,标识等信号设备.

第六十一条

企业应及时查找不完善的劳动安全设施和危险场所,采取相应的安全对策.没有劳动安全对策的情况下,在对人体健康有害的或危险的场所,禁止安排职工从事劳动.

第六十二条

企业应按照劳动保护条件建设建筑或构造物或制造机械设备及工具,器具.

第六十三条

企业应按照预防医学及劳动卫生的要求配置劳动条件.经常性的检测和预防影响职工的劳动过程和对生产环境产生的有害因素.

第六十四条

企业不得让职工从事超过其生理限度的劳动,防止对健康有害的高温,瓦斯,粉尘,噪音,振动,湿气等,按卫生学要求保障采光,照明,暖气,台风,保护设备等,让职工在安全和文化卫生的环境中工作.

第六十五条

企业应定期对职工进行体检,并保障宿舍,食堂,修理所,浴池等后勤生活条件和卫生设施.

第六十六条

按照工作对象和性质,需要提供的工作必需品,劳动保护用具,营养剂,洗涤剂,其他药品(保护药品,解毒剂,皮肤保护药剂)的供给对象和标准,由劳动保护机关确定.

제67조

기업은 종업원들에게 작업필수품, 로동보호용구를 정확히 착용하게 하여야 하며 착용하지 않았을 경우에는 일을 시키지 말아야 한다.

제68조

기업은 종업원들에게 휴식, 휴가, 휴양, 정양의 권리를 충분히 보장하며 건강보호사업을 책임적으로 하여야 한다.

제69조

기업은 하루 로동시간을 마친 종업원들에게 충분한 휴식을 보장하여야 한다.
특수한 경우를 제외하고는 정해진 시간밖의 로동을 시킬수 없다.

제70조

기업은 로동안전규률과 질서를 엄격히 세워 로동재해사고를 미리 막고 안전한 로동조건을 마련해주어야 한다.

제71조

기업은 생산조직에 앞서 로동안전지령을 주며 그것을 정확히 총화하여야 한다.

제72조

전기작업, 불다루기작업, 유해작업과 같은 위험한 작업을 할 경우에는 기업책임자가 작업장에 나가 안전대책을 세운 다음 작업하도록 하여야 한다.

제73조

생산과정에 로동재해사고의 위험이 생겼을 경우에는 즉시 생산을 중지하고 위험개소를 퇴치한 다음 생산을 계속하여야 한다.

제74조

기업은 작업교대질서를 철저히 세워 기계설비와 작업장의 인원상태를 확인한 다음 작업교대를 하도록 하여야 한다.

제75조

설비를 점검할 경우에는 로동안전시설에 대한 점검을 포함시켜야 한다.

제76조

로동보호감독기관과 기업은 로동안전규률과 질서를 세우기 위한 사업을 군중적 운동으로 벌려야 한다.

第六十七条

企业应要求职工正确穿戴工作必需品, 劳动保护用具, 未穿戴时不得安排工作.

第六十八条

企业应充分保障职工的休息, 休假, 休养, 静养的权利, 并负责健康保护工作.

第六十九条

企业应充分保障结束一天工作的职工的休息.
除特殊情况外, 不得安排规定时间以外的劳动.

第七十条

企业应树立严格的劳动安全纪律和秩序, 预防劳动灾害事故, 营造安全的劳动条件.

第七十一条

生产组织之前, 企业应下达劳动安全指令, 并要正确的执行.

第七十二条

从事电气作业, 治理火灾作业, 有害作业等危险作业时, 企业负责人应在现场制定安全对策后再进行作业.

第七十三条

生产过程中如出现劳动灾害事故的危险时, 应立即停止生产, 消除危险后再继续进行生产.

第七十四条

企业应建立作业交接班制度, 在确认机械设备和作业场所人员状态后, 再安排下一班的作业.

第七十五条

检查设备, 应包括对劳动安全设施的检查.

第七十六条

劳动保护机关和企业应以群众运动的方式进行树立劳动安全纪律和秩序的工作.

제77조

　　로동재해사고는 로동과정에 종업원들의 생명과 건강에 피해를 준 사고이다.

　　로동보호재해사고에는 경상, 중상, 사망이 포함된다.

　　　1. 경상로동재해사고는 로동재해사고를 당한 때로부터 10일안으로 치료받아 본래대로 회복되었을 경우

　　　2. 중상로동재해사노는 로동재해사고를 당한 때로부터 10일이상의 치료를 받았을 경우

　　　불구중상은 로동재해사고를 당하여 10일이상 치료를 받았으나 불구(신체의 어느 한 부분이 온전하지 못하거나 그 기능이 상실되었을 때)가 되었을 경우

　　　3. 사망로동재해사고는 로동재해사고로 즉시 사명하였거나 로동재해사고로 하여 중상되었다가 10일안에 사망(로동재해사고로 즉시 병원에 입원하여 계속 치료를 받던중 사망되었을 경우 포함)되었을 경우

　　　4. 집단로동재해사고는 한 작업장소에서 로동재해사고로 한번에 20명부터 그 이상의(경상자만 3명이상일때, 중상자만 3명이상일때, 경상, 중상, 사망자를 모두 합쳐 3명이상 일때)피해자를 내였을 경우

제78조

　　기업은 로동재해사고가 발생하였을 경우 즉시 로동보호감독기관에 통보하여야 하며 로동보호감독기관은 로동재해사고의 원인을 해명하고 해당한 대책을 세운 다음 사고방지대책위원회심의에 제기하여야 한다.

　　　1. 기업은 로동재해사고가 발생하면 사고현장에 대한 확인과 피해원인들에 대한 치료처리대책을 즉시 세우는것과 함께 전화 또는 전보문건으로 로동재해사고내용(사고날자, 시간, 장소, 사고형태와 원인, 경상, 중상, 사망 등 피해정도, 처리대책 등)을 보고하여야 한다.

　　　2. 로동보호감독기관은 로동재해사고발생정형을 검열하고 그 정형을 사고방지대책위원회에 보고하는것과 함께 사고심의에 제기하여야 한다.

제79조

　　사고방지대책위원회는 로동재해사고심의를 과학적이며 객관적인 자료에 기초하여 제때에 하여야 하며 로동재해와 관련한 사고방지대책을 철저히 세워야 한다.

　　　1. 사고방지대책위원회는 로동재해사고심의에서 다음과 같은 문제를 확증하여야 한다.

　　　　(1) 로동재해사고가 난 날자, 시간, 장소, 사고형태

第七十七条

劳动灾害事故是劳动过程中侵害职工生命和健康的事故.

劳动灾害事故包括轻伤,重伤,死亡.

1. 轻伤劳动灾害事故,是遭受劳动灾害事故之日起10日内通过治疗后恢复到原来状态的;

2. 重伤劳动灾害事故,是遭受劳动灾害事故后治疗超过10日以上的;残疾重伤,是遭受劳动灾害事故后经过10日以上的治疗,但留有残疾的(身体的某一部分不全或丧失其功能的);

3. 死亡劳动灾害事故,是遭受劳动灾害事故当场死亡或受重伤后10日内死亡的(重伤事故后立即入院,持续治疗中死亡的);

4. 集体劳动灾害事故,是在一个工作场所因劳动灾害事故一次造成20人以上受害的(轻伤者为3人以上时;重伤者为3人以上时;轻伤,重伤,死亡者包括在内3人以上时).

第七十八条

企业发生劳动灾害事故时,应立即通报劳动保护机关.劳动保护机关应调查事故的发生原因,制定相应的对策后提交事故防止对策委员会审议.

1. 企业发生劳动灾害事故时,立即确认事故现场和制定对受害者治疗措施,同时通过电话或电报报告劳动灾害事故内容(事故日期,时间,地点,事故状态和原因,轻伤,重伤,死亡等受害程度,处理对策等);

2. 劳动保护监督机关检查劳动灾害事故发生情况后,向事故防止对策委员会报告事故情况,并提交事故审议.

第七十九条

事故防止对策委员会应科学的,基于客观资料,及时审议劳动灾害事故,并制定劳动灾害相关的事故防止对策.

1. 事故防止对策委员会在劳动灾害事故审议时,应确定以下的问题:

(1) 劳动灾害事故发生日期,时间,地点,事故状态;

(2) 로동재해사고가 나게 된 동기와 원인

(3) 로동재해사고를 낸 단위의 로동보호사업정형

(4) 로동재해사고와 관련한 책임한계

(5) 로동재해사고로 인한 로력, 재산의 손실

(6) 로동재해사고에 의한 피해자와 그 가족의 생활보장대책

(7) 로동재해를 미리 막기 위한 대책

(8) 로동재해사고처리와 관련한 대책

(9) 이밖의 로동재해사고와 관련하여 제기되는 문제

2. 로동재해사고가 발생되면 로동보호감독기관(로동보호감독일군)과 인민보안기관은 사고조사를 함께 하거나 따로 할수 있으며 과학적이며 객관적인 원칙에서 사고의 원인을 정확히 찾은데 따라 조사자료를 로동재해사고심의에 5일안으로 제기하여야 한다.

제80조

사고방지대책위원회는 로동재해사고를 내였거나 로동보호와 관련한 법규범을 어긴 기업책임자에게 벌금을 적용하며 형사적제재를 주어야 할 경우에는 해당 기관에 제기할수 있다.

제81조

기업은 녀성종업원을 위한 로동위생보호시설을 특별히 갖추어야 한다.

임신하였거나 젖먹이는 기간에 있는 녀성종업원에게는 연장작업, 야간작업, 힘들고 건강에 해로운 작업을 시킬수 없다.

제82조

기업은 실정에 맞게 종업원의 자녀를 위한 탁아소, 유치원을 꾸리고 운영할수 있다.

제83조

기업에서 일하는 우리 나라 공민과 그 가족은 국가가 실시하는 사회문화시책의 혜택을 받는다.

사회문화시책에는 무료교육, 무상치료, 사회보험, 사회보장 같은것이 속한다.

제84조

지대에서 사회문화시책비는 사회문화시책기금으로 보장한다.

사회문화시책기금은 기업으로부터 받는 사회보험료와 종업원으로부터 받는 사회문화시책금으로 조성한다.

(2)劳动灾害事故发生动机和原因;

(3)发生劳动灾害事故的单位的劳动保护工作状态;

(4)与劳动灾害事故相关的责任限度;

(5)因劳动灾害事故产生的人力,财产的损失;

(6)劳动灾害事故受害者和其家庭的生活保障对策;

(7)预防劳动灾害的对策;

(8)处理劳动灾害事故相关的对策;

(9)其他与劳动灾害事故相关提起的问题;

2.发生劳动灾害事故时,劳动保护监督机关(劳动保护监督工作人员)和人民保安机关可以联合进行调查,或单独进行调查.应基于科学的,客观原则正确查找事故原因,并于5日内向劳动灾害事故审议提交调查材料.

第八十条

事故防止对策委员会可对造成劳动灾害事故或违反劳动保护相关法规的企业负责人处以罚款,需要追究刑事责任时,移交有关机关.

第八十一条

企业应特别设置为女性职工的劳动卫生保护设施.

对处于怀孕或哺乳期间的女性,不得安排加班,夜班,对健康有害的工作.

第八十二条

企业可以根据具体情况,为职工的子女设立和运营托儿所,幼儿园.

第八十三条

在企业工作的朝鲜公民和其家庭,获得由国家实施的社会文化政策的优惠待遇.

社会文化政策包括免费教育,无偿医疗,社会保险,社会保障等.

第八十四条

经贸区的社会文化政策费用,由社会文化政策基金保障.

社会文化政策基金由企业缴纳的社会保险费和职工缴纳的社会文化政策金组成.

제85조

기업은 우리 나라 공민인 종업원월로임총액의 15%를 사회보험료로 달마다 계산하여 다음달 10일안으로 라선시인민위원회가 정한 은행에 납부하여야 한다.

제86조

우리 나라 공민인 종업원은 로임의 40%를 사회문화시책금으로 달마다 계산하여 다음달10일안으로 라선시인민위원회가 정한 은행에 납부하여야 한다.

제87조

기업은 결산리윤의 일부로 종업원을 위한 문화후생기금을 조성하고 쓸수 있다.

문화후생기금은 종업원의 문화기술수준향상, 체육사업, 후생시설의 운영 같은데 쓴다.

제88조

이 세칙집행에 대한 감독통제는 라선시인민위원회가 한다.

라선시인민위원회와 관리위원회는 세칙집행정형을 정상적으로 엄격히 감독통제하여야 한다.

제89조

기업이 사회보험료와 직업동맹활동자금을 제때에 납부하지 않았을 경우에는 납부기일이 지난날부터 바친날까지 기간의 쉬는날, 명절일을 포함하여 매일 0.05%에 해당한 연체료를 물린다.

제90조

기업이 아래와 같은 행위를 하였을 경우 정도에 따라 벌금을 적용하며 벌금액의 한도는 다음과 같다.

    1.비법적으로 연장작업을 시켰거나 휴식을 제대로 시키지 않았을 경우 한사람당 30-200€까지
       – 비법적으로 연장작업을 2시간 시킨 경우 30-150€까지
       – 비법적으로 연장작업을 2시간이상 시킨 경우 200€까지
       – 정당한 리유없이 휴식을 시키지 않았을 경우 30-100€까지
       – 부득이한 사정으로 야간작업을 시키고 주간에 대휴를 주지 않은 경우 200€까지
       – 우리 나라 명절일과 공휴일의 휴식을 보장하지 않은 경우 200€까지
    2.비법적으로 로력을 채용하였을 경우 한사람당 100-500€까지
       – 비법적으로 로력을 1일간 채용한 경우 한사람당 100-150€까지

第八十五条

企业应把朝鲜公民职工月工资总额的15%作为每个月的社会保险费, 于下个月10日内向罗先市人民委员会指定的银行缴纳.

第八十六条

作为朝鲜公民的职工应把工资的40%作为每个月的社会文化政策基金, 于下个月10日内向罗先市人民委员会指定的银行缴纳.

第八十七条

企业可以把结算利润的一部分作为职工的文化福利基金.

文化福利基金可以用在提高职工的文化技术水平, 体育事业, 福利设施的运营等方面.

第八十八条

由罗先市人民委员会负责对本细则的监督和管理.

罗先市人民委员会和管理委员会应经常性的, 严格的对细则执行情况进行监督和管理.

第八十九条

企业未及时缴纳社会保险费和职工同盟组织活动资金时, 届满之日起至缴纳之日止为止, 包括休息日, 节假日, 处以每日0.05%的滞纳金.

第九十条

企业作出下列行为时, 根据具体情况适用罚款和罚款限度如下:

1. 非法安排加班或没有及时休息时, 处以人均30~200€ 的罚款;
   - 非法加班2小时时, 处以30-150€ 以内的罚款;
   - 非法加班2小时以上时, 处以200€ 以内的罚款;
   - 无正当理由未让休息时, 处以30-150€ 以内的罚款;
   - 不得已的情况下安排加班, 但未给白天代休假时, 处以200€ 以内的罚款;
   - 未保障我国节假日, 公休日休息时, 处以200€ 以内的罚款;
2. 非法雇佣劳动力时, 处以人均100-150€ 以内的罚款;
   - 非法雇佣劳动力1日时, 处以100-150€ 以内的罚款;

- 비법적으로 로력을 2일간 채용한 경우 한사람당 160-300€까지
- 비법적으로 로력을 3일간 채용한 경우 한사람당 310-500€까지

3. 종업원을 비법적으로 해고시켰을 경우 한사람당 200-1000€까지
- 로력보장기관의 승인이 없이 로력을 비법적으로 해고시켰을 경우 500-1000€
- 휴직기간 또는 산전산후휴가기간 로력을 해고시켰을 경우 700-1000€

4. 로동보수를 정해진대로 지불하지 않았을 경우 200-1만€까지
- 로동보수를 정확히 계산지불하지 않았을 경우 1만€
- 같은 로동을 한 종업원들에게 성별, 년령에 관계없이 로동보수를 꼭같이 지불하지 않은 경우 한사람당 200-1000€
- 종업원 월로임최저기준보다 낮게 로동보수를 지불한 경우 한사람당 300-2000€
- 조업준비기간이 지난 후에도 로동보수를 종업원월로임최저기준보다 적게 지불한 경우 한사람당 500-4000€
- 정기 및 보충휴가, 산전산후 휴가비를 지불하지 않았을 경우 휴가비를 지불하고 한사람당 1000-7000€
- 휴가기간에 있는 종업원에게 작업을 시키고 로동보수를 규정대로 지불하지 않았을 경우 1000€
- 양성기간, 기업의 책임으로 일을 하지 못하여 지불하는 생활보조금을 주지 않았을 경우 3000€
- 야간작업 또는 연장작업을 시키고 그에 해당한 로동보수를 지불하지 않은 경우 3000€
- 기업이 자체의 사정으로 종업원을 내보내면서 보조금을 지불하지 않았을 경우 보조금을 지불하고 4000€

5. 로동보호안전 및 산업위생조건을 제대로 보장하지 않았을 경우 300-2만€까지
- 로동보호조건을 제대로 갖추어 주지 않았을 경우 1만5천-2만€
- 로동안전조건을 보장하지 않았을 경우 1만-2만€
- 로동보호물자와 작업필수품들을 제대로 공급하지 않았을 경우 300-1000€

6. 정상적인 로력관리사업을 방해하였을 경우 100-3000€까지

7. 이밖에 법규를 어겼을 경우 50-1만€까지

– 非法雇佣劳动力2日时, 处以160－300€以内的罚款;
   – 非法雇佣劳动力3日时, 处以310－500€以内的罚款;
3. 非法开除职工时, 处以人均200－1000€以内的罚款;
   – 未获劳动力保障机关的批准非法开除职工时, 处以500－1000€的罚款;
   – 休假期间或产前产后休假期间开除职工时, 处以700－1000€的罚款;
4. 未按规定支付劳动报酬时, 处以200－1万€以内的罚款
   – 未正确计算和支付劳动报酬时, 处以1万€的罚款;
   – 对从事相同劳动的职工不分性别, 年龄, 未支付相同的劳动报酬时, 处以人均200－1000€的罚款;
   – 支付低于职工最低工资标准的劳动报酬时, 处以人均300－2000€的罚款;
   – 已过试用期所支付的劳动报酬仍低于职工月工资最低标准时, 处以人均500－4000欧元(€)的罚款;
   – 未支付定期休假及补充休假, 产前产后休假费时, 支付休假费后, 处以人均1000－7000€的罚款;
   – 对处以休假期间的职工安排作业和未按规定支付劳动报酬时, 处以1000€的罚款;
   – 培养期间, 因企业的责任没有劳动而未支付生活补助金时, 处以3000欧元(€)的罚款;
   – 安排夜班或加班而未支付相应的劳动报酬时, 处以3000€的罚款;
   – 企业因自身原因开除职工而未支付补助金时, 支付补助金后, 处以4000€的罚款;
5. 未保障劳动保护安全及产业卫生条件时, 处以300－2万€以内的罚款;
   – 未完全保障劳动保护条件时, 处以1万5千－2万€的罚款;
   – 未保障劳动安全条件时, 处以1万－2万€的罚款;
   – 为完全提供劳动保护物资和作业必需品时, 处以300－1000€的罚款;
6. 妨碍正常的劳动力管理工作时, 处以100－3000€以内的罚款;
7. 其他违反法规时, 处以50－1万€以内的罚款;

제91조

다음의 경우에는 기업의 영업을 중지시킨다.

    1. 종업원들에게 로동안전시설 및 로동보호조건을 규정대로 갖추어주지 않았을 경우

    2. 직업동맹조직의 적법적인 활동에 지장을 주었을 경우

    3. 정해진 비용을 제대로 납부하지 않았을 경우

제92조

로력보장기관의 승인없이 로력자를 채용 및 해고시키거나 로동조건과 생활조건을 충분히 보장해주지 않았을때에는 해당한 법적제재를 쓴다.

제93조

이 세칙의 집행과 관련한 의견상이는 당사자들사이에 협의의 방법으로 해결한다.

협의의 방법으로 해결할수 없는 분쟁은 조정이나 중재, 재판의 방법으로 해결할수 있다.

제94조

이 세칙의 집행과 관련하여 의견이 있는 기업이나 종업원은 라선시인민위원회와 관리위원회, 해당 기관에 신소할수 있다.

신소를 받은 기관은 30일안으로 료해처리하고 그 결과를 신소자에게 알려주어야 한다.

第九十一条

出现下列情况时, 停止企业的运营:

1. 未按规定配备职工的劳动安全设施及劳动保护条件的;
2. 妨碍职工同盟组织的合法的活动的;
3. 未缴纳规定的费用的.

第九十二条

未获劳动力保障机关的批准擅自录用或解雇职工, 或者未充分保障劳动条件和生活条件时, 可以采取相应的法律制裁.

第九十三条

与本细则的执行相关存在异议时, 由当事人通过协商的方式解决.

通过协商未能解决时, 通过调解, 仲裁, 诉讼的方式解决.

第九十四条

与本细则的执行相关而存在异议的企业或职工, 可以向罗先市人民委员会, 有关机关提出申诉.

受理申诉的机关应在30日内进行了解和处理申诉, 并通知申诉人其处理结果.

6

라선경제무역지대
관리위원회 운영규정

罗先经济贸易区
管理委员会运营规定

라선경제무역지대 관리위원회 운영규정

주체102(2013)년 9월 12일 최고인민회의 상임위원회 정령 제140호로 채택

제1장 일반규정

제1조(사명)

이 규정은 라선경제무역지대의 개발과 관리에서 라선경제무역지대 관리위원회의 역할을 높이는데 이바지한다.

제2조(관리위원회의 명칭과 지위)

관리위원회의 명칭은 《라선경제무역지대관리위원회》(이 아래부터 관리위원회라고 한다.)로 한다.

관리위원회는 라선경제무역지대(이 아래부터 지대라 한다)에서 산업구와 정해진 지역의 관리운영을 맡아하는 현지관리기관이다.

제3조(관리위원회의 관할지역)

관리위원회의 관할범위는 지대개발총계획에 따라 라선시인민위원회가 관리권한을 넘겨준 지역으로 한다.

지대개발이 진척되는데 따라 관리위원회의 관할지역은 확장된다.

제4조(관리위원회의 사업을 지도방조하는 기관)

관리위원회의 사업에 대한 지도와 방조는 중앙특수경제지대지도기관과 라선시인민위원회가 한다.

제5조(관리위원회사업의 독자성보장)

관리위원회는 관할지역에 대한 투자, 개발, 건설, 관리에서 독자성을 가진다.

우리 나라의 해당 기관들은 중앙특수경제지대지도기관과 라선시인민위원회를 통하여 관리위원회의 사업을 협조한다.

罗先经济贸易区管理委员会运营规定

主体102（2013）年9月12日 最高人民会议 常任委员会 政令 第140号 制定

第一章 一般规定

第一条（使命）

为提高罗先经济贸易区管理委员会在罗先经济贸易区的开发和管理中的作用,制定本规定.

第二条（管理委员会的名称和地位）

管理委员会的名称为《罗先经济贸易区管理委员会》(以下简称管理委员会).

管理委员会是在罗先经济贸易区(以下简称经贸区) 负责管理运营产业区和指定区域的当地管理机关.

第三条（管理委员会的管辖范围）

管理委员会的管辖范围为由罗先市人民委员会根据经贸区开发总规划移交管理权限的区域.

随着经贸区的逐步开发,管理委员会的管辖范围也会逐渐扩大.

第四条(指导和支持管理委员会工作的机关)

由中央特殊经济区指导机关和罗先市人民委员会指导和支持管理委员会的工作.

第五条(保障管理委员会工作的独立性)

管理委员会对管辖区域的投资, 开发, 建设, 管理方面,具有独立性.

朝鲜的有关机关应通过中央特殊经济区指导机关和罗先市人民委员会协助管理委员会的工作.

제6조(규정의 적용범위와 우선권)

이 규정은 관리위원회의 운영에 적용한다.

관리위원회운영과 관련하여 우리 나라와 다른 나라사이에 맺은 협정, 량해문, 합의서 같은 조약의 내용이 이 규정의 내용과 다를 경우에는 조약을 우선 적용한다.

제2장 관리위원회의 기구

제7조(관리위원회의 구성과 성원의 자격)

관리위원회는 위원장, 상무부위원장, 부위원장, 서기장, 총회계사와 그밖의 필요한 성원으로 구성한다.

관리위원회 성원으로는 해당 부문의 풍부한 사업경험과 전문지식을 소유한 우리 나라 또는 다른 나라 사람이 될수 있다.

지대안의 기업이나 기타 경제조직에 종사하는자는 관리위원회 성원으로 될수 없다.

제8조 (관리위원회 상무회의)

관리위원회는 의사결정을 위하여 상무회의를 운영한다.

상무회의는 위원장, 상무부위원장, 부위원장과 필요한 성원들로 구성한다.

상무회의는 관할지역과 대상의 관리운영에서 제기되는 중요한 문제들을 토의결정한다.

최종결정권은 위원장이 가지며 결정은 위원장의 이름으로 공포한다.

제9조(관리위원회 성원의 임명 및 해임)

관리위원회 위원장, 상무부위원장, 부위원장, 서기장은 라선시인민위원회가 임명 또는 해임한다.

그밖의 성원은 관리위원회 상무회의에서 자격심의를 한 다음 위원장이 비준한다.

제10조(관리위원회 성원의 사업분담)

관리위원회 성원은 다음과 같은 사업을 한다 :

1. 위원장은 관리위원회의 전반사업을 주관하며 관리위원회를 대표한다.
2. 상무부위원장은 위원장의 사업을 방조하며 위원장이 없을 경우 위원장사업을 대리한다.
3. 부위원장은 위원장, 상무부위원장의 사업을 방조하며 관리위원회 상무회의가 위임한 사업을 한다.
4. 서기장은 관리위원회의 행정사무를 맡아한다.

第六条(规定的适用范围及优先权)

管理委员会的运营,适用本规定.

与管理委员会的运营相关联,朝鲜和其他国家之间签署的协定,谅解备忘录,协议书等条约的内容与本规定不一致的,优先适用条约.

第二章管理委员会的机构

第七条(管理委员会的组成及成员资格)

管理委员会由委员长,常务副委员长,副委员长,秘书长,总会计师和其他必要的成员组成.

管理委员会的成员,可以由具有相关领域丰富工作经验和专业知识的朝鲜或其他国家的人员担任.

从事经贸区内的企业或其他经济组织的人员,不能成为管理委员会的成员.

第八条(管理委员会常务会议)

为了对相关事宜作出决策,管理委员会设立及运营常务会议.

常务会议由委员长,常务副委员长,副委员长和必要的人员组成.

常务会议讨论决定在管理运营管辖区域和项目过程中出现的重要问题.

委员长具有最终决定权,并以委员长的名义公布决定.

第九条(管理委员会成员的任命及免职)

管理委员会的委员长,常务副委员长,副委员长,秘书长由罗先市人民委员会任命或免职.

其他人员,经管理委员会常务会议资格审查后由委员长批准.

第十条(管理委员会成员的分工)

管理委员会成员进行下列工作:

1.委员长全面负责管理委员会的工作,并代表管理委员会;
2.常务副委员长协助委员长的工作,委员长不在时代理委员长的工作;
3.副委员长协助委员长和常务副委员长的工作,分管管理委员会常务会议委任的工作;
4.秘书长负责管理委员会的行政事务;

5.총회계사는 관리위원회의 재무, 투자 및 융자와 관련한 사업을 맡아한다.

제11조 (전문가초빙)

관리위원회는 필요에 따라 국내외에서 전문가를 초빙하여 해당 부서에서 전임 또는 비전임으로 사업하게 할수 있다.

제12조 (관리위원회의 부서설치)

관리위원회에는 행정종합국, 계획건설국, 재정국, 경제협조국, 항만관리국 같은 부서들을 둔다.

관리위원회의 부서를 새로 내오거나 없애려 할 경우에는 관리위원회 상무회의에서 토의한 다음 라선시인민위원회의 승인을 받는다.

제13조 (부서의 직능과 책임)

부서의 직능은 관리위원회가 준칙으로 정한다.

부서책임자는 자기 사업에 대하여 관리위원회 위원장앞에 책임진다.

제14조 (사무소설치)

관리위원회는 필요에 따라 다른 나라에 사무소를 설치할수 있다. 사무소는 관리위원회가 위임한 권한의 범위안에서 사업을 한다.

사무소가 한 행위의 결과에 대하여서는 관리위원회가 책임진다.

제15조 (개발건설회사)

관리위원회는 개발건설회사를 두고 지대개발과 건설, 투자, 융자 같은 사업을 하도록 한다

개발건설회사는 독자적인 법인자격을 가진다.

제16조 (보장기구의 설치)

라선시인민위원회와 인민보안기관, 해사감독기관은 관리위원회에 세무소, 해사감독기구, 소방감독기구를 두고 관리위원회의 사업을 협조하도록 한다.

협조내용은 관리위원회와 해당 기관들이 협의하여 정한다.

제3장 관리위원회의 사업내용

제17조 (사업의 기초)

관리위원회사업의 기초는 지대법규와 지대의 개발, 관리와 관련하여 우리 나라가 다른 나라와 맺은 협정, 량해문, 합의서 같은 조약이다.

5.总会计师负责管理委员会的财务, 投资, 融资相关的工作.

第十一条(招聘专家)

管理委员会根据需要可以在国内外招聘专家, 在相关部门担任专职或非专职工作人员展开工作.

第十二条(管理委员会的部门)

管理委员会设立行政综合局, 规划建设局, 财政局, 经济协助局, 港湾管理局等部门.

管理委员会拟新设立或取消有关部门的, 经管理委员会常务会议讨论, 报罗先市人民委员会的批准.

第十三条(各部门的职责)

各部门的职责, 由管理委员会通过准则另行规定.

各部门负责人对管理委员会委员长负责.

第十四条(办事处的设立)

管理委员会根据需要, 可以在其他国家设立办事处.办事处在管理委员会委任的权限范围内进行工作.

对办事处实施的行为结果, 由管理委员会负责.

第十五条(开发建设公司)

管理委员会设开发建设公司, 使其负责经贸区的开发和建设, 投资, 融资等工作.

开发建设公司具有独立的法人资格.

第十六条(保障机构的设置)

罗先市人民委员会和人民保安机关, 海事监督机关应在管理委员会设置税务局, 海事监督机构, 消防监督机构, 以协助管理委员会的工作.

协助内容由管理委员会与有关机关协商决定.

第三章 管理委员会的工作内容

第十七条(工作的基础)

管理委员会工作的基础是经贸区法律法规及朝鲜与其他国家签署的与经贸区的开发管理有关的协定, 谅解备忘录, 协议书等条约.

관리위원회는 법규와 조약의 요구를 엄격히 준수하고 집행하여야 한다.

제18조 (관리위원회의 규약)

관리위원회는 규약을 상무회의에서 토의결정하고 라선시인민위원회에 등록하여야 한다.

관리위원회의 규약은 공개한다.

제19조 (준칙작성)

관리위원회는 지대의 법규를 집행하기 위한 준칙을 작성한다.

준칙은 관리위원회 상무회의에서 토의결정한다.

제20조 (준칙의 등록과 공포)

관리위원회는 준칙을 라선시인민위원회에 등록한 다음 공포하여야 한다.

제21조 (개발계획의 실행과 조건보장)

관리위원회는 지대개발총계획, 지구개발계획, 세부계획의 해당 사항을 책임적으로 실행하여야 한다.

라선시인민위원회는 관리위원회가 개발계획의 해당 사항을 실행하는데 필요한 권한을 정해진 절차에 따라 넘겨주어야 한다.

제22조 (기업의 창설승인과 등록, 영업허가)

관할지역에서 기업창설승인, 등록, 영업허가와 관련한 심의비준사업, 해당 증명문건의 발급사업은 관리위원회가 한다.

제23조 (투자장려 및 제한, 금지목록의 공포)

관리위원회는 투자가들이 관할지역에 투자하는것을 장려, 제한, 금지하는 목록을 작성하여 공포한다.

목록은 지대법규에 부합되여야 한다.

제24조 (대상건설명시, 건설허가와 설계심의, 준공검사)

관리위원회는 관할지역에서 대상건설명시, 건설허가와 설계심의, 준공검사를 하며 대상설계문건을 보관한다.

대상건설허가는 건설허가증을, 준공검사는 준공검사증을 발급하는 방법으로 한다.

제25조 (재정관리체계수립)

관리위원회는 관할지역예산의 편성, 재정수지 같은 독자적인 재정관리체계를 세우고 운영한다.

管理委员会应当严格遵守并执行经贸区法律法规和条约的规定.

第十八条(管理委员会章程)

管理委员会的章程经常务会议讨论和决定,并报罗先市人民委员会备案.
公开管理委员会的章程.

第十九条(制定准则)

为了执行经贸区的法律法规,管理委员会制定准则.
准则由管理委员会常务会议讨论和决定.

第二十条(准则的备案和公布)

管理委员会应先在罗先市人民委员会对准则进行备案后,方可公布.

第二十一条(开发规划的执行及保障条件)

管理委员会应认真实施经贸区总开发规划,经贸区开发规划,详细规划的有关事项.

罗先市人民委员会应按照法定程序,授予管理委员会实施有关开发规划事项所需的权限.

第二十二条(企业设立审批和登记,营业许可)

在管辖区域,管理委员会负责与企业设立审批,登记,营业许可相关的审批工作,以及有关证明文件的颁发工作.

第二十三条(鼓励,限制,禁止投资目录的公布)

管理委员会编制并公布在管辖区域内的鼓励,限制,禁止投资的目录.
目录应当符合经贸区法规.

第二十四条(项目建设批准,建设许可和设计审批,竣工验收)

管理委员会负责管辖区域项目建设批准,建设许可和设计审批,竣工验收的工作,并保管项目设计文件.

项目建设许可以颁发建设许可证的方式进行,竣工验收以颁发竣工验收证的方式进行.

第二十五条(建立财政管理体系)

管理委员会应建立和运营管辖区域预算编制,财政收支等独立的财务管理体系.

설립초기와 예산이 없거나 부족할 경우에는 국내외에서 자금을 대부받을수 있다

제26조 (토지리용권, 건물소유권의 등록 및 위임받은 재산의 관리)

관리위원회는 관할지역에서 토지리용권과 건물소유권의 등록 및 변경, 삭제등록사업을 한다.

정해진 질서에 따라 관할지역안의 국가재산을 관리할수 있다.

제27조 (환경호보와 소방대책)

관리위원회는 관할지역의 생태환경과 생명재산을 보호할수 있도록 환경보호 및 소방대책을 철저히 세워야 한다.

제28조 (봉사제공)

관리위원회는 관할지역에서 기업의 경영활동협조, 인원과 운수수단의 출입, 물자의 반출입협조, 투자환경조성 및 투자유치, 재정, 회계, 로력채용, 신소 처리, 행정조정 같은 봉사를 할수 있다.

제29조 (사업보고)

관리위원회는 년간사업계획과 통계자료, 예산편성 및 집행정형을 해마다 중앙특수경제지대지도기관과 라선시인민위원회에 보고하여야 한다.

관할지역의 통계자료는 해마다 2월안으로 중앙특수경제지대지도기관과 라선시인민위원회에 제출하여야 한다.

제4장 신소 및 분쟁해결

제30조 (신소와 그 처리)

관리위원회사업에 대하여 의견이 있을 경우에는 중앙특수경제지대지도기관과 라선시인민위원회 또는 관리위원회에 신소할수 있다.

신소를 받은 해당 기관은 30일안에 료해처리하고 그 결과를 신소자에게 알려주어야 한다.

제31조 (분쟁해결)

관리위원회의 사업과 관련한 분쟁은 협의의 방법으로 해결한다.

협의의 방법으로 해결할수 없을 경우에는 조정이나 재판의 방법으로 해결한다.

设立初期和和没有预算或预算不足的,可以在国内外获得贷款.

第二十六条(土地使用权, 建筑物所有权的登记及受委托的财产管理)

管理委员会在管辖区域负责办理土地使用权和建筑物所有权的登记及变更, 注销登记.

按法定程序, 可以管理管辖区域内的国有财产.

第二十七条(环境保护和消防对策)

为了保护管辖区域内的生态环境和生命财产, 管理委员会应建立完善的环境保护及消防对策.

第二十八条(提供服务)

管理委员会在管辖区域可开展协助企业经营活动, 人员和运输工具的进出, 物资的进出协助, 营造投资环境及招商引资, 财政, 会计, 招聘劳动力, 处理申诉, 行政调解等服务活动.

第二十九条(工作汇报)

管理委员会应每年向中央特殊经济区指导机关和罗先市人民委员会报送年度工作计划和统计资料, 预算编制及执行情况.

每年二月末之前, 向中央特殊经济区指导机关和罗先市人民委员会提交管辖区域的统计资料.

第四章 申诉及解决纠纷

第三十条(申诉及处理)

对管理委员会的工作有异议的, 可以向中央特殊经济区指导机关和罗先市人民委员会或管理委员会提起申诉.

受理申诉的有关机关应在30日之内, 了解并处理申诉, 并向申诉人通知其结果.

第三十一条(解决纠纷)

与管理委员会的工作有关的纠纷, 通过协商的方式解决.

以协商方式不能解决的, 通过调解或诉讼的方式解决.

7

라선경제무역지대 개발규정

罗先经济贸易区开发规定

라선경제무역지대 개발규정

주체102(2013)년 9월 12일 최고인민회의 상임위원회 결정 제141호로 채택

제1장 일반규정

제1조(사명)

이 규정은 라선경제무역지대의 개발에서 제도와 질서를 엄격히 세워 경제무역지대를 법의 요구와 개발총계획에 맞게 개발하는데 이바지한다.

제2조(용어의 정의)

이 규정에서 용어의 정의는 다음과 같다.

1. 개발이란 개발기업이 개발계획에 따라 일정한 지역 또는 대상의 하부구조와 공공시설, 건물공사를 하고 그것을 운영하는것이다.
2. 토지종합개발이란 개발기업이 토지임대차계약과 개발계획에 따라 토지를 정리하고 상하수도, 전기, 난방, 도로, 통신 같은 하부구조와 공공시설을 건설한 다음 공업용부지와 기타 건설용부지를 제3자에게 양도하거나 경영하는것이다.
3. 특별허가경영이란 기업이 라선시인민위원회 또는 관리위원회로부터 특별허가를 받고 일정한 기간 정해진 대상에 대한 건설을 진행하고 경영하는것이다.
4. 도급생산경영이란 투자가가 해당 기관, 기업소, 단체와 계약을 맺고 경작지, 산림, 호수, 진펄 같은 농업토지, 산림토지, 수역토지를 리용하여 작물재배업, 림업, 목축업, 어업 같은 생산을 진행하는것이다.

제3조(지대의 개발원칙)

라선경제무역지대(이 아래부터는 지대라고 한다.)의 개발원칙은 다음과 같다.

1. 지대와 그 주변의 자연지리적조건과 자원, 생산요소의 비교우세보장
2. 토지, 자원의 절약과 합리적인 리용.
3. 지대와 그 주변의 생태환경보호.

罗先经济贸易区开发规定

主体102（2013）年9月12日 最高人民会议 常任委员会 决定 第141号 制定

第一章 一般规定

第一条（使命）

　　为严格树立罗先经济贸易区开发制度和秩序,按照经济贸易区法律的要求和开发总规划进行开发,制定本规定.

第二条（用语的定义）

本规定用语的定义如下:

1.开发是指根据开发规划对一定区域或项目进行基础设施, 公共设施, 建筑工程建设并运营的行为;

2.土地成片开发是指开发企业根据土地租赁合同和开发规划进行土地平整, 建设上下水道, 电力, 供热, 公路, 通讯等基础设施和公共设施后,把工业用地和其他建设用地转让给第三者或自己经营的行为;

3.特别许可经营是指企业从罗先市人民委员会或管理委员会获得特别许可,在一定期限内对特定项目进行建设和经营;

4.生产经营承包是指投资人与有关机关, 企业, 团体签订合同, 并利用耕地, 山林, 湖泊, 沼泽地等农业土地, 山林土地, 水域土地进行的农作物栽培业, 林业, 畜牧业, 渔业等生产活动.

第三条(经贸区的开发原则)

罗先经济贸易区(以下简称为"经贸区")的开发原则如下:

　1.保障经贸区及其周边自然地理条件, 资源及生产因素的相对优势;

　2.节约和合理利用土地和资源;

　3.保护经贸区及其周边的生态环境;

4. 생산과 봉사의 국제적인 경쟁력제고

　　5. 무역,투자 같은 경제활동의 편의보장

　　6. 사회공공의 리익보장

　　7. 지속적이고 균형적인 경제발전보장

제4조(지대의 개발방식)

　　지대는 개발당사자들사이에 합의에 따라 일정한 면적의 토지를 종합적으로 개발하는 방식과 기업에게 하부구조 및 공공시설의 건설과 관리, 경영권을 특별히 허가해주어 개발하는 방식 같은 여러가지 방식으로 개발할수 있다.

제5조(조약의 우선적용)

　　지대의 개발과 관련하여 우리 나라가 다른 나라와 맺은 협정, 량해문, 합의서 같은 조약의 내용이 이 규정의 내용과 다를 경우에는 조약을 우선 적용한다.

제2장 개발계획

제6조(개발계획의 구분)

　　지대의 개발계획은 개발총계획, 지구개발계획, 세부계획, 대상계획으로 구분한다.

제7조(개발총계획)

　　지대의 개발총계획은 라선시인민위원회가 작성한다.

　　개발총계획에는 개발총계획의 목적과 범위, 면적, 건설목표, 산업발전과 산업구건설계획, 중요하부구조건설계획, 항구건설과 해안선리용계획 같은 사항들이 포함된다.

제8조 (지구개발계획)

　　지구개발계획은 개발총계획에 기초하여 라선시인민위원회 또는 관리위원회가 작성한다.

　　지구개발계획에는 계획의 범위와 면적, 계획기간, 총적발전목표, 구역별관리계획, 총배치구조와 부지배치계획, 하부구조 및 공공시설건설계획, 록지 및 경관계획, 환경보호와 환경위생계획, 재해방지계획, 단계별건설계획 같은 내용들이 포함된다.

4.提高生产和服务的国际竞争力;

5.为贸易,投资等经济活动提供便利;

6.维护社会公共利益;

7.保障持续而均衡的经济发展.

第四条(经贸区的开发方式)

经贸区的开发可以采取根据开发当事人之间的协议成片开发一定面积的土地的开发方式和给予企业在基础设施及公共设施的建设和管理,经营权等方面的特别许可而进行开发的方式等多种方式.

第五条(优先适用条约)

关于经贸区的开发,朝鲜和外国之间签署的协定,谅解备忘录,协议书等条约的内容与本规定不一致的,优先适用条约.

第二章 开发规划

第六条(开发规划的区分)

经贸区的开发规划分为总开发规划,经贸区开发规划,详细规划,项目规划.

第七条(总开发规划)

经贸区的总开发规划,由罗先市人民委员会编制.

总开发规划包括总开发规划的目的和范围,面积,建设目标,产业发展和产业区建设规划,重要基础设施建设规划,港口建设与海岸线利用规划等事项.

第八条(经贸区开发规划)

经贸区开发规划,根据开发总规划由罗先市人民委员会或管理委员会编制.

经贸区开发规划包括规划的范围与面积,规划期限,总体发展目标,各区域管理规划,总体布局结构和用地布局规划,基础设施及公共设施建设规划,绿地及景观规划,环境保护和环境卫生规划,防灾规划,阶段性建设规划等内容.

제9조(세부계획)

세부계획은 지구개발계획에 기초하여 라선시인민위원회 또는 관리위원회가 작성한다.

세부계획에는 지구개발계획의 범위에서 서로 다른 성격의 토지리용구역경계선과 매개 구역의 건물높이, 건물밀도, 록지조성률, 보조적인 공공시설설치요구 같은 내용들이 포함된다.

제10조(대상계획)

대상계획은 세부계획에 기초하여 기업이 작성한다.

기업은 대상계획을 구체적으로 작성하며 라선시인민위원회 또는 관리위원회의 승인을 받고 실행하여야 한다.

제11조 (대상계획의 변경과 그 승인)

기업은 대상계획을 정확히 실행하여야 한다.

부득이한 사정으로 대상계획을 변경하려 할 경우에는 라선시인민위원회 또는 관리위원회의 승인을 다시 받아야 한다.

제3장 토지종합개발

제12조 (개발기업의 선정)

지대에서 토지종합개발은 개발기업이 맡아한다.

개발기업의 선정은 라선시인민위원회 또는 관리위원회가 한다.

제13조 (개발방안의 공포)

개발기업을 선정하려는 라선시인민위원회 또는 관리위원회는 개발방안을 작성, 공포하여야 한다.

개발방안에는 구체적인 개발대상의 명칭과 개발규모, 개발방식, 개발기간, 단계별개발계획, 대상경제기술지표, 총투자액, 개발기업이 갖추어야 할 조건 같은 것을 밝힌다.

제14조 (개발계약의 체결)

라선시인민위원회 또는 관리위원회는 개발희망자와 협상을 진행한 다음 개발계약을 맺는다.

개발희망자가 둘이상인 경우 협상, 입찰 또는 기타 방식으로 개발기업을 선정한 다음 개발계약을 맺는다.

第九条(详细规划)

详细规划,根据经贸区开发规划由罗先市人民委员会或管理委员会编制.

详细规划包括在经贸区开发规划的范围内不同性质的土地利用区域界线和每个区域的建筑物高度,建筑物密度,绿化率,配套公共设施的设置要求等内容.

第十条(项目规划)

项目规划,根据详细规划由企业编制.

企业要详细编制项目规划,并应获得罗先市人民委员会或管理委员会的批准后执行.

第十一条(项目规划的变更及批准)

企业应正确实施项目规划.

因不得已的情况,拟变更项目规划的,应经罗先市人民委员会或管理委员的批准.

第三章 土地成片开发

第十二条(选定开发企业)

经贸区的土地成片开发,由开发企业负责.

开发企业由罗先市人民委员会或管理委员会选定.

第十三条(公布开发方案)

拟选定开发企业的罗先市人民委员会或管理委员会,应编制和公布开发方案.

开发方案应当记载实际开发项目名称,开发规模,开发方式,开发期限,阶段性开发规划,项目经济技术指标,总投资额,开发企业必备条件等内容.

第十四条(签订开发合同)

罗先市人民委员会或管理委员会与开发意向人经过协商签订开发合同.

如有两个以上的开发意向人,通过协商,招标或其他方式选定开发企业,并签订开发合同.

제15조 (개발사업권의 신청)

개발계약을 체결한 개발희망자는 라선시인민위원회를 통하여 중앙특수경제지 도기관에 개발사업권신청문건을 제출하여야 한다.

개발사업권승인신청서에는 투자 및 개발규모, 개발대상과 관련한 단계별투자 계획(토지리용계획, 하부구조건설계획, 구획별건설계획)같은것을 밝히고 개발계 약서사본, 해당 증명문건(기업등록증, 영업허가증, 세무등록증, 은행신용확인서) 사본, 투자가가 속한 나라의 해외투자승인증서사본 같은 필요한 문건들을 첨부하 여야 한다.

제16조 (개발사업권신청에 대한 승인과 부결)

중앙특수경제지대지도기관은 개발사업권신청문건을 접수한 날부터 30일안에 검토하고 승인 또는 부결하여야 한다.

개발사업권신청을 승인하였을 경우에는 개발사업권승인증서를, 부결하였을 경 우에는 부결통지서를 발급한다.

제17조 (개발기업의 등록)

개발희망자는 개발사업권승인증서를 받아야 개발기업으로 된다.

개발사업권승인증서를 받은 경우에는 라선시인민위원회 또는 관리위원회에 등 록하여야 한다.

제18조 (토지임대차계약의 체결)

개발기업은 라선시국토관리기관 또는 그 위임을 받은 관리위원회와 토지임대차 계약을 맺어야 한다.

토지임대차계약서에는 임대기간, 면적, 구획, 용도, 토지임대료의 지불기간과 지불방식, 그밖의 필요한 사항들을 밝힌다. 이 경우 토지임대기간은 50년까지의 범위에서 정할수 있다.

제19조 (토지임대료의 지불)

개발기업은 토지임대차계약을 맺은 날부터 90일안에 토지임대료를 물어야 한다.

경우에 따라 토지임대료를 분할하여 물수도 있다.

제20조 (토지리용증의 발급 및 등록)

라선시국토관리기관은 개발기업이 토지임대료의 전액을 납부하였거나 또는 분 할납부의 경우 1차납부를 하면 토지리용증을 발급하여야 한다.

개발기업은 토지리용증을 받은 경우 라선시인민위원회 또는 관리위원회에 토지 리용권등록을 하여야 한다.

第十五条(开发权的申请)

签订开发合同的开发意向人通过罗先市人民委员会向中央特殊经济区指导机关提出开发权申请文件.

开发权许可申请书应记载投资及开发规模,有关开发项目的阶段性投资规划(土地使用规划,基础设施建设规划,各区域建设规划)等事项,并附上开发合同副本,有关证明文件(企业登记证,营业许可证,税务登记证,银行资信证明)副本,投资人所属国家的境外投资许可证书副本等必要的文件.

第十六条(对申请开发权的批准或者驳回)

中央特殊经济区指导机关应自收到开发权申请文件之日起30日之内,进行审核并作出批准或者驳回决定.

批准开发权申请的,颁发开发权批准证书,驳回的发放驳回通知书.

第十七条(开发企业的登记)

开发意向人领取开发权许可证书,成为开发企业.

企业领取开发权许可证书后,应在罗先市人民委员会或管理委员会办理登记.

第十八条(签订土地租赁合同)

开发企业应与罗先市国土管理机关或受其委托的管理委员会签订土地租赁合同.

土地租赁合同应记载租赁期限,面积,区划,用途,租金的支付期限,支付方式及其它必要事项.土地租赁期限最长可达五十年.

第十九条(缴纳土地租赁费)

开发企业应自签订土地租赁合同之日起90日之内缴纳土地租赁费.

根据情况,也可以分期缴纳土地租赁费.

第二十条(土地使用证的颁发及登记)

开发企业已经缴纳土地租赁费的全部或分期缴纳的首期部分的,罗先市国土管理机关应颁发土地使用证书.

开发企业领取土地使用证后,应在罗先市人民委员会或管理委员会办理土地使用权登记.

제21조 (다른 기업의 인입)

개발기업은 개발대상의 일부를 다른 기업을 인입하여 개발할수 있다. 이 경우 인입한 기업의 개발행위에 대하여 책임져야 한다.

제22조 (건물소유권의 등록)

개발기업은 대상건설이 끝나면 준공검사를 받고 라선시인민위원회 또는 관리위원회에 건물소유권을 등록하여야 한다.

제23조 (토지리용권과 부착물의 양도)

개발기업은 계약을 맺고 다른 기업에게 토지리용권을 양도하거나 부착물을 임대해줄수 있다.

제24조 (토지리용권, 건물소유권의 변경등록)

토지리용권, 건물소유권을 양도하였을 경우 당사자들은 라선시인민위원회 또는 관리위원회에 토지리용권변경등록, 건물소유권변경등록을 하여야 한다.

제25조 (토지리용권, 건물소유권의 저당)

개발기업은 대부담보 또는 채무상환담보로 토지리용권, 건물소유권을 저당할수 있다. 이 경우 라선시인민위원회 또는 관리위원회에 저당등록을 하여야 한다.

저당권은 저당등록을 한 때부터 효력을 발생한다.

제4장 특별허가경영

제26조 (특별허가경영의 범위)

라선시인민위원회 또는 관리위원회는 해당 기업에게 특별허가를 주어 전기, 난방, 가스, 오수처리, 오물처리, 도로, 다리 같은 하부구조와 공공시설을 건설하고 경영하게 할수 있다.

제27조 (특별허가경영계약)

라선시인민위원회 또는 관리위원회는 하부구조와 공공시설에 특별허가경영방식을 적용하려는 경우 해당 당사자와 계약을 맺어야 한다.

특별허가경영계약에는 경영대상의 명칭, 경영방식, 지역과 범위, 경영기간, 투자방식, 투자회수방식, 특별허가비용, 경영자의 권리와 의무, 계약리행담보, 경영기간의 위험부담, 경영기간이 끝난 다음 대상이전방식과 절차, 위약책임, 분쟁해결방식 같은 사항을 밝힌다.

第二十一条(引进其他企业)

开发企业可以引入其他企业开发部分开发项目.此时,应对被引入企业的开发行为负责.

第二十二条(登记建筑物所有权)

开发企业完成项目建设后,应当接受竣工验收,并在罗先市人民委员会或管理委员会办理建筑物所有权的登记.

第二十三条(土地使用权和附着物的转让)

开发企业通过签订合同,可以向其他企业转让土地使用权或者出租附着物.

第二十四条(土地使用权, 建筑物所有权的变更登记)

转让土地使用权, 建筑物所有权的, 当事人应在罗先市人民委员会或管理委员会办理土地使用权变更登记, 建筑物所有权变更登记.

第二十五条(土地使用权, 建筑物所有权的抵押)

开发企业可以抵押土地使用权, 建筑物所有权, 作为贷款担保或债务偿还担保.此时,应在罗先市人民委员会或管理委员会办理抵押登记.

抵押权自抵押登记之日起发生效力.

第四章 特别许可经营

第二十六条(特别许可经营的范围)

罗先市人民委员会或管理委员会可以特别许可企业建设和经营供电, 供热, 供气, 上水道, 污水处理, 垃圾处理, 公路, 桥梁等基础设施与公共设施.

第二十七条(特别许可经营合同)

罗先市人民委员会或管理委员会拟对基础设施和公共设施采用特别许可经营方式的,应与有关当事人签订合同.

特别许可经营合同应记载经营项目名称, 经营方式, 区域及范围, 经营期限, 投资方式, 投资收回方式, 特别许可费, 经营人的权利和义务, 合同履行担保, 承担经营期间的风险, 经营期限届满后项目转移方式和程序, 违约责任, 解决纠纷方式等事项.

제28조 (투자금의 회수방식)

특별허가경영자는 개발기업으로부터 자기가 제공한 생산물 또는 봉사비용을 보상받는 방식, 라선시인민위원회 또는 관리위원회로부터 보조금을 지불받는 방식, 기타 방식으로 투자금을 회수할수 있다.

제29조 (계약리행담보)

라선시인민위원회 또는 관리위원회는 자기의 권한범위에서 특별허가경영자에게 계약리행과 관련한 담보를 주어야 한다.

특별허가경영자는 계약에 부합되는 생산물을 공급하고 지속적이며 효률이 높은 봉사를 제공하여야 한다.

제30조 (특별허가경영권의 제한)

특별허가경영자는 경영권의 전부 또는 일부를 제3자에게 양도, 저당하려할 경우 계약을 맺고 라선시인민위원회 또는 관리위원회의 승인을 받아야 한다.

승인을 받지 않고서는 해당 대상을 양도하거나 저당할수 없다.

제31조 (특별허가경영계약의 변경과 취소)

특별허가경영계약은 마음대로 변경시키거나 취소할수 없다.

어느 일방이 계약의 내용을 변경시키거나 취소하려는 경우에는 상대방과 협의하여야 한다.

제32조 (특별허가경영권의 보호)

특별허가경영자의 경영권은 회수하거나 제한하지 않는다.

사회공공의 리익을 위하여 라선시인민위원회 또는 관리위원회가 특별허가경영권을 회수할 경우에는 제때에 충분한 보상을 하여야 한다.

제33조 (특별허가경영대상의 이관)

특별허가경영자는 경영기간이 끝나면 계약에서 달리 정하지 않은 한 특별허가경영대상을 라선시인민위원회 또는 관리위원회나 그가 지정한 단위에 무상으로 넘겨주어야 한다.

第二十八条(回收投资的方式)

特别许可经营人回收投资的方式有：从开发企业获得对自己提供的产品或服务费用的补偿；从罗先市人民委员会或管理委员会得到补助金；其他方式.

第二十九条(合同履行担保)

罗先市人民委员会或管理委员会应在自己的权限范围内,向特别许可经营人提供履行合同的相关担保.

特别许可经营人应提供符合合同约定的产品及持续而高效的服务.

第三十条(特别许可经营权的限制)

特别许可经营人拟向第三者转让或抵押全部或部分经营权的,应签订合同,并应经罗先市人民委员会或管理委员会的批准.

凡未经批准,不得转让或抵押有关项目.

第三十一条(特别许可经营合同的变更和撤销)

特别许可经营合同不得任意变更或撤销.

任何一方需要变更或撤销合同内容时,应与另一方协商.

第三十二条(特别许可经营权的保护)

不得收回或限制特别许可经营人的经营权.

为了社会公共利益,由罗先市人民委员会或管理委员会收回特别许可经营权的,应当及时给予充分的补偿.

第三十三条(特别许可经营项目的移交)

经营期限届满且在合同中没有另行约定的情况下,特别许可经营人应将特别许可经营项目无偿移交给罗先市人民委员会或者其指定的单位.

제5장 도급생산경영

제34조 (도급생산경영계약의 체결)

지대에서 도급생산경영을 하려는 투자가는 정해진데 따라 해당 기관, 기업소, 단체와 도급생산경영계약을 맺어야 한다.

도급생산경영계약서에는 해당 토지의 위치와 면적, 토양상태, 도급생산경영기간과 시작 및 마감날자, 토지의 용도, 수익분배방식, 도급생산경영계약당사자들의 권리와 의무, 계약의 종결과 취소, 계약위반에 대한 책임 같은 사항을 밝힌다.

제35조 (도급생산경영의 신청 및 승인)

도급생산경영계약을 체결한 투자가는 라선시인민위원회에 도급생산경영신청을 하여야 한다. 이 경우 도급생산경영계약서사본을 함께 내야 한다.

라선시인민위원회는 신청문건을 접수한 날부터 14일안으로 승인하거나 부결하고 그 결과를 신청자에게 알려주어야 한다.

도급생산경영계약서는 라선시인민위원회의 승인을 받은 때로부터 효력을 발생한다.

제36조 (도급생산경영증서의 발급)

도급생산경영승인을 받은 투자가는 라선시인민위원회에 등록하고 도급생산경영증서를 발급받아야 한다.

투자가는 도급생산경영증서를 받은 날부터 도급생산경영기업으로 된다.

제37조 (도급생산경영에 대한 간섭금지, 토지의 리용과 보호)

도급생산경영기업의 경영활동에는 간섭할수 없다.

도급생산경영기업은 토지를 용도에 맞게 리용하고 적극 보호하여야 한다.

제38조 (도급생산경영권의 이전)

도급생산경영기업은 라선시인민위원회의 승인을 받고 도급생산경영권을 제3자에게 양도할수 있다. 이 경우 양도계약을 맺고 라선시인민위원회에 변경등록을 하여야 한다.

도급생산경영권의 양도방식과 가격은 도급생산경영기업이 정한다.

第五章 生产经营承包

第三十四条(生产经营承包合同的订立)

在经贸区拟生产经营承包的投资人, 应按规定的程序与有关机关, 企业, 团体签订生产承包经营合同.

生产经营承包合同书应记载该土地的位置和面积, 土壤状况, 生产经营承包期限和始终日期, 土地的用途, 收益分配方式, 生产经营承包合同当事人的权利和义务, 合同的终止及撤销, 违约责任等事项.

第三十五条(生产经营承包的申请及批准)

签订生产经营承包合同的投资人应向罗先市人民委员会申请生产经营承包, 并附上生产经营承包合同书副本.

罗先市人民委员会应自收到申请文件之日起14日之内作出批准或者驳回的决定, 并向申请人通知其结果.

生产经营承包合同书, 自罗先市人民委员会批准之日起发生效力.

第三十六条(颁发生产经营承包证书)

获得生产经营承包批准的投资人, 应在罗先市人民委员会办理登记, 并领取生产经营承包证书.

投资人领取生产经营承包证书之日起成为生产经营承包企业.

第三十七条(对生产经营承包禁止干预, 对土地的使用和保护)

不得干预生产经营承包企业的经营活动.

生产经营承包企业应当合理使用并积极保护土地.

第三十八条(生产经营承包权的转移)

生产经营承包企业经罗先市人民委员会批准, 可以向第三者转让生产经营承包权. 此时, 应当先签订转让合同, 并在罗先市人民委员会办理变更登记手续.

生产经营承包权的转让方式和价格, 由生产经营承包企业自行决定.

제6장 건물과 부착물의 철거

제39조 (철거담당기업의 지정)

지대에서 건물, 부착물의 철거를 맡아할 기업은 라선시인민위원회 또는 위임에 따라 관리위원회가 정한다.

제40조 (철거공시)

라선시인민위원회는 철거시작 30일전에 철거공시를 하여야 한다.

철거공시에는 철거의 범위와 대상, 철거기간 같은 사항을 밝힌다.

제41조 (철거대상의 보상기준)

철거대상의 보상기준은 라선시인민위원회와 관리위원회, 개발기업이 협의하여 정한다.

제42조 (철거비용의 보상방식)

철거비용의 보상은 라선시인민위원회 또는 관리위원회나 개발기업이 현금지불 또는 기타 방식으로 한다. 이 경우 보상액은 철거당시의 평가액보다 낮을수 없다.

철거대상의 가치는 해당 가격평가기관이 평가한 가격에 기초하여 라선시인민위원회가 정한다.

제43조 (건물, 부착물의 철거와 공사의 착수)

철거를 맡은 기업은 개발공사에 지장이 없도록 개발지역안의 공공건물과 살림집, 부착물 같은것을 제때에 철거,이설하고 주민을 이주시켜야 한다. 이 경우 지출된 비용은 라선시인민위원회 또는 관리위원회나 개발기업이 부담한다.

개발기업은 개발구역안의 건물,부착물의 철거,이설사업이 끝나는 차제로 개발공사에 착수하여야 한다.

제7장 제재 및 분쟁해결

제44조 (토지종합개발질서를 어긴 경우의 제재)

개발기업이 개발계획의 요구대로 개발하지 않거나 개발대상을 비법적으로 양도하였을 경우에는 해당한 소득을 몰수하거나 벌금을 물린다.

제45조 (특별허가경영질서를 어긴 경우의 제재)

다음의 경우에는 특별허가경영권을 취소하거나 벌금을 물린다.

第六章 建筑物及附着物的拆迁

第三十九条(指定拆迁企业)

在经贸区,由罗先市人民委员会或其委任的管理委员会指定负责拆迁建筑物及附着物的企业.

第四十条(拆迁公告)

罗先市人民委员会应在开始拆迁30日之前公布拆迁公告.

拆迁公告应记载拆迁范围及对象,拆迁期限等事项.

第四十一条(拆迁对象的补偿标准)

拆迁对象的补偿标准由罗先市人民委员会和管理委员会,开发企业协商确定.

第四十二条(拆迁费用的补偿方式)

拆迁费用由罗先市人民委员会或管理委员会,开发企业以支付现金或其他方式给予补偿.补偿金额不得低于拆迁时的评估价格.

罗先市人民委员会根据价格评估机关评估的价格对拆迁对象作价确定.

第四十三条(建筑物,附着物的拆迁和工程开工)

负责拆迁的企业应及时拆迁和搬迁开发区内的公共建筑,住宅,附着物等,并组织居民搬家,以便确保开发工程不受影响.由此产生的费用,由罗先市人民委员会或管理委员会,开发企业承担.

开发企业应在开发区的建筑物和附着物的拆迁,搬迁工作结束之时,启动开发工程.

第七章 处罚及纠纷解决

第四十四条(对违反土地成片开发秩序的处罚)

开发企业没有按照开发规划的规定开发或非法转让开发项目的,没收相关所得或处以罚款.

第四十五条(对违反特别许可经营秩序的处罚)

有下列情形之一的,撤销特别许可经营权或处以罚款:

1. 승인없이 특별허가경영권을 양도, 임대하였을 경우
2. 경영관리를 잘못하여 엄중한 결과를 발생시켰을 경우
3. 자의적인 영업중지, 휴식조건으로 사회공공의 리익과 안전을 심히 침해하였을 경우
4. 이밖에 법규에 금지된 행위를 하였을 경우

제46조 (도급생산경영질서를 어긴 경우의 제재)

도급생산경영자가 경영과정에 법규에 금지된 행위를 하였을 경우에는 도급생산경영권을 취소하거나 벌금을 물린다.

제47조 (벌금액기준)

법규위반행위에 따르는 벌금액기준은 세칙과 준칙에서 정한다.

제48조 (신소와 그 처리)

기업과 개인은 지대의 개발과 관련하여 의견이 있을 경우 중앙특수경제지대지도기관과 라선시인민위원회 또는 관리위원회에 신소할수 있다.

신소를 받은 기관은 30일안에 료해처리하고 그 결과를 신소자에게 알려주어야 한다.

제49조 (분쟁해결)

지대의 개발과정에 발생한 분쟁은 협의의 방법으로 해결한다.

정해진데 따라 조정이나 중재, 재판의 방법으로 해결할수도 있다.

1.未经批准转让, 出租特别许可经营权的;

2.因经营管理不善,造成严重后果的;

3.因自行停业, 安排休息, 而严重侵犯社会公共利益和安全的;

4.实施法律法规禁止的行为;

第四十六条(违反生产经营承包秩序的处罚)

生产经营承包人在经营过程中做出违法行为的,撤消生产经营承包权或处以罚款.

第四十七条(罚款标准)

对违法行为的罚款标准,通过细则和准则另行规定.

第四十八条(申诉及其处理)

企业和个人对经贸区开发事项有异议的,可以向中央特殊经济区指导机关和罗先市人民委员会或管理委员会提出申诉.

收到申诉的机关应在30日内进行了解及处理,并通知申诉人其结果.

第四十九条(解决纠纷)

经贸区开发过程中发生的纠纷,通过协商的方式解决.

按照规定,也可以通过调解或仲裁, 诉讼的方式解决.

8

라선경제무역지대 환경보호규정

罗先经济贸易区环境保护规定

라선경제무역지대 환경보호규정

주체103(2014)년 7월23일 최고인민회의 상임위원회 결정 제16호로 채택

제1장 일반규정

제1조 (사명)

이 규정은 라선경제무역지대에서 자연환경의 보존과 조성, 환경오염방지질서를 엄격히 세워 자연생태환경을 보호하고 사람들에게 문화위생적인 생활환경을 보장하는데 이바지한다.

제2조 (적용대상)

이 규정은 라선경제무역지대(이 아래부터 지대라고 한다.)의 기관, 기업소, 단체와 외국투자기업(이 아래부터 기업이라고 한다.), 공민과 외국인(이 아래부터 개인이라고 한다.)에게 적용한다.

제3조 (환경보호사업기관)

지대에서 환경보호사업은 라선시인민위원회의 지도밑에 지구인민위원회와 관리위원회(이 아래부터 환경보호관리기관이라고 한다.)가 한다.

환경보호관리기관은 관할지역의 환경보호사업을 책임진다.

제4조 (환경보호사업의 선행)

지대에서 기업과 개인은 개발, 건설, 생산, 봉사활동에 앞서 환경보호대책을 세우며 환경보호에 지장을 주는 행위를 하지 말아야 한다.

제5조 (환경보호기준의 준수)

지대에서 기업과 개인은 대기환경기준, 물환경기준, 토양환경기준, 오염물질배출기준과 악취, 소음, 진동기준 같은 환경보호기준을 엄격히 지켜야 한다.

환경보호기준을 정하는 사업은 내각이 한다.

罗先经济贸易区环境保护规定

主体103(2014)年7月23日 最高人民会议 常任委员会 决定 第16号 制定

第一章 一般规定

第一条(使命)

为在罗先经济贸易区树立严格的保护自然环境和营造, 防治环境污染的秩序, 保护自然生态环境和保障人们的文化卫生的生活环境, 制定本规定.

第二条(适用对象)

本规定适用于罗先经济贸易区(以下简称经贸区)的机关, 企业, 团体和外国投资企业(以下简称企业), 公民和外国人(以下简称个人).

第三条(环境保护工作机关)

在罗先市人民委员会的指导下由经贸区人民委员会和管理委员会(以下简称环境保护管理机关)负责经贸区的环境保护工作.

环境保护管理机关负责管辖经贸区的环境保护工作.

第四条(环境保护的前期工作)

在经贸区内进行开发, 建设, 生产, 服务活动之前, 应事先采取环境保护措施, 并不得有阻碍环境保护的行为.

第五条(遵守环境保护标准)

在经贸区内企业和个人应严格遵守大气环境标准, 水环境标准, 土地环境标准, 污染物排放标准和恶臭, 噪声, 振动标准等环境保护标准.

环境保护标准, 由内阁制定.

제6조 (환경보호계획의 작성과 실행)

라선시인민위원회는 지대환경보호계획을 작성, 실행한다.

환경보호관리기관은 지대환경보호계획에 기초하여 지구환경보호계획, 산업구환경보호계획을 세우고 라선시인민위원회의 승인을 받아 실행한다.

기업은 해당 환경보호계획을 실행하기 위한 당해년도 환경보호계획을 세우고 실행하여야 한다.

제7조 (환경관리체계의 수립, 환경인증제도의 실시)

지대에서는 환경보호의 요구에 맞게 생산과 경영활동에 대한 환경관리체계를 세워 환경관리를 규격화하며 환경관리체계와 제품에 대한 환경인증을 받는것을 적극 장려한다.

환경관리체계와 제품에 대한 인증은 환경인증기관이 한다.

제8조 (관련법규의 적용)

지대의 환경보호와 관련하여 이 규정과 세칙에 정하지 않은 사항은 해당 법규에 따른다.

제2장 자연환경의 보존과 조성

제9조 (자연환경보존과 조성의 기본요구)

기업과 개인은 지대의 자연환경을 보존하며 그것을 사람들의 건강과 문화정서생활에 유리하게 조성하여야 한다.

제10조 (특별보호구, 자연보호구의 설정)

지대에서는 자연환경을 보호하기 위하여 특별보호구와 자연보호구를 정할수 있다.

특별보호구와 자연보호구를 정하는 사업은 내각이 한다.

제11조 (환경보호대책의 수립)

라선시인민위원회와 해당 기관은 지대에서 동식물의 변화, 지형과 수질의 변화, 기후변동 같은 자연환경의 변화상태를 정상적으로 조사등록하며 필요한 대책을 세워야 한다.

제12조 (토지보호)

기업은 지대에서 건설과 경영활동을 할 경우 토지를 보호하기 위한 대책을 미리 세워야 한다.

第六条(制定和执行环境保护规划)

由罗先市人民委员会制定和实施经贸区环境保护规划.

根据经贸区环境保护规划由环境保护管理机关制定经贸区环境保护规划, 产业区环境保护规划, 并经罗先市人民委员会批准后予以实施.

为实施相关环境保护规划, 企业应制定和实施该年度的环境保护规划.

第七条(树立环境保护管理体系, 实施环境认证制度)

经贸区应树立生产和经营活动符合环境保护要求的环境管理体系和规范环境管理, 并积极奖励获得环境管理体系和产品环境认证的行为.

关于环境管理体系和产品的环境认证工作, 由环境认证机关负责实施.

第八条(相关法规的适用)

与经贸区的环境保护相关联, 如本规定, 细则没有规定的事项, 适用其他法规的规定.

第二章 保存和营造自然环境

第九条(保护和营造自然环境的基本要求)

企业和个人应当保护经贸区的自然环境, 并把它营造成有利于人们的健康和文化情绪生活的环境.

第十条(设立特殊保护区, 自然保护区)

在经贸区内为保护自然环境, 可以设立特殊保护区和自然保护区.

设立特殊保护区和自然保护区的工作, 由内阁负责.

第十一条(树立环境保护对策)

罗先市人民委员会和有关机关应经常性的调查, 登记经贸区内动植物的变化, 地形和水质的变化, 气候变动等自然环境的变化情况, 并采取必要的对策.

第十二条(保护土地)

在经贸区进行建设和经营活动时, 为了保护土地, 企业应事先采取相应的对策.

제13조 (토지류실과 지반침하의 방지)

환경보호관리기관과 기업은 담당구역에서 절토, 성토와 폭우 같은것에 의한 토지의 류실을 방지하여야 한다.

건물, 시설물을 건설하거나 지하수를 리용하는 과정에 지반이 침하되지 않도록 하여야 한다.

제14조 (원림, 록지의 조성과 보호)

환경보호관리기관과 기업은 관할구역안의 도로, 철길, 하천, 건물주변과 빈땅, 공동장소에 환경보호기능을 수행할수 있는 좋은 수종의 나무와 화초, 잔디 같은 것을 계획적으로 심고 가꾸어야 한다.

식수월간, 도시미화월간에는 원림, 록지조성사업을 집중적으로 하여야 한다.

제15조 (자연풍치의 보호)

기업과 개인은 지대안의 풍치림을 베거나 명승지와 바다기슭의 솔밭, 해수욕장, 기암절벽, 우아하고 기묘한 산세, 풍치좋은 섬을 비롯한 자연풍치를 손상, 파괴하는 행위를 하지 말아야 한다.

제16조 (명승지, 천연기념물의 보호)

기업과 개인은 명승지, 관광지, 휴양지와 그 주변에서 자원을 개발하거나 환경보호에 지장을 주는 행위를 하지 말며 천연기념물과 명승고적을 원상대로 보존하여야 한다.

제17조 (동식물의 보호)

기업과 개인은 지대에서 승인없이 동식물을 잡거나 채취하며 서식환경을 파괴하여 생태계의 보호, 생물다양성의 보존과 동식물의 생장에 지장을 주는 행위를 하지 말아야 한다.

제3장 환경영향평가

제18조 (환경영향평가기관과 심의원칙)

지대에서 환경영향평가사업은 라선시인민위원회가 한다.

라선시인민위원회는 환경영향평가심의에서 과학성과 객관성, 공정성을 보장하여야 한다.

第十三条(防止土地流失和地面沉降)

　　环境保护管理机关和企业应在其分担区域防止因铲土, 垒土, 暴雨等原因造成的土地流失.

　　建设建筑物和设施或者使用地下水时, 应防止地面沉降现象的发生.

第十四条(营造和保护园林, 绿地)

　　环境保护管理机关和企业应在其管辖区域内的公路, 铁路, 江河, 建筑物周围的空闲地和公用场地, 有计划地种植并管理可以起到环境保护作用的各种树木, 花草, 草皮等.

　　在植树月, 城市美化月应集中进行营造园林, 绿地的工作.

第十五条(保护自然景观)

　　企业和个人在经贸区内不得进行砍伐景观树林或者损伤和破坏名胜地, 海边树林, 海水浴场, 奇岩绝壁, 优雅奇妙的山势, 风景美妙的岛屿等自然景观的行为.

第十六条(保护名胜地和天然纪念物)

　　企业和个人在经贸区内的名胜地, 旅游地, 休养地及其周围, 不得进行阻碍环境保护的行为, 并尽可能保持天然纪念物和名胜古迹的原始状态.

第十七条(保护动植物)

　　在经贸区内企业和个人未经批准不得进行狩猎行为或者采集植物, 破坏动植物的栖息环境, 而阻碍保护生态环境和生物多样性, 动植物生长的行为.

第三章 环境影响评价

第十八条(环境影响评价机关的审议原则)

　　经贸区内的环境影响评价工作, 由罗先市人民委员会负责.

　　罗先市人民委员会应保障环境影响评价审议工作的科学性, 客观性, 公正性.

제19조 (환경영향평가를 받을 의무)

지대에서 개발, 건설을 하려는 기업은 환경영향평가를 의무적으로 받아야 한다. 환경영향평가를 받지 않은 기업에게 건설허가를 줄수 없다.

제20조 (환경영향평가문건의 작성)

환경영향평가문건은 해당 지역의 환경실태와 개발, 건설의 특성, 그것으로 하여 있을수 있는 환경변화 같은것을 구체적으로 조사한데 기초하여 기업이 작성한다. 이 경우 전문기관에 의뢰하여 작성할수도 있다.

환경영향평가문건에는 개발, 건설의 특성과 현지실태, 개발과 건설이 환경에 주는 영향에 대한 예측평가자료, 환경오염방지대책 같은것을 밝힌다.

제21조 (환경영향평가문건의 제출)

기업은 작성한 환경영향평가문건을 건설위치지정서 또는 건설명시서, 토지개발승인서 같은 문건을 발급하기전에 심의에 제출한다.

제22조 (환경영향평가문건의 심의기간)

라선시인민위원회는 환경영향평가문건을 접수한 날부터 15일안으로 심의하여야 한다. 이 경우 심의에 필요한 자료와 조건을 보장할것을 해당기업에 요구할수 있다.

환경영향평가문건의 심의기간은 필요에 따라 연장할수 있다.

제23조 (환경영향평가문건의 심의결과통지)

라선시인민위원회는 환경영향평가문건을 심의하고 승인 또는 부결하는 결정을 한다.

환경영향평가문건을 승인하였을 경우에는 환경영향평가승인통지서를, 부결하였을 경우에는 부결리유를 밝힌 환경영향평가부결통지서를 해당기업에 보낸다.

제24조 (환경영향평가문건의 재심의)

환경영향평가부결통지서를 받은 기업은 결함을 퇴치한 다음 라선시인민위원회에 환경영향평가문건을 다시 제출하여 심의를 받을수 있다.

제25조 (환경영향평가승인결정의 집행)

환경영향평가승인통지를 받은 기업은 해당 개발, 건설을 위한 수속을 하며 환경영향평가승인결정을 정확히 집행하여야 한다.

제26조 (환경영향평가승인결정의 취소, 재평가)

개발, 건설승인을 받은 날부터 3년이 지나도록 그 실행에 착수하지 않았을 경우에는 환경영향평가승인을 취소한다.

第十九条(接受环境影响评价的义务)

在经贸区内拟进行开发,建设的企业,有义务接受环境影响评价.

对未接受环境影响评价的企业,不得颁发建设许可.

第二十条(编制环境影响评价文件)

对区域的环境状况和开发,建设的特点及因其可能发生的环境变化等具体进行调查的基础上由企业编制环境影响评价文件.此时,也可以委托专门机关编制.

环境影响评价文件应记载开发,建设的特点,现场情况,开发和建设对环境的影响进行预测评价的资料,防治环境污染对策等.

第二十一条(提交环境影响评价文件)

颁发建设位置指定文件或者建设明示文件,土地开发批准文件等之前,企业应将编制的环境影响评价文件提交并接受审议.

第二十二条(环境影响评价文件的审议期限)

罗先市人民委员会应自收到环境影响评价文件之日起15日内进行审议.此时,可以向有关企业要求提供审议所需的资料和条件保障.

必要时可以延长环境影响评价文件的审议期限.

第二十三条(通知环境影响评价文件审议结果)

罗先市人民委员会审议环境影响评价文件后可以作出批准或者驳回的决定.

批准环境影响评价文件时,发送环境影响评价文件批准通知书;驳回时,发送载明驳回理由的驳回通知书.

第二十四条(环境影响评价文件的再审议)

收到环境影响评价驳回通知书的企业,修改其缺陷后可以向罗先市人民委员会再次提交环境影响评价文件,并接受其审议.

第二十五条(环境影响评价文件批准决定的实施)

收到环境影响评价文件批准通知书的企业,应办理相关项目的开发,建设手续,并正确实施环境影响评价批准的决定.

第二十六条(环境影响评价文件批准决定的撤消, 再评价)

自获得开发,建设项目批准之日起经过3年还未实施项目建设时,可以撤销该项目的环境影响评价批准决定.

해당 대상의 규모, 성격, 위치, 생산기술공정, 건물, 시설물, 부착물 같은것을 변경할 경우에는 환경영향평가를 다시 받아야 한다.

제27조 (부정적인 환경영향에 대한 대책)

라선시인민위원회와 환경보호관리기관은 개발, 건설과정에 부정적인 환경영향이 발생하였을 경우 개발 또는 건설을 중지시키고 그것을 없애기 위한 조치를 취하여야 한다.

제28조 (환경영향평가승인결정집행에 대한 확인)

라선시인민위원회와 환경보호관리기관은 개발, 건설대상의 준공검사에 참가하여 환경영향평가승인결정의 집행정형을 확인하여야 한다.

환경영향평가승인결정을 집행하지 않은 경우에는 준공검사에서 합격될수 없다.

제4장 환경오염방지

제29조 (환경오염방지의 기본요구)

환경오염을 미리 막는것은 지대의 환경을 보호하기 위한 선결조건이다.

환경보호관리기관과 기업은 오염물질의 배출량과 농도, 소음과 진동의 세기를 정상적으로 측정, 분석, 기록하고 계통적으로 낮추도록 하며 환경오염방지대책을 철저히 세워야 한다.

제30조 (가스, 먼지잡이 및 공기려과장치의 설치운영)

기업은 건물, 시설물에 가스, 먼지잡이장치와 공기려과장치를 설치, 운영하여 가스나 먼지, 악취 같은것이 대기에 류출되지 않도록 하며 탕크, 배관 같은 시설을 계획적으로 보수정비하여야 한다.

제31조 (소음, 진동방지)

기업과 개인은 설비운영과정에 환경보호에 지장을 주는 소음과 진동이 발생하지 않도록 하여야 한다.

소음, 진동기준을 초과하는 설비는 사용할수 없다.

제32조 (륜전기재의 운행을 금지시키는 경우)

륜전기재의 운행을 금지시키는 경우는 다음과 같다.
1. 정해진 가스배출기준을 초과할 경우
2. 포장하지 않은 짐을 실어 환경을 오염시킬수 있을 경우

变更该项目的规模, 性质, 位置, 生产技术工艺, 建筑物, 设施, 附带物等时, 应重新接受环境影响评价.

第二十七条(对环境不良影响评价的对策)

罗先市人民委员会和环境保护管理机关发现企业在开发, 建设过程中存在虚假环境影响评价事由时, 应责令停止开发, 建设, 并应采取清除虚假环境影响评价的措施.

第二十八条(确认环境影响评价文件批准决定的实施)

罗先市人民委员会和环境保护管理机关应参与开发, 建设项目的竣工检查工作, 确认环境影响评价文件批准决定的实施情况.

未实施环境影响评价文件批准决定的, 不予颁发竣工检查合格证.

第四章 防止环境污染

第二十九条(防止环境污染的基本要求)

事先防止环境污染是保护经贸区环境的先决条件.

环境保护管理机关和企业应正常监测, 分析, 记录污染物的排放量和浓度, 噪声和振动的强度, 并系统地降低其相关数据, 同时制定周全的环境污染防治措施.

第三十条(安装瓦斯, 吸尘, 空气过滤设施)

企业应当在建筑物和设施安装并运营煤气, 吸尘设备, 空气过滤设备, 防治瓦斯, 灰尘, 恶臭等泄露在空气中, 并有计划地维修炉, 罐, 管道等设施.

第三十一条(防止噪声和振动)

企业和个人应在设备运营过程中防止发生对环境保护有害的噪声和振动.

不得利用超过噪声和振动标准的设备.

第三十二条(停运交通运输工具的条件)

下列情形之一的, 停运交通运输工具:

1.超过规定的尾气排放标准的;

2.运输未包装货物可能污染环境的;

3. 정비를 잘하지 않아 도로와 땅에 기름을 떨구는 경우

4. 청소를 하지 않아 륜전기재가 어지러울 경우

제33조 (특수기상조건에 의한 대기오염의 방지)

기업과 개인은 기온역전현상 같은 특수한 기상조건의 영향으로 배출되는 가스, 먼지 같은것이 대기를 오염시킬수 있을 경우 해당 설비의 가동과 륜전기재의 운행을 조절하거나 중지하여야 한다.

제34조 (정화장, 침전지 같은것의 건설)

환경보호관리기관과 해당 기업은 버림물의 정화장과 침전지, 페기페설물처리장 같은것을 바다나 하천, 호소 같은 물자원을 오염시키지 않을 곳에 정하고 현대적으로 꾸려야 한다.

제35조 (오물의 처리)

기업과 개인은 오물을 정해진 장소에 버리며 아무곳에서나 불태우지 말아야 한다.

해당 기업은 오물을 제때에 실어내가야 한다.

제36조 (오염물질의 배출승인)

오염물질을 내보내려는 기업은 환경보호관리기관에 오염물질배출승인신청서를 내고 승인을 받아야 한다.

오염물질배출승인신청서에는 오염물질의 종류와 수량, 농도, 정화대책 같은 필요한 자료들을 밝혀야 한다.

기업은 오염물질의 종류, 수량, 농도 같은것이 변경되였을 경우 오염물질배출승인을 다시 받아야 한다.

제37조 (오염방지시설의 설치)

기업은 오염물질배출시설을 운영하려 할 경우 오염방지시설을 설치하고 환경보호관리기관의 승인을 받아야 한다.

오염방지시설은 승인없이 다른곳으로 옮기거나 철수할수 없다.

제38조 (오염물질배출시설, 오염방지시설의 운영, 정비, 보수)

기업은 오염물질배출시설, 오염방지시설을 정상적으로 운영, 정비, 보수하여야 한다.

환경보호관리기관은 기업이 오염물질배출기준을 초과하여 오염물질을 내보낼 경우 해당 설비의 운영을 중지시킬수 있다.

3.未做好养护而造成油污泄露在道路和地上的;

4.未清洗而造成交通运输工具脏乱的.

第三十三条(防止因特殊气象条件引起的大气污染)

逆温现象等特殊气象条件的影响而排放的气体, 灰尘有可能污染大气时, 企业和个人应调整或者停止运行有关设备和交通运输工具.

第三十四条(建设净化场, 沉淀池等)

环境保护管理机关和有关企业应在不污染海洋, 江河, 湖泊等水资源的地方建设污水处理厂, 沉淀池, 废弃物处理厂等,并进行现代化管理.

第三十五条(垃圾处理)

企业和个人应在指定的地点倾倒垃圾,不得随意焚烧垃圾.

有关企业应及时清运垃圾.

第三十六条(污染物排放许可)

需要排放污染物的企业应向环境保护管理机关提交污染物排放批准申请书,并应获得许可.

污染物排放许可申请书应记载污染物的种类, 数量, 浓度,净化措施等必要的内容.

如污染物的种类, 数量, 浓度等发生变更时, 企业应重新获得污染物排放许可.

第三十七条(设置污染物防治设备)

企业运营污染物排放设备时, 应当设置污染防治设备, 并经环境保护管理机关的批准.

未经批准,不得转移或拆卸污染防治设备.

第三十八条(污染物排放设施, 污染防治设施的运营, 保养, 维护)

企业应当正常运营, 保养, 维护污染物排放设施, 污染防治设施.

企业超标排放污染物时,环境保护管理机关有权责令中止有关设备的运营.

제39조 (오염물질처리기술의 도입)

기업은 오염물질배출량이 적은 설비와 기술을 리용하며 선진적인 오염물질처리기술을 적극 도입하여야 한다.

제40조 (수역에서 금지할 행위)

기업과 개인은 바다와 하천, 호소, 저수지에 오물, 페기페설물, 기름 같은것을 버리지 말아야 한다.

제41조 (수질보호구역의 설정)

지대에서는 바다의 일정한 수역을 특별히 보호하기 위하여 해수욕장수역, 양식장 및 제염소수역, 항수역 같은곳에 수질보호구역을 정할수 있다.

해당 기관은 수질보호구역의 수질을 정상적으로 조사하고 필요한 대책을 세워야 한다.

제42조 (배, 설비에 의한 오염방지)

수역과 그 주변에서 배와 설비를 운영하는 기업과 개인은 오염방지설비를 정확히 갖추고 운영하며 해당 기관의 검사를 정상적으로 받아야 한다.

버림물과 오물, 기름 같은것을 배출하여 수역을 오염시키는 배와 설비는 운영할수 없다.

제43조 (수역에 대한 관리)

바다나 하천, 호소, 저수지를 관리하는 기업은 수역이 오염되지 않는가를 정상적으로 조사하며 해당 수역에 떨어진 기름과 오물같은 오염물질을 제때에 거두어내야 한다.

제44조 (버림물의 정화)

기업은 정화시설을 갖추고 경영활동 과정에 발생하는 오수, 페수 같은 버림물을 깨끗이 정화하며 정화되지 않은 버림물이 바다나 하천, 호소, 저수지 같은곳에 흘러들지 않도록 하여야 한다.

버림물에 물을 희석시키는 방법으로 오염도를 낮추는 행위를 할수 없다.

제45조 (상수도시설의 보수정비, 먹는물의 려과 및 소독)

환경보호관리기관과 해당 기업은 상수도시설을 정상적으로 보수정비하고 먹는물의 려과, 소독을 정해진대로 하여 수질기준이 정확히 보장된 먹는 물을 공급하여야 한다.

취수구와 저수지, 배수구주변에서는 건물, 시설물을 건설할수 없으며 살초제, 살충제 같은 해로운 물질을 사용할수 없다.

第三十九条(引进污染物处理技术)

企业应利用污染物排放量少的设备和技术,并积极引进先进的污染物处理技术.

第四十条(水域中的禁止行为)

禁止企业和个人向海洋,江河,湖泊,水库倾倒垃圾,废弃物,油类等.

第四十一条(设定水质保护区域)

在经贸区内为了保护海洋的特定区域,可以在海水浴场,养殖场,盐场,港口等划定水质保护区域.

有关机关应当正常调查水质保护区域的水质和采取必要的对策.

第四十二条(防止船舶和设备造成的污染)

在经贸区的水域和其周边运营船舶和设备的企业和个人应正确地设置污染防治设施并经常接受有关机关的检查.

不得运营排放废弃物,垃圾,油类等污染水域的船舶和设备.

第四十三条(对水域的管理)

管理海洋,江河,湖泊,水库的企业,应经常调查水域是否被污染,并及时收回该水域内漂浮的油类和垃圾等污染物.

第四十四条(废水的净化)

企业应配置净化设施来处理其经营活动中产生的污水,废水等,防止未净化的废水流入海洋,江河,湖泊,水库等水域.

不得进行以废水里添加水的方法冲淡污染度的行为.

第四十五条(上水道设施的维修保养,饮用水的过滤及消毒)

环境保护管理机关和有关企业应经常维修保养上水道(自来水)设施,按规定进行饮用水的过滤和消毒,供给达到水质标准的饮用水.

在取水口,水源池,排水口周围不得建设建筑物,设施,不得利用除草剂,杀虫剂等有毒物质.

제46조 (지하수의 오염방지)

기업과 개인은 지하수오염물질의 발생원과 물잡이구조물에 대한 관리를 바로하며 오염물질에 의한 지하수의 오염을 막아야 한다.

제47조 (화학물질에 의한 오염방지)

지대에서 화학물질을 생산하거나 리용하려 할 경우에는 독성검사와 환경에 미치는 영향평가를 받아야 한다.

기업과 개인은 농약, 비료 같은 화학물질의 보관, 리용질서를 엄격히 지켜 독성물질이 대기중에 날리거나 바다, 하천, 호소, 저수지 같은데 흘러들지 않게 하며 토지에 축적되지 않도록 하여야 한다.

제48조 (방사성물질에 의한 오염방지)

지대에서 방사성물질을 생산, 공급, 운반, 보관, 사용, 페기하려는 기업은 핵안전감독기관의 방사성물질취급승인을 받아야 한다.

방사성물질취급승인을 받은 기업은 정해진대로 정화, 려과시설을 원만히 갖추고 방사성물질을 려과, 정화하여 방사능농도를 배출기준보다 낮추어야 한다.

제49조 (오염된 물품의 수입금지)

기업과 개인은 환경보호와 인체에 나쁜 영향을 줄수 있는 오염된 식료품, 의약품, 생활용품, 동물먹이 같은것을 지대에 들여오지 말아야 한다.

제50조 (오염사고의 처리대책)

기업과 개인은 오염사고가 발생하거나 발생할수 있는 경우 즉시 오염피해를 방지할수 있도록 대책을 세우고 환경보호관리기관에 통지하여야 한다.

환경보호관리기관은 사고정형을 조사하고 해당한 조치를 취하여야 한다.

제51조 (환경오염방지시설의 운영정형기록)

기업은 환경오염방지시설의 운영정형과 페기페설물의 보관, 처리정형을 정상적으로 대장에 기록하며 환경보호관리기관이 정한 기간까지 보관하여야 한다.

제5장 페기페설물의 추급

제52조 (페기페설물취급의 기본요구)

지대에서는 개발과 건설, 생산과 봉사활동과정에 방사성페기페설물, 유독성페기페설물, 일반페기페설물 같은 페기페설물의 배출과 보관, 수송, 처리질서를 엄격히 세워 환경오염을 미리 막아야 한다.

第四十六条(防止地下水污染)

企业和个人正确对待对地下水污染物的发生源和贮水池的管理,防止污染物对地下水的污染.

第四十七条(防止因化学物质的污染)

在经贸区需要生产或者利用化学物质时,应接受环境保护管理机关的毒性检查和环境影响评价.

企业和个人严格遵守农药,化肥等化学物质的保管,利用秩序,以防止毒性物质漂浮在大气中或者流入海洋,江河,湖泊,水库中或者积畜在土壤中.

第四十八条(防止因放射性物质的污染)

在经贸区企业需要生产,供应,运输,保管,利用,废弃放射性物质时,应取得核安全监督机关的放射性物质经营许可.

取得放射性物质经营许可的企业按规定应配备净化,过滤设施,对放射性物质进行过滤,净化,放射性物质排放浓度要达到低于排放标准.

第四十九条(禁止进口被污染物品)

企业和个人禁止向经贸区进口影响环境保护和人体健康的被污染的食品,医药品,生活用品,饲料等.

第五十条(处理污染事故的对策)

当发生或者可能发生污染事故时,企业和个人应立即采取可以防止污染危害措施,并及时通知环境保护管理机关.

环境保护管理机关应调查事故情况和采取相应的措施.

第五十一条(记录环境污染防治设施的利用情况)

企业应正常记录环境污染防治设施的利用情况,废弃物的保管和处理情况,并保管至环境保护管理机关规定的期限内.

第五章 废弃物废料的管理处理

第五十二条(废弃物废料处理的基本要求)

在经贸区进行开发,建设,生产,服务过程中应严格树立放射性废弃物,毒性废弃物,普通废弃物的排放,保管,运输,处理秩序,要事先预防环境污染.

기업은 폐기폐설물의 배출량을 최대한 줄이고 재리용하여야 한다.

제53조 (폐기폐설물의 배출신청)

지대에서 폐기폐설물을 배출하려는 기업은 폐기폐설물배출승인신청문건을 작성하여 환경보호관리기관에 내야 한다.

폐기폐설물배출승인신청문건에는 폐기폐설물의 종류와 배출량, 분석자료 같은 것을 밝힌다.

제54조 (폐기폐설물배출승인신청문건의 검토)

폐기폐설물배출승인신청문건을 접수한 환경보호관리기관은 15일안으로 검토하고 승인하거나 부결하여야 한다.

기준을 초과하는 폐기폐설물의 배출승인은 할수 없다.

제55조 (폐기폐설물배출기준의 준수)

기업은 폐기폐설물의 배출기준을 엄격히 지켜야 한다.

배출하려는 폐기폐설물의 종류와 배출량이 달라졌을 경우에는 개발 또는 건설, 생산, 봉사활동을 중지하고 폐기폐설물배출승인을 다시 받아야 한다.

제56조 (폐기폐설물배출정형에 대한 기록과 통지)

기업은 설비와 생산공정에 대한 기술검사와 정비보수를 정상적으로 하며 내보내는 가스, 먼지, 버림물 같은 오염물질의 농도를 정상적으로 측정, 분석하고 기록하여야 한다.

폐기폐설물의 배출정형은 월에 1차 환경보호관리기관에 통지하여야 한다.

제57조 (폐기폐설물의 보관과 수송)

기업은 폐기폐설물의 물리화학적, 생물학적특성을 고려하여 보관시설을 갖추고 폐기폐설물을 종류별로 분류하여 안전하게 보관하여야 한다. 이 경우 폐기폐설물의 용기겉면에는 그 품명과 수량을 밝힌다.

폐기폐설물을 수송하려는 기업은 폐기폐설물의 종류와 수량, 분석자료, 수송방법, 경로 같은것을 밝힌 수송문건을 환경보호관리기관에 내고 승인을 받아야 하며 수송도중과 싣고부릴때 환경을 오염시키지 않도록 필요한 대책을 세워야 한다.

제58조 (폐기폐설물의 처리승인과 처리기간)

폐기폐설물을 처리하려는 기업은 폐기폐설물의 종류, 성분분석자료, 수량, 환경영향평가자료, 환경보호담보자료 같은것을 밝힌 폐기폐설물처리신청서를 환경보호관리기관에 내고 승인을 받아야 한다.

企业应最大限度地减少废弃物的排放,并尽可能再利用废弃物.

第五十三条(废弃物排放申请)

在经贸区需要排放废弃物的企业,应向环境保护管理机关提交编制的废弃物排放许可申请文件.

废弃物排放许可申请文件应记载废弃物的种类,排放量,分析资料等.

第五十四条(审查废弃物排放许可申请文件)

接收废弃物排放许可申请文件的环境保护管理机关应在15日内进行审议和做出许可或不许可的决定.

不得批准超过标准的废弃物排放许可申请.

第五十五条(遵守废弃物排放标准)

企业应严格遵守废弃物的排放标准.

拟排放的废弃物的种类和排放量发生变化时,应中止开发,建设,生产,服务活动,并重新取得废弃物排放许可.

第五十六条(废弃物排放情况的记录和通知)

企业应经常对设备和生产工程进行技术检查和维护和保养,经常监测,分析记录排放的煤气,粉尘,废水等污染物的浓度.

企业应每月一次向环境保护管理机关通知废弃物的排放情况.

第五十七条(废弃物的保管和运输)

企业应根据废弃物的物理化学,生物学特性配备保管设施并分类,安全的保管废弃物.此时,应在废弃物容器表面注明其品名和数量.

运输废弃物的企业应向环境保护管理机关提交载明废弃物种类,数量,分析资料,运输方法,路程等的运输文件,并应取得许可.同时,运输和装卸过程中应采取必要的措施,使其不污染环境.

第五十八条(废弃物的处理许可和处理期限)

处理废弃物的企业应向环境保护管理机关提交载明废弃物废料的种类,分析成分资料,数量,环境影响评价资料,环境保护担保资料等的废弃物处理申请书,并应取得许可.

페기페설물의 처리는 처리시설이 있는 정해진 장소에서 하며 환경보호관리기관이 정한 기간까지 처리하여야 한다.

제59조 (수입, 리용이 금지된 페기페설물과 그 처리시설 및 기술)

지대에서는 방사성물질을 내보내거나 환경을 심히 오염시켜 사람들의 생명과 건강에 피해를 주는 페기페설물과 그 처리설비, 기술 같은것을 다른 나라에서 들여오거나 리용할수 없다.

제60조 (재자원화기술의 도입)

기업은 생산과정에 생기는 부산물과 페기페설물을 재자원화하기 위한 기술을 적극 받아들여 환경오염을 막고 자원리용률을 높여야 한다.

제6장 감독통제

제61조 (감독통제기관)

지대에서 환경보호사업에 대한 감독통제는 라선시인민위원회와 환경보호관리기관, 해당 감독통제기관이 한다.

제62조 (환경감시체계의 수립)

환경보호관리기관은 환경감시체계를 바로 세우고 환경상태를 정상적으로 조사장악하며 기업과 개인에게 필요한 환경정보를 제때에 알려주어야 한다.

제63조 (환경보호사업정형의 보고)

환경보호관리기관은 관할구역의 환경보호계획의 실행정형과 환경보호사업정형을 분기마다 라선시인민위원회에 문건으로 보고하여야 한다.

제64조 (원상복구, 손해보상)

지대의 환경을 오염, 파괴시켰거나 환경보호시설을 파손시켰을 경우에는 원상복구시키거나 해당한 손해를 보상시킨다.

제65조 (벌금)

다음의 경우에는 기업 또는 개인에게 벌금을 물린다.
1. 오염방지시설을 설치하지 않았거나 해당 검사를 받지 않고 조업, 경영하였을 경우
2. 버림물의 정화장과 침전지, 오물, 페기페설물처리장 같은 오염물질처리시설을 제대로 갖추지 않았거나 정상운영을 하지 않았을 경우

应在设有处理设施的规定的场所处理废弃物, 并在环境保护管理机关规定的期限内进行处理.

第五十九条(禁止进口和利用的废弃物及其处理设施和技术)

在经贸区不得从其他国家进口或者利用排放放射性物质或者严重污染环境而对人体健康和生命有害的废弃物及其处理设备和技术.

第六十条(引进资源再利用技术)

企业应积极引进将生产过程中产生的副产物和废弃物再资原化的技术, 以此防止环境污染并提高资源的再利用率.

第六章 监督控制

第六十一条(监督监管机关)

经贸区环境保护工作的监督与监管工作, 由罗先市人民委员会和环境保护管理机关和有关监督监管机关负责.

第六十二条(树立环境监测体系)

环境保护管理机关应正确树立环境监测体系, 经常调查和掌握环境状况并及时向企业和个人告知必要的环境信息.

第六十三条(环境保护工作情况的报告)

环境保护管理机关应将管辖区域的环境保护规划的执行情况和环境保护工作情况, 每季度以书面形式向罗先市人民委员会报告.

第六十四条(恢复原状, 赔偿损失)

污染, 破坏经贸区的环境或者破坏环境保护设施时, 应恢复原状或者赔偿其损失.

第六十五条(罚款)

有下列情形之一的, 向企业或者个人处以罚款:
1. 未设置防止污染设施或者未经检查生产, 经营的;
2. 未配备废水净化场和沉淀池, 废弃物处理场等污染物处理设施或者未正常运营的的;

3. 배출하는 오염물질이 정해진 기준을 초과하였을 경우
4. 특별보호구와 자연환경보호구, 수질보호구역에 승인되지 않은 오염물질배출시설을 설치하고 운영하였을 경우
5. 환경보호와 관련하여 금지시킨 설비, 물자를 생산, 판매, 수입하였을 경우
6. 오염방지시설을 규정대로 운영하지 않았을 경우
7. 승인없이 지하자원을 탐사, 개발하거나 하천, 호소의 구조를 변경시켰을 경우
8. 명승지, 관광지, 휴양지와 그 주변에서 자원을 개발하거나 환경보호에 지장을 주는 건물, 시설물을 건설하였을 경우
9. 정해진 환경영향평가를 받지 않고 건설, 경영을 하였을 경우
10. 악취, 소음, 진동기준을 초과하는 설비를 사용하였을 경우
11. 유독성물질, 화학물질, 방사성물질의 생산, 취급, 리용, 수출입질서를 어겼을 경우
12. 페기페설물의 배출과 보관, 수송, 처리질서를 어겼을 경우
13. 승인없이 나무를 찍거나 흙과 돌, 모래를 채취하였을 경우
14. 승인없이 동식물을 잡거나 채취하였을 경우
15. 오물을 정해진 장소가 아닌곳에 버렸을 경우
16. 감독통제기관의 감독, 통제사업에 지장을 주었을 경우

제66조 (중지)

다음의 경우에는 영업을 중지시킨다.
1. 오염방지시설을 설치하지 않고 시설을 운영하였을 경우
2. 환경보호관리기관의 승인없이 오염방지시설을 철수하였을 경우
3. 오염물질배출량이 오염물질배출기준을 초과하였을 경우
4. 환경보호에 지장을 주는 설비, 물자를 생산, 판매, 수출입하였을 경우
5. 환경보호관리기관의 현장검사에 응하지 않거나 정한 기간안에 결함을 퇴치하지 않았을 경우
6. 이밖에 이 규정을 어긴 행위가 엄중할 경우

제67조 (몰수)

다음의 경우에는 해당 재산을 몰수한다.
1. 오염물질배출기준을 심히 초과하였을 경우
2. 환경보호와 관련하여 금지시킨 설비, 물자를 판매하거나 수출하여 소득을 얻었을 경우
3. 유독성물질, 화학물질, 방사성물질의 생산, 취급, 리용, 수출입질서를 어겼을 경우

3.排放的污染物超过规定标准的;

4.在特殊保护区,自然环境保护区,水质保护区内未经批准设置,利用污染物排放设施的;

5.生产,销售,进口环境保护中禁止的设备和物资的;

6.未按规定运营污染防止设施的;

7.未经批准勘探和开发地下资源或者变更江河和湖泊的面貌的;

8.在名胜地,旅游地,休养地及其周围开发资源或者建设对环境有影响的建筑物和设施的;

9.未接受环境影响评价而建设和经营的;

10.利用超过恶臭,噪声,振动标准的设备的;

11.违反有毒性物质,化学物质,放射性物质的生产,管理,利用,进出口秩序的;

12.违反废弃物的排放,保管,运输,处理秩序的;

13.未经批准砍伐树木或者采挖土壤,石子和砂子的;

14.未经批准狩猎或者采集植物的;

15.不在规定的场所倾倒垃圾的;

16.阻碍监督监管机关的监督,监管工作的.

第六十六条(停止)

有下列情形之一的,责令停止营业:

1.未设置防止污染设施进行运营的;

2.未经环境保护管理机关的批准擅自拆卸污染防止设施的;

3.污染物排放量超过污染物排放标准的;

4.生产,销售,进出口影响环境保护的设备和物资的;

5.拒不接受环境保护管理机关的现场检查或者在规定的期限内未纠正其缺陷的;

6.其他违反本规定的行为较为严重的.

第六十七条(没收)

有下列情形之一的,没收财产:

1.严重超过污染物排放标准的;

2.销售或者出口环境保护中禁止的设备或者物质,并获得收益的;

3.违反有毒性物质,化学物质,放射性物质的生产,管理,利用,进出口秩序的;

4. 영업을 중지시킨 대상을 승인없이 운영하였을 경우

5. 환경오염행위로 사람의 생명과 건강에 엄중한 피해를 주었을 경우

6. 이밖에 이 규정을 어긴 행위로 하여 비법적인 소득을 얻었을 경우

제68조 (신소와 그 처리)

지대의 환경보호사업과 관련하여 의견이 있을 경우에는 환경보호관리기관, 라선시인민위원회에 신소할수 있다.

신소를 받은 기관은 30일안으로 료해처리하여야 한다.

제69조 (분쟁해결)

지대의 환경보호와 관련하여 발생한 분쟁은 협의의 방법으로 해결한다.

협의의 방법으로 해결할수 없을 경우에는 조정이나 중재, 재판의 방법으로 해결할수도 있다.

4.未经批准擅自运营责令中止营业的对象的;

5.因污染环境行为严重危害人的生命和健康的;

6.因其他违反本规定的行为而获得收益的.

第六十八条(申诉及其处理)

对经贸区的环境保护工作有异议时,可以向环境保护管理机关和罗先市人民委员会提出申诉.

受理申诉的机关应在30日内进行了解和处理.

第六十九条(解决纠纷)

经贸区与环境保护相关的纠纷,通过协商的方式解决.

如通过协商的方式不能解决时,可以通过调解, 仲裁, 诉讼的方式解决.

9

라선경제무역지대 벌금규정

罗先经济贸易区罚款规定

라선경제무역지대 벌금규정

주체103(2014)년 8월7일 최고인민회의 상임위원회 결정 제17호로 채택

제1조 (사명)

이 규정은 라선경제무역지대의 벌금적용에서 제도와 질서를 엄격히 세워 위법 현상을 미리 막고 지대안에 준법기풍을 확립하는데 이바지한다.

제2조 (규정의 적용대상)

이 규정은 라선경제무역지대안의 기관, 기업소, 단체와 공민에게 적용한다.

라선경제무역지대에 있는 다른 나라 또는 국제기구의 상주대표기관, 외국투자 기업, 외국인(이 아래부터 다른 나라 기관, 외국인이라고 한다.)에게도 이 규정을 적용한다.

제3조 (벌금적용원칙)

벌금은 위법행위를 한 당사자에게 부과한다.

법규에 규정하지 않은 벌금은 부과할수 없다.

제4조 (한가지 벌금적용원칙)

둘이상의 위법행위에 대하여 벌금을 부과하려 할 경우에는 그 가운데서 가장 무 거운 위법행위에 따르는 벌금만을 부과한다.

제5조 (벌금부과권한)

벌금은 라선시인민위원회 사회주의법무생활지도위원회와 재판, 중재기관, 해 당 권한있는 기관이 부과한다.

제6조 (벌금취급처리관할)

벌금취급처리관할은 다음과 같다.

1. 사회주의법무생활지도위원회는 위법행위를 한 기관, 기업소, 단체에 부과 하는 벌금을 취급처리한다.

위법행위를 한 개별적공민에게 부과하는 벌금도 취급처리할수 있다.

罗先经济贸易区罚款规定

主体103(2014)年8月7日 最高人民会议 常任委员会 决定 第17号 制定

第一条(使命)

为严格树立罗先经济贸易区罚款适用的制度和秩序, 预防违法现象和确立地区的守法风气, 制定本规定.

第二条(规定的适用对象)

本规定适用于罗先经济贸易区的机关, 企业, 团体和公民.

对罗先经济贸易区的其他国家或者国际组织常驻代表机关, 外国投资企业, 外国人(以下简称外国机关, 外国人)也适用本规定.

第三条(罚款适用原则)

对违法行为适用罚款规定.

禁止处以法规未做规定的罚款.

第四条(适用一项罚款原则)

对两个以上违法行为处以罚款时, 只对其中最为严重的违法行为处以罚款.

第五条(罚款权限)

罚款权限由罗先市人民委员会社会主义法务生活指导委员会和裁判, 仲裁机关, 有权限的机关行使.

第六条(罚款处理管辖)

罚款的处理和管辖如下:

  1.社会主义法务生活指导委员会处理和管辖进行违法行为的机关, 企业, 团体的罚款.也可以处理和管辖作出违法行为的个别公民的罚款;

2. 재판기관은 형사, 민사사건에 대한 재판심리과정에 확증된 위법행위로 해당 기관, 기업소, 공민, 다른 나라 기관, 외국인에게 부과하는 벌금을 취급처리한다.

3. 중재기관은 중재심리과정에 확증된 위법행위로 해당 기관, 기업소, 단체와 공민에게 부과하는 벌금을 취급처리한다.

4. 해당 권한있는 기관은 위법행위를 한 개별적공민, 다른 나라 기관, 외국인에게 부과하는 벌금을 취급처리한다.

제7조 (벌금제기)

벌금을 부과할데 대한 제기는 검열감독권능을 가진 해당 기관이 한다.

벌금을 부과할데 대한 제기를 하려는 기관은 벌금취급관할에 따라 사회주의법무생활지도위원회 또는 해당 권한있는 기관에 벌금제기문건을 만들어 제출하여야 한다. 이 경우 위법자료를 구체적으로 밝히고 위법행위를 한 대상으로부터 법위반조서 또는 확인서를 받아 첨부하여야 한다.

제8조 (벌금부과방법)

벌금은 사회주의법무생활지도위원회 또는 해당 권한있는 기관의 책임일군협의회에서 심의하고 결정으로 부과한다. 그러나 재판, 중재기관에서는 벌금을 판정 또는 재결로 부과한다.

사회주의법무생활지도위원회와 해당 권한있는 기관은 벌금제기문건을 받은 날부터 20일안으로 벌금부과문제를 심의, 결정하여야 한다.

제9조 (벌금제기의 부결)

벌금을 부과할데 대한 자료가 사실과 맞지 않거나 법위반조서 또는 확인서가 없거나 벌금을 부과한 대상이 아닐 경우에는 벌금제기문건을 돌려보낸다.

벌금취급관할이 다를 경우에는 벌금제기문건을 해당 기관에 보낸다.

제10조 (벌금통지서 또는 집행문의 발급)

벌금부과결정을 한 사회주의법무생활지도위원회와 해당 권한있는 기관은 벌금통지서를, 벌금부과판정 또는 재결을 한 재판, 중재기관은 집행문을 발급한다.

제11조 (기관, 기업소, 단체에 대한 벌금집행)

기관, 기업소, 단체에 부과하는 벌금은 해당 기관, 기업소, 단체와 그가 거래하는 은행에 벌금통지서 또는 집행문을 보내여 집행시킨다.

벌금통지서 또는 집행문을 받은 은행은 즉시 해당 기관, 기업소, 단체의 돈자리에서 벌금액수에 해당한 돈을 떼내야 한다.

2.裁判机关处理和管辖通过刑事案件, 民事案件确定的因违法行为受处罚的机关, 企业, 公民, 外国机关, 外国人的罚款;

3.仲裁机关处理和管辖通过仲裁案件审理过程中确定的因违法行为受处罚的机关, 企业, 团体和公民的罚款;

4.有关有权机关处理和管辖因违法行为受处罚的个别公民, 外国机关, 外国人的罚款.

第七条(罚款提议)

处以罚款的提议,由具有监察监督权限的有关机关行使.

需要提议处以罚款的机关, 按照处理和管辖罚款的规定, 由社会主义法务生活指导委员会或有权限的机关制作和提交罚款提议文件.此时,应附上具体说明违法的材料和从违法行为人处取得的违法笔录或确认书.

第八条(处以罚款方法)

罚款由社会主义法务生活指导委员会或者有关有权机关的负责人协议会审议后,以决定的方式处以罚款.但是,裁判, 仲裁机关则以判决或者裁决的方式课赋罚款.

社会主义法务生活指导委员会和有关有权机关应自收到罚款提议文件日起20日内审议并作出罚款决定.

第九条(驳回罚款提议)

处以罚款的资料与事实不符或者无违法笔录或者确认书或者不属于课赋罚款的对象时,退回罚款提议文件.

受理罚款管辖不一致时,应向有关机关转交罚款提议文件.

第十条(罚款通知书或者执行书的颁发)

作出处以罚款决定的社会主义法务生活指导委员会和有关有权机关颁发罚款通知书,判决或者裁决课赋罚款的裁判, 仲裁机关颁发执行书.

第十一条(执行机关, 企业, 团体的罚款)

处以机关, 企业, 团体的罚款,向有关机关, 企业, 团体及开户银行发送罚款通知书或者执行书的方式执行.

收到罚款通知书或者执行书的银行应立即在该机关, 企业, 团体的账户里扣除相当于罚款金额的款项.

제12조 (공민에 대한 벌금집행)

개별적공민에게 부과하는 벌금은 당사자와 그가 근무하는 기관, 기업소, 단체에 벌금통지서 또는 집행문을 보내여 집행시킨다. 그러나 당사자가 직장에 다니지 않을 경우에는 벌금통지서 또는 집행문을 그가 거주한 동사무소에 보내여 집행시킨다.

벌금통지서 또는 집행문을 받은 기관, 기업소, 단체와 동사무소는 30일안으로 당사자로부터 벌금을 받아 해당 은행에 입금시켜야 한다.

제13조 (다른 나라 기관, 외국인에 대한 벌금집행)

다른 나라 기관, 외국인에게 부과하는 벌금은 당사자와 그가 거래하는 은행에 벌금통지서 또는 집행문을 보내여 집행시킨다.

벌금통지서 또는 집행문을 받은 은행은 즉시 당사자의 돈자리에서 벌금액수에 따르는 돈을 떼내야 한다.

거래은행이 없을 경우에는 당사자에게 은행을 지정해주어 벌금을 물게 한다. 이 경우 지정된 은행과 당사자가 속한 기관(초청단위)에도 벌금통지서 또는 집행문을 보낸다.

다른 나라 기관, 외국인에게 부과하는 벌금은 당일 지대외화관리기관이 발표하는 공식환률에 따라 정해진 외화로 받는다.

제14조 (현지벌금의 집행)

해당 권한있는 기관은 교통질서, 철도리용질서, 사회공중질서, 국경통행질서, 세관질서, 국경검사검역질서, 외국인의 출입, 체류, 거주질서를 어긴 대상과 개인소득에 대한 신고납부를 제때에 하지 않고 출국하는 대상에게 현지에서 직접 벌금을 물릴수 있다. 이 경우 벌금은 수입인지로 받는다.

수입인지로 받을수 없는 부득이한 경우에는 현금으로 직접 받을수 있다. 이 경우 벌금령수증을 발급해준다.

벌금으로 받은 현금은 그날로 해당 기관의 재정부서에 들여놓아야 하며 재정부서는 그것을 10일안으로 거래은행에 입금시켜야 한다.

제15조 (벌금통지서, 집행문, 벌금령수증의 양식)

벌금을 부과하는 기관은 정해진 양식의 벌금통지서, 집행문, 벌금령수증을 리용하여야 한다.

벌금통지서, 벌금령수증의 양식은 따로 정한데 따른다.

벌금통지서, 집행문에는 해당 기관의 공인이, 벌금령수증에는 해당 기관의 명판과 재정부서의 경유도장이 있어야 한다.

第十二条(执行对公民的罚款)

处以个别公民的罚款,向当事人及其工作机关,企业,团体发送罚款通知书或者执行书的方式执行.如当事人无工作单位时,向其居住的洞事务所(社区)发送罚款通知书或者执行书的方式执行.

收到罚款通知书或者执行书的机关,企业,团体和洞事务所应在30日内向当事人收取罚款后存入有关银行.

第十三条(执行对其他国家机关,外国人的罚款)

处以其他国家机关,外国人的罚款,向当事人及其开户银行发送罚款通知书或者执行书的方式执行.

收到罚款通知书或者执行书的银行应立即在该当事人的账户扣除相当于罚款金额的款项.

无开户银行时,向当事人指定银行让其缴纳罚款.此时,向所指定银行和当事人所属机关(邀请单位)也发送罚款通知书或者执行书.

处以其他国家机关,外国人的罚款,按当日地区外汇管理机关公布的汇率,以外汇收取罚款.

第十四条(现场执行罚款)

有关有权机关对于违反交通秩序,铁路利用利序,社会公共秩序,边境通行秩序,海关秩序,边境检查检疫秩序,外国人出入境,滞留,居住秩序的对象和未及时申报个人所得税而出国的对象,可以现场处以罚款.此时,罚款按进口印花税收取.

未能以进口印花税收取时,收取现金.此时,应开具罚款收据.

以现金方式收取罚款时,有关机关应当日提交财政部门,财政部门应在10日内存入开户银行.

第十五条(罚款通知书,执行书,罚款收据的格式)

处以罚款的机关应使用规定格式的罚款通知书,执行书,罚款收据.

罚款通知书,执行书,罚款收据的格式另行规定.

罚款通知书,执行书应加盖有关机关的公章;罚款收据上应有关机关的名称和财政部门的印章.

제16조 (벌금부과한도액)

벌금부과한도액은 다음과 같다.

1. 기관, 기업소, 단체에 부과할수 있는 벌금한도액은 80만~8000만원이다.
2. 공민에게 부과할수 있는 벌금한도액은 5000~5만원이다.
3. 다른 나라 기관에 적용할수 있는 벌금한도액은 200~10만€이다.
4. 외국인에게 적용할수 있는 벌금한도액은 20~1000€이다.

제17조 (국제관례에 따르는 벌금부과)

국제철도수송, 바다오염방지, 세무 같은 분야의 질서를 어겨 특히 엄중한 결과를 일으켰을 경우에는 국제관례에 따라 벌금을 이 규정에서 정한것보다 높이 부과할수 있다.

제18조 (출국중지)

다른 나라 기관, 외국인이 벌금을 물지 않았을 경우에는 출입국 사업기관에 제기하여 당사자의 출국을 중지시킬수 있다.

제19조 (벌금의 처리)

벌금으로 받아들인 돈은 지대예산수입으로 하며 승인없이 기관에서 자체로 쓸수 없다.

은행은 벌금으로 받아들인 돈을 지대예산에 넣고 그 결과를 즉시 벌금통지서 또는 집행문을 발급한 기관에 통지하여야 한다.

제20조 (신소와 그 처리)

벌금을 부과한데 대하여 의견이 있는 당사자는 라선시인민위원회와 해당 기관에 신소할수 있다.

신소받은 기관은 30일안으로 료해처리하고 그 결과를 신소자에게 알려주어야 한다.

제21조 (행정적 또는 형사적책임)

이 규정을 어기고 벌금을 망탕 부과하였거나 벌금으로 받은 돈을 비법처리하였을 경우에는 책임있는 일군에게 정상에 따라 행정적 또는 형사적책임을 지운다.

第十六条(罚款的限度)

罚款的限度如下:

1.机关, 企业, 团体的罚款限度为80万~8000万朝鲜元;

2.公民的罚款限度为5000~50000朝鲜元;

3.其他国家机关的罚款限度为200~100000€;

4.对外国人的罚款限度为20~1000€.

第十七条(按国际惯例的罚款)

违反国际铁路运输, 防止海洋污染, 税务等方面的秩序引起特别严重的后果时, 按国际惯例可以处于高于本规定所规定的罚款.

第十八条(中止出国)

其他国家机关, 外国人未缴纳罚款时, 可以向出入境工作机关提出中止该当事人的出国.

第十九条(罚款的处理)

通过罚款收到的款项, 作为地区预算收入, 未经批准机关不得自行使用.

通过罚款收取的款项, 银行应把其纳入地区预算, 并及时把该结果通知颁发罚款通知书或者执行书的机关.

第二十条(申诉及其处理)

对罚款持有异议的当事人, 可以向罗先市人民委员会和有关机关提出申诉.

收到申诉的机关应在30日内进行了解和处理后, 并通知申诉人其处理结果.

第二十一条(行政或者刑事责任)

违反本规定任意处以罚款或者非法处理收缴的罚款时, 视情节轻重追究负有责任的工作人员的行政或者刑事责任.

10

라선경제무역지대 세금규정

罗先经济贸易区税收规定

라선경제무역지대 세금규정

주체103(2014)년9월25일 최고인민회의 상임위원회 결정 제30호 통과

제1장 일반규정

제1조 (사명)

이 규정은 라선경제무역지대에서 세무사업질서를 엄격히 세워 세금의 부과와 납부를 정확히 하도록 하는데 이바지한다.

제2조 (적용대상)

이 규정을 라선경제무역지대(이 아래부터 지대라고 한다.)의 기업과 개인에게 적용한다.

기업에는 다른 나라 투자가 또는 해외동포가 투자하여 창설운영하는 기업과 지사, 사무소 같은것이, 개인에는 외국인과 해외동포가 속한다.

제3조 (세무기관)

지대에서 외국투자기업과 외국인에 대한 세무관리는 라선시인민위원회세무국과 관리위원회 세무소(이 아래부터 지대세무기관이라고 한다.)가 한다.

지대세무기관은 기업과 개인의 세무등록을 바로하며 정해진 세금을 정확히 부과하여야 한다.

제4조 (기업의 세무등록)

기업은 기업등록증을 받은 날부터 15일안으로 세무등록을 하여야 한다. 이 경우 세무등록신청서와 기업등록증사본을 낸다.

제5조 (기업의 세무변경등록과 세무등록취소)

통합, 분리되였거나 등록자본, 업종 같은것을 변경등록한 기업은 15일안으로 세무변경등록을 하여야 한다.

해산되는 기업은 해산을 선포한 날부터 20일안에 청산인이 미결된 세금을 납부하고 세무등록취소수속을 하여야 한다.

罗先经济贸易区税收规定

主体103(2014)年9月25日 最高人民会议 常任委员会 决定 第30号 制定

第一章 一般规定

第一条(使命)

为严格树立罗先经济贸易区的税收秩序, 以保障税金的征收和缴纳工作, 制定本规定.

第二条(适用对象)

本规定适用于罗先经济贸易区(以下简称经贸区)的企业与个人.

企业包括外国投资人, 海外同胞投资并设立经营的企业和分公司, 办事处.个人包括外国人和海外同胞.

第三条(税务机关)

罗先市人民委员会税务局和管理委员会税务所(以下简称经贸区税务机关) 负责经贸区外国投资企业和外国人的税务管理工作.

经贸区税务机关应正确办理企业和个人的税务登记,并正确征收规定的税金.

第四条(企业的税务登记)

企业应自收到企业登记证之日起15日内办理税务登记,并提交税务登记申请书和企业登记证副本.

第五条(企业的税务变更登记和注销)

企业合并, 分立或对注册资本, 经营范围等事项进行变更登记的, 应在15日内办理税务变更登记.

企业解散的, 清算人应在宣布解散之日起20日内, 缴纳未缴的税金, 并办理税务登记注销手续.

제6조 (개인의 세무등록)

지대에 90일이상 체류하면서 소득을 얻는 개인은 체류 또는 거주승인을 받은날부터 15일안으로 세무등록을 하여야 한다.

체류 또는 거주등록을 하지 않고 지대에 나들면서 소득을 얻는 개인도 세무등록을 한다. 이 경우 세무등록수속은 지대에 도착한 날부터 5일안으로 한다.

제7조 (세무등록증의 발급)

세무등록증의 발급은 세무등록신청서를 접수한 날부터 5일안으로 한다.

기업등록사항을 변경등록하였을 경우에는 세무등록증을 다시 발급한다.

제8조 (세무문건의 작성언어, 종류와 양식)

지대에서 세무문건은 조선어로 작성한다.

필요에 따라 세무문건을 다른 나라 말로 작성하였을 경우에는 조선말로 된 번역문을 첨부한다.

세무문건의 종류와 양식은 지대세무기관이 정한다.

제9조 (세무문건의 보존기간)

세무문건은 지대세무기관이 정한 분류표에 따라 1~5년간 보존한다. 그러나 년간회계결산서, 고정재산계산장부는 기업의 해산이 종결되는 날까지 보존한다.

제10조 (세금납부화폐와 세금납부당사자)

지대에서 세금의 계산과 납부는 정해진 화폐로 한다.

세금은 수익인이 직접 납부하거나 수익금을 지분하는 해당 기관 또는 기업이 공제납부할수 있다.

제11조 (세금의 납부절차)

세금납부자는 세금납부신고서를 지대세무기관에 내고 확인을 받은 다음 정해진 은행에 세금을 납부한다.

제12조 (세금납부기간)

세금은 정해진 기일안에 납부한다.

부득이한 사유로 정해진 기일안에 세금을 납부할수 없는 기업과 개인은 라선시인민위원회의 승인을 받아 세금납부기일을 연장할수 있다.

제13조 (협정의 적용)

우리 나라와 해당 나라 정부사이에 맺은 세무분야의 협정이 있을 경우에는 그에 따른다.

第六条 (个人的税务登记)

在经贸区居住90日以上并获得所得的个人, 应自其滞留或居住获得批准之日起15日内办理税务登记.

未办理滞留或居住登记而进出经贸区并获得所得的个人, 也应当办理税务登记, 自到达经贸区之日起5日内办理税务登记手续.

第七条 (颁发税务登记证)

自收到税务登记申请书之日起5日内颁发税务登记证.

对企业登记事项办理变更登记的, 应重新颁发税务登记证.

第八条 (税务文件的制作语言, 种类及表格形式)

在经贸区用朝文制作税务文件.

根据需要可以用外文制作税务文件, 但应当附上朝文译文.

税务文件的种类和格式, 由经贸区税务机关规定.

第九条 (税务文件的保存期限)

税务文件按照经贸区税务机关规定的分类表保存1～5年. 但对年度会计结算书, 固定财产计算账簿, 应当保存到企业解散结束之日为止.

第十条 (纳税货币和纳税当事人)

在经贸区用规定的货币进行税款的计算和缴纳.

税款可以由收益人直接缴纳, 或者由支付收益的机关或企业扣缴.

第十一条 (纳税程序)

纳税人应当向经贸区税务机关提交纳税申报书并经确认, 再向指定银行缴纳税款.

第十二条 (纳税期限)

纳税人应在规定期限内缴纳税金.

因不得已的事由, 企业和个人不能在规定期限内缴纳税金的, 经罗先市人民委员会的批准可以延长纳税期限.

第十三条 (协议的适用)

在税务领域, 朝鲜与其他国家政府之间缔结协定的, 从其规定.

제2장 기업소득세

제14조 (기업소득세의 납부의무와 세률)

기업은 지대에서 경영활동을 하여 얻은 소득과 기타 소득에 대하여 기업소득세를 납부하여야 한다.

기업소득세의 세률은 결산리윤의 14%로 한다.

하부구조부문과 첨단과학기술부문 같은 특별히 장려하는 부문의 기업소득세률은 결산리윤의 10%로 한다.

제15조 (기업소득세의 계산기간)

기업소득세의 계산기간은 1월 1일부터 12월 31일까지로 한다.

새로 창설된 기업은 영업을 시작한 날부터 그해 12월 31일까지, 해산되는 기업은 해산되는 해의 1월 1일부터 해산선포일까지를 기업소득세의 계산기간으로 한다.

제16조 (기업소득세의 계산방법)

기업소득세는 해마다 총수입금에서 원료 및 자재비, 연료 및 동력비, 로력비, 감가상각비, 물자구입경비, 기업관리비, 보험료, 판매비 같은것을 포함한 원가를 덜어 리윤을 확정하고 리윤에서 거래세 또는 영업세와 자원세, 기타 지출을 공제한 결산리윤에 정해진 세률을 적용하며 계산한다.

제17조 (기업소득세의 납부기간과 방법)

기업은 기업소득세를 분기가 끝난 다음달 15일안으로 예정납부하고 회계년도가 끝난 다음 3개월안으로 확정납부하여야 한다.

분기결산리윤을 정확히 계산할수 없을 경우에는 전년도에 납부한 기업소득세의 25%에 해당한 금액을 예정납부하며 소득이 계절에 따라 편파가 심한 경우에는 분기에 관계없이 년간으로 예정납부할수 있다.

기업소득세를 확정납부하려는 기업은 년간회계결산서와 기업소득세납부신고서를 세무기관에 내고 확인을 받은 다음 기업소득세를 해당 은행에 납부하여야 한다. 이 경우 과납액은 빈환받고 미납액은 추가납부한다.

제18조 (회계검증을 받을 의무)

기업은 기업소득세를 확정납부하기전에 년간회계결산서에 대하여 회계검증기관의 검증을 받아야 한다.

第二章 企业所得税

第十四条(企业所得税的缴纳义务和税率)

企业对其在经贸区进行经营活动取得的所得和其他所得,应当缴纳企业所得税.

企业所得税的税率为结算利润的14%.

基础设施建设部门和尖端科技部门等特别鼓励部门的企业所得税的税率为结算利润的10%.

第十五条(企业所得税的计算期间)

企业所得税的计算期间为自1月1日起至12月31日止.

新设企业的企业所得税的计算期间为自经营之日起至当年的12月31日止;企业解散的,其所得税的计算期间为自解散当年的1月1日起至宣布解散之日止.

第十六条(企业所得税计算方法)

在企业每年的总收入中扣除原料及材料费,燃料及动力费,工资,折旧费,物资采购费,企业管理费,保险费,销售费等成本后确定利润,再从利润中扣除交易税或营业税,资源税和其他支出,剩余的利润为结算利润.对该结算利润适用规定的税率计算出企业的所得税.

第十七条(企业所得税的纳税期限和方法)

企业应当自季度结束的下一月15日之前预定缴纳企业所得税,应当自年度结束之日起三个月内缴清企业所得税.

不能正确计算季度结算利润的,预缴相当于前一年缴纳的企业所得税的25%的税金;其所得按季节差异很大的,可以按年度预缴企业所得税.

要确定缴纳企业所得税的企业应向税务机关报送年度会计结算书和企业所得税缴纳申报书,并经确认后在相关银行缴纳企业所得税.此时,多缴的退回,少缴的补缴.

第十八条(接受会计验证的义务)

企业在缴纳企业所得税之前,应当接受会计验证机关对年度会计结算书的验证.

제19조 (기업소득세의 감면대상, 기간)

기업소득세의 감면대상과 기간은 다음과 같다.

1. 다른 나라 정부, 국제금융기구가 차관을 주었거나 다른 나라 은행이 지대에 설립한 기업에 유리한 조건으로 대부를 주었을 경우 그 리자소득에 대하여서는 기업소득세를 면제한다.
2. 특별장려부문에 투자하여 운영하는 기업에 대하여서는 기업소득세를 4년간 면제하고 그 다음 3년간은 50%범위에서 덜어줄수 있다.
3. 생산부문에 투자하여 운영하는 기업에 대하여서는 기업소득세를 3년간 면제하고 그 다음 2년간은 50%범위에서 덜어줄수 있다.
4. 정해진 봉사부문에 투자하여 운영하는 기업에 대하여서는 기업소득세를 1년간 면제하고 그 다음 2년간은 50%범위에서 덜어줄수 있다.
5. 리윤을 재투자하여 등록자본을 늘이거나 새로운 기업을 창설하여 5년이상 운영하는 기업에 대하여서는 재투자분에 해당한 기업소득세의 50%를, 하부구조건설부문의 기업에 대하여서는 전부 돌려준다.

제20조 (기업소득세 감면기간의 계산방법)

기업소득세의 감면기간은 기업을 창설한 해부터 계산한다. 이 기간 경영손실이 난 해에 대하여서도 기업소득세의 감면기간에 포함시킨다.

특별장려부문의 기업은 창설후 15년안에, 그밖의 부문의 기업은 창설후 10년안에 기업소득세를 감면받을수 있다.

제21조 (기업소득세 감면신청서의 제출)

기업소득세를 감면받으려는 기업은 라선시인민위원회에 감면신청서와 경영기간, 재투자액을 증명하는 확인문건을 내야 한다.

기업소득세 감면신청서에는 기업의 명칭과 창설일, 소재지, 업종, 리윤이 생긴 년도, 총투자액, 거래은행, 돈자리번호 같은것을 밝힌다.

제22조 (감면해주었던 기업소득세의 회수조건)

기업소득세를 감면받은 기업이 이 규정에 정한 감면기간에 해산, 통합, 분리되거나 5년안에 재투자힌 자본을 거두어들인 경우에는 이미 김면하여 주있던 기업소득세를 회수한다.

제23조 (비영리단체의 세률)

지사, 사무소가 지대에서 얻은 기타 소득에 대한 세률은 소득액의 10%로 한다. 이 경우 소득이 생긴 날부터 15일안으로 신고납부한다.

第十九条(企业所得税的减免对象和期限)

企业所得税减免对象和期限如下:

1. 外国政府, 国际金融组织提供的贷款或者外国银行向在经贸区设立的企业以有利条件提供贷款的, 对其利息所得免征所得税;

2. 对于投资特别鼓励部门的企业, 4年内免征企业所得税, 其后3年在50%范围内减征企业所得税;

3. 对于投资生产部门的企业, 3年内免征企业所得税, 其后2年在50%范围内减征企业所得税;

4. 对于投资规定的服务部门的企业, 1年内免征企业所得税, 其后2年在50%范围内减征企业所得税;

5. 企业将其利润再投资增加注册资本或者再投资新设企业且经营5年以上的, 返还已缴纳的再投资利润的50%企业所得税;对于基础设施建设部门的企业, 全部退还企业所得税.

第二十条(企业所得税减免期间的计算方法)

企业所得税减免期间从企业设立年度计算.在这期间发生经营损失的年度也包含在企业所得税减免期间内.

对特别鼓励部门的企业, 设立后15年以内减免企业所得税;对于其他部门的企业, 设立后10年内可以减免企业所得税.

第二十一条(提交企业所得税减免申请书)

欲获得企业所得税减免的企业应当向罗先市人民委员会提交企业所得税减免申请书和能够证明经营期限, 再投资的确认文件.

企业所得税减免申请书应记载企业的名称, 设立日期, 所在地, 营业范围, 开始获利的年度, 总投资额, 开立银行, 银行账号等事项.

第二十二条(减免企业所得税的回收条件)

已获企业所得税减免的企业, 如在本规定规定的减免期限内解散, 合并, 分立或经营未满5年而撤出再投资资金的, 其所获得减免的所得税将予以缴回.

第二十三条(非盈利团体的税率)

对分公司, 办事处在经贸区取得的其他所得, 适用的税率为其所得额的10%.自取得所得之日起15日内申报缴纳所得税.

제3장 개인소득세

제24조 (개인소득세의 납부의무와 대상)

개인은 지대에서 얻은 소득에 대하여 개인소득세를 납부하여야 한다.

개인이 지대에 1년이상 체류하거나 거주하였을 경우에는 그 기간에 지대밖에서 얻은 소득에 대하여서도 개인소득세를 납부하여야 한다.

개인소득세의 납부대상에는 로동보수소득, 리자소득, 배당소득, 고정재산임대소득, 재산판매소득, 지전소유권과 기술비결의 제공에 의한 소득, 기술고문, 기능공양성, 상담 같은 경영봉사에 의한 소득과 증여소득 그밖의 개인소득이 속한다.

제25조 (개인소득세의 세률)

개인소득세의 세률은 다음과 같다.

1. 로동보수소득에 대한 세률은 월로동보수액이 500€이상일 경우에 5~30%로 한다.
2. 리자소득, 배당소득, 지적소유권과 기술비결의 제공에 의한 소득, 고정재산임대소득, 경영과 관련한 봉사제공에 의한 소득에 대한 세률은 20%로 한다.
3. 증요소득에 대한 세률은 소득액이 5000€이상일 경우 2~15%로 한다.
4. 재산판매소득에 대한 세률은 25%로 한다.
5. 그 밖의 개인소득세에 대한 세률은 20%로 한다.

제26조 (개인소득세의 계산방법)

개인소득세의 계산은 다음과 같이 한다.

로동보수에 대한 개인소득세는 월로동보수액에 정해진 세률을 적용한다.

리자소득, 배당소득, 지적소유권과 기술비결의 제공에 의한 소득, 경영과 관련한 봉사제공에 의한 소득, 증여소득에 대한 개인소득세의 계산은 소득액에 정해진 세률을 적용하여 한다.

고정재산임대소득에 대한 개인소득세의 계산은 임대료에서 로력비, 포장비, 수수료 같은 비용으로 20%를 공제한 나머지 금액에 정해진 세률을 적용하여 한다.

그밖의 소득에 대한 개인소득세의 계산은 소득액에 정해진 세률을 적용하여 한다.

제27조 (현금밖의 수입에 대한 개인소득세의 계산방법)

현물 또는 재산권으로 얻은 소득에 대한 개인소득세는 취득당시의 현지가격으로 평가한 금액에 정해진 세률을 적용하여 계산한다.

第三章 个人所得税

第二十四条(个人所得税的缴纳义务和征税对象)

对在经贸区内取得的所得,应缴纳个人所得税.

个人在经贸区滞留或者居住一年以上的,对于在经贸区外取得的所得也应缴纳个人所得税.

个人所得税的征税对象,包括劳务报酬所得,利息所得,利润分配所得,固定财产出租所得,财产销售所得,提供知识产权和专有技术所得,提供技术顾问,技工培训,咨询等经营性服务所得,赠与所得及其他个人所得.

第二十五条(个人所得税的税率)

个人所得的税率如下:

1. 对劳动报酬所得,月劳务报酬为500€以上的,适用税率为5%～30%;

2. 对利息所得,利润分配所得,提供知识产权和专有技术的所得,,固定财产出租所得,提供经营性服务所得,适用税率为20%;

3. 对赠与所得,所得额为5000€以上的,适用税率为2%～15%;

4. 对财产销售所得的税率为25%;

5. 对其他个人所得的税率为20%.

第二十六条(个人所得税的计算方法)

个人所得税的计算方法如下:

1. 计算劳务报酬的个人所得税,对月劳动报酬适用规定的税率;

2. 计算利息所得,利润分配所得,提供知识产权和专有技术的所得,提供经营性服务所得,赠与所得的个人所得税,对该所得适用规定的税率;

3. 计算固定财产租赁所得的个人所得税,从租赁费中以劳务费,包装费,手续费等名义扣除20%,对剩余金额适用规定的税率;

4. 计算其他所得的个人所得税,对其所得适用规定的税率.

第二十七条(对现金以外所得的个人所得税的计算方法)

计算对以实物或者财产权形式取得的所得的个人所得税,对取得时当地价格评估的金额适用规定的税率.

제28조 (개인소득세의 납부기간과 방법)

개인소득세의 납부기간과 납부방법은 다음과 같다.

1. 로동보수에 대한 개인소득세는 로동보수를 지불하는 단위가 로동보수를 지불할때 공제하여 5일안으로 납부하거나 수익인이 로동보수를 지불받은 다음 10일안으로 신고납부한다.
2. 재산판매소득, 증여소득에 대한 개인소득세는 소득을 얻은 날부터 30일안으로 수익인이 신고납부하며 수익인이 지대밖에 있을 경우에는 수익금을 지불하는 단위가 지불할 때 공제하여 30일안으로 납부한다.
3. 리자소득, 배당소득, 고정재산소득, 지적소유권과 기술비결의 제공에 의한 소득, 경영봉사소득에 대한 개인소득세는 다음달 10일안으로 수익인이 신고납부하며 수익인이 지대밖에 있을 경우에는 수익금을 지불하는 단위가 지불할 때 공제하여 다음달 10일안으로 납부한다.

제29조 (개인소득세의 면제대상)

우리 나라 금융기관으로부터 받은 저축성예금리자와 보험금 또는 보험 보상금소득, 비거주자들이 지대에 설립된 은행으로부터 받은 예금리자소득에 대하여서는 개인소득세를 면제한다.

제4장 재산세

제30조 (재산세의 납부의무와 대상)

기업과 개인은 지대에서 개별적으로 소유하고있는 건물과 선박, 비행기에 대하여 재산세를 납부하여야 한다.

제31조 (재산의 등록)

재산소유자는 재산을 취득한 날부터 20일안으로 세무기관에 등록하여야 한다.

재산등록신청서에는 재산소유자의 이름, 주소, 재산명, 용도, 단위, 수량 또는 규모, 내용년한, 준공 또는 제작년도, 취득가격 같은것을 밝힌다. 이 경우 양도받은 재산에 대하여서는 양도자의 이름, 주소 같은것을 밝힌다.

제32조 (재산의 등록가격)

재산의 등록가격은 취득할 당시의 현지가격으로 한다.

제33조 (재산의 변경등록)

재산소유자 또는 재산의 등록값이 달라졌을 경우에는 해당 사유가 발생한 날부

第二十八条(个人所得税的缴纳期限和方法)

个人所得税的缴纳期限和方法如下:

1. 对劳务报酬的个人所得税, 是由支付劳务报酬的单位支付劳动报酬时扣税并在5日之内缴纳税款, 或者收益人收到劳务报酬之后10日内申报缴纳税款;

2. 对财产销售所得, 赠与所得的个人所得税, 收益人自取得所得之日起30日内申报缴纳;收益人滞留在经贸区外的, 由支付所得的单位支付时扣税并在30日内缴纳税款;

3. 对利息所得, 分配所得, 租赁固定财产所得, 提供知识产权和专有技术所得, 提供经营性服务所得的个人所得税, 收益人在获得所得的下个月10日之前申报缴纳;收益人不在经贸区的, 支付所得的单位支付时扣税并在下个月10日之前缴纳税款.

第二十九条(个人所得税的免除对象)

对从朝鲜金融机构取得的储蓄性存款利息, 保险金, 保险赔偿款所得以及非居住者取得的银行存款利息所得,免除个人所得税.

第四章 财产税

第三十条(财产税的缴纳义务和对象)

企业和个人在经贸区对其所有的建筑物, 船舶, 飞机, 应当缴纳财产税.

第三十一条(财产登记)

财产所有人应自取得财产之日起20日内向税务机关办理登记.

财产登记申请文件应记载财产所有人的名称, 住所, 财产名称, 用途, 单位, 数量或者规模, 内容年限, 竣工或者制作年度, 取得价格等事项, 对受让的财产应当载明转让人的名称, 住所等事项.

第三十二条(财产的登记价格)

财产的登记价格为取得时的当地价格.

第三十三条(财产的变更登记)

财产的所有人或者财产的登记价格发生变化的, 应自有关事由发生之日起20日内

터 20일안으로 변경등록하여야 한다. 이 경우 변경된 사항을 확인할수 있는 문건을 내야 한다.

제34조 (재산의 재등록)

등록된 재산은 해마다 1월 1일 현재로 재평가하며 30일안에 재등록하여야 한다.

제35조 (재산의 등록취소)

재산소유자는 재산을 페기하였을 경우 20일안으로 등록취소수속을 하여야 한다.

제36조 (재산세의 세률과 계산방법)

재산에 대한 세률은 건물인 경우는 1%, 선박과 비행기인 경우는 1.4%로 한다.

재산세의 계산은 등록된 재산가격에 정해진 세률을 적용하여 한다.

제37조 (재산세의 납부)

재산소유자는 재산세를 해마다 계산하여 1월안으로 신고납부하여야 한다.

재산을 임대하였거나 저당하였을 경우에도 재산소유자가 재산세를 납부한다.

재산소유자가 재산소재지에 없을 경우에는 재산의 관리자 또는 사용자가 재산세를 대리납부한다.

제38조 (재산세의 면제)

새로 건설한 건물을 소유하였을 경우에는 등록한 날부터 5년간 재산세를 면제한다.

제5장 상속세

제39조 (상속세의 납부의무와 대상)

지대에 있는 재산을 상속받은 개인은 상속세를 납부하여야 한다.

지대에 거주하고 있는 개인이 지대밖에 있는 재산을 상속받았을 경우에도 상속세를 납부하여야 한다.

상속재산에는 부동산, 화페재산, 현물재산, 유가증권, 지적소유권, 보험보상청구권 같은 재산과 재산권이 속한다.

제40조 (상속세의 공제대상)

상속받은 재산에서 공제하는 비용은 다음과 같다.

1. 상속시키는 자의 채무액
2. 상속받은자가 부담한 장례비용

办理变更登记手续,并提交可以证明变更事项的相关文件.

第三十四条(财产的再次登记)

登记的财产,每年1月1日进行再次评估,并在30日内重新办理登记.

第三十五条(登记财产的注销)

财产所有人报废财产的,应在20天内办理注销登记手续.

第三十六条(财产税的税率和计算方法)

财产税的税率,财产是建筑物的,适用1%的税率.财产是船舶和飞机的,适用1.4%的税率.

财产税,按照对登记的价格适用规定的税率来计算.

第三十七条(缴纳财产税)

财产所有人应当每年计算财产税,并在1月末之前申报缴纳财产税.

出租或者转让财产的,财产所有人也应当缴纳财产税.

财产所有人不在财产所在地的,财产保管人或者使用人应代为缴纳财产税.

第三十八条(免征财务税)

对新建的建筑物享有所有权的,自登记之日起免征5年的财产税.

第五章 继承税

第三十九条(继承税的缴纳义务和对象)

继承经贸区内财产的个人应缴纳继承税;

居住在经贸区的个人继承经贸区外的财产的,也应当缴纳继承税.

继承财产包括房地产,货币,实物,有价证券,知识产权,保险补偿请求权等财产和财产权.

第四十条(继承税的扣除对象)

继承财产中可扣除的费用如下:

1.被继承人的债务;

2.继承人承担的葬礼费用;

3. 상속기간에 상속재산을 보존관리하는데 든 비용.

4. 재산상속과 관련한 공증료 같은 지출

제41조 (상속재산의 가격)

상속재산의 가격은 재산을 상속받을 당시의 현지가격으로 한다.

제42조 (상속세의 세률과 계산방법)

상속세의 세률은 6~30%로 한다.

상속세의 계산은 상속받은 재산액에서 해당 공제액을 던 나머지 금액에 정해진 세률을 적용하여야 한다.

제43조 (상속세의 납부)

상속세는 화폐재산으로 납부한다. 그러나 부득이한 사유가 있을 경우에는 재산의 종류, 가격, 수량, 품질, 화폐재산으로 납부할수 없는 리유 같은것을 밝힌 신청서를 지대세무기관에 내고 승인받은 다음 현물재산으로 납부할수도 있다.

제44조 (상속세의 납부기간과 방법)

재산을 상속받은 자는 3개월안으로 상속세를 납부하여야 한다. 이 경우 상속재산액, 공제액, 상속세액 같은것을 밝힌 상속세납부서와 공증기관의 공증을 받은 상속세공제신청서를 함께 낸다.

재산을 상속받은자가 2명이상일 경우에는 상속자별로 자기몫에 해당한 상속세를 납부한다.

제45조 (상속세의 분활납부)

상속세가 3만€이상일 경우에는 라선시인민위원회의 승인을 받아 상속세를 분활하여 납부할수 있다.

제6장 거래세

제46조 (거래세의 납부의무와 대상)

생산부문의 기업은 거래세를 납부하여야 한다.

거래세는 생산물판매수입금에 부과한다.

제47조 (거래세의 세률과 계산방법)

거래세의 세률은 생산물판매수입금의 1~15%로 하며 정해진 기호품에 대한 거래세의 세률은 판매수입금의 16~50%로 한다.

3.继承期间对继承财产的保管费用;

4.与财产继承有关的公证费等费用.

第四十一条(继承财产的价格)

继承财产的价格为继承财产时的当地价格.

第四十二条(继承税的税率和计算方法)

继承税的税率为6%～30%.

计算继承税,对在继承财产中扣除有关费用后的剩余金额,适用规定的税率.

第四十三条(继承税的缴纳)

继承税以货币的形式缴纳.有不得已的事由,可以向经贸区税务机关提交记载财产种类,价格,数量,质量,不能用货币财产缴纳的理由等事项的申请书,并经批准可用实物缴纳税款.

第四十四条(继承税的缴纳期限和方法)

继承税,应自继承财产之日起三个月内由继承人缴纳,并提交载明继承财产金额,扣除金额,继承税金额等事项的继承税缴纳书和公证机关公证的继承税扣除申请书.

继承人为两名以上的,每个人应当按照自己继承的财产份额缴纳继承税.

第四十五条(继承税的分期缴纳)

继承税为30000€以上的,经罗先市人民委员会的批准可以分期缴纳.

第六章 交易税

第四十六条(交易税的缴纳义务和征税对象)

生产部门企业应缴纳交易税.

交易税,是对产品销售收入征收的税收.

第四十七条(交易税的税率和计算方法)

交易税的税率为产品销售收入的1%～15%;指定奢侈品的交易税税率为产品销售收入的16%～50%.

기업이 생산업과 봉사업을 함께 할 경우에는 거래세와 영업세를 따로 계산한다.

제48조 (거래세의 납부기간과 방법)

기업은 생산물판매수입금에 대한 거래세를 달마다 계산하여 다음달 10일안으로 납부하여야 한다.

제49조 (거래세의 감면)

기업이 생산한 제품을 다른 나라에 수출하는 경우에는 거래세를 면제한다.

제7장 영업세

제50조 (영업세의 납부의무와 대상)

봉사업을 하는 기업과 개인은 영업세를 납부하여야 한다.

영업세는 건설, 교통운수, 통신, 상업, 금융, 과학기술, 관광, 광고, 려관, 급양, 편의 같은 부문의 봉사수입금에 부과한다.

제51조 (영업세의 세률과 계산방법)

영업세의 세률은 1~10%로 한다. 그러나 가지노업 같은 특수업종에 대한 세률은 50%까지로 한다.

영업세의 계산은 업종별 수입금에 정해진 세률을 적영하여야 한다.

제52조 (영업세의 납부기관과 납부방법)

기업과 개인은 영업세를 달마다 계산하여 다음달 10일안으로 지대세무기관에 납부하여야 한다.

제53조 (영업세의 감면)

도로, 철도, 비행장, 하수 및 오수, 오물처리 같은 하부구조 부문에 투자하여 운영하는 기업에 대하여서는 영업세를 면제하거나 덜어줄수 있다.

첨단과학기술봉사부문의 기업에 대하여서는 영업세를 50%범위에서 덜어줄 수 있다.

제8장 자원세

제54조 (자원세의 납부의무와 자원의구분)

수출하거나 판매를 목적으로 자원을 채취하는 경우에는 자원세를 납부하여야한다.

자체소비를 목적으로 자원을 채취하는 경우에도 자원세를 납부한다.

企业同时从事生产行业和服务行业的,分别计算交易税和营业税.

第四十八条(交易税的缴纳期限和方法)

对产品销售收入的交易税,企业应当每月计算并于下个月的10日之前缴纳.

第四十九条(交易税的免征)

企业将生产的产品出口国外时,免征交易税.

第七章 营业税

第五十条(营业税的缴纳义务和征税对象)

从事服务行业的企业和个人应缴纳营业税.

对建设,交通运输,通讯,商业,金融,科技,旅游,广告,旅馆,给养,便利等行业的服务收入,征收营业税.

第五十一条(营业税的税率和计算方法)

营业税的税率为服务收入的1%~10%.但赌场等特殊行业的税率最高为50%.

营业税的计算,适用按照不同行业收入制定的税率.

第五十二条(营业税的缴纳期限和方法)

企业和个人应每月计算营业税,于下一个月10日之前向经贸区税务机关缴纳.

第五十三条(营业税的减免)

对公路,铁路,机场,地下水及污水及垃圾处理厂等基础设施部门进行投资并经营的企业,可以免征或减征营业税.

尖端科技服务部门的企业,可以在50%的范围内减征营业税.

第八章 资源税

第五十四条(资源税的缴纳义务和资源税的种类)

以出口或者销售为目的开采资源的,应缴纳资源税.

以自己消费为目的开采资源的,也应缴纳资源税.

자원에는 천연적으로 존재하는 광물자원, 삼림자원, 동식물자원, 수산자원, 물자원 같은것이 속한다.

제55조 (자원세의 납부대상)

자원세의 납부대상은 수출하거나 판매하여 이루어진 수입금 또는 정해진 금액으로 한다.

제56조 (자원세의 세률)

자원세의 세률은 자원의 종류에 따라 1~20%로 한다.

제57조 (자원세의 계산방법)

자원세는 자원을 수출하거나 판매하여 이루어진 수입금 또는 정해진 금액에 정해진 세률을 적용하여 계산한다.

채취과정에 여러가지 자원이 함께 나오는 경우에는 자원세를 자원의 종류별로 따로 계산한다.

제58조 (자원세의 납부)

자원세는 자원을 수출하거나 판매하여 수입이 이루어질 때 또는 자원을 소비할 때마다 납부한다.

제59조 (자원세의 감면)

자원을 그대로 팔지 않고 현대화된 기술공장에 기초하여 가치가 높은 가공제품을 만들어 수출하거나 국가적조치로 우리 나라의 기관, 기업소, 단체에 판매하였을 경우에는 자원세를 70%까지의 범위에서 덜어줄수 있다.

특별장려부문의 기업이 생산에 리용하는 지하수에 대하여서는 자원세를 50%까지의 범위에서 덜어줄수 있다.

제9장 도시경영세

제60조 (도시경영세의 납부의무와 대상)

기업과 개인은 도시경영세를 납부하여야 한다.

도시경영세는 기업의 월로임총액 또는 개인의 로동보수, 리자소득, 배당소득, 재산판매소득 같은 월수입총액을 납부대상으로 한다.

제61조 (도시경영세의 세률과 계산방법)

도시경영세의 세률은 1%로 한다.

资源包括矿物资源,山林资源,动植物资源,水产资源,水资源等.

第五十五条(资源税的缴纳对象)

资源税的缴纳对象为出口或者销售而获得的收入或者规定的金额.

第五十六条(资源税的税率)

资源税的税率按资源的种类分别适用1～20%的税率.

第五十七条(资源税的计算方法)

资源税是在出口或销售资源获得的收入或规定的金额上适用规定的税率计算.
开采过程中出现多种资源时,按资源种类分别计算其资源税.

第五十八条(资源税的缴纳)

出口或销售资源形成收入时,或每次消耗资源时,应当缴纳资源税.

第五十九条(资源税的减免)

利用现代化的技术工程将资源加工成更高价值的产品进行出口,或者根据国家部署将资源销售给共和国的机关,企业,团体的,可以在70%范围内减征资源税.
从事国家特别鼓励行业的企业用于生产的地下水资源,可以在50%的范围内减征资源税

第九章 城市管理税

第六十条(城市管理税的缴纳义务和征税对象)

企业和个人应缴纳城市管理税.
城市管理税以企业的每月工资总额或个人劳务报酬,利息所得,分配所得,财产销售所得等每月收入作为征税对象.

第六十一条(城市管理税的税率和计算方法)

城市管理税的税率为1%.

도시경영세의 계산은 기업의 월로임총액 또는 개인의 월수입총액에 정해진 세률을 적용하여 한다.

제62조 (도시경영세의 납부방법)

기업은 도시경영세를 달마다 계산하여 다음달 10일안으로 납부하여야 한다.

개인의 도시경영세는 소득을 얻은 다음달 10일안으로 소득을 지불하는 기업이 공제납부하거나 수익인이 신고납부한다.

제10장 자동차리용세

제63조 (자동차리용세의 납부의무와 대상)

지대에서 자동차를 리용하는 기업과 개인은 자동차리용세를 납부하여야 한다.

자동차에는 승용차, 뻐스, 화물자동차, 오토바이와 특수차가 속한다.

제64조 (자동차리용세의 액수와 계산방법)

자동차리용세의 계산은 종류별 자동차대수에 정해진 세액을 적용하여 한다.

자동차리용세의 세액은 해당 세칙에 따른다.

제65조 (자동차리용세의 납부기간과 납부방법)

자동차를 리용하는 기업은 해마다 2월안으로 지대세무기관에 자동차리용세를 납부하여야 한다.

개인의 자동차등록과 리용세의 납부는 정해진 절차에 따라 한다.

제11장 제재

제66조 (연체료의 부과)

기업 또는 개인이 세금납부를 정해진 기간안에 하지 않았을 경우에는 납부기일이 지난 날부터 납부하지 않은 세액에 대하여 매일 0.3%에 해당한 연체료를 물린다.

제67조 (영업중지)

기업과 개인이 정당한 리유없이 6개월이상 세금을 납부하지 않거나 벌금통지서를 받았으나 1개월이상 벌금을 물지 않을 경우, 세무기관의 정상적인 조사사업에 응하지 않거나 필요한 자료를 보장하여 주지 않을 경우에는 영업중지조치를 취할 수 있다.

城市管理税是在企业每月工资总额或个人每月收入上适用规定的税率进行计算.

第六十二条(城市管理税的缴纳方法)

企业应每月计算城市管理税并于下个月10日之前缴纳.

个人的城市管理税应在获得所得的下个月10日内由支付所得的企业扣缴或收益人申报缴纳.

第十章 汽车使用税

第六十三条(汽车使用税的缴纳义务和征税对象)

在经贸区使用汽车的企业和个人应当缴纳汽车使用税.

汽车包括轿车, 客车, 货车, 摩托车和特种车.

第六十四条(汽车使用税的计算方法)

计算汽车使用税,对不同类型的车的数量适用规定的税额来进行.

汽车使用税的税额适用有关细则的规定.

第六十五条(汽车使用税的缴纳期限和方法)

使用汽车的企业应于每年的2月末之前向经贸区税务机关缴纳汽车使用税.

使用汽车的个人按照规定的程序办理汽车登记和缴纳使用税.

第十一章 制裁

第六十六条(滞纳金)

企业或个人未按照规定的期限缴纳税款的,责令其自超过缴纳日起每日支付未缴纳税额0.3%的滞纳金.

第六十七条(停止营业)

企业或者个人无正当理由未缴纳税款超过6个月或者收到罚款通知书未交付罚款超过1个月的;未按照规定接受税务机关调查工作或未提供调查所需的文件的,责令停止营业.

제68조 (몰수)

기업 또는 개인이 법규의 요구를 어기고 밀수, 밀매하거나 비법적인 영리활동을 하여 소득을 얻는것 같은 의도적인 탈세행위가 나타났을 경우에는 해당 재산을 몰수할수 있다.

제69조 (벌금)

다음의 경우에는 벌금을 부과한다.

1. 정당한 리유없이 세무등록, 재산등록, 자동차등록을 제때에 하지 않았거나 세금납부신고서, 년간회계결산서 같은 세무문건을 제때에 내지 않았을 경우에는 정상에 따라 기업에게는 100~5 000€까지, 개인에게는 10~1 000€까지의 벌금을 부과한다.

2. 공제납부의무자가 세금을 적게 공제하였거나 공제한 세금을 납부하지 않았을 경우에는 납부하지 않은 세액의 2배까지의 벌금을 부과한다.

3. 부당한 목적으로 장부와 자료를 사실과 맞지 않게 기록하였거나 고쳤을 경우, 2중장부를 리용하거나 없앴을 경우 기업에게는 1 000~10만€까지, 개인에게는 100~1 000€까지의 벌금을 부과한다.

4. 세무기관의 세무조사를 고의적으로 방해하였을 경우에는 정상에 따라 100~5 000€까지의 벌금을 부과한다.

5. 세금탈세액을 정확히 계산할수 없을 경우 가산금에 3~5배까지의 벌금을 부과한다.

6. 고의적으로 세금을 납부하지 않거나 적게 납부한 경우, 재산 또는 소득을 빼돌리거나 감추었을 경우에는 납부하지 않은 세액의 10배까지의 벌금을 부과한다.

제70조 (형사적책임)

이 규정을 어긴 행위가 범죄에 이를 경우에는 책임있는 자에게 형사적책임을 지운다.

第六十八条(没收)

对于企业或者个人违反法规走私, 贩卖或者以进行非法营利活动而取得所得等故意偷税行为,可以没收财产.

第六十九条(罚款)

有下列情形之一的,处以罚款:

1. 企业或个人无正当理由, 未按期办理税务登记, 财产登记, 汽车登记, 或者未按期报送纳税申报书, 年度会计决算书等税务文件的, 根据不同情节, 对企业处以100~5000€的罚款;对个人处以10~1000€罚款;

2. 扣缴义务人少扣应扣税款或者未缴纳已扣税款的,处以未缴纳税款额2倍以下罚款;

3. 为不正当的目的虚假记录或者涂改账簿和文件的;利用或销毁另立的账簿的, 对企业处以1000~100000€的罚款;对个人处以100~1000€罚款;

4. 故意妨害税务机关的税务调查的,根据不同情节,处以100~5000€的罚款;

5. 不能正确计算偷税金额的,征收追加金并处以3~5倍罚款;

6. 故意没有缴纳税款或少缴纳税款的;转移或者隐匿财产, 所得的, 处以未缴纳税款的10倍以下罚款.

第七十条(追究刑事责任)

违反本规定构成犯罪的,追究有关责任人员的刑事责任.

10-1

라선경제무역지대 세금규정 시행세칙

罗先经济贸易区税收规定施行细则

라선경제무역지대 세금규정 시행세칙

주체103(2014)년 12월29일 라선시인민위원회 결정 제166호로 채택

제1조 (사명)

이 규정세칙은《라선경제무역지대 세금규정》을 정확히 집행함으로써 라선경제무역지대에서 세금을 공정하게 부과하고 납부하도록 하며 세무사업에서 제도와 질서를 엄격히 세우는데 이바지한다.

제2조 (적용대상)

이 규정세칙은 라선경제무역지대(이 아래부터는 지대라 한다.)에서 경제거래를 하거나 소득을 얻는 기업과 개인에게 적용한다.

기업에는 다른 나라 투자가 또는 해외동포가 투자하여 창설운영하는 기업과 지사, 사무소 같은것이, 개인에는 외국인과 해외동포가 속한다.

기업 또는 개인과 경제거래하는 우리 나라의 기관, 기업소, 단체(이 아래부터는 기관, 기업소라 한다.)도 세금공제납부자로서 이 규정세칙을 적용한다.

제3조 (세무기관)

지대에서 외국투자기업과 외국인에 대한 세무관리는 라선시인민위원회세무국과 관리위원회세무소(이 아래부터 세무기관이라 한다.)가 한다.

세무기관은 기업과 개인의 세무등록을 바로 하며 정해진 세금을 정확히 부과하여야 한다.

제4조 (기업의 세무등록)

기업은 기업등록증을 받은 날부터 15일안으로 세무등록을 하여야 한다. 이 경우 세무등록신청서와 기업등록증사본을 낸다.

세무등록을 하려는 기업은 세무등록신청서(붙임표양식 1)에 기업등록증사본과 세무등록증발급수수료납부령수증을 첨부하여야 한다.

罗先经济贸易区税收规定施行细则

主体103(2014)年12月29日罗先市人民委员会 决定 第166号 制定

第一条(使命)

为正确执行《罗先经济贸易区税收规定》, 公正征收罗先经济贸易区的税收及缴税, 严格树立税收工作制度和秩序, 制定本细则.

第二条(适用对象)

本规定细则适用于在罗先经济贸易区(以下简称经贸区) 从事经济交易或获得利益的企业和个人.

企业包括其他国家投资者或海外同胞投资设立运营的企业和分公司, 办事处等, 个人包括外国人和海外同胞.

与企业或个人进行经济交易的朝鲜机关, 企业, 团体(以下简称机关, 企业, 团体)也作为纳税者, 适用本规定细则.

第三条(税务机关)

由罗先市人民委员会税务局和管理委员会税务所负责经贸区的外国投资企业和外国人的税务管理.

税务机关要认真履行对企业和个人的税务登记业务, 正确课赋规定的税金.

第四条(企业的税务登记)

企业应在获得企业登记证之日起15日内进行税务登记.应提交税务登记申请书和企业登记证副本.

进行税务登记的企业, 应在税务登记申请书(附件样本1) 附上企业登记证副本和已缴纳的税务登记证手续费用收据.

제5조 (기업의 세무등록변경와 세무등록취소)

통합, 분리되었거나 등록자본, 업종같은것을 변경등록한 기업은 15일안으로 세무등록변경을 하여야 한다.

해산되는 기업은 해산을 선포한 날부터 20일안에 청산인이 미결된 세금을 납부하고 세무등록취소수속을 하여야 한다.

1. 세무등록변경수속을 하려는 기업은 세무등록변경신청서(붙임표양식 2)에 기업등록증사본과 세무등록증재발급수수료납부령수증, 이미 발급받은 세무등록증을 첨부하여야 한다.
2. 세무등록취소수속을 하려는 기업은 세무등록취소신청서(붙임표 양식 2)에 이미 발급받은 세무등록증을 첨부하여야 한다.

제6조 (개인의 세무등록과 등록변경, 등록취소)

지대에 90일이상 체류하면서 소득을 얻는 개인은 체류 또는 거주승인을 받은 날부터 15일안으로 세무등록을 하여야 한다.

체류 또는 거주승인을 받은 개인이 림시로 출국하는 경우에는 그 일수를 체류 또는 거주기간에 포함시킨다.

체류 또는 거주등록을 하지 않고 지대에 나들면서 경제거래를 하거나 소득을 얻는 개인도 세무등록을 하여야 한다. 이 경우 세무등록수속은 지대에 도착한 날부터 5일안으로 하여야 한다.

1. 세무등록을 하려는 개인은 세무등록신청문건(붙임표양식 3)에 세무등록증발급수수료납부령수증을 첨부하여야 한다.
2. 세무등록을 변경하려는 개인은 세무등록취소신청문건(붙임표 양식 5)에 이미 발급받은 세무등록증을 첨부하여야 한다.

제7조 (세무등록증의 발급)

세무등록증의 발급은 세무등록신청서를 접수한 날부터 5일안으로 한다.

기업등록사항을 변경등록하였을 경우에는 세무등록증을 다시 발급한다.

기업등록사항에는 기업명칭, 기업소재지, 법정대표, 등록자본, 기업형식, 당사자, 업종, 경영기간 같은것이 속한다.

제8조 (세무문건의 작성언어, 종류와 양식)

지대에서 세무문건은 조선어로 작성하여야 한다.

필요에 따라 세무문건을 다른 나라말로 작성하였을 경우에는 조선말로 된 번역문을 첨부하여야 한다.

세무문건의 종류와 양식은 세무기관이 정한다.

第五条(变更和注销企业的税务登记)

合并, 分立或变更登记注册资本, 行业的企业, 应在15日内进行税务登记变更手续.

解散的企业应在宣告解散之日起20日之内缴纳清算人未结清的税款和进行税务登记注销手续.

1. 进行税务登记变更手续的企业, 应在税务登记变更申请书(附件样本2)附上企业登记证副本和已缴纳的税务登记证再次颁发手续费用收据, 已获得的税务登记证.

2. 进行税务登记注销手续的企业, 应在税务登记变更申请书(附件样本2)附上已获得的税务登记证.

第六条(个人的税务登记和变更登记, 注销登记)

在经贸区滞留90日以上且获得利益的个人, 应在获得滞留或居留许可之日起15日内进行税务登记.

获得滞留或居留许可的个人临时出国时, 其出国期间也包括在滞留或居留期间中.

没有进行滞留或居留登记而出入经贸区进行经济交易或获得利益的个人也应进行税务登记.应在到达经贸区之日起5日内进行税务登记.

1. 进行税务登记的个人, 税务登记申请文件(附件样本3)附上已缴纳税务登记证颁发手续费用收据.

2. 进行变更税务登记的个人, 税务登记申请文件(附件样本5)附上已颁发的税务登记证.

第七条(颁发税务登记证)

受理税务登记申请书之日起5日内, 颁发税务登记证.

变更企业登记事项时, 应重新颁领税务登记证.

企业登记事项包括企业名称, 企业地址, 法定代表, 注册资本, 企业形式, 当事人, 业种, 经营期限等.

第八条(制作税务文件的语言, 种类和样式)

经贸区的税务文件应用朝鲜文编制.

必要时可以用其他国家的语言编制税务文件.但应附上朝鲜文的翻译文本.

税务文件的种类和样式由税务机关确定.

세무문건에는 기업회계결산서, 각종 계산장부, 회계서류, 세무등록 및 변경(취소)문건, 세금납부 및 감면, 공제, 반환확인문건, 재산등록문건, 회계문서기억매체 등이 속한다.

세무문건에는 기업의 공인과 명판, 기업책임자 및 회계책임자의 도장을 찍어야 한다.

제9조 (세무문건의 보존기간)

세무와 관련한 문건(회계문서기억매체 포함)은 거래가 일어난 순서대로 편철하여 문건이 이루어진 때로부터 정해진 기간까지 보존한다.

1. 기업회계결산서와 고정재산장부는 기업의 해산이 종결되는 날까지 보존하여야 한다.
2. 종합계산장부, 분기일기장, 은행돈자리장부, 현금출납장부, 채권 및 채무계산장부는 5년간 보존하여야 한다.
3. 각종 분석계산장부, 회계계산의 근거로 되는 업무계산문건은 3년간 보존하여야 한다.
4. 세무와 관련한 모든 문건과 전표는 세무기관의 승인을 받아 폐기하여야 한다.

제10조 (세금납부화폐와 세금납부당사자)

지대에서 세금의 계산과 납부는 정해진 화폐로 한다.

기업과 개인은 수입이 이루어지는 화폐로 세금을 납부하여야 한다.

세금은 수익인이 직접 납부하거나 수익금을 지불하는 단위가 공제납부할수 있다.

1. 지대에 있는 기업과 개인이 지대안에서 얻은 소득에 대한 세금은 수익인이 신고납부한다.
2. 지대밖에 있는 기업과 개인이 지대에서 얻은 소득에 대한 세금은 수익금을 지불하는 단위가 공제납부한다.
3. 지대에 있는 개인이 얻은 로동보수에 의한 소득과 리자소득에 대한 세금은 수익금을 지불하는 단위가 공제납부한다.
4. 지대에 있는 개인이 우리 나라의 기관, 기업소와 경제거래를 하여 발생한 세금은 수익인이 신고납부하거나 수익금을 지불하는 기관, 기업소가 공제납부한다.

제11조 (세금의 납부절차)

세금납부자는 세금납부문건(붙임표양식 5)을 세무기관에 내고 확인을 받은 다음 정해진 은행에 세금을 납부하여야 한다.

税务文件包括企业会计决算书, 各种计算账本, 会计材料, 税务登记及变更(注销) 文件, 纳税及减免, 控制, 返还确认文件, 财产登记文件, 会计文书存储媒介等.

税务文件应加盖企业的公章和名称, 企业代表人及会计负责人的印章.

第九条(税务文件的保存期间)

与税收相关的文件(包括会计文书记录媒体) 应按交易顺序进行编排, 保存期间为形成文件之日起规定的期间为止.

1. 企业会计结算书和固定资产账本, 应保存至企业解散终结为止.
2. 综合计算账本, 季度流水账, 银行账号账本, 现金出纳账本, 债券及债务计算账本, 应保存5年.
3. 各种分析计算账本, 成为会计计算依据的业务计算文件, 应保存3年.
4. 与税务相关的所有文件和存根, 得到税务机关的许可后方可废弃.

第十条(纳税货币和纳税当事人)

经贸区的税收的计算和纳税, 使用规定的货币.

企业和个人应按产生收入的货币, 缴纳税款.

税款可以由获益当事人直接缴纳, 也可以由支付收益金的单位扣除和缴纳.

1. 经贸区的企业和个人在经贸区内所获所得的税款, 由收益人申报和缴纳;
2. 经贸区外企业和个在经贸区内所获所得的税款, 由支付收益金的单位扣除和缴纳;
3. 经贸区的个人所获得的劳动报酬与利息的税款, 由支付收益金的单位扣除和缴纳;
4. 经贸区的个人与朝鲜的机关, 企业通过经济交易而产生的税款, 由收益人申报和缴纳, 或由支付收益金的机关, 企业扣除和缴纳.

第十一条(缴纳税款的程序)

纳税人应向税务机关提交纳税文件(附件5) 和获得批准后在指定银行缴纳税款.

세금납부문건에는 거래은행명칭과 돈자리번호, 납세자, 납세내용, 과세대상금액, 세률, 납세금액 같은것을 정확히 밝혀야 한다.

제12조 (세금납부기일)

세금은 정해진 기일안에 납부하여야 한다.

부득이한 사유로 정해진 기일안에 세금을 납부할수 없는 기업과 개인은 세무기관의 승인을 받아 세금납부기일을 연장할수 있다.

세금납부기일을 연장하려는 기업 또는 개인은 세금납부연기신청문건(붙임표양식 6)을 세무기관에 내야 한다.

세금납부연기신청문건에는 기업명칭, 기업소재지, 기업책임자이름, 경영기간, 등록자본, 채권채무관계, 업종, 세금종류, 세금액, 납부연기일, 연기하려는 리유 같은 내용을 밝혀야 한다.

제13조 (협정의 내용)

우리 나라와 해당 나라 정부사이에 맺은 협정에서 이 규정세칙과 다르게 세금문제를 정하였을 경우 그에 따라 세금을 납부할수 있다. 이 경우 협정문건사본을 세무기관에 내야 한다.

세무기관은 기업과 개인이 제출한 협정문건사본을 확인하고 그에 따라 세금을 부과할수 있다.

제14조 (기업소득세의 납부의무와 대상)

기업은 지대에서 경영활동을 하여 얻은 소득과 기타 소득에 대하여 기업소득세를 납부하여야 한다.

지대안의 기업이 지대밖에서 얻은 소득에 대하여서도 기업소득세를 납부하여야 한다.

지대밖의 기업이 지대안에서 얻은 소득에 대하여서도 기업소득세를 납부하여야 한다.

제15조 (기업소득세의 세률)

기업소득세의 세률은 결산리윤의 14%로 한다.

하부구조부문, 첨단과학기술부문과 같이 특별히 장려하는 부문의 기업소득세률은 결산리윤의 10%로 한다.

이 경우 해당기관이 확인한 신청문건을 세무기관에 내야 한다.

세무기관은 문건을 접수한 날부터 5일안으로 기업소득세률을 정해주어야 한다.

纳税文件应记载交易银行名称, 账号, 纳税人, 纳税内容, 课税对象金额, 税率, 纳税金额等.

第十二条(纳税日期)

应按确定的日期缴纳税款.

因不得已的事由, 不能在确定的日期缴纳税款的企业和个人, 在取得税务机关的批准后可延期纳税日期.

需要延期纳税日期的企业和个人, 应向税务机关提交延期纳税申请书(附件样本6).

延期纳税申请书应记载企业名称, 地址, 企业负责人姓名, 经营期限, 注册资本, 债权债务关系, 行业, 纳税种类, 纳税金额, 延期纳税日期, 延期纳税理由等.

第十三条(协定内容)

朝鲜与其他国家签订的协定中规定了与本规定细则不一致的税金问题时, 可以根据该协定缴纳税款.应一并向税务机关提交协定文件副本.

税务机关在确认企业和个人提交的协定文件副本后, 可以课赋相应的税款.

第十四条(企业所得税缴纳义务和对象)

企业在经贸区从事经营活动所获利益和其他所得, 应缴纳企业所得税.

经贸区内企业在经贸区外所获利益, 也应缴纳企业所得税.

经贸区外企业在经贸区内所获利益, 也应缴纳企业所得税.

第十五条(企业所得税的税率)

企业所得税的税率是结算利润的14%.

基础设施部门, 尖端科学技术部门等特别鼓励部门的企业所得税税率是结算利润的10%.

此时, 应向税务机关提交有关机关确认的申请文件.

税务机关应在受理文件之日起5日内确定其企业所得税税率.

제16조 (기업소득세의 계산기간)

기업소득세의 계산기간은 1월 1부터 12월 31까지로 한다.

새로 창설된 기업은 영업을 시작한 날부터 그해 12월 31일까지, 해산되는 기업은 해산되는 해의 1월 1부터 해산선포일까지를 기업소득세의 계산기간으로 한다.

제17조 (기업소득세의 과세대상과 계산방법)

기업소득세의 과세대상은 결산기간 경영활동을 하여 얻은 결산리윤이다.

기업소득세는 해마다 총수입금에서 원료 및 자재비, 연료 및 동력비, 로력비, 감가상각비, 물자구입경비, 기업관리비, 보험료, 판매비 같은것을 포함한 원가를 덜어 리윤을 확정하고 리윤에서 거래세 또는 영업세와 자원세, 기타지출을 공제한 결산리윤에 정해진 세률을 적용하여 계산한다.

작업기간이 1년이상 걸리는 건설 및 조립, 설치공사, 대형기계설비의 가공, 제작 같은것을 하는 기업의 기업소득세는 계산기간마다 그해에 수행한 작업량에 따라 얻은 수입금에서 지출된 비용을 공제하고 남은 금액에 부과한다.

제18조 (기업소득세의 납부기간과 방법)

1. 기업은 기업소득세를 분기가 끝난 다음달 15일안으로 예정납부하고 회계년도가 끝난 다음 3개월안으로 확정납부 하여야 한다.

    1) 기업소득세예정납부액은 해당 분기까지의 결산리윤에 해당한 세률을 적용한 금액으로 한다.

    2) 분기까지의 결산리윤을 정확히 계산할수 없을 경우에는 전년도에 납부한 기업소득세액의 25%에 해당한 금액을 예정납부하며 소득이 계절에 따라 변동이 심할 경우에는 분기에 관계없이 년간으로 예정납부할수 있다.

    3) 기업소득세 계산기간안에 영업을 시작하였거나 그밖의 사정으로 전년도에 납부한 소득세가 없는 경우에는 재정계획에 예견된 분기까지의 리윤에 해당한 세액을 적용하여 납부한다.

    4) 계산기간 마지막분기의 기업소득세는 예정납부하지 않고 년간 결산에 의하여 확정납부한다.

    5) 농산, 축산, 수산부문과 같이 해를 넘기며 생산활동을 하는 기업들은 결산리윤이 조성되는 차례로 예정납부하고 년간으로 확정납부하며 결산리윤을 정확히 계산할수 없는 경우에는 년간으로 예정납부할수 있다.

2. 기업소득세를 예정납부하려는 기업은 분기까지의 년간회계결산서와 기업소득세납부문건(붙임표양식 5)을 세무기관에 내고 확인을 받은 다음 해당 은행에 납부하여야 한다.

第十六条(企业所得税的计算期间)

企业所得税的计算期间是1月1日起至12月31日止.

新设立企业的计算期间是开始经营之日起至12月31日止, 解散企业的计算期间是企业解散当年的1月1日起至宣告解散之日止, 计算企业所得税.

第十七条(企业所得税的课税对象和计算方法)

企业所得税的课税对象是结算期间通过经营活动获得的结算利润.

企业所得税的计算方法, 从总收入中扣除原料及材料费, 燃料及动力费用, 劳动力费用, 折旧费用, 购买物资费用, 企业管理费用, 保险费用, 销售费用等成本价后确定利润, 再从利润中扣除交易税或营业税, 资源税, 其他支出的结算利润适用税率计算企业所得税.

工程期限超过一年以上的建设及组装, 安装工程, 加工和制造大型机械设备等的企业的企业所得税, 按当年进行的工程量所获收益中扣除支出费用后的剩余金额课赋税金.

第十八条(企业所得税的缴纳期间和方法)

1. 企业应在企业所得税季度到期之日起15日内缴纳税款, 会计年度到期之日起3个月内确定缴纳税款.

    1) 季度到期结算利润适用相应税率计算的金额, 为企业所得税预缴款项;

    2) 无法正确计算季度到期结算利润时, 预缴相当于前一年度缴纳企业所得税额25%的金额.季度收入变动不稳时, 可以按年度预缴税款;

    3) 企业所得税计算期间开始营业或因其他事由前一年度没有缴纳所得税时, 适用相当于财政计划可预期的季度利润的税额, 缴纳所得税;

    4) 对计算期间第四季度的企业所得税不进行预缴, 根据年度结算确定后再缴纳;

    5) 生产农产品, 畜产品, 水产等的跨年度进行生产活动的企业则按产生的结算利润依次预缴, 再案年度结算确定后再缴纳.不能正确的计算结算利润时则按年度预缴所得税;

2. 预缴企业所得税的企业应把按季度的年度会计结算书和企业所得税缴纳文件(附件样本5)提交税务机关, 获得确认后向指定银行缴纳所得税.

3. 기업소득세를 확정납부하려는 기업은 년간회계결산서와 기업소득세납부
   문건(붙임표양식 5)을 세무기관에 내고 확인을 받은 다음 해당 은행에 납
   부하여야 한다. 이 경우 과납액은 다음결산에서 덜거나 반환받으며 미납
   액은 추가납부한다.
4. 해산사유가 발생한 기업은 세무기관에 통지하고 경영마감일까지의 기업소
   득세를 확정납부하여야 한다. 세금을 납부하지 못한 기업은 청산위원회가
   해당 세금을 계산하여 납부하여야 한다.

이 경우 청산안이 결정된 날부터 15일안으로 기업소득세를 세무기관에 납부하
여야 한다.

기업이 통합되거나 분리되는 경우에는 그때까지의 기업소득에 대하여 결산한
다음 통합, 분리선포일로부터 15일안으로 기업소득세를 납부하여야 한다.

해산, 통합, 분리되는 기업은 미납한 기업소득세를 다른 채무리행에 앞서 납부
하여야 한다.

제19조 (회계검증을 받을 의무)

기업은 기업소득세를 확정납부하기전에 년간회계결산서에 대하여 회계검증기
관의 검증을 받아야 한다.

제20조 (기업소득세의 감면대상, 감면기간)

기업소득세의 감면대상과 감면기간은 다음과 같다.
1. 다른 나라 정부, 국제금융기구가 차관을 주었거나 다른 나라 은행이 지대
   에 설립한 은행 또는 기업에 낮은 리자률과 유예기간을 포함하여 10년이
   상의 상환기간과 같은 유리한 조건으로 대부를 주었을 경우 그 리자소득에
   대하여서는 기업소득세를 면제한다.

이 경우 다른 나라 은행은 대부를 받은 은행 또는 기업과 해당 기관의 확인을
   받은 기업소득세면제신청서(붙임표양식 7)를 세무기관에 내야 한다.
2. 장려부문에 투자하여 운영하는 기업에 대하여서는 기업소득세를 4년간 면
   제하고 그 다음 3년간은 50%범위에서 덜어줄수 있다.
3. 생산부문에 투자하여 운영하는 기업에 대하여서는 기업소득세를 3년간 면
   제하고 그 다음 2년간은 50%범위에서 덜어줄수 있다.
4. 건설(설계 포함), 동력, 교통운수, 통신, 금융, 보험, 도시경영부문과 같은
   봉사부문에 투자하여 운영하는 기업에 대하여서는 기업소득세를 1년간 면
   제하고 그 다음 2년간은 50%범위에서 덜어줄수 있다.

3. 确定缴纳企业所得税的企业应把年度会计结算书和企业所得税缴纳文件(附件样本 5)提交税务机关, 获得确认后向指定银行缴纳所得税. 如有超额缴纳的税款, 则在下次结算时扣除或返还, 未缴税款则要追缴.
4. 发生解散事由的企业应通知税务机关, 并缴纳至经营终止之日的企业所得税. 没能缴纳税款的企业, 则由清算委员会进行计算其税款和缴纳企业所得税.

清算方案被决定之日起15日内向税务机关缴纳企业所得税.

企业合并或分立时, 计算合并或分立时的企业所得税, 并在宣告合并或分立之日起15日内缴纳企业所得税.

解散, 合并, 分立企业未缴纳的企业所得税, 先于其他债务履行.

第十九条(接受会计检查的义务)

企业在缴纳确定的企业所得税之前, 应接受会计检查机关对企业年度会计结算书的检查.

第二十条(企业所得税的减免对象, 减免期间)

企业所得税的减免对象和减免期间如下:

1. 其他国家政府, 国际金融机构的借款, 或其他国家银行向在经贸区设立的银行, 企业给予的低利息率和包括延缓期限在内的10年以上偿还期间等有利条件的贷款时, 对其所获利息所得免除企业所得税;

此时, 其他国家银行应向税务机关提交获得接受贷款的银行, 企业和相关机关确认的企业所得税免除申请书(附件样本 7).

2. 投资鼓励部门运营的企业, 免除4年的企业所得税, 其后的3年则可以减免50%企业所得税;

3. 投资生产部门运营的企业, 免除3年的企业所得税, 其后的2年则可以减免50%企业所得税;

4. 投资建设(包括设计), 动力, 交通运输, 通讯, 金融, 保险, 城市经营等部门的企业, 免除1年的企业所得税, 其后的2年则可以减免50%范围内的企业所得税;

5. 리윤을 재투자하여 등록자본을 늘이거나 새로운 기업을 창설하여 5년이상 운영하는 기업에 대하여서는 재투자분에 해당한 기업소득세의 50%를, 하부구조건설부문의 기업에 대하여서는 전부 돌려준다. 그러나 계약된 투자를 다하지 못하였을 경우에는 이 조항을 적용하지 않는다.

투자자가 기업에서 얻은 리윤을 재투자하는 경우 반환 또는 공제하는 기업소득세액의 계산은 재투자액에 해당한 기업소득세액의 50%로 계산한다.

기업소득세를 반환 또는 공제받으려는 기업은 해당 기관의 확인을 받은 기업소득세반환(공제)신청서(붙임표양식 8)를 세무기관에 내야 한다.

제21조 (기업소득세 감면기간의 계산방법)

기업소득세의 감면기간은 기업을 창설한 해부터 계산한다.

이 기간 경영손실이 난 해에 대하여서도 기업소득세의 감면기간에 포함시킨다.

장려부문의 기업은 창설후 15년안에, 그밖의 부문의 기업은 창설후 10년안에 기업소득세를 감면받을수 있다.

제22조 (기업소득세 감면신청서의 제출)

기업소득세를 감면받으려는 기업은 기업창설기관의 경유를 받은 기업소득세감면신청서(붙임표양식 7)를 세무기관에 내야 한다.

생산업종과 봉사업종이 있는 기업의 기업소득세감면신청서는 생산부문과 봉사부문으로 갈라 따로 계산하여 제출하여야 한다.

기업소득세감면신청서에는 기업의 명칭과 소재지, 업종, 기업창설날자, 총투자액, 상대측투자액, 당해년도리윤총액, 감면신청액, 감면근거 같은것을 밝힌다.

제23조 (감면해주었던 기업소득세의 회수조건)

기업소득세를 감면받은 기업이 정한 감면기간에 해산, 통합, 분리되거나 5년안에 재투자한 자본을 거두어들인 경우에는 이미 감면하여주었던 기업소득세를 회수한다. 이 경우 해산사유가 발생한 날부터 20일안으로 기업소득세납부문건을 세무기관의 확인을 받아 해당 은행에 납부하여야 한다.

제24조 (비영리단체의 세률)

지사, 사무소가 지대에서 얻은 기타소득에 대한 세률은 소득액의 10%로 한다. 이 경우 소득이 생긴 날부터 15일안으로 신고납부한다.

5.利润再投资增加注册资本或新设立企业运营5年以上的企业, 返还相当于再投资部分企业所得税的50%, 基础设施建设企业是返还全部.但未尽合同约定的投资时, 不适用本条款规定.

　　投资者用从企业获得的利润进行再投资时返还或扣除的企业所得税的计算, 则按相当于再投资金额的企业所得税的50%进行计算.

　　需要返还或扣除企业所得税的企业, 应向税务机关提交获得一个机关确认的企业所得税返还(扣除)申请书(附件样本8).

第二十一五条(企业所得税减免期间的计算方法)

　　企业所得税的减免期间从设立企业当年开始计算.

　　这期间对产生经营损失之年也包括在企业所得税减免期间里.

　　鼓励部门的企业是设立后15年之内, 其他部门企业是设立后10年内, 可以减免企业所得税.

第二十二条(提交企业所得税减免申请)

　　需要减免企业所得税的企业, 应向税务机关提交经由企业批准机关的企业所得税减免申请书(附件样本7).

　　即从事生产行业, 又从事服务行业的企业的企业所得税减免申请书, 按生产部门和服务部分进行计算后各自提交.

　　企业所得税减免申请书应记载企业名称, 地址, 行业, 企业设立日期, 总投资金额, 对方投资金额, 当年度利润总额, 减免申请金额, 减免依据等.

第二十三条(回收已减免的企业所得税)

　　减免企业所得税的企业在规定的居民期间解散, 合并, 分立或5年之内收回再投资的资本时, 回收已减免的企业所得税.此时, 至发生解散事由之日起20日之内持税务机关确认的企业所得税缴纳文件, 向指定银行缴纳减免的企业所得税.

第二十四条(非盈利团体的税率)

　　分公司, 办事处在经贸区内取得的其他所得的税率是10%.此时, 应在产生所得之日起15日内申报和缴纳税款.

제25조 (개인소득세의 납부의무와 대상)

1. 개인은 지대에서 얻은 소득에 대하여 개인소득세를 납부하여야 한다.
개인이 지대에 1년이상 체류하거나 거주하였을 경우에는 지대밖에서 얻은
소득에 대하여서도 개인소득세를 납부하여야 한다.
지대밖에 거주하고있는 개인이 지대안에서 얻은 소득에 대하여서도 개인
소득세를 납부하여야 한다.

2. 개인소득세의 과세대상에는 로동보수소득, 리자소득, 배당소득, 상품판매
소득, 재산판매소득, 재산임대소득, 지적소유권과 기술비결의 제공에 의
한 소득, 기술봉사, 기능공양성, 상담과 같은 경영봉사에 의한 소득과 증
여소득과 그밖의 소득이 속한다.
    (1) 로동보수에 의한 소득에는 로임, 상금, 장려금, 가급금과 강의, 강연,
    저술, 번역, 설계, 제도, 설치, 수예, 조각, 그림, 창작, 공연, 회계,
    체육, 의료, 상담과 같은 일을 하여 얻은 소득이 속한다.
    (2) 리자소득에는 예금에 의한 리자소득이 속한다.
    (3) 배당소득에는 리익배당금, 기타 배당소득이 속한다.
    (4) 상품판매소득에는 상품을 판매하여 얻은 소득이 속한다.
    (5) 재산판매소득과 재산임대소득에는 건물, 기계설비, 자동차, 선박과 같
    은 재산을 판매하였거나 임대하여 얻은 소득이 속한다.

지적소유권과 기술비결의 제공에 의한 소득에는 특허권, 실용신형권, 공업도안
권, 상표권의 소유자가 그것을 제공하거나 양도하여 얻은 소득, 특허수속을 하지
않거나 공개하지 않고있는 기술문헌과 기술지식, 숙련기능, 경험 같은것을 제공
하여 얻은 소득, 소설, 시, 미술, 음악, 무용, 영화, 연극과 같은 문학예술작품을
제공하여 얻은 소득이 속한다.

경영과 관련한 봉사제공에 의한 소득에는 기술봉사, 기능공양성, 상담 등 기업
의 경영에 유리한 봉사를 제공하여 얻은 소득이 속한다.

증여소득에는 화폐재산, 현물재산, 지적소유권, 기술비결과 같은 재산과 재산
권을 증여받은 소득이 속한다.

제26조 (개인소득세의 세률)

개인소득세의 세률은 다음과 같다.

1. 로동보수소득에 대한 세률은 월로동보수액이 500€이상일 경우에 부록 1
에 정한 소득액의 5~30%로 한다.

2. 리자소득, 배당소득, 지적소유권과 기술비결의 제공에 의한 소득, 재산임대소
득, 경영과 관련한 봉사제공에 의한 소득에 대한 세률은 소득액의 20%로 한다.

第二十五条(个人所得税的纳税义务和对象)

　　1.个人在经贸区获得的收益要缴纳个人所得税.

　　　个人在经贸区内滞留或居住1年以上时,对在经贸区外获得的收益也应缴纳个人所得税.

　　　在经贸区外居住的个人如有从经贸区内获得的收益时,也应缴纳个人所得税.

　　2.个人所得税课税对象包括劳动报酬所得,利息所得,分红所得,商品销售所得,销售财产所得,财产租赁所得,提供知识产权和技术的所得,技术服务和培训技术人员及咨询等经营服务所得,赠与所得,其他所得.

　　　(1)劳动报酬所得包括工资,奖金,奖励金,附加工资,讲课,讲演,著书,翻译,设计,制图,设置,手艺,雕刻,绘画,创作,演出,会计,体育,医疗,咨询等方面的收益.

　　　(2)利息所得包括存款利息.

　　　(3)分红所得包括利润分红,其他分红.

　　　(4)销售商品所得包括销售商品而获得的收益.

　　　(5)销售财产所得,财产租赁所得包括销售或租赁建筑物,机械设备,汽车,船舶等财产的收益.

　　　(6)提供知识产权和技术的所得,技术服务的所得包括提供或转让专利权,实用新型权,工业图案设计,商标权而获得的收益; 提供未申请专利或未公开的技术文献,技术知识,熟练技术,经验等而获得的收益; 提供小说,诗,美术,音乐,舞蹈,电影,演出等文学艺术作品而获得的收益.

　　　(7)经营等服务所得包括提供技术服务,培训技术人员,咨询等企业有利的服务而获得的收益.

　　　(8)赠与所得包括货币财产,现物财产,知识产权,技术秘诀等财产和财产权而获得的收益.

第二十六条(个人所得税的税率)

　　个人所得税的税率如下:

　　1.劳动报酬所得的税率,月工资为500€以上时则按附件1规定的收益,适用5-30%的税率.

　　2.利息所得,分红所得,提供知识产权和技术所得,财产租赁所得,经营等服务所得的税率是20%.

3. 증여소득에 대한 세률은 소득액이 5000€이상일 경우 부록 2에 정한 소득액의 2~15%로 한다.
4. 상품판매소득에 대한 세률은 20%로 한다.
5. 재산판매소득에 대한 세률은 25%로 한다.
6. 그 밖의 소득에 대한 세률은 20%로 한다.

제27조 (개인소득세의 계산방법)

개인소득세의 계산은 다음과 같이 한다.

1. 로동보수에 대한 개인소득세는 월로동보수액에 정해진 초과루진세률을 적용한다.
2. 리자소득, 배당소득, 지적소유권과 기술비결의 제공에 의한 소득, 경영과 관련한 봉사제공에 의한 소득, 증여소득에 대한 개인소득세는 소득액에 정해진 세률을 적용하여 계산한다.
3. 재산판매소득, 재산임대소득에 대한 개인소득세는 소득액에 정해진 세률을 적용하여 계산한다.
4. 상품판매소득에 대한 개인소득세는 월판매수입의 10%를 소득액으로 하여 정해진 세률을 적용한다.
5. 그 밖의 소득에 대한 개인소득세는 소득액에 정해진 세률을 적용하여 계산한다.

제28조 (현금밖의 수입에 대한 개인소득세의 계산방법)

현물 또는 재산권으로 얻은 소득에 대한 개인소득세는 취득할 당시의 현지가격으로 평가한 금액에 정해진 세률을 적용하여 계산한다.

제29조 (개인소득세의 납부기간과 방법)

개인소득세의 납부기간과 납부방법은 다음과 같다.

1. 로동보수에 대한 개인소득세는 로동보수를 지불하는 단위가 공제하여 다음달 10일안으로 납부하거나 수익인이 로동보수를 지불받은 다음 10일안으로 신고납부한다.
2. 재산판매소득, 증여소득, 리자소득, 배당소득, 재산임대소득, 지적소유권과 기술비결의 제공에 의한 소득, 경영봉사소득에 대한 개인소득세는 소득을 얻은 날부터 30일안으로 수익인이 신고납부하며 수익인이 지대밖에 있을 경우에는 수익금을 지불하는 단위가 공제하여 30일안으로 납부한다. 상품판매소득에 대한 개인소득세는 수익인 또는 수익금을 지불하는 단위가 공제하여 예정납부할수 있으며 납부기간은 세무기관이 정한다.

3.赠与所得的税率,收益为5000€以上时则按附件2规定的收益,适用2-15%的税率.

4.销售商品所得,适用20%的税率.

5.销售财产所得,适用25%的税率.

6.其他所得,适用20%的税率.

第二十七条(个人所得税的计算方法)

个人所得税的计算方法如下:.

1.有关劳动报酬的个人所得税,按确定的月工资适用超额累进税率.

2.利息所得,分红所得,提供知识产权和技术的所得,经营等服务所得,赠与所得的个人所得税,则按收益确定相应的税率后再接受其所得税.

3.销售财产所得,财产租赁所得的个人所得税,则按收益确定相应的税率后再接受其所得税.

4.商品销售所得的个人所得税,以月销售收入的10%作为收益,确定税率.

5.其他所得的个人所得税,则按收益确定相应的税率后再接受其所得税.

第二十八条(现金以外收益的个人所得税的计算方法)

现物或以财产权获得收益的个人所得税,则按获得当时的价格进行评价的金额,再适用相应的税率进行所得税的计算.

第二十九条(个人所得税的缴纳期间和方法)

个人所得税的缴纳期间和方法如下:

1.有关劳动报酬的个人所得税,由支付劳动报酬的单位扣除后下月10日之内缴纳,或由收益人取得劳动报酬后10日内申报及缴纳.

2.财产销售所得,赠与所得,利息所得,分红所得,财产租赁所得,提供知识产权和技术的所得,经营服务所得的个人所得税,取得收益之日起30日内由收益人申报及缴纳.收益人在经贸区外时,由支付收益金的单位扣除后30日内缴纳.

商品销售所得的个人所得税,由收益人或支付收益金的单位扣除后预缴,缴纳期间由税务机关决定.

3. 수익인이 지대안의 기업과 거래하여 얻은 소득을 지대밖의 기업이 대신 지불하는 경우 개인소득세는 지대안의 기업이 공제납부하며 거주, 체류하지 않고 나들면서 소득을 얻는 수익인에 대한 개인소득세는 수익금을 지불하는 단위가 공제납부한다.

공제납부자는 공제한 개인소득세의 계산자료를 가지고 있어야 한다.

4. 지대에 체류 또는 거주한 개인이 지대밖에서 얻은 소득의 개인소득세는 수익인이 분기마다 계산하여 다음분기 10일안으로 세무기관에 신고납부한다.

(1) 납세의무자가 지대밖에서 개인소득세를 납부하였을 경우에는 이 규정에 따라 계산한 개인소득세액범위안에서 세금공제를 신청할수 있다.

납세의무자는 개인소득세공제신청서(붙임표양식9)와 해당 나라 세무기관이 발급한 납세문건을 첨부하여 세무기관에 내야 한다.

(2) 개인소득세공제신청자는 세무기관의 승인을 받은데 따라 세금을 감면받을수 있다.

제30조 (개인소득세의 면제대상)

우리 나라 금융기관으로부터 받은 저축성예금리자와 보험금 또는 보험보상금소득, 비거주자들이 지대에 설립된 은행으로부터 받은 예금리자소득에 대하여서는 개인소득세를 면제한다.

개인소득세를 면제받으려는 납세의무자는 해당 기관의 확인을 받은 개인소득세 면제신청서(붙임표양식10)를 소득을 얻은 다음달 15일안으로 세무기관에 내야 한다.

제31조 (재산세의 납부의무와 대상)

기업과 개인은 지대에서 개별적으로 소유하고있는 건물과 선박, 비행기에 대하여 재산세를 납부하여야 한다.

건물에는 살림집, 별장과 그 부속건물이 포함되며 선박, 비행기에는 자가용배, 자가용비행기 같은것이 포함된다.

제32조 (재산의 등록)

재산소유자는 재산을 취득한 닐부터 20일안으로 세무기관에 등록하여야 한다.

상속 또는 증여에 의하여 재산을 넘겨받은자가 지대밖에 있을 경우에는 재산의 사용자 또는 관리자가 재산을 등록하여야 한다.

재산을 등록하려고 할 경우에는 재산등록신청서(붙임표 양식 11)를 세무기관에 내야 한다.

재산등록신청서에는 재산소유자명, 주소, 재산명, 수량, 형식 및 규격, 보유장소,

3.收益人与经贸区内的企业通过交易取得的所得, 由经贸区外的企业代替支付时的个人所得税, 由经贸区内的企业扣除后缴纳.没有居住, 滞留而经常出入获得的收益的个人所得税, 由支付收益金的单位扣除后缴纳.

   扣除缴纳人应持有扣除的个人所得税的计算材料.
4.滞留或居住经贸区的个人在经贸区外获得的所得的个人所得税, 由收益人按季度计算后在下一个季度开始的10日内向税务机关申报和缴纳.

   (1)纳税人在经贸区外缴纳个人所得税时, 可以申请根据本规定计算的个人所得税范围内的税收的扣除.

   纳税人应向税务机关提交个人所得税扣除申请书(附件样本 9)和相关国家税务机关颁发的纳税证明文件.

   (2)个人所得税扣除申请人在取得税务机关的批准后可以减免税款.

第三十条(个人所得税的减免对象)

从朝鲜金融机构获得的储蓄存款利息, 保险金或保险补偿金所得, 非居住者从设立在经贸区的银行获得的存款利息, 免除个人所得税.

需要免除个人所得税的纳税人, 在获得收益的下个月15日内向税务机关提交得到有关机关确认的个人所得税免除申请书(附件样本10).

第三十一条(财产税的缴纳和对象)

企业与个人应对经贸区内个别所有的建筑, 船舶, 飞机缴纳财产税.

建筑包括生活用房, 别墅和其附属物.船舶, 飞机包括自用船舶, 自用飞机等.

第三十二条(财产登记)

财产所有者应在取得财产之日起20日内向税务机关进行财产登记.

通过继承或赠与的方式取得财产的所有者居住在经贸区外时, 由财产的使用者或管理者进行财产登记.

进行财产登记时应向税务机关提交财产登记申请书(附件样本11).

财产登记申请书应记载财产使用者姓名, 地址, 财产名称, 数量, 形式及规格, 场所,

용도, 취득가격, 내용년한, 준공 또는 제작년도 같은것을 밝힌다. 이 경우 양도받은 재산에 대하여서는 양도자의 이름, 주소 같은것을 밝힌다.

제33조 (재산의 등록가격)

재산의 등록가격은 취득할 당시의 현지가격으로 한다.

등록하는 재산의 가격은 지대가격기관이 평가하고 지대공증기관이 공증한 가격으로 하여야 한다.

  1. 재산의 소유자 또는 그의 대리인은 세무기관에 재산을 등록하기전에 재산의 가격을 지대공증기관의 공증을 받아야 한다.
  2. 재산의 처음값과 대보수비는 재평가가격에 따른다.

제34조 (재산의 변경등록)

재산소유자가 달라졌거나 재산의 등록값을 변경하려는 경우에는 해당 사유가 발생한 날부터 20일안으로 변경등록 하여야 한다.

이 경우 해당 기관의 확인을 받은 신청문건(붙임표 양식 12)을 세무기관에 내야 한다.

제35조 (재산의 재등록)

등록된 재산은 해마다 1월1일 현재로 재평가하여 30일안에 지대 공증기관의 공증을 받은 가격으로 세무기관에 재등록하여야 한다.

제36조 (재산의 등록취소)

재산소유자는 재산을 폐기하였을 경우 20일안으로 등록취소수속을 하여야 한다.

제37조 (재산세의 세률)

재산에 대한 세률은 건물인 경우에는 등록가격의 1%, 선박과 비행기인 경우에는 구입가격의 1.4%로 한다.

제38조 (재산세의 납부)

재산소유자는 재산세를 해마다 계산하여 1월안으로 신고 납부하여야 한다.

재산을 임대하였거나 저당하였을 경우에도 재산소유자가 재산세를 납부한다.

재산소유자가 재산소재지에 없을 경우에는 재산의 관리자 또는 사용자가 재산세를 대리납부한다.

제39조 (재산세의 면제)

새로 건설한 건물을 소유하였을 경우에는 등록한 날부터 5년간 재산세를 면제한다.

用途,取得价格,内容年限,竣工或制作年度等.对于受让的财产,应记载转让人的姓名,地址等.

第三十三条(财产的登记价格)

财产的登记价格按取得时的当地价格为准.

登记的财产的价格,按由经贸区价格机关评价和经贸区公证机关公正的价格为准.

1.财产的所有者或其代理人在向税务机关进行财产登记之前,应向经贸区公证机关进行财产价格的公正.

2.财产的首次价格和修缮费用按照再评价价格处理.

第三十四条(财产的变更登记)

变更财产所有者或财产的登记价格时,应在相关事由发生之日起20日内进行变更登记.

应向税务机关提交取得有关机关确认的申请文件(附件样本12).

第三十五条(财产的再登记)

每年1月1日对登记的财产进行再评价后30日内以经过经贸区公证机关的公证的价格,向税务机关进行再登记.

第三十六条(注销财产登记)

财产所有者放弃财产时,应在20日内进行注销登记手续.

第三十七条(财产税的税率)

财产税的税率,建筑为登记价格的1%,船舶和飞机为购买价格的1.4%.

第三十八条(财产税的缴纳)

财产所有者应每年计算其财产税,并在一月份内申报和缴纳.

财产租赁或抵押时,也应缴纳财产税.

财产所有者不居住在财产所在地时,由财产管理者或使用者代理缴纳财产税.

第三十九条(财产税的免除)

所有新建建筑物时,从登记之日起免除5年的财产税.

재산세를 면제받으려는 개인은 해당 기관의 확인을 받은 재산세면제신청서(붙임표양식 13)를 세무기관에 내야 한다.

제40조 (상속세의 납부대상)

지대에 있는 재산을 상속받은 개인은 상속세를 납부하여야 한다.

지대에 거주하고있는 개인이 지대밖에 있는 재산을 상속받았을 경우와 지대밖에 있는 개인이 지대안에 있는 재산을 상속받았을 경우에도 상속세를 납부하여야 한다.

상속재산에는 부동산, 화폐재산, 현물재산, 지적소유권, 보험보상청구권, 채권 같은 재산과 재산권이 속한다.

제41조 (상속세의 공제대상)

상속받은 재산에서 공제할수 있는 비용은 다음과 같다.

1. 상속시키는 자의 채무액
2. 상속받은 자가 부담한 장례비용
3. 상속기간에 상속재산을 보존관리하는데 든 비용
4. 재산상속과 관련한 공증료와 같은 지출

상속재산에서 공제할수 있는 항목들에 대해서는 지대공증기관의 공증을 받아야 한다.

제42조 (상속재산의 가격)

상속재산의 가격은 재산을 상속받을 당시의 현지가격으로 계산하여야 한다.

(1) 지대안에 있는 재산을 상속받았을 경우에는 공증기관이 공증한 가격으로 계산하여야 한다.

지대에 있는 화폐재산, 유가증권, 지적소유권, 보험보상청구권 등이 전환성외화로 되여있는 재산을 상속받았을 경우에는 외화로 계산하여야 한다.

(2) 지대밖에 있는 재산을 상속받았을 때에는 현지 시장가격으로 된 화폐를 해당 나라 외화관리기관이 발표하는 환률에 따라 전환성외화로 계산하여야 한다.

이때 그 나라 해당 공증기관의 재산상속과 관련한 공증문건 또는 그 사본을 가지고 있어야 한다.

제43조 (상속세의 세률과 계산방법)

1. 상속세의 세률은 부록 4에서 정한 세률표에 준한다.

需要免除财产税的个人应向税务机关提交取得有关机关确认的财产税免除申请书(附件样本13).

第四十条(遗产税的缴纳对象)

继承经贸区内财产的个人应缴纳遗产税.

居住在经贸区内的个人继承经贸区外的财产和居住在经贸区外的个人继承经贸区内财产时,也应缴纳遗产税.

遗产包括不动产,货币财产,现物财产,知识产权,保险补偿请求权,债券等财产和财产权.

第四十一条(遗产税的扣除对象)

继承财产中可以扣除的费用如下:

1.被继承人的债务;
2.继承人承担的殡葬费用;
3.继承期间保管继承财产所需的费用;
4.与继承财产相关的公证费等支出;

继承财产中可以扣除的费用事项,应取得经贸区公证机关的公证.

第四十二条(继承财产的价格)

关于继承财产的价格,应按财产继承当时的当地价格计算.

(1)继承经贸区内财产时,按公证机关公正的价格计算;

继承经贸区内的货币财产,有价证券,知识产权,保险补偿请求权等可转换为外币的财产时,应以外币计算;

(2)继承经贸区外的财产时,按有关国家外汇管理机关公布的汇率把以当地市场价格计算的货币转换为外币后进行计算;

此时,应持有有关国家公证机关的继承财产相关的公证书或其复本.

第四十三条(遗产税的税率和计算方法)

1.遗产税的税率适用附件4规定的税率表.

2.상속세의 계산은 상속자가 상속받은 재산가운데서 상속시키는 자의 채무액, 상속자가 부담한 장례비용, 상속기간에 상속재산을 보존관리하는데 든 비용, 재산상속과 관련한 공증료를 공제한 나머지 금액에 정한 세률을 적용하여 계산하여야 한다.

제44조 (상속세의 납부)

1. 상속세는 화폐재산으로 납부하여야 한다.
2. 부득이한 사유가 있을 때에는 상속받은 현물재산으로 상속세를 납부할수 있다.

   상속세를 현물재산으로 납부하려는 경우에는 그 리유와 재산의 종류, 가격, 수량, 품질 같은것을 밝힌 신청문건을 세무기관에 내여 승인을 받아야 한다.

   상속세를 현물재산으로 납부하려는 경우에는 상속세현물납부신청서(붙임표양식 14)를 세무기관에 내여 승인을 받아야 한다. 이때 상속세로 납부하는 현물재산의 가격은 해당 시기 지대공증기관이 공증한 가격으로 하여야 한다.

제45조 (상속세의 납부기간과 방법)

1.상속자는 재산을 상속받은 날부터 3개월안으로 상속세를 납부하여야 한다.
2.상속세의 납부방법은 다음과 같다.
   (1) 상속자는 상속재산액, 공제액, 과세대상액, 상속세액, 이밖의 필요한 내용을 밝힌 상속세계산서와 세금납부문건(붙임표양식 5), 지대공증기관의 공증을 받은 상속세공제신청서(붙임표양식 16)에 세무기관의 확인을 받은 다음 해당 은행에 상속세를 납부하여야 한다.
   세무기관의 요구에 따라 상속재산액에 대한 공증기관의 확인문건을 함께 첨부할수도 있다.
   (2) 재산을 상속받은 자가 2명이상일 경우에는 상속자별로 자기 몫에 해당한 상속세를 납부하여야 한다.
   상속자가 미성년일 때에는 그의 보호자가 종합하여 납부하여야 한다.

제46조 (상속세의 분할납부)

상속세가 3만€이상일 경우에는 라선시인민위원회의 승인을 받아 상속세를 3년간 분할하여 납부할수 있다.

이 경우 상속세분할납부신청서(붙임표양식 15)를 세무기관에 내여 승인을 받아야 한다.

2. 遗产税的计算方法是继承财产中扣除被继承人的债务；继承人承担的殡葬费用；继承期间保管继承财产所需的费用；与继承财产相关的公证费等支出等后适用相应的税率计算.

第四十四条(遗产税的缴纳)

1. 用货币缴纳遗产税.
2. 如存在不得已的事由时, 可以用现物财产缴纳遗产税.
   用现物财产缴纳遗产税时, 应向税务机关提交说明其理由, 财产的种类, 价格, 数量, 质量等的申请文件, 并应获得批准.
   用现物财产缴纳遗产税时, 应向税务机关提交遗产税现物缴纳申请书(附件样本14), 并获得批准.此时用于缴纳遗产税的现物财产的价格, 按当时经贸区公证机关公正的价格计算.

第四十五条(遗产税缴纳期间和方法)

1. 继承人应在继承财产之日起3个月内缴纳遗产税.
2. 遗产税的缴纳方法如下:
   (1) 继承人应向税务机关提交记载继承财产金额, 扣除金额, 课税对象金额, 遗产税金额, 其他必要内容的遗产税计算书和缴税文件(附件样本5), 经过经贸区公证机关公正的遗产税扣除申请书(附件样本16), 并获得批准后向有关银行缴纳遗产税.
       应税务机关的要求, 可以一并附上有关继承财产金额的公证机关的确认文件.
   (2) 继承财产人为2人以上时, 按各自继承的财产分别缴纳自己的遗产税.
       继承人为未成年人时, 由其监护人代为缴纳.

第四十六条(遗产税的分期缴纳)

遗产税为三万€ 以上时, 取得罗先市人民委员会的批准后, 可以分3年分期缴纳.
此时, 应向税务机关提交遗产税分期缴纳申请书(附件样本15).

제47조 (거래세의 납부의무와 대상)

공업, 농업, 수산업과 같은 생산부문의 기업은 거래세를 납부하여야 한다.

거래세는 기업이 생산한 생산물을 우리 나라령역에 판매하여 얻은 수입과 이밖에 세무기관이 정한 수입금에 적용한다.

제48조 (거래세의 세률과 계산방법)

1. 거래세의 세률은 부록 5에서 정한 세률표에 준한다.
2. 거래세는 생산물의 판매수입금에 정한 세률을 적용하여 계산한다.

제49조 (거래세의 납부기간과 방법)

거래세는 달마다 계산하여 다음달 10일안으로 납부하여야 한다.

그러나 계절성을 띠거나 생산주기가 긴 부문의 거래세는 년간으로 납부할수 있다.

납세자는 거래세계산서(붙임표양식17)와 세금납부문건(붙임표 양식 5)에 세무기관의 확인을 받은 다음 해당 은행에 납부하여야 한다.

제50조 (거래세의 감면)

기업이 생산한 제품을 수출하였을 경우 거래세를 면제하여 줄수 있다.

지대의 요구에 의하여 우리 나라령역에 판매하였을 경우에도 거래세를 면제하여 줄수 있다. 이 경우 해당한 확인문건과 함께 거래세면제신청서(붙임표양식18)를 세무기관에 내여 승인을 받아야 한다.

제51조 (영업세의 납부의무와 대상)

1. 봉사업을 하는 기업과 개인은 영업세를 납부하여야 한다.
2. 영업세의 과세대상에는 건설, 교통운수, 설계, 동력, 통신, 상업, 무역, 금융, 보험, 관광, 광고, 려관, 급양, 유희오락, 과학기술, 편의같은 부문의 각종 봉사 및 판매수입과 원천동원하여 수출하는 물자가 포함된다.
   (1) 건설(지질탐사, 개발부문 포함), 교통운수, 설계, 동력, 통신부문과 같은 봉사부문에서 이루어지는 각종 수입
   (2) 상업, 무역부문의 수입금
   (3) 금융, 보험, 관광, 광고, 려관, 급양, 유희오락, 과학기술, 편의부문의 료금과 같은 봉사수입금
   (4) 원천동원하여 수출하는 물자의 수입
   (5) 이밖에 세무기관이 정한 기타 수입

第四十七条(交易税的缴纳和对象)

从事工业, 农业, 水产业等生产部门的企业应缴纳交易税.

交易税适用于企业生产的产品在朝鲜领域内销售所得和其他税务机关规定的所得.

第四十八条(交易税的税率和计算方法)

1. 交易税的税率适用附件5规定的税率表.

2. 产品销售所得适用相应的税率计算其交易税.

第四十九条(交易税的缴纳期间和方法)

按月计算交易税, 并于下个月10日内缴纳.

但属于季节性或生产周期较长部门的交易税, 可以按年缴纳.

纳税人应向税务机关提交交易税计算书(附件样本17) 和缴税文件(附件样本5), 并获得批准后向有关银行缴纳.

第五十条(交易税的减免)

企业生产的产品出口时, 可以免除其交易税.

按照经贸区的要求在朝鲜领域内销售时, 也可以免除其交易税.此时, 应向税务机关提交确认文件和交易税免除申请书(附件样本18), 并应获得批准.

第五十一条(营业税的缴纳和对象)

1. 从事服务行业的企业和个人应缴纳营业税.

2. 营业税的赋税对象包括建设, 交通运输, 设计, 动力, 通讯, 商业, 贸易, 金融, 保险, 观光, 广告, 旅馆, 给养, 游乐设施, 科学技术, 便利部门等部门的各种服务及销售所得和出口的物质.

  (1) 建设(地质勘察, 开发部门), 交通运输, 设计, 动力, 通讯部门等服务领域产生的各种所得;

  (2) 商业, 贸易部门的收入;

  (3) 金融, 保险, 观光, 广告, 旅馆, 给养, 游乐设施, 科学技术, 便利部门等部门的费用和服务收入;

  (4) 出口物质的收入;

  (5) 其他税务机关规定的收入.

제52조 (영업세의 세률과 계산방법)

영업세의 세률은 해당 수입금의 1~10%로 한다. 그러나 카지노와 같은 특수업종에 대해서는 해당 수입금의 50%까지의 범위에서 세률을 적용할수 있다.

영업세의 세률은 부록6에서 정한 세률표에 따른다.

여러 업종의 영업을 하는 기업과 개인의 영업세는 업종별 수입금에 해당 세률을 적용하여 계산한다.

상업, 급양, 려관, 오락, 편의와 같은 부문의 영업세는 일정한 기간 절대액으로 정하여 줄수 있다.

제53조 (영업세의 납부기간과 납부방법)

영업세는 다음달 10일안으로 납부하여야 한다.

원천동원하여 수출하는 물자는 수출수속이 끝난 당일로 납부하여야 한다.

기업과 개인의 일반 판매활동으로 얻은 수입에 대한 영업세는 예정납부할수 있으며 납부기간은 세무기관이 정한다.

납세자는 영업세계산서(붙임표양식 17)와 세금납부문건(붙임표 양식 5)에 세무기관의 확인을 받은 다음 해당 은행에 납부하여야 한다.

제54조 (영업세의 감면)

1. 기업이 영업세를 감면받을수 있는 경우는 다음과 같다.

   건설, 교통운수, 동력부문의 기업이 지대요구에 의하여 우리 나라의 기관, 기업소에 봉사하였을 경우와 외국투자은행이 우리 나라의 은행이나 기관, 기업소에 낮은 리자률과 유예기간을 포함한 10년이상의 상환기간과 같은 유리한 조건으로 대부를 주었을 경우 50%범위에서 영업세를 감면받을수 있다.

   하수 및 오수, 오물처리를 비롯한 하부구조부문의 기업은 영업세를 면제받을수 있다.

   첨단과학기술봉사부문의 기업에 대하여서는 영업세를 50%범위에서 덜어줄수 있다.

2. 영업세를 감면받으려는 기업은 해당 기관의 확인을 받은 영업세감면신청서(붙임표양식 18)를 세무기관에 내어 승인을 받아야 한다.

제55조 (자원세의 납부의무와 자원의 구분)

기업과 개인은 자원을 수출하거나 판매를 목적으로 채취하는 경우 자원세를 납부하여야 한다. 자체소비를 목적으로 자원을 채취하는 경우에도 자원세를 납부하여야 한다.

第五十二条(营业税的税率和计算方法)

营业税的税率为收入的1~10%.但博彩业等特种行业可以适用50%的税率.

营业税的税率适用附件6规定的税率表.

从事不同行业营业的企业和个人的营业税,分别按行业收入适用相应的税率.

商业,给养,旅馆,游乐,便利等部门的营业税,可以按照一定期间的绝对金额计算.

第五十三条(营业税的缴纳期间和方法)

应在下个月10日内缴纳营业税.

原本属于出口的物质的营业税,办完出口手续当日缴纳.

关于企业和个人的通过销售一般产品获得的收入的营业税,可以预缴.预缴期间由税务机关确定.

纳税人应向税务机关提交营业税计算书(附件样本17)和纳税文件(附件样本5),并获得确认后向有关银行缴纳.

第五十四条(营业税的减免)

1.企业可以获得减免营业税的情况如下:

建设,交通运输,动力部门的企业按照经贸区的要求服务于朝鲜领域内的机关,企业和外国投资银行向朝鲜银行或机关,企业给予低利息和偿还期限10年以上等有利条件的贷款时,可以在50%的范围内减免其营业税.

从事下水及污水,垃圾处理等基础设施部门的企业的营业税可以免除.

从事尖端科学技术部门的企业,可以在50%的范围内免除其营业税.

2.需要减免营业税的企业应向税务机关提交获得有关机关确认的营业税减免申请书(附件样本18),并应获得批准.

第五十五条(资源税的缴纳及资源的区分)

企业和个人出口或以销售为目的开采资源时,应缴纳资源税.自己消耗为目的的开采时也应该缴纳资源税.

자원에는 천연적으로 존재하는 광석자원, 광물자원, 암석자원, 산림자원, 동식물자원, 수산자원, 물자원 같은것이 속한다.

제56조 (자원세의 납부대상)

자원세의 과세대상은 자원을 수출하거나 판매하여 이루어진 수입금 또는 정해진 금액으로 한다.

제57조 (자원세의 세률)

자원세의 세률은 세률표 부록 9에서 정한데 따른다.

세률표에 없는 자원에 대한 자원세률은 세무기관이 정한다.

제58조 (자원세의 계산방법)

1. 자원세는 자원을 수출하거나 판매하여 이루어진 수입금에 정해진 세률을 적용하여 계산하여야 한다.
2. 자체소비를 목적으로 자원을 채취하는 경우에는 정해진 금액에 세률을 적용하여 계산하여야 한다.

   채취과정에 여러가지 자원이 함께 나오는 경우에는 자원세를 자원의 종류별로 따로 계산하여야 한다.

제59조 (자원세의 납부)

1. 자원세는 자원을 수출하거나 판매하여 수입이 이루어질 때 또는 자원을 소비할 때마다 납부하여야 한다.

   수출하는 자원에 대한 자원세는 자원에 대한 수출검사가 끝난 현지에서 납부하여야 한다.

   판매하는 자원에 대한 자원세는 판매하여 수입이 이루어진 다음날 10일안으로 납부하여야 한다.

   자체소비를 목적으로 채취하는 자원에 대한 자원세는 채취가 끝난 후 10일안으로 납부하여야 한다.
2. 납세자는 자원세계산서와 세금납부문건(붙임표양식 5)에 세무기관의 확인을 받은 다음 해당 은행에 자원세를 납부하여야 한다.

제60조 (자원세의 감면)

1. 자원을 그대로 팔지 않고 현대화된 기술공정에 기초하여 가치가 높은 가공제품을 만들어 수출하거나 국가적조치로 우리 나라의 기관, 기업소, 단체에 판매하였을 경우에는 자원세를 70%까지의 범위에서 덜어줄수 있다.

资源包括自然形成的矿石资源, 矿物资源, 岩石资源, 山林资源, 动植物资源, 水产资源, 水资源等.

第五十六条(资源税的缴纳对象)

资源税的赋税对象是出口或销售资源而获得的收入或规定的金额.

第五十七条(资源税的税率)

资源税的税率适用税率表附件9规定的税率.

税率表中没有规定的资源的资源税率, 由税务机关确定.

第五十八条(资源税的计算方法)

1.出口或销售资源而获得的收入适用规定的税率计算资源税.

2.自己消耗为目的开采资源时, 在确定的金额上适用税率进行计算.

开采过程中出现多种资源时, 按资源种类单独计算资源税.

第五十九条(资源税的缴纳)

1.当出口或销售资源有收入时或者消耗资源时缴纳资源税.

对于出口资源的资源税, 完成资源的出口检查的当地缴纳.

销售资源的资源税, 通过销售有收入时, 下个月10日内缴纳.

自己消耗为目的开采资源时的资源税, 开采结束后10日内缴纳.

2.纳税人获得税务机关对资源税计算书和纳税文件(附件样本5)的确认后向有关银行缴纳.

第六十条(资源税的减免)

1.通过现代化技术工艺加工的高附加价值的资源的出口或根据国家政策销售给国内机关, 企业, 团体时, 资源税可以在70%的范围内予以减免.

2. 하부구조건설부문, 첨단과학기술부문을 비롯하여 특별장려부문의 기업이
   생산에 리용하는 지하수에 대하여서는 자원세를 50%까지의 범위에서 덜
   어줄수 있다.

제61조 (도시경영세의 납부의무와 대상)

1. 기업과 개인은 도시경영세를 납부하여야 한다.
   지대에 30일이상 체류하면서 경제거래를 하는 개인도 도시경영세를 납부
   하여야 한다.
2. 도시경영세의 과세대상은 기업인 경우에는 기업의 월로임총액으로 하며 개
   인인 경우에는 로동보수에 의한 소득, 리자소득, 배당 소득, 재산판매소
   득과 같은 월수입총액으로 한다.

제62조 (도시경영세의 세률과 계산방법)

1. 도시경영세는 기업의 월로임총액에 1%의 세률을 적용하여 계산하여야 한다.
2. 개인의 도시경영세는 로동보수에 의한 소득, 리자소득, 배당소득, 재산판
   매소득 같은 월수입총액에 1%의 세률을 적용하여 계산하여야 한다.
3. 기업의 종업원이 아닌 개인의 도시경영세는 매월 10€보다 낮지 말아야 한다.

제63조 (도시경영세의 납부방법)

1. 기업의 도시경영세는 달마다 계산하여 다음달 10일안으로 기업이 신고납
   부하여야 한다.
2. 개인의 도시경영세는 다음달 10일안으로 수익금을 지불하는 기업이 공제
   납부하거나 수익인이 신고납부하여야 한다.
   (1) 기업의 종업원이 아닌 개인의 도시경영세는 초청한 기업이 공제납부하
       여야 한다.
   (2) 개인의 로동보수가 기업의 월로임총액에 포함되는 경우 개인의 로동보
       수에 의한 도시경영세는 기업이 납부한것으로 한다.
3. 납세자는 도시경영세계산서와 세금납부문건(붙임표양식 5)에 세무기관의
   확인을 받은 다음 해당 은행에 납부하여야 한다.

제64조 (자동차리용세의 납부의무와 대상)

1. 지대에서 자동차를 리용하는 기업과 개인은 자동차리용세를 납부하여야 한다.
   자동차에는 승용차, 뻐스, 화물자동차, 오토바이와 특수차와 같은것이 속
   한다.
   특수차에는 기중기차, 지게차, 굴착기, 불도젤 같은것이 속한다.

2.基础设施建设, 尖端科学技术部门等特殊鼓励部门的企业用于生产的地下水
, 其资源税可以在50%的范围内予以减免.

第六十一条(城市经营税的缴纳和对象)

1.企业和个人应缴纳城市经营税.
在经贸区滞留30日以上并进行交易活动的个人也应该缴纳城市经营税.
2.城市经营税的赋税对象是企业为企业的月工资总额, 个人为作为劳动报酬的
所得, 利息所得, 红利分配, 财产销售所得等月工资总额.

第六十二条(城市经营税的税率和计算方法)

1.城市经营税的建设方法是企业月工资总额适用1%的税率.
2.个人的城市经营税的计算方法是作为劳动报酬的所得, 利息所得, 红利分配
, 财产销售所得等月工资总额适用1%的税率.
3.不属于企业职工的个人的城市经营税每月不得低于10€.

第六十三条(城市经营税的缴纳方法)

1.企业的城市经营税应该按月计算, 并在下个月的10日内进行申报和缴纳.
2.个人的城市经营税应在下个月10日内由支付收益的企业扣除和缴纳, 或由收
益人申报和缴纳.
  (1)不属于企业职工的个人的城市经营税由邀请的企业扣除和缴纳.
  (2)个人的劳动报酬包括在企业月工资总额时, 个人依据劳动报酬需缴纳的
    城市经营税, 视为由企业缴纳.
3.纳税人获得税务机关对城市经营税计算书和纳税文件(附件样本5)的确认后
向有关银行缴纳.

第六十四条(汽车使用税的缴纳和对象)

1.在经贸区使用汽车的企业和个人应缴纳汽车使用税.
汽车包括轿车, 客车, 货车, 摩托车和特殊车辆等.
特殊车辆包括起重车, 叉式装卸车, 挖掘机, 推土机等.

2. 기업과 개인은 자동차를 리용한 날부터 15일안으로 자동차리용과 관련한
   세무등록을 하여야 한다.
   (1) 자동차리용과 관련한 세무등록을 하려는 기업과 개인은 부록 8에서 정
       한 수수료를 해당 은행에 납부한 다음 자동차세무등록신청서(붙임표양
       식 19)와 령수증을 세무기관에 내고 자동차세무등록증을 발급받아야
       한다.
       개인의 자동차세무등록신청은 초청한 기업이 한다.
   (2) 자동차를 폐기하거나 처분하려고 할 경우에는 10일전에 세무기관에 자
       동차세무등록취소신청서(붙임표양식 21)를 내야 한다.
       이 경우 해당기관의 확인문건을 첨부하여야 한다.
   (3) 세무등록을 하지 않은 차는 리용할수 없다.

제65조(자동차리용세의 액수와 계산방법)

1. 기업의 자동차리용세는 종류별 자동차대수에 세액표(부록7)에 정해진 세
   액을 적용하여 계산하여야 한다.
   당해년도의 차리용세는 자동차를 리용한 달부터 년말까지 리용한 달수에
   의하여 계산납부하여야 한다.
2. 개인의 자동차리용세납부는 정해진 절차에 따른다.

제66조 (자동차리용세의 납부기간과 납부방법)

1. 자동차를 리용하는 기업과 개인은 해마다 2월안으로 세무기관에 자동차리
   용세를 납부하여야 한다.
   납세자는 자동차리용세계산서와 세금납부문건(붙임표양식 5)에 세무기관
   의 확인을 받은 다음 해당 은행에 차리용세를 납부하여야 한다.
   대보수나 고장으로 자동차를 리용하지 않은 기간이 련속하여 2개월 이상
   인 경우에는 세무기관에 신고하여 리용하지 않은 기간의 자동차리용세를
   면제받을수 있다.
   이 경우 자동차리용세면제신청서(붙임표양식 20)를 내고 세무기관의 승인
   을 받아 이미 납부한 자동차리용세를 되돌려받거나 다음년도 자동차리용
   세납부에서 공제받을수 있다.

제67조 (연체료의 부과)

기업과 개인이 세금을 정한 기일안에 납부하지 않았을 경우 납부기일이 끝난 다
음날부터 납부하지 않은 세액에 대하여 매일 0.3%에 해당한 연체료를 물린다.

2. 企业与个人应在使用汽车之日起15日内进行汽车使用相关的税务登记.

    (1) 进行汽车使用相关的税务登记的企业与个人应向银行缴纳附件8规定的
手续费后, 再向税务机关提交汽车税务登记申请书(附件样本19) 和收据
, 获得汽车税务登记证.

        个人的汽车税务登记申请由邀请的企业负责.

    (2) 报废汽车或处分汽车时, 10日前应向税务机关提交汽车税务登记注销申
请书(附件21).此时, 应附上有关机关的确认文件.

    (3) 不得使用未进行税务登记的汽车.

第六十五条(汽车使用税的金额和计算方法)

1. 企业的汽车使用税按汽车种类, 数量适用税率表(附件7) 规定的税率进行计算.
当年度的汽车使用税根据使用汽车的月份开始计算到年底的使用月份计算和
缴纳.

2. 个人的汽车使用税按规定的程序计算.

第六十六条(汽车使用税的缴纳期间和方法)

1. 使用汽车的企业和个人应在每年的2月份之内向税务机关缴纳汽车使用税.
纳税人获得税务机关对汽车使用税计算书和纳税文件(附件样本5) 的确认后
向有关银行缴纳汽车使用税.

因大维修或故障未使用汽车的期间连续超过2个月时, 应向税务机关进行申
报, 可以免除未使用汽车期间的汽车使用税.

此时, 应向税务机关提交汽车使用税免除申请书(附件样本20) 和并获得确认
后返还已缴纳的汽车使用税, 或在下一年度汽车使用税中扣除.

第六十七条(滞纳金课赋)

企业与个人未按规定期间缴纳税款时, 期满第二日起按该缴纳税款的0.3%处罚
滞纳金.

세금납부기일이 끝난 날부터 30일이 지나도록 세금을 납부하지 않을 경우에는 재산을 담보처분하거나 해당 거래은행을 통하여 강제납부시킬수 있다.

담보처분할 재산은 납부하지 못한 세금과 연체료를 충분히 보상할수 있는 재산이여야 한다.

제68조 (영업중지)

다음의 경우에는 영업활동을 중지한다.

1. 기업과 개인이 세금을 정당한 리유없이 6개월이상 납부하지 않은 경우,
2. 벌금통지서를 받은 기업이나 개인이 1개월이상 벌금을 물지 못하였을 경우,
3. 기업과 개인이 세무기관의 정상적인 조사에 응하지 않거나 필요한 자료를 보장하여 주지 않았을 경우,
4. 기업과 개인이 세무와 관련한 문건양식을 세무기관이 정한대로 작성하지 않았거나 내부계산체계를 바로 세우지 않아 세무료해사업을 바로 할수 없게 하였을 경우, 그것이 시정될때까지 영업중지조치를 취할수 있다.

제69조 (몰수)

다음의 경우에는 해당한 재산과 물자를 몰수할수 있다.

1. 기업과 개인이 법규의 요구를 어기고 밀수, 밀매하였을 경우.
2. 고의적인 탈세행위가 나타났을 경우.
3. 세금과 연체료를 30일이 지나도록 납부하지 않을 경우.

제70조 (벌금)

벌금을 물리는 경우는 다음과 같다.

1. 정당한 리유없이 세무등록, 재산등록과 같은 세무수속을 제때에 하지 않았거나 년간회계결산서, 세금계산서, 각종 실사표를 비롯한 세무문건을 세무기관에 제때에 내지 않았을 경우에는 정상에 따라 기업에게는 100~5000€까지, 개인에게는 10~1000€까지의 벌금을 물린다.
2. 공제납부의무자가 세금을 적게 공제하였거나 공제한 세금을 납부하지 않았을 경우에는 미납한 세금을 납부하는것과 함께 납부하지 않은 세액의 2배까지의 벌금을 물린다.
3. 부당한 목적으로 각종 장부, 전표, 증빙문건을 사실과 맞지 않게 기록하였거나 고쳤을 경우, 고의적으로 없애거나 2중으로 리용하는 경우 기업에게는 1000~10만€까지, 개인에게는 100~1000€까지의 벌금을 물린다.
4. 세무기관의 세무조사를 고의적으로 방해하였을 경우에는 정상에 따라 100~5000€까지의 벌금을 물린다.

缴纳期间届满之日起至超过30日还未缴纳税款时, 可以对其财产进行担保处分或通过交易银行强制缴纳税款.

担保处分的财产应该是可以充分补偿未缴纳税款和滞纳金的财产.

第六十八条(停止营业)

如发生下列事项时可以停止营业:

1. 企业和个人无正当理由6个月以上未缴纳税款的;
2. 收到罚款通知书的企业或个人1个月以上未缴纳罚款的;
3. 企业和个人未配合税务机关进行正常的调查或未保障必要的资料的;
4. 企业和个人未按税务机关规定的要求制作税务相关的文件或未建立内部计算体系而不能正常进行税务工作时, 至纠正时为止可以采取停止营业的措施.

第六十九条(没收)

发生下列事项时, 可以没收有关财产和物质:

1. 企业和个人违反法律的规定从事走私, 贩卖活动的;
2. 发生故意逃税行为的;
3. 超过30日未缴纳税款和滞纳金的.

第七十条(罚款)

处以罚款的情况如下:

1. 无正当理由未按时进行税务登记, 财产登记等税务手续, 或者为及时提交包括年度会计结算书, 税金计算书, 各种盘点表在内的税务文件时, 视情节对企业可以处以100~5000€, 对个人可以处以10~1000€的罚款;
2. 如果扣除纳税人所扣除的税金较少或没有缴纳扣除的税金时, 除了补缴未缴税款部分以外, 还可以处以未缴税款2倍的罚款;
3. 为不正当目的未如实记录或修改各种账本, 传票, 收据文件, 或故意销毁或重复利用时, 对企业可以处以1000~10万€, 对个人可以处以100－1000€的罚款;
4. 故意妨碍税务机关的税务调查工作时, 视情节可以处于100至5000€的罚款;

5. 세금탈세액을 정확히 계산할수 없을 경우에는 가상금에 3~5배까지의 벌금을 물린다.
6. 고의적으로 세금을 납부하지 않거나 적게 납부한 경우, 재산 또는 소득을 빼돌리거나 감추었을 경우에는 납부하지 않은 세액의 10배까지의 벌금을 물린다.

제71조 (형사적책임)

이 규정을 어긴 행위가 범죄에 이를 경우에는 책임있는 자에게 형사적책임을 지운다.

5. 如无法正确计算其逃税金额时, 处以假定金额并加上3-5倍的罚款;

6. 故意未缴纳税款或少缴纳税款或转移, 隐匿财产或所得时, 可以处于未缴纳税款10倍的罚款.

第七十一条(刑事责任)

违反本规定的行为构成犯罪的, 追究有关负有责任的人刑事责任.

부록(附录)

부록 1. 로동보수에 대한 세율표

월로동보수액(€)			세율(%)
501~700			(500€를 초과하는 금액의 5)
701~900	10	+	(700€를 초과하는 금액의 6)
901~1100	22	+	(900€를 초과하는 금액의 7)
1101~1300	36	+	(1100€를 초과하는 금액의 8)
1301~1500	52	+	(1300€를 초과하는 금액의 9)
1501~1700	70	+	(1500€를 초과하는 금액의 10)
1701~1900	90	+	(1700€를 초과하는 금액의 11)
1901~2100	112	+	(1900€를 초과하는 금액의 12)
2101~2300	136	+	(2100€를 초과하는 금액의 13)
2301~2500	162	+	(2300€를 초과하는 금액의 14)
2501~2800	190	+	(2500€를 초과하는 금액의 15)
2801~3100	235	+	(2800€를 초과하는 금액의 16)
3101~3400	283	+	(3100€를 초과하는 금액의 17)
3401~3700	334	+	(3400€를 초과하는 금액의 18)
3701~4100	388	+	(3700€를 초과하는 금액의 19)
4101~4500	464	+	(4100€를 초과하는 금액의 20)
4501~4900	544	+	(4500€를 초과하는 금액의 21)
4901~5400	628	+	(4900€를 초과하는 금액의 22)
5401~5900	738	+	(5400€를 초과하는 금액의 23)
5901~6400	853	+	(5900€를 초과하는 금액의 24)
6401~6900	973	+	(6400€를 초과하는 금액의 25)
6901~7400	1098	+	(6900€를 초과하는 금액의 26)
7401~7900	1228	+	(7400€를 초과하는 금액의 27)
7901~8400	1363	+	(7900€를 초과하는 금액의 28)
8401~8900	1503	+	(8400€를 초과하는 금액의 29)
8901~	1648	+	(8900€를 초과하는 금액의 30)

附录1.劳动报酬所得的税率表

月劳动报酬额(€)			税率(%)
501～700			(超过金额500€为5)
701～900	10	+	(超过金额700€为6)
901～1100	22	+	(超过金额900€为7)
1101～1300	36	+	(超过金额1 100€为8)
1301～1500	52	+	(超过金额1 300€为9)
1501～1700	70	+	(超过金额1 500€为10)
1701～1900	90	+	(超过金额1 700€为11)
1901～2100	112	+	(超过金额1 900€为12)
2101～2300	136	+	(超过金额2 100€为13)
2301～2500	162	+	(超过金额2 300€为14)
2501～2800	190	+	(超过金额2 500€为15)
2801～3100	235	+	(超过金额2 800€为16)
3101～3400	283	+	(超过金额3 100€为17)
3401～3700	334	+	(超过金额3 400€为18)
3701～4100	388	+	(超过金额3 700€为19)
4101～4500	464	+	(超过金额4 100€为20)
4501～4900	544	+	(超过金额4 500€为21)
4901～5400	628	+	(超过金额4 900€为22)
5401～5900	738	+	(超过金额5 400€为23)
5901～6400	853	+	(超过金额5 900€为24)
6401～6900	973	+	(超过金额6 400€为25)
6901～7400	1098	+	(超过金额6 900€为26)
7401～7900	1228	+	(超过金额7 400€为27)
7901～8400	1363	+	(超过金额7 900€为28)
8401～8900	1503	+	(超过金额8 400€为29)
8901～	1648	+	(超过金额8 900€为30)

부록 2. 증여소득에 대한 세률표

증여소득액 (€)	세률(%)
5000~10000	2
10001~20000	4
20001~40000	6
40001~80000	8
80001~160000	10
160001~320000	12
320001~640000	14
640001~	15

부록 3. 재산세의 세률표

구분	년세률(%)
건물	등록가격의 1
선박	등록가격의 1.4
비행기	등록가격의 1.4

附录2.赠与所得的税率表

赠与所得额(€)	税率(%)
5 000~10 000	2
10 001~20 000	4
20 001~40 000	6
40 001~80 000	8
80 001~160 000	10
160 001~320 000	12
320 001~640 000	14
640 001~	15

附录3.财产税的税率表

区分	年税率(%)
建筑	登记价格的1
船舶	登记价格的1.4
飞机	登记价格的1.4

부록 4. 상속세의 세률표

상속액(€)	세률(%)
7만이하	5
7만~13만	6
13만1~21만	8
21만1~29만	10
29만1~43만	12
43만1~89만	14
89만1~143만	16
143만1~290만	18
290만1~710만	20
710만1~1천 800만	25
1천800만1이상	30

附录4.继承税的税率表

继承额(€)	税率(%)
7万以下	5
7万~13万	6
13万1~21万	8
21万1~29万	10
29万1~43万	12
43万1~89万	14
89万1~143万	16
143万1~290万	18
290万1~710万	20
710万1~1千800万	25
1千800万1以上	30

부록 5. 거래세의 세률표

구분	세률(%)
1. 생산부문	0.8
1)전기제품	0.6
① 형광등, 전구류, 전압조절기, 전력적산계	1.5
② 전선류, 케불선	1.2
③ 애자류	1.1
④ 전동기, 발전기, 변압기, 축전지	1.2
⑤ 기타 전기제품	1.1
2) 연유제품	
① 무연탄, 유연탄, 알탄, 소성탄, 구멍탄	0.6
② 휘발유, 윤활유	0.3
③ 디젤유, 모빌유, 나프샤, 차축유	0.3
④ 석유, 그리스	0.6
⑤ 기타 연료제품	0.8
3) 광물제품	
① 동정광, 중석정광, 연정광, 아연정광, 철정광	0.6
② 금정광, 은정광, 니켈정광, 티탄정광	0.8
③ 기타 광물제품	0.6
4) 금속제품	
① 삼화철, 강피, 강편, 전기동, 아연판	0.6
② 규소철 티탄철, 산형강, 구형강, 레루	0.8
③ 주철판, 알루미늄피, 용접판	0.9
④ 신철, 금속광재, 라선관	0.6
⑤ 기타 금속제품	0.8
5) 기계 및 설비	
① 공작기계, 선광 및 선별설비, 화학설비, 관개설비	0.8
② 량곡가공설비, 수산설비, 제염설비, 제약설비, 인쇄설비	0.6
③ 방직설비, 건설설비, 륜전설비, 농기계, 축산설비	0.6
④ 과수기계	0.8
⑤ 사설비, 채광 및 채탄설비, 파쇄 및 분쇄설비, 금속가공설비, 식료설비, 제지설비, 편의설비	0.6

附录 5. 交易税的税率表

类别	税率(%)
1.生产部门	0.8
1)电器产品	0.6
①日光灯, 灯泡类, 电压调节器, 电力累计计	1.5
②电线类, 电缆线	1.2
③磁类	1.1
④电动机, 发电机, 变压器, 蓄电器	1.2
⑤其他电子产品	1.1
2)炼油产品	
①无烟碳, 有烟碳, 煤球, 蜂窝煤	0.6
②汽油, 润滑油	0.3
③柴油, 机油, 车轴油	0.3
④石油, 润滑脂	0.6
⑤其他燃料产品	0.8
3)矿物产品	
①铜矿, 重石精矿, 铅矿, 锌矿, 铁矿	0.6
②金矿, 银矿, 镍矿, 钛矿	0.8
③其他矿物产品	0.6
4)金属产品	
①三合铁, 钢锭, 钢鞭, 电气铜, 锌板	0.6
②硅铁, 钛铁, 山型钢, 槽钢, 钢轨	0.8
③铸铁管, 铝, 焊接管	0.9
④生铁, 金属钢材, 拉线管	0.6
⑤其他金属产品	0.8
5)机器及设备	
①机床, 选矿及筛选设备, 化学设备, 灌溉设备	0.8
②粮食加工设备, 水产设备, 制盐设备, 制药设备, 印刷设备	0.6
③纺织设备, 建设设备, 轮转设备, 农机器, 畜产设备	0.6
④果树机器	0.8
⑤勘探设备, 采矿及采煤设备, 破碎及粉碎设备, 金属加工设备, 食料设备, 造纸设备, 鞋子设备, 便衣设备	0.6

⑥ 기타 기계 및 설비   0.6

6) 화학제품

  ① 화학비료, 농약, 합성지수, 물감, 점착제   0.3

  ② 폭약, 안료, 소금   0.6

  ③ 칠감, 합성수지제품, 화학섬유   0.9

  ④ 의약품(중약포함), 시약, 향원료, 인쇄잉크   0.6

  ⑤ 기타 화학제품   0.8

7) 건재제품

  ① 골재류   1.1

  ② 벽돌   0.8

  ③ 부재   0.6

  ④ 세멘트   1.5

  ⑤ 늪창, 수지창   1.5

  ⑥ 유리제품   1.5

  ⑦ 목재가공품   0.3

  ⑧ 수지창조립제품   1.5

  ⑨ 기타 건재제품 (불로크 포함)   0.9

8) 고무제품

  ① 벨크류, 고무관류   0.6

  ② 다이야. 쥬브   0.9

  ③ 차띠. 호수류   1.2

  ④ 기타 고무제품   0.8

9) 섬유제품

  ① 일반방적실, 소모방적실, 방도방적실   1.5

  ② 면천   1.3

  ③ 비날론과 혼방천, 스프천, 모와 혼방천   2.3

  ④ 데트론과 혼방천, 나이론, 데트론견천, 본견천   2.0

  ⑤ 옷제품, 섬유잡화   2.0

  ⑥ 기타 섬유제품   1.5

10) 신발제품

  ① 구두류, 천신발류, 방신   0.5

  ② 비닐신발류, 고무신류, 장화류   0.6

  ③ 기타신발제품   0.5

⑥其他机器及设备 0.6

6) 化学制品

①化学肥料, 农药, 合成树脂, 颜料, 黏合剂 0.3

②炸药, 燃料, 工业盐 0.6

③油漆, 合成树脂产品, 化学纤维 0.9

④医药品(包括中药), 试剂, 香料, 印刷墨水 0.6

⑤其他化学制品 0.8

7) 建材制品

①砂石类 1.1

②砖 0.8

③主材料 0.6

④水泥 1.5

⑤铝窗, 树脂窗 1.5

⑥玻璃制品 1.5

⑦木材加工品 0.3

⑧树脂窗组装产品 1.5

⑨其他建材制品(包括砌块) 0.9

8) 橡胶制品

① 皮带类, 橡胶管类 0.6

②轮胎, 软管 0.9

③车带, 胶皮管 1.2

④其他橡胶制品 0.8

9) 纤维制品

①一般纺纱线, 毛纺纱线, 纺纱线 1.5

②棉布 1.3

③维纶和混纺布, 短纤维布, 毛混纺布 2.3

④涤纶和混纺布, 尼龙, 涤纶绸, 真丝绸 2.0

⑤衣服制品, 杂化纤维 2.0

⑥其他纤维制品 1.5

10) 鞋子制品

①皮鞋类, 布鞋类, 纺织鞋类 0.5

②塑料鞋类, 橡胶鞋类, 靴子类 0.6

③其他鞋子制品 0.5

11) 일용제품
　① 버치류, 칼 및 가위류, 학용품, 수예품　　　　　　　　2.0
　② 가마류, 바께쯔류, 법랑제품류, 공예류, 장식품　　　　2.5
　③ 가구 및 목재일용품　　　　　　　　　　　　　　　　0.8
　④ 전기일용품, 기계제일용품　　　　　　　　　　　　　2.5
　⑤ 화장품, 알루미늄제품류, 오락도구　　　　　　　　　2.5
　⑥ 기타 일용품(비닐제품, 수지제품포합)　　　　　　　　2.0
12) 전자제품
　① 텔레비죤수상기, 록음기　　　　　　　　　　　　　　2.1
　② 저항기, 반도체소자, 수상관　　　　　　　　　　　　0.9
　③ 기타　전자제품　　　　　　　　　　　　　　　　　1.1
13) 가죽 및 털제품
　① 합성가죽, 돼지가죽　　　　　　　　　　　　　　　　1.5
　② 소가죽, 털제품　　　　　　　　　　　　　　　　　2.0
　③ 기타 가죽 및 제품　　　　　　　　　　　　　　　1.3
14) 기타공업제품
　① 시험기구, 교정기구　　　　　　　　　　　　　　　1.0
　② 의료기구, 체육기자재, 도자기제품류　　　　　　　　2.5
　③ 계기, 계량기구, 유리제품류, 토기제품류　　　　　　2.5
　④ 기타제품　　　　　　　　　　　　　　　　　　　2.0
15) 식료품
　① 장류, 기름류　　　　　　　　　　　　　　　　　2.5
　② 당과류, 고기가공품, 과일가공품, 남새가공품　　　　2.5
　③ 청량음료　　　　　　　　　　　　　　　　　　　5.0
　④ 담배　　　　　　　　　　　　　　　　　　　　7.5
　⑤ 술, 맥주　　　　　　　　　　　　　　　　　　12.5
　⑥ 빵, 국수류　　　　　　　　　　　　　　　　　2.5
　⑦ 기타 식료품　　　　　　　　　　　　　　　　　5.0
16) 농산물
　① 알곡, 농산물종자, 사료　　　　　　　　　　　　　0.5
　② 과일, 남새　　　　　　　　　　　　　　　　　　0.6
　③ 기타 농산물　　　　　　　　　　　　　　　　　0.6

11) 日用产品

① 盆类, 刀及剪子类, 学生用品, 手艺品   2.0

② 锅类, 瓢类, 珐琅制品类, 工艺类, 装饰品   2.5

③ 家具及木材日用品   0.8

④ 电器日用品就, 机械制日用品   2.5

⑤ 化妆品, 铝制品类, 娱乐道具   2.5

⑥ 其他日用品(包括塑料制品, 树脂制品)   2.0

12) 电子产品

① 电视机, 录音机   2.1

② 电阻器, 半导体元件, 显像管   0.9

③ 其他电子产品   1.1

13) 皮毛制品

① 合成皮, 猪皮   1.5

② 牛皮, 毛制品   2.0

③ 其他皮毛制品   1.3

14) 其他工业制品

① 实验器具, 矫正器具   1.0

② 医疗器具, 体育器材, 陶瓷制品类   2.5

③ 仪表, 计量器具, 玻璃制品类, 陶器制品类   2.5

④ 其他制品   2.0

15) 食料品

① 酱类, 油类   2.5

② 糖果类, 肉加工品, 水果加工品, 蔬菜加工品   2.5

③ 碳酸饮料   5.0

④ 烟   7.5

⑤ 酒, 啤酒   12.5

⑥ 面包, 面条类   2.5

⑦ 其他食料品   5.0

16) 农产品

① 谷物, 农产品种子, 饲料   0.5

② 水果, 蔬菜   0.6

③ 其他农产品   0.6

17) 축산물
 ① 종자집짐승 　　　　　　　　　　　　0.3
 ② 고기, 알류 　　　　　　　　　　　　0.6
 ③ 기타 축산물류 　　　　　　　　　　0.8
18) 수산물
 ① 조개류, 게, 세우류 　　　　　　　　2.3
 ② 바다나물류 　　　　　　　　　　　2.5
 ③ 민물고기류 　　　　　　　　　　　　1
 ④ 기타 수산물류 　　　　　　　　　　1.8

17) 畜产品
 ① 种畜   0.3
 ② 肉, 蛋类   0.6
 ③ 其他畜产品   0.8
18) 水产品
 ① 贝类, 蟹, 虾类   2.3
 ② 海草类   2.5
 ③ 淡水鱼类   1
 ④ 其他水产品类   1.8

부록 6. 영업세의 세률표

구분	세률(%)
1. 건설부문(설계, 청부건설 포함)	
1) 건설물판매	5
2) 건설봉사	6
2. 체신 및 교통운수부문	0.6
3. 동력부문	1
4. 금융 및 보험부문	1
5. 상업부문	
1) 전략물자(식량, 원유, 생고무, 콕스등)	2
2) 기업의 일반상품	3
3) 개인의 일반상품	4.5
4) 농업용물자(비료, 종자, 박막, 농기계등)	2
5) 원천동원하여 수출하는 농토산물	3.6
6) 원천동원하여 수출하는 수산물	4
7) 위탁수출수입 및 되거리수수료	3
6. 보급부문	3
7. 관광	4
8. 려관	5
9. 편의부문(차수리 및 각종수리)	5
10. 오락	
1) 오락	6
2) 카지노	50
11. 기타수입	3

附录6.营业税的税率表

类别	税率(%)
1.建设部门(包括设计, 承包建设)	
1) 建设物销售	5
2) 建设服务	6
2.信息及交通运输部门	0.6
3.动力部门	1
4.金融及保险部门	1
5.商业部门	
1) 战略物资(食粮, 原油, 生胶, 焦炭等)	2
2) 企业的一般商品	3
3) 个人的一般商品	4.5
4) 农业用物资(肥料, 种子, 薄膜, 农机械等)	2
5) 原产地出口的农土产品	3.6
6) 原产地出口的水产品	4
7) 委托出口进口及回扣手续费	3
6.给养部门	3
7.观光	4
8.酒店	5
9.便利部门(修理车及各种修理)	5
10.娱乐	
1) 娱乐	6
2) 赌场	50
11.其他收入	3

부록 7. 자동차리용세액표

구분	세액(€)
1. 승용차	대당/년 77
2. 오토바이	대당/년 32
3. 뻐스	
1) 25석까지	대당/년 97
2) 40석까지	대당/년162
3) 41석이상	대당/년 226
4. 소형반짐뻐스	대당/년77
5. 소형반짐차	대당/년77
6. 화물자동차	
1) 2t 이하	대당/년 97
2) 5t 이하	대당/년 130
3) 8t 이하	대당/년162
4) 14t 이하	대당/년194
5) 20t 이하	대당/년258
6) 30t이하	대당/년346
7) 30t 이상	대당/년388
7. 특수차	차체중령톤당/년 33

부록 8. 수수료표

구분	수수료(€)
1. 기업세무등록증발급	
처음발급할때	15
재발급할때	11
2. 차세무등록증발급	
처음발급할때	15
재발급할때	11
3. 외국인세무등록증발급	
처음발급할때	15
재발급할때	11

附录7.机动车使用税额表

类别	税额(€)
1.轿车	每台/年 77
2.摩托车	每台/年 32
3.客车	
1)最多25座	每台/年 97
2)最多40座	每台/年 162
3)41座以上	每台/年 226
4.小型客货车	每台/年 77
5.小型货车	每台/年 77
6.货车	
1)2t以下	每台/年 97
2)5t以下	每台/年 130
3)8t以下	每台/年 162
4)14t以下	每台/年 194
5)20t以下	每台/年 258
6)30t以下	每台/年 346
7)30t以上	每台/年 388
7.特殊车	车辆重量每吨/年 33

附录8. 手续费表

类别	手续费(€)
1.颁发企业税务登记证	
第一次颁发时	15
补发	11
2.颁发车辆税务登记证	
第一次颁发时	15
补发	11
3.颁发外国人税务登记证	
第一次颁发时	15
补发	11

붙임표양식 1.

세무등록신청서
(기업)

기업명칭＿＿＿＿＿＿＿＿＿＿＿＿＿＿＿ 기업형식＿＿＿＿＿＿＿＿＿

기업소재지＿＿＿＿＿＿＿＿＿＿＿＿ 경영시간＿＿＿＿＿＿＿＿＿＿＿

당사자 우리측＿＿＿＿＿＿＿＿＿＿＿＿＿＿＿＿＿＿＿＿＿

상대측＿＿＿＿＿＿＿＿＿＿＿＿＿＿＿＿＿＿＿＿＿＿＿

기업등록날자＿＿＿＿＿＿＿＿＿＿＿＿＿ 등록번호＿＿＿＿＿＿＿

업종＿＿＿＿＿＿＿＿＿＿＿＿＿＿＿＿＿＿＿＿＿＿＿＿＿＿

거래은행명칭＿＿＿＿＿＿＿＿＿＿＿＿＿ 돈자리번호＿＿＿＿＿＿

총투자액＿＿＿＿＿＿＿＿＿＿＿＿＿＿＿ 등록자본＿＿＿＿＿＿

기업이름　　　　　　공인

기업책임자　　　　　　인

회계책임자　　　　　　인

주체 (　　　) 년　월　일

附件样本1.

税务登记申请书

(企业)

企业名称＿＿＿＿＿＿＿＿＿＿＿＿＿＿＿＿＿＿＿ 企业形式＿＿＿＿＿＿＿＿＿＿＿＿

企业所在地＿＿＿＿＿＿＿＿＿＿＿＿＿＿＿ 经营期间＿＿＿＿＿＿＿＿＿＿＿＿＿

我方当事人＿＿＿＿＿＿＿＿＿＿＿＿＿＿＿＿＿＿＿＿＿＿＿＿＿＿＿＿＿＿＿

对方当事人＿＿＿＿＿＿＿＿＿＿＿＿＿＿＿＿＿＿＿＿＿＿＿＿＿＿＿＿＿＿＿

企业登记日期＿＿＿＿＿＿＿＿＿＿＿＿＿＿＿＿＿ 登记编号＿＿＿＿＿＿＿＿＿＿＿

业种＿＿＿＿＿＿＿＿＿＿＿＿＿＿＿＿＿＿＿＿＿＿＿＿＿＿＿＿＿＿＿＿＿＿＿

交易银行名＿＿＿＿＿＿＿＿＿＿＿＿＿＿＿＿＿ 称账户号码＿＿＿＿＿＿＿＿＿＿＿

总投资额＿＿＿＿＿＿＿＿＿＿＿＿＿＿＿＿＿＿＿ 注册资本＿＿＿＿＿＿＿＿＿＿＿

企业名称　　　　　　公章

企业负责人　　　　　　印

会计负责人　　　　　　印

主体 （　　　）年　月　日

붙임표양식 2.

세무등록변경 (등록취소)신청서
(기업)

기업명칭_____

기업소재지_____ 경영시간_____

당사자 우리측_____

당사자 상대측_____

세무등록날자_____ 세무등록번호_____

변경내용_____

변경 및 취소근거_____

                    기업이름   공인

                    기업책임자   인

                    회계책임자   인

                    주체 (   ) 년 월 일

附件样本2.

税务登记变更(撤销登记) 申请书

(企业)

企业名称_____

企业所在地_____ 经营期间_____

我方当事人_____

对方当事人_____

税务登记日期_____ 税务登记编号_____

变更内容_____

变更及撤销根据_____

企业名称　　　　　公章

企业负责人　　　　印

会计负责人　　　　印

主体 (　　　) 年　月　日

세무등록신청서
(개인)

이름_____ 성별_____ 생년월일_____

국적_____ 민족별_____ 려권번호_____

해당나라직업_____

해당나라주소_____

체류, 거주, 초청관계_____

업종 및 거래형태_____

차종_____ 차번호_____

신청자이름_____ 전화번호_____

기업이름 　　　　　　　　공인

주체 (　　　) 년　월　일

附件样本 3.

税务登记申请书
（个人）

姓名＿＿＿＿＿＿＿　性别＿＿＿＿＿＿＿　出生年月日＿＿＿＿＿＿＿＿＿＿

国籍＿＿＿＿＿＿＿　民族＿＿＿＿＿＿　护照编号＿＿＿＿＿＿＿＿＿＿

所在国职业＿＿＿＿＿＿＿＿＿＿＿＿＿＿＿＿＿＿＿＿＿＿＿＿＿

所在国住所＿＿＿＿＿＿＿＿＿＿＿＿＿＿＿＿＿＿＿＿＿＿＿＿＿

滞留, 居住, 邀请关系＿＿＿＿＿＿＿＿＿＿＿＿＿＿＿＿＿＿＿＿＿

业种及交易形态＿＿＿＿＿＿＿＿＿＿＿＿＿＿＿＿＿＿＿＿＿＿＿

车种＿＿＿＿＿＿＿＿＿＿＿＿＿＿　车牌号＿＿＿＿＿＿＿＿＿＿＿＿

申请人姓名＿＿＿＿＿＿＿＿＿＿＿＿　电话号码＿＿＿＿＿＿＿＿＿＿＿

企业名称　　　　　公章

主体（　　　）年　月　日

붙임표양식 4.

세무등록변경(등록취소)신청서
기업

이름_____ 성별_____ 생년월일_____

국적_____ 민족별_____ 려권번호_____

해당나라직업_____

해당나라주소_____

체류, 거주, 초청관계_____

변경내용_____

변경 또는 취소근거_____

차종_____ 차번호_____

신청자이름_____ 전화번호_____

기업이름   공인

주체 (   ) 년   월   일

附件样本4.

税务登记变更(注销登记) 申请书
(个人)

姓名＿＿＿＿＿＿＿性别＿＿＿＿＿＿＿ 出生年月日＿＿＿＿＿＿＿＿＿＿

国籍＿＿＿＿＿＿＿ 民族＿＿＿＿＿＿＿ 护照编号＿＿＿＿＿＿＿＿＿＿＿

所在国职业＿＿＿＿＿＿＿＿＿＿＿＿＿＿＿＿＿＿＿＿＿＿＿＿＿＿＿＿＿

所在国住所＿＿＿＿＿＿＿＿＿＿＿＿＿＿＿＿＿＿＿＿＿＿＿＿＿＿＿＿＿

滞留, 居住, 邀请关系＿＿＿＿＿＿＿＿＿＿＿＿＿＿＿＿＿＿＿＿＿＿＿＿＿

变更内容＿＿＿＿＿＿＿＿＿＿＿＿＿＿＿＿＿＿＿＿＿＿＿＿＿＿＿＿＿＿

变更及撤销根据＿＿＿＿＿＿＿＿＿＿＿＿＿＿＿＿＿＿＿＿＿＿＿＿＿＿＿

车种＿＿＿＿＿＿＿＿＿＿＿＿＿＿＿＿ 车牌号＿＿＿＿＿＿＿＿＿＿＿＿＿

申请人姓名＿＿＿＿＿＿＿＿＿＿＿＿＿ 电话号码＿＿＿＿＿＿＿＿＿＿＿＿

企业名称　　　　　　　　公章

主体 (　　　)年　月　日

붙임표양식 5

세금현금납부서(1)

	과장	출납	수납
날짜			
돈자리번호	금액		
기관명	복기		
납부하는 사람			
납세내용			
돈종류			

세금현금납부서(2)

날짜	
돈자리번호	
기관명	
납부하는사람	
납세내용	
납세금액	
금액	
복기	

(은행수납도장과 수납인의 도장
이 없는것은 무효로 된다)

세금현금납부영수증(2)

날짜	
돈자리번호	
기관명	
납부하는사람	
납세내용	
납세금액	
금액	
복기	

세금납부서(1)

완치날짜		월	일
분기	돈자리	과장	지도원
왼쪽			
오른쪽			

		은행앞	
주체	년	월	일
거래은행명		돈자리 번호	
세금분류			
과세대상액		세율	
세액		복기	
비고			
기업이름			
기업책임자			
재정책임자			
재정기관확인			

세금납부서(2)

과장		지도원	

		세무기관앞	
주체	년	월	일
거래은행명		돈자리 번호	
세금분류			
과세대상액		세율	
세액		복기	
비고			
기업이름			
수 납			인
은행이름			

세금납부서(3)

완치날짜		월	일
분기	돈자리	과장	지도원
왼쪽			
오른쪽			

		기업앞	
주체	년	월	일
거래은행명		돈자리 번호	
세금분류			
과세대상액		세율	
세액		복기	
비고			
기업이름			
수 납			인
은행이름			

附件样本5.

税金现金缴纳书(1)

	科长	出纳	收纳
日期			
账户号码	金额		
机关名称	大写		
缴纳人			
纳税内容			
钱的种类			

税金现金缴纳书(2)

日期	
账户号码	
机关名称	
纳税人	
纳税内容	
纳税金额	
金额	
大写	

(若没有银行收纳印章和收纳
人印章,则无效)

税金现金缴纳发票(2)

日期	
账户号码	
机关名称	
纳税人	
纳税内容	
纳税金额	
金额	
大写	

税金缴纳书(1)

换置日期		月	日
分期	账户	科长	指导员
左侧			
右侧			

税金缴纳通知书(2)

科长	指导员

税金缴纳发票(3)

换置日期		月	日
分期	账户	科长	指导员
左侧			
右侧			

银行至

主体	年	月	日
交易银行名称	账户号码		
税金分类			
课税对象额	税率		
税额	大写		
备注			
企业名称			
企业负责人			
财政负责人			
财政机关确认			

税务机关至

主体	年	月	日
交易银行名称	账户号码		
税金分类			
课税对象额	税率		
税额	大写		
备注			
企业名称			
收纳			印
银行名称			

企业至

主体	年	月	日
交易银行名称	账户号码		
税金分类			
课税对象额	税率		
税额	大写		
备注			
企业名称			
收纳			印
银行名称			

붙임표양식 6.

세금납부연기신청서

기업명칭_____

기업소재지_____

기업책임자이름_____ 경영기간_____

등록자본_____채권채무관계_____

업종_____

세금종류_____ 세금액_____

납부연기일_____

연기하려는 리유_____

                 기업이름   공인

                 기업책임자   인

                 회계책임자   인

               주체 (   )년 월 일

附件样本6.

税金缴纳延期申请书

企业名称＿＿＿＿＿＿＿＿＿＿＿＿＿＿＿＿＿＿＿＿＿＿＿＿＿＿＿＿＿

企业所在地＿＿＿＿＿＿＿＿＿＿＿＿＿＿＿＿＿＿＿＿＿＿＿＿＿＿＿

企业负责人姓名＿＿＿＿＿＿＿＿＿＿＿＿＿ 经营期间＿＿＿＿＿＿＿＿

注册资本＿＿＿＿＿＿＿＿＿＿＿＿＿＿ 债权债务关系＿＿＿＿＿＿＿

业种＿＿＿＿＿＿＿＿＿＿＿＿＿＿＿＿＿＿＿＿＿＿＿＿＿＿＿＿＿＿

税金种类＿＿＿＿＿＿＿＿＿＿＿＿＿＿＿ 税额＿＿＿＿＿＿＿＿＿＿＿

缴纳延期日＿＿＿＿＿＿＿＿＿＿＿＿＿＿＿＿＿＿＿＿＿＿＿＿＿＿＿

延期理由＿＿＿＿＿＿＿＿＿＿＿＿＿＿＿＿＿＿＿＿＿＿＿＿＿＿＿＿

企业名称　　　　　　公章

企业负责人　　　　　印

会计负责人　　　　　印

主体（　　　）年　月　日

기업소득세면제(감면)신청서

기업명칭_____

기업창설날자_____ 기업소재지_____

업종_____

총투자액_____ 그중 상대측투자액_____

당해년도_____ 리윤총액감면신청총액_____

감면 근거_____

        기업이름   공인   심사승인기관   공인

        기업책임자   인

        회계책임자   인

           주체 (   )년 월 일

附件样本7

企业所得税免缴(减免)申请书

企业名称_____

企业设立日期_____ 企业所在地_____

业种_____

总投资额_____ 其中相对方投资额_____

本年度利润总额_____ 减免申请额_____

减免根据_____

企业   公章   审查许可机关   公章

企业负责人   印

会计负责人   印

主体 (   ) 年   月   日

붙임표양식 8.

기업소득세반환(공제)신청서

기업명칭_____

기업창설날자_____ 기업소재지_____

업종_____

기업등록날자_____ 등록번호_____

영업허가받은날자_____ 허가번호_____

투자계획_____ 투자실적_____

기업소득세률_____ 기업소득세액_____

리윤배당금_____ 재투자금액_____

재투자한 기업운영기간_____

반환(공제)신청금액_____

거래은행명칭_____ 돈자리번호_____

    기업이름   공인   심사승인기관   공인

    기업책입자   인

    회계책임자   인   회계검증기관   확인

    주체 (   ) 년 월 일

附件样本 8.

企业所得税返还(扣除)申请书

企业名称＿＿＿＿＿＿＿＿＿＿＿＿＿＿＿＿＿＿＿＿＿＿＿＿＿＿＿＿＿＿＿

住所＿＿＿＿＿＿＿＿＿＿＿＿＿＿＿＿＿＿ 经营期间＿＿＿＿＿＿＿＿＿＿＿＿

业种＿＿＿＿＿＿＿＿＿＿＿＿＿＿＿＿＿＿＿＿＿＿＿＿＿＿＿＿＿＿＿＿＿＿

企业登记日期＿＿＿＿＿＿＿＿＿＿＿＿＿＿＿ 登记编号＿＿＿＿＿＿＿＿＿

营业得到许可日期＿＿＿＿＿＿＿＿＿＿＿＿＿ 许可编号＿＿＿＿＿＿＿＿＿

投资计划＿＿＿＿＿＿＿＿＿＿＿＿＿＿＿＿＿ 投资实绩＿＿＿＿＿＿＿＿＿

利润红利＿＿＿＿＿＿＿＿＿＿＿＿＿＿＿＿＿ 再投资金额＿＿＿＿＿＿＿＿

再投资企业运营期间＿＿＿＿＿＿＿＿＿＿＿＿＿＿＿＿＿＿＿＿＿＿＿＿＿

返还(扣除)申请金额＿＿＿＿＿＿＿＿＿＿＿＿＿＿＿＿＿＿＿＿＿＿＿＿＿

交易银行名称＿＿＿＿＿＿＿＿＿＿＿＿＿＿＿ 账户号码＿＿＿＿＿＿＿＿＿

企业　　　　　公章　　　　审查许可机关确认

企业负责人　　　　印

会计负责人　　　　印　　　　会计检证机关确认

主体 (　　　)年　月　日

붙임표양식 9

개인소득세공제신청서

신청자이름_____ 성별_____ 난날_____

국적_____ 민족별_____

주소_____ 직 업_____

개인소득세형태와 금액_____

지대세률에 의한 세액_____

세금을 납부한 나라 및 세무기관이름_____

납부한 세금액_____ 공제신청액_____

신청자 이름   인

기업 이름   공인

주체 (   )년 월 일

附件样本9

个人所得税扣除申请书

申请人姓名＿＿＿＿＿＿＿ 性别＿＿＿＿＿＿＿ 出生年月日＿＿＿＿＿＿＿

国籍＿＿＿＿＿＿＿＿＿＿＿＿＿＿＿＿＿＿ 民族＿＿＿＿＿＿＿＿＿＿＿＿＿

住所＿＿＿＿＿＿＿＿＿＿＿＿＿＿＿＿＿＿＿职业＿＿＿＿＿＿＿＿＿＿＿＿＿

个人所得形态与金额＿＿＿＿＿＿＿＿＿＿＿＿＿＿＿＿＿＿＿＿＿＿＿＿＿＿＿

依据经济贸易区税率的税金＿＿＿＿＿＿＿＿＿＿＿＿＿＿＿＿＿＿＿＿＿＿＿＿

缴税国家及税务机关名称＿＿＿＿＿＿＿＿＿＿＿＿＿＿＿＿＿＿＿＿＿＿＿＿＿

缴纳税额＿＿＿＿＿＿＿＿＿＿扣除申请额＿＿＿＿＿＿＿＿＿＿＿＿＿＿＿＿＿

申请人姓名　　　　　　　印

企业名称　　　　　　　公章

主体（　　　）年　月　日

붙임표양식 10

개인소득세면제신청서

납세자이름＿＿＿＿＿＿＿ 성별＿＿＿＿＿＿＿ 난날＿＿＿＿＿＿＿＿＿

국적＿＿＿＿＿＿＿＿＿＿＿＿＿＿＿＿ 민족별＿＿＿＿＿＿＿＿＿＿＿

납세자 주소＿＿＿＿＿＿＿＿＿＿＿＿＿＿＿＿＿＿＿＿＿＿＿＿＿＿

수익금을 지불한 기관명＿＿＿＿＿＿＿＿＿＿＿＿＿＿＿＿＿＿＿＿＿

소득형태와 금액＿＿＿＿＿＿＿＿＿＿＿＿＿＿＿＿＿＿＿＿＿＿＿＿

면제근거＿＿＿＿＿＿＿＿＿＿＿＿＿＿＿＿＿＿＿＿＿＿＿＿＿＿＿＿

신청자 이름

수익금을 지불한 기관 확인

주체 ( ) 년 월 일

附件样本10

个人所得税免税申请书

纳税人姓名_____ 性别_____ 出生年月日_____

国籍_____ 民族_____

纳税人住所_____

支付收益金的机关名称_____

所得形态及金额_____

免除根据_____

申请人姓名

支付收益金机关的确认

主体 （   ）年   月   日

붙임표양식 11

재산등록신청서

재산소유자명_____ 국적_____ 민족별_____

주소_____ 직업_____

재산명_____ 수량_____ 형식 및 규격_____

보유장소_____ 용도_____ 취득가격_____

내용년한_____ 사용한년한_____

준공(제작)년도_____

양도자명_____ 주소_____ 직업_____

신청자   인

공증기관   확인

주체 (   )년 월 일

附件样本 11

财产登记申请书

财产所有人姓名_____ 国籍_____ 民族_____

住所_____ 职业_____

财产名称_____ 数量_____ 形式及规格_____

保留场所_____ 用途_____ 取得价格_____

耐用年限_____ 使用年限_____

竣工(制作)年度_____

让渡人姓名_____ 住所_____ 职业_____

申请人　　　　　　　印

公证机关　　　　　　确认

主体 (　　　) 年　月　日

붙임표양식 12

재산등록변경(취소)신청서

재산소유자명_____ 국적_____ 민족별_____

주소_____ 직업_____ 전화번호_____

재산명_____ 수량_____ 형식 및 규격_____

보유장소_____ 취득가격_____ 재평가가격_____

준공(제작)년도_____ 내용년한_____ 사용한 년한_____

변경(취소) 내용_____

변경(취소)근거_____

공증받은 날자_____

신청자 이름   전화번호

공증기관   확인

주체 (   )년 월 일

附件样本12

财产登记变更(撤销) 申请书

财产所有人姓名＿＿＿＿＿＿＿＿＿＿ 国籍＿＿＿＿＿＿＿ 民族＿＿＿＿＿＿＿

住所＿＿＿＿＿＿＿＿＿＿＿＿＿＿ 职业＿＿＿＿＿ 电话号码＿＿＿＿＿＿＿＿＿＿

财产名称＿＿＿＿＿＿＿＿＿＿＿＿ 数量＿＿＿＿＿＿ 形式及规格＿＿＿＿＿

保留场所＿＿＿＿＿＿＿＿＿＿＿＿ 用途＿＿＿＿＿＿ 取得价格＿＿＿＿＿＿

竣工(制作) 年度＿＿＿＿＿＿＿＿ 耐用年限＿＿＿＿＿使用年限＿＿＿＿＿

变更(撤销) 内容＿＿＿＿＿＿＿＿＿＿＿＿＿＿＿＿＿＿＿＿＿＿＿＿＿＿＿＿

变更(撤销) 根据＿＿＿＿＿＿＿＿＿＿＿＿＿＿＿＿＿＿＿＿＿＿＿＿＿＿＿＿

公证日期＿＿＿＿＿＿＿＿＿＿＿＿＿＿＿＿＿＿＿＿＿＿＿＿＿＿＿＿＿＿＿＿

申请人姓名　　　　　电话号码

公证机关　　　　　确认

主体 (　　) 年　月　日

붙임표약식 13

재산세면제신청서

재산소유자명_____ 국적_____ 민족별_____

주소_____ 직업_____ 전화번호_____

재산명_____ 취득가격_____

재산위치_____ 형식 및 규격_____

준공(제작)날자_____ 취득날자_____

면제근거_____

_____

신청자이름   전화번호

건물관리기관   확인   공증기관   확인

주체 (   ) 년   월   일

附件样本13

财产税免除申请书

财产所有人姓名_____ 国籍_____ 民族_____

住所_____ 职业_____ 电话号码_____

财产名称_____ 取得价格_____

财产所在地_____ 形式及规格_____

竣工(制作)年度_____ 取得日期_____

免除根据_____

_____

申请人姓名　　　　　电话号码

建筑管理机关　　确认　　　公证机关　　　　确认

主体（　　　）年　月　日

상속세현물납부신청서

상속자이름_____ 주소_____

상속시키는 자 이름_____ 주소_____

상속재산이름_____ 금액_____

상속세액_____

현물납부리유_____

상속세 현물재산이름과 금액_____

상속자이름   인

주체 (   )년 월   일

附件样本14

继承税实物缴纳申请书

继承人姓名_____ 住所_____

被继承人姓名_____ 住所_____

继承财产名称_____ 金额_____

继承税额_____

实物缴纳理由_____

继承税实物财产名称及金额_____

继承人姓名　　　　　　　　　　印

主体（　　　）年　月　日

붙임표양식 15

상속세분할납부신청서

상속자이름_____ 주소_____

상속시키는 자 이름_____ 주소_____

상속재산이름_____ 금액_____

과세대상액_____ 세률_____

상속세액_____

분할납부계획_____

상속자이름　　　　　　　　인

주체 (　　　)년 월 일

附件样本15

继承税分期缴纳申请书

继承人姓名＿＿＿＿＿＿＿＿＿＿＿＿＿＿＿＿ 住所＿＿＿＿＿＿＿＿＿＿

被继承人姓名＿＿＿＿＿＿＿＿＿＿＿＿＿＿ 住所＿＿＿＿＿＿＿＿＿＿

继承财产名称＿＿＿＿＿＿＿＿＿＿＿＿＿＿ 金额＿＿＿＿＿＿＿＿＿＿

课税对象额＿＿＿＿＿＿＿＿＿＿＿＿＿＿＿ 税率＿＿＿＿＿＿＿＿＿＿

继承税额＿＿＿＿＿＿＿＿＿＿＿＿＿＿＿＿＿＿＿＿＿＿＿＿＿＿＿＿

分期缴纳计划＿＿＿＿＿＿＿＿＿＿＿＿＿＿＿＿＿＿＿＿＿＿＿＿＿＿

继承人姓名 　　　　　　　　印

主体（　　　）年　月　日

상속세공제신청서

상속자이름_____ 주소_____

상속시키는 자 이름_____ 주소_____

상속재산이름_____ 상속재산액_____

공제항목과 금액_____

과세대상액세률_____

상속세액_____

신청자이름   인

공증기관확인   공인

주체 (   ) 년   월   일

附件样本16

继承税扣除申请书

继承人姓名＿＿＿＿＿＿＿＿＿＿＿＿＿＿＿＿＿　　住所＿＿＿＿＿＿＿＿＿＿＿

被继承人姓名＿＿＿＿＿＿＿＿＿＿＿＿＿＿　　住所＿＿＿＿＿＿＿＿＿＿＿

继承财产名称＿＿＿＿＿＿＿＿＿＿＿＿＿＿　　继承财产额＿＿＿＿＿＿＿

扣除项目及金额＿＿＿＿＿＿＿＿＿＿＿＿＿＿＿＿＿＿＿＿＿＿＿＿＿＿

课税对象金额税率＿＿＿＿＿＿＿＿＿＿＿＿＿＿＿＿＿＿＿＿＿＿＿＿＿

继承税额＿＿＿＿＿＿＿＿＿＿＿＿＿＿＿＿＿＿＿＿＿＿＿＿＿＿＿＿＿＿＿

申请人姓名　　　　　电话号码

公证机关确认　　　　公章

主体（　　　）年　月　日

붙임표양식 17

거래세(영업세)계산서

No	제품 및 부분별	단위	수량	단가	금액	세률	세금
1							
2							
3							
계							

기업이름   공인

기업책임자   인

회계책임자   인

주체 (   )년 월 일

附件样本17

交易税(营业税) 计算书

No	产品及分类	单位	数量	单价	金额	税率	税金
1							
2							
3							
计							

企业名称   公章

企业负责人   印

会计负责人   印

主体 (   ) 年   月   日

거래세(영업세)면제(감면)신청서

기업명칭_____

주소_____

업종_____

감면대상 및 수입금_____세률_____

감면신청액_____

감면리유_____

기업이름   공인

기업책임자   인

회계책임자   인

주체 (   )년 월 일

附件样本18

交易税(营业税) 免除(减免) 申请书

企业名称＿＿＿＿＿＿＿＿＿＿＿＿＿＿＿＿＿＿＿＿＿＿＿＿＿＿＿

住所＿＿＿＿＿＿＿＿＿＿＿＿＿＿＿＿＿＿＿＿＿＿＿＿＿＿＿＿＿＿

业种＿＿＿＿＿＿＿＿＿＿＿＿＿＿＿＿＿＿＿＿＿＿＿＿＿＿＿＿＿＿

减免对象及收入＿＿＿＿＿＿＿＿＿＿＿＿＿＿＿＿＿＿ 税率＿＿＿＿＿＿＿＿

减免申请金额＿＿＿＿＿＿＿＿＿＿＿＿＿＿＿＿＿＿＿＿＿＿＿＿＿＿＿

减免理由＿＿＿＿＿＿＿＿＿＿＿＿＿＿＿＿＿＿＿＿＿＿＿＿＿＿＿＿＿

企业名称　　　　　　　公章

企业负责人　　　　　　　印

会计负责人　　　　　　　印

主体 （　　　）年　月　日

붙임표양식 19

자동차세무등록신청서

No	자동차 종류	자동차 번호	리용자 이름	좌석수 또는 적재 중량, 차체중량	취득날자	차 세무등록번호

기업이름   공인

기업책임자   인

회계책임자   인

주체 (   ) 년 월 일

附件样本19

机动车税务登记申请书

No	机动车种类	车牌号	使用人姓名	座位数或装载重量,车体重量	取得时间	车税务登记编号

企业名称   公章

企业负责人   印

会计负责人   印

主体（ ）年 月 日

자동차리용세면제신청서

자동차소유자 이름_____

주소_____

자동차번호_____ 자동차종류_____

좌석수 또는 적재중량, 차체중량_____

취득날자_____

면제신청기관_____

면제금액_____

면제리유_____

자동차소유자 이름   공인

기업책임자   인

회계책임자   인

주 체 (   ) 년   월   일

附件样本20.

机动车使用税免除申请书

机动车所有人姓名_____

住所_____

车牌号_____ 机动车种类_____

座位数或装载重量, 车体重量_____

取得日期_____

免除申请机关 _____

免除金额_____

免除理由 _____

机动车所有人姓名   公章

企业负责人   印

会计负责人   印

主体 (   ) 年   月   日

자동차세무등록변경(취소)신청서

자동차소유자 이름_____

국적_____

민족별_____

주소_____

자동차번호_____ 자동차종류_____

죄석수 또는 적재중량, 차체중량_____

세무등록날자 및 등록증번호_____

변경(취소)근거_____

자동차소유자 이름   공인

기업책임자   인

회계책임자   인

주체 (   )년 월 일

附件样本21.

机动车税务登记变更(撤销) 申请书

机动车所有人姓名_____

国籍_____

民族_____

住所_____

车牌号_____ 机动车种类_____

座位数或装载重量, 车体重量_____

税务登记日期及登记证编号_____

变更(撤销) 根据_____

                机动车所有人姓名   公章

                企业负责人   印

                会计负责人   印

                    主体 (   ) 年   月   日

11

라선경제무역지대 부동산규정

罗先经济贸易区房地产规定

라선경제무역지대 부동산규정

주체103(2014)년 12월24일 최고인민회의 상임위원회 결정 제44호로 채택

제1장 일반규정

제1조 (사명)

이 규정은 라선경제무역지대에서 부동산의 취득과 등록, 부동산의 양도와 리용, 토지임대료와 부동산사용료의 납부에서 제도와 질서를 엄격히 세우는데 이바지한다.

제2조 (용어의 정의)

이 규정에서 용어의 정의는 다음과 같다.

1. 부동산이란 토지리용권과 건물소유권같은 것이다.
2. 토지리용권이란 토지임대차계약에 따라 임차한 토지를 리용할수 있는 권리이다.
3. 건물소유권이란 건물을 점유, 리용, 처분할수 있는 권리이다.
4. 부동산업이란 토지리용권자가 공공건물, 살림집, 시설물을 건설하여 매매하거나 임대하여 주고 수입을 얻는 경제활동이다.
5. 부동산취득이란 계약을 맺고 토지리용권 또는 건물을 소유하거나 건물을 새로 건설하여 소유하는 행위이다.
6. 토지임대기간이란 토지임대차계약에 따라 토지리용권을 행사할수 있는 기간이다.
7. 부동산양도란 토지리용권이나 건물소유권을 매매, 교환, 증여, 상속의 형태로 제3자에게 넘기는 행위이다.
8. 부동산매매란 토지리용권이나 건물소유권을 제3자에게 유상으로 넘기는 행위이다.
9. 부동산교환이란 부동산을 서로 맞바꾸고 차이나는 금액을 청산하는행위이다.
10. 부동산증여란 토지리용권이나 건물소유권을 제3자에게 무상으로 넘기는 행위이다.

罗先经济贸易区房地产规定

主体103（2014）年12月24日最高人民会议常任委员会 决定 第44号 制定

第一章 一般规定

第一条(使命)

为严格树立罗先经济贸易区房地产的取得和登记,房地产的转让与使用,缴纳土地租赁费和房地产使用费的制度和秩序,制定本规定.

第二条(用语的定义)

本规定用语的定义如下：

1. 房地产是指土地使用权和建筑物所有权等;
2. 土地使用权是指依据土地租赁合同可以使用租赁土地的权利;
3. 建筑物所有权是指占有,使用,处理建筑物的权利;
4. 房地产业是指土地使用权人建设公共建筑物,住房,设施并通过买卖或租赁获得收益的经济活动;
5. 取得房地产是指通过合同取得土地使用权,所有建筑物或所有新建建筑物的行为;
6. 土地租赁期限是依据土地租赁合同行使土地使用权的期限;
7. 房地产转让是指以买卖,交换,赠与,继承的形式把土地使用权或建筑物所有权转让给第三者的行为;
8. 房地产买卖是指向第三者有偿移交土地使用权或者建筑物所有权的行为;
9. 房地产交换是指相互交换房地产,差额用货币清算的行为;
10. 房地产赠与是指向第三者无偿移交土地使用权或者建筑物所有权的行为;

11. 부동산상속이란 토지리용권자 또는 건물소유권자가 사망하였을 경우 그 권리가 상속자에게 넘어가는 행위이다.
12. 부동산재임대란 토지리용권자나 건물소유권자가 부동산을 제3자에게 일정한 기간 빌려주는 행위이다.
13. 부동산저당이란 토지리용권 또는 건물소유권을 은행 또는 금융기관에 채무리행의 담보로 제공하는 행위이다.
14. 토지임대료란 토지리용권을 넘겨주고 받는 료금이다.
15. 토지사용료란 토지리용권자가 토지를 리용하는 대가로 내는 료금이다.
16. 토지분양이란 개발기업이 개발한 토지를 용도별로 분할하여 기업 또는 개인에게 그 리용권을 양도하는 행위이다.

제3조 (부동산의 취득범위)

라선경제무역지대(이 아래부터 지대라고 한다.)에서 외국투자기업과 외국인(이 아래부터 기업과 개인이라고 한다.)은 토지리용권을 취득하거나 건물을 소유할수 있다.

토지리용권에는 토지에 있는 천연자원과 매장물이 속하지 않는다.

제4조 (부동산의 출자)

지대에서 기관, 기업소, 단체는 국가의 승인밑에 토지리용권이나 건물리용권을 이관받아 외국인투자기업에 투자몫으로 출자할수 있다.

이와 관련한 질서는 이 규정시행을 위한 세칙에 정한데 따른다.

제5조 (부동산의 거래)

부동산을 취득한 기업과 개인은 이 규정이 정한 범위에서 그것을 매매, 교환, 증여, 상속의 방법으로 양도하거나 재임대, 저당할수 있다.

제6조 (부동산소유권의 보호)

지대에서 부동산관리기관에 등록된 토지리용권과 건물소유권은 법적으로 보호된다.

법적절차를 거치지 않고서는 부동산을 몰수하거나 그 리용을 중지시키지 않는다.

제7조 (부동산관리사업에 대한 지도)

지대에서 부동산관리사업에 대한 지도는 라선시인민위원회가 한다.

라선시인민위원회는 부동산관리분담을 바로하고 부동산관리사업을 정상적으로 장악지도하여야 한다.

11. 房地产继承是指拥有土地使用权或者建筑物所有权人死亡时,由继承人继承该项权利的行为;

12. 房地产再租赁是指拥有土地使用权或者建筑物所有权人给第三者租借一定期限土地使用权或建筑物所有权的行为;

13. 房地产抵押是指向银行或者金融机关以履行债务为担保提供土地使用权或者建筑物所有权的行为;

14. 土地租赁费是指移交土地使用权后收取的费用;

15. 土地使用费是指土地使用权人以使用土地的代价缴纳的费用;

16. 土地出租是指开发企业把开发的土地按用途分割后向企业或个人出租其使用权的行为.

第三条(取得房地产的范围)

在罗先经济贸易区(以下简称经贸区)的外国投资企业和外国人(以下简称企业和个人)可以取得土地使用权或者建筑物所有权.

土地使用权不包括土地中的自然资源和埋葬物.

第四条(房地产出资)

在经贸区机关, 企业, 团体经国家的批准, 可以以取得的土地使用权或者建筑物使用权出资外国投资企业.

与此相关的规定,依据本规定的实施细则的具体规定.

第五条(房地产交易)

取得房地产的企业和个人可以在本规定许可的范围内通过买卖, 赠与, 继承的方法转让或者再租赁, 抵押房地产.

第六条(房地产所有权的保护)

在经贸区房地产管理机关登记注册的土地使用权和建筑物所有权,受法律的保护.

未经法定程序不得没收房地产或中止房地产的使用.

第七条(对房地产管理工作的指导)

由罗先市人民委员会负责经贸区的房地产管理工作.

罗先市人民委员会应认真对待房地产管理工作,并经常性的了解和指导房地产管理工作.

제8조 (적용대상)

이 규정은 지대에서 부동산을 관리하거나 리용하는 기관, 기업소, 단체와 공민, 기업과 개인에게 적용한다.

제2장 부동산의 취득

제9조 (토지리용권의 취득방법)

기업과 개인은 라선시국토관리기관(이 아래부터 국토관리기관이라고 한다.)으로부터 토지를 일정한 기간 임대받거나 이관받는 방법으로 토지리용권을 취득할 수 있다.

이미 토지리용권을 소유한자로부터 양도받는 방법으로도 토지리용권을 취득할 수 있다.

제10조 (토지임대방법에 따르는 토지리용권의 취득)

토지임대는 협상과 입찰, 경매의 방법으로 한다.

국토관리기관은 토지임대와 관련한 협상, 입찰, 경매에서 선출된 기업 또는 개인과 토지임대차계약을 맺어야 한다.

토지임대차계약에서는 해당 토지의 위치와 면적, 용도, 임대기간, 임대료, 계약취소사유 같은것을 밝힌다.

제11조 (토지리용증의 발급)

국토관리기관은 토지임대차계약에서 정한데 따라 토지임대료의 전액 또는 1차 납부금을 받은 날부터 14일안으로 해당 기업 또는 개인에게 토지리용증을 발급하여야 한다.

제12조 (토지부착물이전보상비의 지불)

토지리용권을 취득한 기업과 개인은 토지에 건물, 시설물, 농작물 기타 부착물이 있을 경우 해당한 이전보상비를 지불하여야 한다.

건물, 시설물, 농작물 기타 부착물의 이전보상비는 토지임대료에 포함되지 않는다.

제13조 (건물소유권의 취득방법)

기업과 개인은 건물을 새로 건설하거나 이미 있던 건물을 양도받는 방법으로 건물소유권을 취득할수 있다.

第八条(适用对象)

本规定适用于在经贸区管理或者使用房地产的机关, 企业, 团体和公民, 企业和个人.

第二章 取得房地产

第九条(取得土地使用权的方法)

企业和个人可以从罗先市国土管理机关(以下简称国土管理机关) 以一定期间租赁或者转让土地的方式, 取得土地使用权.

也可以从已取得土地使用权的人那里以转让的方式取得土地使用权.

第十条(以土地租赁方式取得土地使用权)

土地租赁以协商, 招标, 拍卖的方法进行.

国土管理机关应与土地租赁协商, 招标, 拍卖中当选的企业或者个人签订土地租赁合同.

土地租赁合同书应载明土地的位置和面积, 用途, 租赁期间, 租赁费, 注销合同原因等.

第十一条(颁发土地使用证)

根据土地租赁合同的约定, 国土管理机关应自收到土地租赁费的全部或者一次缴纳款项之日起14天内, 向有关企业或者个人颁发土地使用证.

第十二条(支付土地附着物转移补偿费)

取得土地使用权的企业和个人, 如土地上有建筑物, 设施, 农作物等其他附着物时, 应支付有关转移补偿费.

土地租赁费不包括建筑物, 设施, 农作物等其他附着物的转移补偿费.

第十三条(建筑物所有权的取得方法)

企业和个人可以以新建建筑物或者受让已有的建筑物的方法, 取得建筑物所有权.

제14조 (토지임대기간과 계산)

토지임대기간은 50년범위안에서 계약당사자들이 합의하여 정한다. 이 경우 기업의 존속기간을 초과할수 없다.

기업과 개인의 토지리용기간은 토지리용증을 등록한 날부터 계산한다.그러나 토지리용증을 받기전에 실제적인 리용을 시작하였을 경우에는 해당 토지를 리용한 날부터 계산한다.

개발기업인 경우 승인받은 단계별 지대개발계획에 반영된 공사기간만큼 토지임대기간을 늘여줄수 있다.

제3장 부동산의 등록

제15조 (부동산의 등록분류와 등록기관)

지대에서 토지리용권, 건물소유권을 취득한 기업과 개인은 대상에 따라 라선시인민위원회 또는 지대관리위원회(이 아래부터 부동산등록기관이라고 한다.)에 부동산등록을 하여야 한다.

부동산등록은 토지와 건물에 대한 시초등록과 변경등록, 저당등록, 취소등록으로 나누어 한다.

제16조 (부동산등록신청서의 제출)

기업과 개인은 토지리용권, 건물소유권을 취득한 날부터 30일안으로 부동산등록기관에 부동산등록신청서를 내야 한다.

부동산등록신청서에는 당사자의 이름과 국적, 기업의 명칭과 주소, 토지 또는 건물의 위치와 면적, 리용목적, 리용기간 같은것을 정확히 밝힌다. 이 경우 토지리용증 또는 건물소유권증과 해당 계약서의 사본, 세무등록증사본같은 등록에 필요한 문건을 청부한다.

제17조 (부동산등록의 심의, 등록증의 발급)

부동산등록기관은 부동산등록신청서를 접수한 날부터 14일안으로 부동산을 현물, 화폐적으로 확인평가하고 등록한 다음 신청자에게 부동산등록증을 발급하여야 한다.

제18조 (부동산의 등록방법)

토지리용권의 등록은 해당 토지의 위치와 면적을 확인하고 토지등록대장과 지적도에 한다.

第十四条(土地租赁期限及其计算)

在50年范围内通过合同当事人之间的协商,确定土地租赁期限.此时,不得超过企业的存期期间.

企业和个人的土地使用期限是自注册登记土地使用证件之日起计算.但,在未取得土地使用证之前已实际使用土地时,自使用该土地之日起计算.

如果是属于开发企业时,获得批准的阶段性开发计划规定的工程期限,可以把该期限增加到租赁期限中.

第三章 房地产的登记

第十五条(房地产的登记种类和登记机关)

在经贸区取得土地使用权,建筑物所有权的企业和个人应按其对象向罗先市人民委员会或者经贸区管理委员会(以下简称房地产登记机关)进行房地产登记.

房地产登记包括对土地和建筑物的初始登记和变更登记,抵押登记,注销登记.

第十六条(提交房地产登记申请书)

企业和个人应自取得土地使用权,建筑物所有权之日起30日内,向房地产登记机关提交房地产登记申请书.

房地产登记申请书应记载当事人的姓名和国籍,企业名称和地址,土地或者建筑物的位置和面积,使用目的,使用期限等.此时,应附加土地使用证或者建筑物所有权证,合同书的副本,税务登记证副本等登记所需的文件.

第十七条(房地产登记的审核, 颁发登记证)

房地产登记机关应自收到房地产登记申请书之日起14日内,对房地产进行现物,货币评价和确认以后,为申请人颁发房地产登记证.

第十八条(房地产的登记方法)

土地使用权的登记是在确认该土地的位置和面积后记录在土地登记本和地籍图上.

건물소유권의 등록은 건물의 위치와 면적을 확인하고 건물등록대장에 한다.

제19조 (부동산의 변경등록)

기업과 개인은 부동산의 등록사항이 변경되였거나 부동산을 양도하려 할 경우 해당 사유가 발생한 날부터 30일안으로 부동산등록기관에 부동산등록변경신청서를 제출하여야 한다. 이 경우 부동산변경등록과 관련한 증명문건을 첨부한다.

제20조 (부동산의 저당등록)

부동산을 저당하려는 당사자들은 저당계약을 맺은 날부터 10일안으로 부동산등록기관에 저당등록을 하여야 한다.

저당권자는 저당등록신청서에 채무자의 이름과 채권액 또는 채권최고액, 채무상환시기, 리자 및 그 지불시기, 기타 저당권의 효력이 미치는 범위에 관한 사항을 밝혀야 한다.

제21조 (부동산등록의 취소)

부동산의 리용과 관련한 계약기일이 만기되였거나 기업이 청산될 경우 당사자는 해당 사유가 발생한 날부터 14일안으로 부동산등록기관에 부동산등록취소신청서를 내야 한다. 이 경우 부동산등록증과 정해진 문건을 바친다.

제22조 (부동산의 등록실사)

부동산등록기관은 해마다 부동산실사를 진행하여야 한다.

부동산실사는 등록된 부동산의 리용정형을 현지확인하고 등록확인을 해주는 방법으로 한다.

제4장 부동산의 양도와 저당

제23조 (부동산의 양도, 저당의 권리와 지켜야 할 원칙)

지대에서 토지리용권, 건물소유권을 등록한자는 리용기간안에 그 권리의 일부 또는 전부를 양도하거나 저당할수 있다. 이 경우 당사자들은 공정성, 투명성, 신용의 원칙을 지켜야 한다.

제24조 (함께 가진 토지리용권과 건물의 양도, 저당)

토지리용권을 양도하거나 저당할 경우에는 해당 토지에 있는 건물과 부착물도 함께 양도, 저당된다.

토지리용권과 건물소유권이 분리되여 있는 부동산을 양도, 저당하려 할 경우에는 권리당사자들의 서면동의를 받아야 한다.

建筑物所有权的登记是在确认建筑物的位置和面积后记录在建筑物登记本上.

第十九条(房地产的变更登记)

企业和个人的房地产登记事项如有变化或者拟转让房地产时,应自有关事由发生之日起30日内,向房地产登记机关提交房地产登记变更申请书.此时,应附上房地产变更登记有关的证明文件.

第二十条(房地产的抵押登记)

需要抵押房地产的当事人,应自签订抵押合同之日起10日内,向房地产登记机关办理抵押登记.

抵押权人应在抵押登记申请书上记载债务人的姓名和债券金额或者债券最高金额,债务偿还期限,利息及其支付期限,其他抵押权效力涉及的范围事项.

第二十一条(注销房地产登记)

房地产使用合同期满或者企业被清算时,当事人应自该事由发生之日起14日内向房地产登记机关提交房地产登记注销申请书.此时,交回房地产登记证和规定的相关文件.

第二十二条(清查房地产的登记事项)

房地产登记机关应每年对房地产的登记事项进行清查工作.

房地产清查是以现场确认登记房地产的使用情况和进行确认登记的方法进行.

第四章 房地产的转让与抵押

第二十三条(房地产的转让,抵押权利与应遵守的原则)

在经贸区登记土地使用权,建筑物所有权的人,在使用期间内可以全部或部分转让或抵押其权利.此时当事人应遵守公正性,透明性,信用的原则.

第二十四条(共有土地使用权和建筑物的转让,抵押)

转让或者抵押土地使用权时,该土地上的建筑物和附着物也一并转让,抵押.

需要转让,抵押土地使用权和建筑物所有权被不同人所有的房地产时,应取得权利当事人的书面同意.

제25조 (사기, 강요로 이루어진 양도, 저당의 취소)

사기, 강요에 의하여 부동산을 양도하였거나 저당하였을 경우 당사자들은 그 사유를 안 날부터 3개월안에 양도, 저당을 취소할수 있다. 그러나 계약을 맺은 날부터 3년이 지났을 경우에는 부동산의 양도, 저당을 취소할수 없다.

제26조 (부동산의 양도방법)

부동산은 매매, 교환, 증여, 상속의 방법으로 양도할수 있다.

매매, 교환, 증여에 의한 양도는 계약을 맺고 한다. 이 경우 부동산등록기관의 승인을 받아야 한다.

제27조 (개발기업의 부동산양도 및 임대)

개발기업은 개발계획과 하부구조건설이 진척되는데 따라 기업 또는 개인에게 개발한 토지를 분양하거나 임대할수 있다. 이 경우 토지분양, 임대가격은 개발기업이 정한다.

제28조 (부동산의 매매방법)

부동산의 매매는 협상, 입찰, 경매 같은 방법으로 한다. 이 경우 입찰 또는 경매절차는 사전에 공포한다.

제29조 (부동산의 양도, 저당금지)

다음의 경우에는 부동산을 양도, 저당할수 없다.

1. 토지임대료의 전액을 물지 않았을 경우
2. 개발건설총계획의 25%이상 투자하지 않았을 경우
3. 이관받은 부동산의 이관비를 물지 않았을 경우
4. 토지리용권과 건물소유권이 분리되여있거나 공동으로 소유한 부동산을 권리당사자들의 서면동의가 없이 양도, 저당하려 할 경우
5. 부동산등록기관에 등록되지 않았거나 법기관의 취급중에 있는 부동산인 경우

제30조 (부동산의 상속)

토지리용권자 또는 건물소유권자가 사망하였을 경우 부동산과 관련한 재산상 권리와 의무는 상속자에게 넘어간다. 이 경우 부동산과 관련한 재산상의무는 부동산의 가치를 한도로 상속자에게 넘어간다.

상속자판정과 상속재산분배는 토지리용권자 또는 건물소유권자의 사망당시 피상속자가 속한 나라의 법 또는 상속재산이 있는 나라의 법에 따른다.

第二十五条(以欺诈, 强迫形成的转让, 抵押的取消)

以欺诈, 强迫方式被转让或者抵押房地产时, 自当事人知道该事由之日起三个月内, 可以取消转让, 抵押.但是自签订合同之日起经过3年时, 则不能取消房地产的转让, 抵押.

第二十六条(房地产的转让方法)

房地产的转让方法有买卖, 交换, 赠与, 继承.

以买卖, 交换, 赠与的方法转让房地产时, 应签订合同.此时, 应取得房地产登记机关的批准.

第二十七条(开发企业的房地产转让及租赁)

开发企业可以根据开发规划和基础设施建设的进展, 向企业或者个人转让或租赁开发的土地.此时, 转让土地, 租赁价格由开发企业决定.

第二十八条(房地产的买卖方法)

房地产买卖有协商, 招标, 拍卖等方法.此时, 事前应公布招标或者拍卖程序.

第二十九条(禁止房地产的转让, 抵押)

有下列情形之一的房地产,不得转让, 抵押:

1.未支付全部土地租赁费用的;

2.为投资开发建设总规划的25%以上的;

3.为支付移交房地产的移交费用的;

4.土地使用权和建筑物所有权分属不同人所有或共同所有的房地产没有权利当事人书面同意的前提下转让, 抵押的;

5.未登记在房地产登记机关或者执法机关正在处理中的房地产.

第三十条(继承房地产)

土地使用权人或者建筑物所有权人死亡时, 与房地产相关的财产上的权利和义务由继承人继承.此时, 与房地产相关的财产上的义务, 以房地产的价值为限, 由继承人继承.

判定继承人和继承财产的分配, 遵从土地使用权人或者建筑物所有权人死亡当时被继承人所属国家的法律或者继承财产所在国家的法律.

제31조 (상속받은 부동산의 양도, 저당)

상속은 등록을 하지 않아도 효력을 가진다. 그러나 상속받은 부동산은 등록을 하여야 양도, 저당할수 있다.

제32조 (저당권의 설정)

토지리용권자나 건물소유권자는 은행 또는 금융기관으로부터 대부를 받거나 자기 또는 제3자의 채무를 담보하기 위하여 부동산을 저당할수 있다. 이 경우 저당계약을 맺어야 한다.

제33조 (덧저당의 금지)

저당자는 저당계약기간안에 저당권자와 합의없이 저당한 토지리용권이나 건물소유권을 제3자에게 다시 저당할수 없다.

제34조 (저당물의 리용, 양도통지의무)

저당자는 저당물을 그대로 리용할수 있다. 이 경우 저당물의 가치가 떨어지지 않도록 관리하여야 한다.

저당물을 양도하려 할 경우에는 저당권자에게 미리 알려야 한다.

제35조 (저당권자의 권리)

저당권자는 저당물의 가치가 현저히 떨어졌을 경우 저당자에게 추가적인 담보를 제공하거나 떨어진 가치에 해당한 채무액을 즉시 지불할것을 요구할수 있다.

제36조 (저당권의 행사범위)

저당권은 저당물의 가치감소 또는 소멸같은 사유로 저당자가 받을 보험보상금, 손해보상금 같은 금액에 대하여서도 행사된다. 이 경우 저당권자는 보상금 같은 것이 지불되기전에 지불의무가 있는자에게 해당권리 및 계약의 내용을 통지하고 그로부터 보상금같은것을 받는다.

제37조 (저당권의 소멸)

저당권이 소멸되는 경우는 다음과 같다.
 1. 저당채무가 저당계약에 맞게 상환되었을 경우
 2. 저당자가 저당권자와 합의하여 채무를 다른 재산으로 상환하였을 경우
 3. 저당권자가 저당권을 스스로 포기하였을 경우

제38조 (저당물의 처분)

저당권자는 저당자가 채무상환기간에 채무상환을 하지 못하였거나 또는 채무상환기간전에 사망하였으나 상속자가 없을 경우 재판소에 저당물의 처분을 신청할수 있다.

第三十一条(继承房地产的转让, 抵押)

未进行登记,继承也具有法律效力.但是,继承的房地产必须要进行登记才可以转让或抵押.

第三十二条(设定抵押权)

土地使用权人或者建筑物所有人从银行或者金融机关贷款或者担保本人或者第三者的债务时,可以抵押房地产.此时,应签订房地产抵押合同.

第三十三条(禁止再抵押)

抵押人在抵押合同期限内未经抵押权人同意不得再向第三者抵押已被抵押的土地使用权或者建筑物所有权.

第三十四条(抵押物的使用, 通知转让的义务)

抵押人可以按抵押物原来的用途使用抵押物.此时,应注意管理以防止抵押物的贬值.

拟转让抵押物时,应事先通知抵押权人.

第三十五条(抵押权人的权利)

抵押权人认为抵押物的价值明显贬值时,可以向抵押人要求提供额外担保或者要求立即支付相当于贬值的债务.

第三十六条(抵押权的行使范围)

抵押权也可以在因抵押物贬值或灭失等事由抵押人所应接受的保险补偿金, 损害补偿金等方面也可以行使.此时,抵押权人在补偿款等支付之前,可以向有支付义务的人通知有关权利及合同内容,并收受其补偿金等.

第三十七条(抵押权的灭失)

有下列事项之一时抵押权灭失:
1.抵押债务按照抵押合同已经偿还的;
2.抵押人与抵押权人达成协议以其他财产偿还债务的;
3.抵押权人自己放弃抵押权的.

第三十八条(抵押物的处分)

抵押人在债务偿还期限内未偿还债务或者在债务偿还以前死亡但无继承人时,抵押权人可以向法院申请处分抵押物.

제39조 (저당잡힌 부동산의 리용)

저당잡힌 부동산을 합법적으로 취득한자는 부동산등록기관에 명의변경등록을 하고 부동산을 리용하여야 한다. 이 경우 공증기관의 공증을 받는다.

제5장 부동산의 관리와 리용

제40조 (토지의 관리관할)

지대에서 토지에 대한 관리는 다음과 같이 한다.

1. 농업토지는 농업지도기관과 그것을 리용하는 기업과 개인이 관리한다.
2. 산림토지, 산업토지는 국토환경보호기관과 그것을 리용하는 기업과 개인이 관리한다.
3. 주민지구토지는 도시경영기관과 그것을 리용하는 기업과 개인이 관리한다.
4. 수역토지는 대상에 따라 국토환경보호기관 또는 농업지도기관이 관리한다.
5. 특수토지는 해당 기관이 관리한다.

제41조 (건물, 시설물의 관리기관)

건물, 시설물에 대한 관리는 도시경영기관 또는 건물관리기관, 해당기업과 개인이 한다.

제42조 (건설 또는 개발중에 있는 부동산의 관리기관)

건설 또는 개발중에 있는 부동산에 대한 관리는 건설주와 시공주기관, 해당 기업이 한다. 이 경우 부동산의 건설 또는 개발을 위한 림시건물과 시설물도 함께 관리한다.

제43조 (부동산의 리용원칙)

부동산의 리용원칙은 다음과 같다.

1. 혁명전적지와 혁명사적지, 력사유적유물과 천연기념물을 잘 보존할수 있게 하여야 한다.
2. 자연 및 생태환경을 보호하고 도시의 인구집중과 공해를 막아야 한다.
3. 건물, 시설물부지면적기준을 초과하지 말아야 한다.
4. 토지를 람용하지 말며 농경지를 못쓰게 만들지 말아야 한다.
5. 자원을 채취하면서 주변환경과 시설물을 파과하지 말아야 한다.

第三十九条(抵押房地产的使用)

合法取得抵押房地产的人应在房地产登记机关办理名义变更登记后方可使用房地产.此时,应经公证机关的公正.

第五章 房地产的管理和使用

第四十条(土地的管理管辖)

经贸区的土地管理如下:

1.农业土地由农业指导机关和使用它的企业和个人进行管理;

2.山林土地,产业土地由国土环境保护机关和使用它的企业,个人进行管理;

3.居民区域土地由城市经营机关和使用它的企业和个人进行管理;

4.水域土地按其对象,由国土环境保护机关或者农业指导机关进行管理;

5.特殊土地由有关机关进行管理.

第四十一条(建筑, 设施的管理机关)

由城市管理机关或者建筑管理机关, 有关企业和个人负责对建筑, 设施的管理.

第四十二条(建设或者开发中的房地产的管理机关)

对正在建设或者开发中的房地产的管理是由建设委托单位和施工机关, 有关企业负责.此时,一并管理为房地产建设或开发的临时建筑和设施.

第四十三条(房地产的使用原则)

房地产的使用原则如下:

1.要保护好革命战争遗迹和革命史迹地, 历史遗迹和自然纪念物;

2.应保护好自然及生态环境,防止城市的人口集中和公害;

3.不得超过建筑物, 设施占用面积标准;

4.不得滥用土地,破坏耕地;

5.开采资源时,不得破坏周围环境和设施.

제44조 (부동산의 용도변경)

기업과 개인은 부동산의 용도를 변경하려는 경우 부동산등록기관의 승인을 받아야 한다.

제45조 (부동산업종의 승인)

지대에서 해당 기관은 기업 또는 개인과 공동으로 살림집, 공공건물을 건설하려 할 경우 계약을 맺어야 한다. 이 경우 사전에 라선시인민위원회의 특별허가승인을 받아야 한다.

제46조 (건물의 임대)

건물소유권자는 건물을 임대할수 있다. 이 경우 당사자들은 계약을 맺고 부동산등록기관에 등록하여야 한다.

계약서에는 임대자명, 임대기간, 용도, 임대비, 건물유지, 보수관계 같은 내용을 밝힌다.

제47조 (토지리용권의 반환)

토지리용권은 계약에서 정한 임대기간이 끝나면 토지를 임대한 기관에 자동적으로 반환된다. 이 경우 해당 토지에 있는 건축물과 기타 부착물도 무상으로 반환된다.

제48조 (토지리용권의 연장)

토지임대기간을 연장하려는 당사자는 계약기간이 끝나기 6개월전에 부동산등록기관에 토지리용연기신청서를 내어 승인을 받아야 한다. 이 경우 토지임대차계약을 다시 맺어야 한다.

제6장 부동산 임대료와 사용료

제49조 (토지임대료의 지불)

토지를 임차한 기업과 개인은 토지임대차계약을 맺은 날부터 90일안에 토지임대료의 전액을 물어야 한다.

토지종합개발과 같이 많은 면적의 토지를 임대하였을 경우에는 국토관리기관이 승인한 기간안에 토지임대료를 나누어 물수도 있다.

토지임대료기준은 해당 기관이 정한다.

第四十四条(变更房地产的用途)

企业和个人需要变更房地产用途时,应获得房地产登记机关的批准.

第四十五条(房地产行业的批准)

在经贸区内有关机关要与企业或者个人联合建设住宅, 公共建筑物时,应签订合同.此时,事先应获得罗先市人民委员会的特别许可.

第四十六条(租赁建筑物)

建筑物所有权人可以租赁建筑物.此时,当事人应签订合同,还应向房地产登记机关办理登记.

合同书载明租赁人姓名,租赁期限,用途,租赁费,有关建筑物的保存,维修等内容.

第四十七条(土地使用权的返还)

合同约定的租赁期限届满时,土地使用权自动返还给土地租赁机关.此时,该土地上的建筑物,附着物也一并无偿返还.

第四十八条(土地使用权的延期)

需要延长土地租赁期限的当事人,应在合同届满前6个月,向房地产登记机关提交土地使用延期申请书,并应获得批准.此时,应重新签订土地租赁合同.

第六章 房地产出租费和使用费

第四十九条(支付土地租赁费)

租赁土地的企业和个人,应自签订土地租赁合同之日起90日内全额缴纳土地租赁费.

如土地综合开发等租赁大面积土地时,在获得国土管理机关批准的期限内,可以分期支付土地租赁费.

土地租赁费的标准,由有关机关确定.

제50조 (토지개발비)

개발한 토지를 임대할 경우에는 토지개발비를 토지임대료에 포함시킨다.

토지개발비에는 토지정리와 도로건설 및 상하수도, 전기, 통신, 난방시설건설에 지출된 비용이 속한다.

제51조 (리행보증금의 지불의무)

협상, 경매를 통하여 토지를 임차한자는 임대차계약을 맺은 날부터 15일안에 토지임대료의 10%에 해당한 리행보증금을 내야 한다.

리행보증금은 토지임대료에 충당할수 있다.

제52조 (토지임대료의 미납에 대한 연체료)

토지임대료를 정한 기간안에 물지 않았을 경우에는 그 기간이 지난날부터 매일 미납금의 0.05%에 해당한 연체료를 물린다.

연체료를 련속 50일간 물지 않을 경우에는 토지임대차계약을 취소할수 있다.

제53조 (건물임대료)

건물의 임차자는 건물소유권자에게 건물임대료를 물어야 한다.

건물임대료는 건물의 임차자와 소유권자가 합의하여 정한다.

제54조 (토지사용료의 납부)

기업과 개인은 해마다 토지사용료를 납부하여야 한다.

토지사용료의 납부절차와 방법, 기준은 라선시인민위원회가 중앙특수경제지대 지도기관과 합의하여 정한다.

제55조 (토지사용료납부에서의 특혜)

개발기업에게는 토지사용료를 10년까지, 장려부문에 투자한 기업에게는 토지사용료를 5-10년까지의 범위에서 낮추어주거나 면제하여줄수 있다.

제56조 (토지사용료의 계산)

토지사용료는 토지리용권을 등록한 날부터 계산한다. 이 경우 토지리용권을 등록하기전에 실제적인 리용을 시작하였을 경우에는 해당 토지를 리용한 날부터 계산한다.

토지사용료를 지불할 기간이 1년이 못될 경우에는 1개월분의 사용료에 해당한 달수를 곱하는 방법으로 계산한다.

第五十条(土地开发费用)

租赁已开发的土地时,土地开发费用包括在土地租赁费里.

土地开发费用包括为土地整理,道路建设,上下水道,电,通讯,供暖设施支出法费用.

第五十一条(履行担保金的支付义务)

通过协商,拍卖租借土地的人,自签订租借合同之日起15日内,应缴纳相当于土地租赁费10%的履行担保金.

履行担保金可以充当土地租赁费里.

第五十二条(未缴土地租赁费的滞纳金)

在约定期限内未缴土地租赁费时,自届满之日起处以每日未缴租赁费0.05%的滞纳金.

连续50日未缴滞纳金时,可以注销其土地租借合同.

第五十三条(建筑物出租费)

建筑物租借人应向建筑物所有权人缴纳建筑物出租费.

建筑物出租费由建筑物租借人和建筑物所有权人协商确定.

第五十四条(缴纳土地使用费)

企业和个人应每年缴纳土地使用费.

土地使用费的缴纳程序和方法,标准,由罗先市人民委员会与中央特殊经济区指导机关协议予以决定.

第五十五条(土地使用费缴纳方面的优惠)

对开发企业的土地使用费在10年范围内,对投资鼓励部门企业的土地使用费在5－10年范围内,可以给予减免.

第五十六条(土地使用费的计算)

自土地使用权登记之日起计算土地使用费.此时,土地使用权登记之前已开始实际使用时,自使用该土地之日起计算.

缴纳土地使用费期限没有达到一年时,则按每月使用费乘与月份计算土地使用费.

제7장 제재 및 분쟁해결

제57조 (토지리용권의 취소)

기업 또는 개인이 정당한 리유없이 토지리용증을 받은 날부터 1년이상 토지를 리용하지 않을 경우에는 해당 토지리용권을 취소할수 있다.

제58조 (몰수)

정해진 토지면적을 초과하여 리용하였거나 승인없이 토지용도를 변경하였을 경우에는 초과한 토지와 그것을 리용하여 얻은 수입을 몰수한다.

제59조 (중지)

다음의 경우에는 리용 또는 영업을 중지시킨다.
1. 토지의 용도를 승인없이 변경하였을 경우
2. 토지보호의무를 심히 어겼을 경우
3. 부동산등록질서를 어겼을 경우
4. 부동산을 비법적으로 취득하였을 경우
5. 정해진 기일안에 부과된 세금 또는 벌금을 물지 않았을 경우

제60조 (벌금)

다음의 경우에는 벌금을 부과한다.
1. 토지리용증이 없이 토지나 건물을 리용하였을 경우에는 5만~8만€까지의 벌금을 부과한다.
2. 승인없이 토지의 용도를 변경하였을 경우에는 5000~1만€까지의 벌금을 부과한다.
3. 토지리용원칙을 어기거나 토지보호를 제대로 하지 않았을 경우에는 5만~10만€까지의 벌금을 부과한다.
4. 정당한 리유없이 6개월이상 해당 토지를 리용하지 않았을 경우에는 1만~5만€까지의 벌금을 부과한다.
5. 부동산등록질서를 어기고 토지리용권이나 건물을 양도, 저당하였을 경우에는 2000~5000€까지의 벌금을 부과한다.
6. 부동산업종을 승인받지 않고 살림집이나 건물을 건설, 판매하였을 경우에는 5만~10만€까지의 벌금을 부과한다.
7. 건물임대질서를 어겼을 경우에는 1000~2000€까지의 벌금을 부과한다.
8. 정해진 면적을 초과하여 토지를 리용하였을 경우에는 1만~10만€까지의 벌금을 부과한다.

第七章 制裁与解决纠纷

第五十七条(土地使用权的注销)

企业或者个人无有正当理由自取得土地使用证之日起一年以上未使用土地时,可以注销该土地使用权.

第五十八条(没收)

超出规定面积使用土地或者未经批准变更土地用途时,可以没收超出的土地和使用该土地所获的收入.

第五十九条(停止)

有下列情形之一的,可以责令停止使用或者营业:

1.未经批准擅自变更土地用途的;

2.严重违反保护土地义务的;

3.违反房地产登记秩序的;

4.非法取得房地产的;

5.在规定期限内未缴课赋的税款或者罚款的.

第六十条(罚款)

下列情形之一的,可以处以罚款:

1.没有土地使用证使用土地或者建筑物时,处以50000～80000€的罚款;

2.未经批准变更土地用途时,处以5000～10000€的罚款;

3.违反土地使用原则或者未保护好土地时,处以50000～100000€的罚款;

4.无正当的理由6个月以上未使用有关土地时,处以10000～50000€的罚款;

5.违反房地产登记秩序转让,抵押土地使用权或者建筑所有权时,处以2000～5000€的罚款;

6.未获得房地产行业从业资格而建设,销售商品房或建筑物时,处以50000～100000€的罚款;

7.违反建筑物出租秩序时,处以1000～2000€的罚款;

8.超出规定面积使用土地时,处以10000～100000€的罚款;

9. 사기협잡이나 투기를 목적으로 부동산을 취득하거나 양도하였을 경우에는 5만~10만€까지의 벌금을 부과한다.

제61조 (의견상이와 분쟁해결)

부동산의 취득, 거래과정에 발생한 분쟁은 협의의 방법으로 해결한다.

협의의 방법으로 해결할수 없을 경우에는 조정이나 중재, 재판의 방법으로 해결할수 있다.

9. 为诈编或者投机为目的取得或者转让房地产时, 处以50000~100000€的罚款.

第六十一条(意见分歧和纠纷解决)

取得和交易房地产过程中发生纠纷时,通过协商的方式解决.

通过协商未能解决时,可以通过调解, 仲裁, 诉讼的方式解决.

11-1

라선경제무역지대
살림집판매 및 리용규정

罗先经济贸易区
住房销售及使用规定

라선경제무역지대 살림집판매 및 리용규정

주체107(2018)년11월24일 최고인민회의 상임위원회 결정 제209호로 채택

제1조(사명)

이 규정은 라선경제무역지대에서 살림집의 판매 및 리용과 관련한 제도와 질서를 엄격히 세우는데 이바지한다.

제2조(적용대상)

이 규정은 라선경제무역지대(이 아래부터 지대라고 한다.)에서 살림집을 건설하거나 판매 및 리용하는 기관, 기업소, 단체(외국투자기업 포함)와 공민(외국인 포함)에게 적용한다.

제3조(살림집부문사업에 대한 지도)

지대에서 살림집부문사업에 대한 통일적인 장악과 지도는 라선시인민위원회와 해당 기관이 한다.

라선시인민위원회와 해당 기관은 살림집부문사업에 대한 지도체계를 바로 세우고 정상적으로 장악지도하여야 한다.

제4조(예산 또는 신용권에 의한 살림집건설)

라선시인민위원회는 살림집전설을 위하여 지대예산을 지출하거나 살림집신용권을 발행하는 방법으로 주민화폐자금을 동원리용할수 있다.

살림집신용권발행과 관련한 절차와 방법은 라선시인민위원회가 정한데 따른다.

제5조(자체자금에 의한 살림집건설)

기관, 기업소, 단체는 라선시인민위원회의 승인을 받아 자체자금으로 또는 은행대부를 받아 살림집을 건설할수 있다. 이 경우 자체자금은 살림집건설설계예산의 50%이상 되여야 한다.

제6조(외국인임대살림집건설)

외국투자기업과 해당 기관은 외국인임대살림집을 건설할수 있다. 이 경우 살림집건설자금은 살림집건설설계예산의70%이상 되여야 한다.

罗先经济贸易区住房销售及使用规定

主体107(2018)年 11月24日 最高人民会议 常任委员会 决定 第209号 制定

第一条(使命)

为了在罗先经济贸易区建立严格的住房销售及使用的制度和秩序,制定本规定

第二条(适用对象)

本规定适用于在罗先经济贸易区(以下简称地区) 建设, 销售及使用住房的机关, 企业, 团体(包括外国投资企业) 和公民(包括外国人).

第三条(对住房部门工作的指导)

罗先市人民委员会和有关机关统一掌握和领导地区的住房部门工作.

罗先市人民委员会和有关机关应当健全住房部门工作的领导体系,并正确掌握和指导.

第四条(根据预算或者信用券建设住房)

罗先市人民委员会为建设住房,可以采用向地区拨款或者发行住房信用券的方法,动员和使用居民货币资金.

发行住房信用券的有关程序和方法,按照罗先市人民委员会的规定办理.

第五条(利用自筹资金建设住房)

经罗先市人民委员会批准, 机关, 企业, 团体可以用自筹资金或者向银行贷款建设住房.此时,自筹资金必须达到住房建设设计预算的百分之五十以上.

第六条(外国人租赁住房建设)

外国投资企业和有关机关可以建设外国人租赁住房.此时,住房建设资金应当达到住房建设设计预算的百分之七十以上.

외국인임대살림집을 건설하려는 외국투자기업과 해당 기관은 부동산관리업종을 승인받은 다음 지대국토관리기관과 토지임대차계약을 맺고 해당 지역의 철거비용을 물어야 한다.

제7조 (건설수속질서준수)

살림집을 건설하려는 기관, 기업소, 단체는 건설명시서의 발급, 건설설계 및 계획의 승인, 토지리용허가, 건설허가 같은 수속질서를 엄격히 지켜야 한다.

제8조 (살림집건설시공)

살림집건설의 시공은 라선시인민위원회가 승인한 전문건설기관, 기업소, 단체가 한다. 이 경우 건설주와 시공주기관, 기업소, 단체는 시공계약을 맺어야 한다.

건설감독기관과 건설주, 시공주기관, 기업소, 단체는 살림집건설과정에 공정검사, 중간검사, 종합검사를 통한 시공의 질검사를 엄격히 하여야 한다.

제9조 (구획정리)

해당기관, 기업소, 단체는 살림집을 건설한 다음 살림집건설설계와 주민생활보장, 도시미화의 요구에 맞게 구획을 깨끗이 정리하여야 한다.

제10조 (살림집의 이관, 인수)

완공된 살림집은 준공검사를 한 다음 지대살림집관리기관에 넘겨준다. 이 경우 지대살림집관리기관은 준공검사에 참가하여 살림집이 설계의 요구에 맞게 건설되였는가를 확인한 조건에서 그것을 넘겨받아야 한다.

해당 기관, 기업소, 단체는 건설한 살림집에 대하여 3년까지 그 질을 보증하여야 한다.

제11조 (살림집등록기관)

기관, 기업소, 단체와 공민은 정해진데 따라 살림집을 지대의 살림집등록기관과 살림집관리기관에 등록하여야 한다. 이 경우 새로 건설한 살림집은 준공검사합격증을 받은 날부터 7일안으로 등록한다.

지대의 살림집등록기관과 살림집관리기관은 살림집등록정형을 년에 1차씩 라선시인민위원회에 보고하여야 한다.

제12조 (살림집의 등록방법)

살림집등록방법은 다음과 같다.

1. 지대살림집등록기관은 살림집건물의 위치, 호동번호, 총면적, 세대평방수, 총세대수, 리용세대수, 살림집을 관리하는 기관 같은것을 등록한다.

拟建设外国人租赁住房的外国投资企业和有关机关,获得房地产管理业务的批准后,应当与地区土地管理机关签订土地租赁合同,并缴纳该地区的拆迁费用.

第七条(遵守建设程序秩序)

机关,企业,团体建设住房,应当严格遵守有关建设清单的颁发,建设设计和规划的批准,土地使用许可,建设许可等程序秩序.

第八条(住房建设施工)

住房建设的施工,由罗先市人民委员会批准的专门建设机关,企业,团体进行.此时,建设单位应与施工机关,企业,团体签订施工合同.

建设监督机关和建设单位,施工机关,企业,团体在住房建设过程中,应当通过工程检查,中间检查,综合检查,严格进行施工质量检查.

第九条(区域整理)

有关机关,企业,团体建设住房后,应当根据住房建设设计和保障居民生活,美化城市的要求,整理干净区域.

第十条(住房的移交,接管)

建成的住房经竣工验收后移交给地区住房管理机关.此时,地区住房管理机关应当参加竣工验收,确认所建设的住房符合设计要求后接管.

有关机关,企业,团体对建设的住房至少要保证三年的质量.

第十一条(住房登记机关)

机关,企业,团体和公民应按照规定,向住房登记机关和住房管理机关进行住房登记.此时,新建的住房,应当自获得竣工验收合格证之日起7日内进行登记.

地区的住房登记机关和住房管理机关应当将住房登记情况,向罗先市人民委员会每年报告一次.

第十二条(住房登记办法)

住房登记办法如下:

1.地区住房登记机关应当对住房的位置,户洞号码,总面积,每户平方数,每建筑物总户数,使用户数,管理住房的机关等进行登记.

2. 지대살림집관리기관은 살림집의 등록번호, 준공년도, 형식, 구조, 건평, 시초가치와 보수정형, 상하수도, 난방, 전기, 승강기시설의 기술상태 같은것을 등록한다.

제13조 (살림집의 배정)

살림집의 배정은 라선시인민위원회와 해당 기관, 기업소, 단체가 한다.

라선시인민위원회와 해당 기관, 기업소, 단체는 살림집을 영웅, 전쟁로병, 영예군인, 제대군관을 비롯한 사회적으로 우대해 주어야 할 대상에게 우선적으로 배정하며 자연재해로 집을 잃은 세대, 철거된 세대에는 의무적으로 배정하여야 한다.

제14조 (살림집리용허가증의 발급)

살림집을 배정받은 공민은 라선시인민위원회 또는 해당 기관에 신청하여 살림집리용허가증을 발급받아야 한다.

라선시인민위원회와 해당 기관은 살림집리용신청리유와 거주조건, 살림집이 비여있는 정형 같은것을 정확히 확인하고 살림집을 배정받은 공민에게 살림집리용허가증을 발급해주어야 한다.

제15조(살림집입사)

살림집리용허가증을 발급받은 공민은 해당 지역의 동사무소에 알리고 살림집에 입사하여야 한다.

살림집리용허가증이 없이 살림집을 꾸리거나 입사를 조직할수 없다.

제16조 (살림집리용보상금의 지불)

살림집을 배정받아 리용하는 공민은 지대가격제정기관이 정한 살림집리용보상금을 물어야 한다. 이 경우 영웅, 전쟁로병, 영예군인, 제대군관을 비롯한 사회적으로 우대하여야 할 대상에게는 우대가격을 적용한다. 보상금은 한번에 물거나 월또는 년으로 나누어 물수 있다.

제17조(살림집판매 승인 및 절차)

기관, 기업소, 단체는 자체자금으로 건설한 살림집을 판매하려할 경우 라선시인민위원회의 살림집판매 승인을 받은 다음 정해진 절차에 따라 판매하여야 한다

제18조(살림집판매가격의 등록)

살림집판매승인을 받은 기관, 기업소, 단체(이 아래부터 살림집판매자라고 한다.)는 살림집건설설계예산에 기초하여 살림집기준가격을 정하고 지대가격기관에 등록하여야 한다.

2.地区住房管理机关应当对住房的登记编号, 竣工年份, 形式, 结构, 建筑面积, 初始价值和维修情况, 上下水道, 供热, 供电, 电梯设施的技术状况等进行登记.

第十三条(住房的分配)

住房的分配由罗先市人民委员会和有关机关, 企业, 团体负责办理.

罗先市人民委员会和有关机关, 企业, 团体应当将住房优先分配给英雄, 参战老兵, 荣誉军人, 退伍军官, 以及相对在社会上应受优待的对象.并有义务将住房分配给因自然灾害而失去住房的住户, 住房被拆除的住户.

第十四条(房屋使用许可证)

获得住房的公民, 应当向罗先市人民委员会或者有关机关申请领取住房使用许可证.

罗先市人民委员会和有关机关应当认真核实住房使用申请理由和居住条件, 住房闲置等情况后, 向获得住房的公民发放住房使用许可证.

第十五条(住房入住)

获得住房使用许可证的公民, 应当告知当地的洞事务所后, 方可入住.

未获得住房使用许可证的, 不得装修住房或者组织入住.

第十六条(住房使用金的支付)

获得分配并使用住房的公民, 应当缴纳当地物价机关规定的住房使用补偿款.此时, 对于英雄, 参战老兵, 退伍军官等在社会上需要优待的对象, 适用优惠的价格.

补偿金可以一次性支付, 也可以月付或年付.

第十七条(住房销售批准及其程序)

机关, 企业, 团体销售利用自筹资金建设的住房, 必须要获得罗先市人民委员会的住房销售批准后, 方可按照规定的程序进行销售.

第十八条(住房售价登记)

获得住房销售批准的机关, 企业, 团体(以下简称住房销售者), 根据住房建设设计预算, 确定住房基准价格, 并报地区物价机关备案.

제19조 (살림집판매계약)

살림집판매자와 구매자는 살림집판매와 관련한 계약을 맺어야 한다.

계약을 맺은 살림집구매자는 계약금을 정해진 은행에 입금시켜야 한다.

제20조 (살림집구매권증의 발급)

살림집판매계약을 맺은 구매자는 지대살림집등록기관에 살림집구입신청서를 내야 한다. 이 경우 살림집판매계약서, 계약금입금확인서를 함께 낸다.

지대살림집등록기관은 살림집구입신청서를 정확히 검토하고 살림집구매자에게 살림집구매권증을 발급하여야 한다.

제21조 (살림집의 교환)

살림집을 교환하려는 공민은 살림집교환신청서를 라선시인민위원회에 내야 한다.

라선시인민위원회는 살림집교환신청서를 정확히 검토하고 승인하거나 부결하어야 한다.

제22조 (살림집교환보상금)

라선시인민위원회로부터 살림집교환승인을 받은 당사자는 지대가격기관이 정한 살림집가격을 기준으로 합의에 따라 살림집을 교환할수 있다. 이 경우 라선시인민위원회에 교환금을 내야 한다.

제23조 (외국인임대살림집의 리용)

외국인은 외국인임대살림집을 관리하는 외국투자기업 또는 해당 기관과 계약을 맺고 외국인임대살림집을 리용할수 있다.

외국인임대살림집의 관리 및 리용과 관련한 절차는 라선시인민위원회가 정한데 따른다.

제24조 (살림집관리분담)

지대살림집관리기관은 살림집관리분담을 정확히 하고 지구별로 담당관리원을 배치하여야 한다.

담당관리원은 순회점검일지를 갖추고 담당한 지구의 살림집관리정형을 정상적으로 조사기록하며 이상현상이 나타났을 경우에는 제때에 해당한 대책을 세워야 한다.

제25조 (살림집관리비용)

살림집리용자는 살림집관리와 관련한 비용을 월마다 물어야 한다.

살림집관리와 관련한 비용은 지대가격기관이 정한다.

第十九条(住房销售合同)

住房销售者与购买者应当签订住房销售合同.

签订合同的住房购买者应向指定的银行存入订金.

第二十条(颁发住房购买权证书)

签订住房销售合同的购房者,应向地区住房登记机关提交购房申请书.同时提交住房销售合同,订金缴纳确认书.

地区住房登记机关应该准确核实住房购买申请书,并向购房者颁发住房购买权证书.

第二十一条(住房的交换)

需要交换住房的公民,应向罗先市人民委员会提交换房申请书.

罗先市人民委员会应当准确核实住房交换申请书后,可作出批准或者否决的决定.

第二十二条(换房补偿款)

获得罗先市人民委员会批准换房的当事人,可以以地区物价机关确定的住房价格为基础,通过协议可交换住房.此时,应当向罗先市人民委员会缴纳交换金.

第二十三条(外国人租赁住房的使用)

外国人可以与管理外国人租赁住房的外国投资企业或者有关机关签订合同,使用外国人租赁住房.

外国人租赁住房的管理和使用的有关程序,按照罗先市人民委员会的规定办理.

第二十四条(住房分管)

地区住房管理机关应当明确住房分管工作,按地区配备分管人员.

管理负责人应当建立巡回记录日志,正常调查记录所负责地区的住房管理情况,出现异常情况时,应当及时采取相应措施.

第二十五条(住房管理费用)

住房使用者应每月缴纳住房管理费用.

住房管理费用,由地区物价机关规定.

제26조 (선전 또는 장식용 시설의 설치)

기관, 기업소, 단체는 살림집우나 벽체에 선전용 또는 장식용시설을 설치하려 할 경우 지대살림집관리기관과 합의하여야 한다.

살림집의 안전에 영향을 주거나 도시미화에 지장을 줄수 있는 시설은 설치할수 없다.

살림집우나 벽체에 설치하였던 시설을 철수하였을 경우에는 살림집상태를 원상대로 해놓아야 한다.

제27조 (살림집의 대보수, 중보수)

지대살림집관리기관은 살림집의 보수주기와 기술상태에 따라 살림집의 대보수, 중보수계획을 세우고 해당 상급기관의 승인을 받아 집행하여야 한다. 이 경우 살림집보수는 살림집보수설계에 따라 한다.

제28조 (살림집의 소보수)

살림집리용자는 살림집에 대한 소보수를 정상적으로 하여 위생문화적인 생활환경을 유지하여야 한다.

살림집기관은 살림집리용자의 신청에 따라 살림집에 대한 소보수를 해줄수 있다. 이 경우 살림집리용자는 해당한 보수비를 물어야 한다.

제29조 (살림집에 설치된 시설의 보수정비 및 운영)

기관, 기업소, 단체와 공민은 살림집에 상하수도, 난방, 전기, 통신, 방송, 승강기, 수채시설 같은것을 따로 설치하거나 보수 또는 철수하려 할 경우 지대살림집관리기관의 승인을 받아다 한다.

제30조 (살림집의 철거, 증축, 개축, 이개축, 확장, 구조 또는 용도변경)

기관, 기업소, 단체와 공민은 살림집을 철거하거나 증축, 개축, 이개축, 확장하려 할 경우 지대도시경영기관과 합의하고 지대건설감독기관의 승인을 받아야 한다.

살림집의 구조 또는 용도를 변경시키려 할 경우에는 지대도시경영기관의 승인을 받는다.

제31조(살림집부문사업에 대한 감독통제)

지대에서 살림집부문사업에 대한 감독통제는 지대도시경영기관과 해당 감독통제기관이 한다.

지대도시경영기관과 해당 감독통제기관은 살림집부문사업에 대한 국가의 정책집행정형을 엄격히 감독통제하여야 한다.

第二十六条(宣传或装饰设施的安装)

机关, 企业, 团体在住房屋顶或墙体上需要安装宣传或装饰用设施时, 应与地区住房管理机关协商处理.

禁止安装影响住房安全, 有损城市美化的设施.

拆除住房屋顶或者墙体上的设施的, 应将住房恢复原状.

第二十七条(住房的大维修, 中维修)

地区住房管理机关应当根据住房维修周期和技术状况, 制定住房的大维修, 中维修计划, 并经有关上级机关批准后执行. 此时, 应根据住房的维修设计进行维修.

第二十八条(房屋的小维修)

住房使用者应当对房屋进行正常的小范围的维修, 维持卫生文化的生活环境.

住房管理机关可以根据住房使用者的申请, 对住房进行小维修. 此时, 住房使用者应当支付相应的维修费用.

第二十九条(住房设施的维护保养及运行)

机关, 企业, 团体和公民要在住房内另行安装, 维修或者拆除上下水道, 供暖, 供电, 通信, 广播, 电梯, 排水设施等设施的, 应当获得住房管理机关的批准.

第三十条(住房的拆迁, 增建, 改建, 移位改建, 扩建, 结构或用途改变)

机关, 企业, 团体和公民需要拆迁, 增建, 改建, 移位改建, 扩建的, 应当与地区城市经营机关协商, 并要获得地区建设监督机关的批准.

需要改变住房结构或者用途的, 获得地区城市经营机关的批准.

第三十一条(对住房部门工作的监督管理)

对地区住房部门工作的监督管理, 由地区城市经营机关和有关监管机关负责.

地区城市经营机关和有关监督机关, 要严格监控国家对住房工作有关政策的执行情况.

제32조 (행정적 또는 형사적책임)

　이 규정을 어겨 살림집부문사업에 엄중한 결과를 일으킨 기관, 기업소, 단체의 책임있는 일군과 개별적공민에게는 정상에 따라 행정적 또는 형사적책임을 지운다.

第三十二条(行政或刑事责任)

对违反本规定,给住房部门工作造成严重后果的机关,企业,团体的负有责任的人员和个别公民,根据情形追究其行政或刑事责任.

12

라선경제무역지대 검역규정

罗先经济贸易区检疫规定

라선경제무역지대 검역규정

주체104(2015)년 2월11일 최고인민회의 상임위원회 결정 제52호로 채택

제1장 일반규정

제1조 (사명)

이 규정은 라선경제무역지대의 검역사업에서 제도와 질서를 엄격히 세워 전염병과 병해충의 전파를 막고 사람들의 건강과 동식물자원을 보호하는데 이바지한다.

제2조 (지대검역기관)

라선경제무역지대(이 아래부터 지대라고 한다.)에서 검역사업은 지대검역기관이 한다.

지대검역기관은 검역대상에 대한 위생검역, 동식물검역을 강화하여 전염병과 병해충의 전파를 막아야 한다.

제3조 (지대검역기관의 임무와 권한)

지대검역기관의 임무와 권한은 다음과 같다.

1. 출입하는 인원, 동식물, 운수수단과 전염병, 병해충을 전파시킬수 있는 화물, 손짐, 우편물, 시체, 유골을 검역한다.
2. 국경통과지점안의 전염병감시와 위생감독사업을 한다.
3. 검역증명문건을 발급한다.
4. 검역을 목적으로 배, 렬차, 비행기 같은 운수수단에 오를수 있다.
5. 정해진데 따라 검역대상을 보관, 취급, 가공, 사양, 재배하는 장소에서 역학조사를 하거나 필요한 검역조치를 취할수 있다.
6. 무역계약서, 려객 및 짐수송문건, 항해일지 같은 검역에 필요한 문건을 요구할수 있다.

罗先经济贸易区检疫规定

主体104(2015)2月11日最高人民会议常任委员会 决定 第52号 制定

第一章 一般规定

第一条(使命)

为在罗先经济贸易区树立严格的检疫工作的制度和秩序,防止传染病和病害的传播,保护人们的健康和动植物资源,制定本规定.

第二条(经贸区检疫机关)

罗先经济贸易区(以下简称经贸区)的检疫工作,由经贸区检疫机关负责.

经贸区检疫机关应当加强检疫对象的卫生检疫,动植物检疫工作,防止传染病和病害虫的传播.

第三条(经贸区检疫机关的任务和权限)

经贸区检疫机关的任务和权限:

1. 对出入的人员,动植物,运输工具和有可能传播传染病,病害虫的货物,行李,邮件,尸体,遗骸等进行检疫;
2. 负责边境出入境口岸内的监视传染病和卫生监督工作;
3. 签发检疫证件;
4. 为进行检疫,可以乘上船舶,列车,飞机等运输工具;
5. 按规定可以在保管,管理,加工,饲养,栽培检疫对象地方进行疫情调查或者采取必要的检疫措施;
6. 可以要求提出贸易合同书,旅客及货物运输文件,航海日记等检疫所需的文件.

제4조 (검역장소)

지대에서 검역은 국경통과지점에서 한다. 그러나 다른 나라 배에 대한 검역은 배길안내대기지점에서, 우리 나라 배에 대한 검역은 가박지에서 한다.

국경통과지점에서 검역할수 없는 대상은 따로 정한 장소에서 검역할수 있다.

제5조 (검역조건보장)

해당 기관, 기업소, 단체와 공민, 외국투자기업과 외국인은 검역에 필요한 조건을 보장하며 정해진 검역료금을 물어야 한다.

검역을 받지 않았거나 검역에서 합격되지 못한 대상은 해당 지점을 통과할수 없다.

제6조 (과학성, 신속성의 보장)

지대검역기관은 지대의 특성과 국제기준에 맞게 검역방법을 개선하고 검역수단을 현대화하여 검역을 과학기술적으로 신속하게 하여야 한다.

제7조 (검역사업에 대한 지도)

검역사업에 대한 지도는 중앙국경검역지도기관이 한다.

제8조 (련관기관들과의 련계강화)

검역기관은 지대의 통행검사기관, 세관, 교통운수기관, 국제우편물취급기관, 방역기관 같은 련관기관들과의 련계를 강화하여야 한다.

련관기관들은 검역사업에 협력하여야 한다.

제9조 (전염병에 대한 통보)

검역기관은 전염병환자 또는 전염병으로 의심되는 환자를 발견하였을 경우와 다른 나라에서 발생한 전염병이 지대에 들어올 위험이 있을 경우 중앙국경검역지도기관과 라선시인민위원회, 관리위원회에 통보하여야 한다.

기관, 기업소, 단체와 공민, 외국투자기업과 외국인은 전염병환자 또는 전염병으로 의심되는 환자, 사고가 아닌 리유로 사망한 자, 사망원인이 불명확한 사망자를 발견하였을 경우 즉시 지대검역기관에 통보하여야 한다.

제10조 (적용범위와 련관법규)

지대에 출입하는 인원과 동식물, 물품, 운수수단에 대한 검역은 이 규정에 따른다.

이 규정에 정하지 않은 사항은 해당 법규에 따른다.

第四条(检疫场所)

在经贸区边境出入境口岸进行检疫.对外国船舶的检疫,在待引航锚地进行;对我国船舶的检疫,在锚地进行.

在边境出入境口岸不能进行检疫的对象,可以在另行指定的场地进行检疫.

第五条(保障检疫条件)

有关机关,企业,团体和公民,外国投资企业和外国人应保障检疫所需的条件,并缴纳规定的检疫费用.

未经检疫或者检疫不合格的对象,不准通过有关出入境口岸.

第六条(保障科学性,迅速性)

经贸区检疫机关应根据经贸区的特点和国际标准改善检疫方法,实现检疫手段的现代化,并以科学技术为依托迅速进行检疫工作.

第七条(对检疫工作的指导)

由中央边境检疫指导机关负责对检疫工作的指导.

第八条(强化与关联机关的联系)

检疫机关应强化与经贸区内的边境检查机关,海关,交通运输机关,国际邮件办理机关,防疫机关等关联机关的联系.

有关机关应协助检疫工作.

第九条(通知传染病)

检疫机关如发现传染病患人或者疑似传染病人时和在外国发生的传染病有可能传入经贸区的危险时,应通报中央边境检疫指导机关和罗先市人民委员会,管理委员会.

机关,企业,团体和公民,外国投资企业和外国人如发现传染病患者或者疑似传染病人,非因事故死亡的人,死亡原因不明的尸体时,应立即通报经贸区检疫机关.

第十条(适用范围和相关法规)

对出入经贸区的人员和动植物,物品,运输工具的检疫适用本规定.

本规定未作规定的事项,适用有关法规.

제2장 검역대상

제11조 (검역의 대상)

검역은 다음의 대상에 대하여 한다.

1. 인원과 운수수단
2. 전염병을 전파시킬수 있는 화물, 손짐, 우편물, 시체와 유골
3. 동식물과 동식물성산물, 그를 운반하는데 리용되는 용기, 포장재, 깔개재료
4. 혈액 및 혈액제품, 진단액, 병원성미생물, 예방약 같은 물품
5. 식료품
6. 다른 나라 또는 지역에서 검역을 요구하는 대상
7. 이밖에 중앙국경검역지도기관이 정한 대상

제12조 (지대에 들어올수 없는 인원)

다음의 인원은 지대에 들어올수 없다.

1. 에이즈(보균자 포함)환자
2. 문둥병환자
3. 개방성페결핵환자
4. 성병환자
5. 정신병환자
6. 마약중독자

제13조 (지대에 들여올수 없는 물품)

다음의 물품은 지대에 들여올수 없다.

1. 인체조직과 장기, 혈액 및 혈액제품
2. 병원성미생물(균주포함), 해충과 잡초 같은 유해생물
3. 동물의 사체
4. 토양
5. 동식물전염병이 발생한 나라 또는 지역의 해당 전염병과 관계되는 동식물과 동식물성산물 및 기타 검역대상
6. 개인이 가지고 다니는 생고기와 알

제14조 (금지물품의 반입)

기관, 기업소, 단체와 외국투자기업은 이 규정 제13조에 규정한 물품을 과학연구 및 진단실험을 목적으로 들여올수 있다. 이 경우 해당 중앙기관의 승인을 받아야 한다.

第二章 检疫对象

第十一条(检疫对象)

对下列对象实施检疫:

1.人员和运输工具;

2.有可能传播传染病的货物, 小行李, 邮件, 尸体和遗骸;

3.动植物和动植物产品及其运输该物品的容器, 包装物, 铺垫材料;

4.血液及血液制品, 诊断液, 病原性微生物, 预防药等物品;

5.食品;

6.外国或经贸区要求检疫的对象;

7.另外,中央边境检疫指导机关规定的对象.

第十二条(禁止进入经贸区的人员)

下列人员禁止进入经贸区:

1.艾滋病患者(包括带病菌的人);

2.麻疯病患者;

3.开放性肺结核患者;

4.性病患者;

5.精神病患者;

6.毒品中毒患者.

第十三条(禁止进入经贸区的物品)

下列物品禁止进入经贸区:

1.人体组织和脏器, 血液及血液制品;

2.病原性微生物(包括菌株), 害虫和杂草等有害生物;

3.动物的尸体;

4.土壤;

5.来自发生动植物传染病的国家或者经贸区的与该传染病联关的动植物和动
植物产品及其他检疫对象;

6.个人携带的生肉和蛋.

第十四条(禁止物品的出入)

为了科学研究或临床试验的目的, 机关, 企业, 团体和外国投资企业可以引进本规
定第13条规定的物品.此时,应获得有关中央机关的批准.

제3장 검역절차와 방법

제15조 (위생검역의 선행)

지대에서 출입하는 인원과 운수수단에 대한 위생검역은 다른 검사보다 먼저 한다.

제16조 (검역신청)

검역대상의 물품을 반출입하려는 기관, 기업소, 단체와 공민, 외국투자기업과 외국인은 지대검역기관에 검역신청을 하여야 한다. 이 경우 검역신청문건과 무역계약서 같은 정해진 문건을 낸다.

제17조 (사전합의)

동식물이나 동식물성산물을 반출입하려 할 경우에는 해당 계약을 맺기전 또는 물품의 반출입전에 지대검역기관과 합의하여야 한다.

제18조 (인원에 대한 검역)

인원에 대한 검역은 체온감시와 해당 나라, 지역의 역학상태에 따라 예방접종증명서 같은 건강증명문건을 확인하는 방법으로 한다.

필요한 경우 의학적검사를 하는 방법으로도 검역할수 있다.

제19조 (운수수단에 대한 검역)

운수수단에 대한 검역은 국제관례나 검역협정에 따라 소지하거나 작성, 제출하게 되어있는 검역문건들을 검토하고 운수수단의 외부와 내부의 필요한 장소들을 검사하는 방법으로 한다.

제20조 (동식물, 동식물성산물, 식료품에 대한 검역)

동식물과 동식물성산물, 식료품에 대한 검역은 국경통과지점에서 해당 검역문건을 검토한 다음 동물의 림상증상과 식물, 동식물성산물, 식료품의 외부상태를 검사하고 지정된 장소에서 실험실적검사와 격리검역을 하는 방법으로 한다.

반출하는 동식물과 동식물성산물, 식료품의 검역은 생산지나 출발지에서 수입국의 검역요구에 따라 검역하고 해당 증명문건을 발급하며 국경통과지점에서는 문건과 검역대상의 외부상태를 검사하는 방법으로 한다.

제21조 (손짐과 우편물에 대한 검역)

짐임자는 손짐과 우편물에 검역대상이 있을 경우 검역을 받아야 한다.

세관은 검사과정에 검역대상을 발견하였을 경우 검역기관에 제때에 알려주어야 한다.

우편물취급기관은 검역을 받지 않은 해당 우편물을 취급하지 말아야 한다.

第三章 检疫秩序和方法

第十五条(卫生检疫的预先进行)

对出入经贸区的人员和运输工具的卫生检疫,先于其他检疫.

第十六条(申报检疫)

出入境检疫对象物品的机关,企业,团体和公民,外国投资企业和外国人应向经贸区检疫机关提交申请检疫.此时,应附上检疫申请文件和贸易合同书等规定的文件.

第十七条(事先协议)

出入境动植物或者动植物产品时,在签订合同之前或者出入境之前应与经贸区检疫机关进行协商.

第十八条(对人员的检疫)

对人员的检疫是以观察体温和按有关国家,经贸区的疫情状况,确认预防接种证书和健康证件的方法予以实施.

必要时,也可以通过医学检查的方法进行检疫.

第十九条(对运输工具的检疫)

对运输工具的检疫是依照国际惯例或者检疫协定需要核查应持有或者编制,提交的检疫文件,并以检查运输工具外部和内部必要的地方的方法进行.

第二十条(对动植物, 动植物产品, 食品的检疫)

对动植物,动植物产品,食品的检疫,是在边境出入境口岸以核查有关检疫文件后,检查动物的临床症状和植物,动植物产品,食品的外表状况,并在指定场所进行实验检查和隔离检疫的方法进行.

对出口的动物和动植物产品,食品的检疫,是以产地或者出发地按进口国家的检疫要求实施检疫并签发有关证明文件,在边境出入境口岸只以检查文件和外表状态的方法进行.

第二十一条(对行李和邮件的检疫)

货主的行李和邮件中如有检疫对象物品时,应接受检疫.

海关在检查过程中发现检疫对象物品时,应及时通知检疫机关.

办理邮件的机关不得受理未经检疫的邮件.

제22조 (시체, 유골에 대한 검역)

시체나 유골에 대한 검역은 해당 문건들을 확인하고 외부상태를 검사하는 방법으로 한다.

전염병으로 사망한 시체는 화장하여 내가거나 들어와야 한다.

제23조 (병원성미생물, 혈액에 대한 검역)

병원성미생물이나 혈액 같은 검역대상은 해당 기관이 발급한 반출입승인문건과 해당 증명문건을 검토하고 수송안전의 요구에 맞게 포장되였는가를 확인하는 방법으로 한다.

제24조 (통과하는 동물과 화물에 대한 검역)

지대를 통과하여 동물을 수송하려는 짐임자는 지대검역기관의 사전승인을 받아야 하며 검역기관이 지정한 국경통과지점과 로선을 따라 수송하여야 한다. 이 경우 동물을 운반하는 운수수단과 용기, 사료와 깔개재료는 검역기관이 규정한 조건에 맞아야 한다.

통과화물에 대한 검역은 해당 검역문건들을 확인하고 운수수단과 화물의 외부상태를 검사하는 방법으로 한다.

전염병이나 병해충을 퍼뜨릴 위험성이 있다고 인정되는 화물에 대하여서는 짐임자나 대리인에게 통보하고 내용물을 채취하여 검역할수 있다.

제25조 (고정출입인원과 운수수단, 설비에 대한 검역)

지대관리위원회와 외국투자기업의 상주인원 및 그 전용운수수단, 지대에 고정적으로 출입하는 운수수단과 설비, 그 운전수에 대하여서는 검역을 하지 않을수 있다. 이 경우 해당 인원은 정해진 질병이 없다는것을 증명하는 문건을 소지하여야 한다.

앞항에 규제된 대상이라 하더라도 전염병발생위험이 있을 경우에는 검역을 한다.

제26조 (짐임자의 검역립회)

지대검역기관은 물품에 대한 검역을 짐임자의 립회밑에 하여야 한다.

제27조 (시료채취)

지대검역기관은 물품에 대한 검역을 목적으로 정해진 량의 시료를 채취할수 있다.

제28조 (전염병환자의 처리)

지대검역기관은 검역과정에 전염병환자 또는 전염병으로 의심되는 환자를 발견하였을 경우 그를 돌려보내거나 격리시키고 접촉자에 대한 의학적감시를 조직하며 환자가 있던 장소와 사용하던 물건들을 소독하여야 한다.

第二十二条(对尸体, 遗骸的检疫)

对尸体、遗骸的检疫是以确认有关文件后,检查外表状态的方法进行.

因传染病死亡的尸体、应火葬后出境或入境..

第二十三条(对病原性微生物, 血液的检疫)

对病原性微生物或者血液等的检疫对象,以核查有关机关颁发的出入境批准文件和有关证明文件后,并确认包装是否符合安全运输要求的方法进行.

第二十四条(对过关的动物和货物的检疫)

通过经贸区运输动物的货主, 应获得经贸区检疫机关的批准, 按照检疫机关指定的边境口岸和路线运输.运输动物的运输设备和装载容器, 饲料, 铺垫材料, 要符合检疫机关规定的条件.

通关货物的检疫,以确认有关检疫文件和检查运输工具和货物外部状态的方式进行.

对认为有传播传染病, 病害虫危险的货物,通知货主或者其代理人,以抽查相关货物的方式进行检疫.

第二十五条(对固定出入人员和运输工具, 设备的检疫)

对经贸区管理委员会和外国投资企业的常驻人员及其专用的运输工具, 固定出入经贸区的运输工具和设备及其司机, 可以不进行检疫.此时, 相关人员应持有无疾病的证明文件.

即使是上述规制的对象,如果出现了发生传染病危险时,也应进行检疫.

第二十六条(货主陪同检疫)

经贸区检疫机关应在货主的陪同下对货物进行检疫.

第二十七条(采集样品)

为对货物进行检疫,经贸区检疫机关可以采集规定量的样品.

第二十八条(传染病患者的处理)

经贸区检疫机关在检疫过程中发现传染病患者或者疑似传染病的患者时,应劝退其回去或隔离.对接触人员组织医疗监护,消毒病人住留的处所和使用过的物品.

제29조 (전염병위험성이 있는 운수수단, 화물의 처리)

지대검역기관은 전염병발생지역에서 오는 운수수단, 화물과 전염병에 오염되였거나 전염병을 전파시킬수 있는 매개물이 발견된 운수수단, 화물에 대하여서는 해당한 검역처리를 하여야 한다.

제30조 (검역에서 불합격된 물품의 처리)

지대검역기관은 검역에서 불합격된 동식물과 동식물성산물, 기타 물품에 대한 검역처리통지서를 발급하여야 한다.

짐임자는 검역처리통지서에 지적한대로 퇴송, 도살, 소독, 페기, 재포장 같은 해당한 검역처리를 하여야 한다.

제31조 (오물의 처리)

국경통과지점에 머물러있거나 지대를 통과하는 운수수단은 전염병을 전파시킬수 있는 오물이나 오수 같은것을 버리려 할 경우 정해진 위생처리를 한 다음 지정된 장소에 버려야 한다.

제32조 (위임에 의한 검역)

지대검역기관은 전염병발생지역에서 들어오거나 전염병환자와 접촉한 인원에 대한 의학적감시, 전염병환자나 전염병으로 의심되는 환자에 대한 격리검역을 해당 치료예방기관에, 도착지나 생산지에서 격리검역을 필요로 하는 동식물에 대한 검역을 해당 동식물방역기관에 위임할수 있다.

위임받은 기관은 검역결과를 지대검역기관에 제때에 알려주어야 한다.

제4장 제재 및 신소

제33조 (제재)

이 규정을 어긴 경우에는 벌금부과, 중지 같은 행정적책임을 지운다.

정상이 엄중할 경우에는 형사적책임을 지울수도 있다.

제34조 (신소와 그 처리)

지대검역사업에 대하여 의견이 있을 경우에는 지대검역기관 또는 중앙국경검역지도기관, 해당 기관에 신소할수 있다.

신소를 받은 기관은 30일안으로 료해처리하고 그 결과를 신소자에게 알려주어야 한다.

第二十九条(对存在传染病危险的运输设备, 货物的处理)

经贸区检疫机关应对来自传染病发生经贸区的运输设备, 货物和被传染病污染或者发现带有可能传播传染病的媒介物的运输设备, 货物,进行检疫处理.

第三十条(检疫不合格物品的处理)

经贸区检疫机关对检疫过程中不合格的动植物和动植物产品, 其他物品, 应签发检疫处理通知书.

货主应按照检疫处理通知书退回, 屠杀, 消毒, 销毁, 重新包装等有关货物.

第三十一条(垃圾处理)

滞留在边境口岸或经过经贸区的运输设备, 需要处理可能传播传染病的垃圾或污水等时,应按规定进行卫生处理后在指定场所进行处理.

第三十二条(委托检疫)

对来自传染病发生经贸区或者接触传染病患者的人员的医学监护, 疑似传染病患者的隔离检疫, 经贸区检疫机关可以委托有关医疗预防机关进行检疫.对需要在目的地或者产地进行隔离检疫的动植物,可以委托有关动植物防疫机关进行检疫.

受委托的机关应及时向经贸区检疫机关通知检疫结果.

第四章 制裁及申诉

第三十三条(制裁)

违反本规定时,可以处以罚款, 停止等行政责任.

情节严重时,也可以追究其刑事责任.

第三十四条(申诉及其处理)

对经贸区检疫工作有异议的,可以向经贸区检疫机关或者中央边境检疫指导机关,有关机关提出申诉.

收到申诉的机关应在30日内了解和处理,并通知申诉人处理结果.

13

라선경제무역지대
외국투자기업 재무관리규정

- - - - - - - - - - - - - - - - - - - -

罗先经济贸易区
外国投资企业财务管理规定

라선경제무역지대 외국투자기업 재무관리규정

주체104(2015)년4월8일 최고인민회의 상임위원회 결정 제59호 통과

제1장 일반규정

제1조(사명)

이 규정은 라선경제무역지대에서 외국투자기업의 자본의 조성과 재산관리, 재정수입과 지출, 재정결산과 청산에서 제도와 질서를 세우는데 이바지한다.

제2조(용어의 정의)

이 규정에서 용어의 정의는 다음과 같다.

1. 재정관리란 기업의 경영활동에 필요한 화폐자금을 조성하고 분배, 리용하는 기업관리의 한 부분이다.
2. 자본이란 기업의 경영활동에 필요한 밑천을 화폐적으로 표현하는 것이다.
3. 등록자본이란 투자당사자들이 출자한 자본으로서 기업창설승인기관에 등록한 자본이다.
4. 고정재산이란 현물형태를 그대로 유지하면서 재생산과정에 여러번 참가하여 자기의 가치를 새로 생산되는 생산물에 일부분씩 이전시키는 재산이다.
5. 류동재산이란 한번의 생산순환과정에 완전히 소비되여 새로운 생산물에 자기의 가치를 전부 이전시키는 재산이다.
6. 지출이란 기업의 생산,봉사 같은 경영활동에 쓴 모든 화폐적 지출이다.
7. 재정수입이란 경영활동과정에 기업이 벌어들인 모든 형태의 화폐자금이다.
8. 재정결산이란 일정한 기간 기업의 경영활동결과를 재정적측면에서 수자적으로 확정, 검토,총화하는 경제활동이다.
9. 기업기금이란 생산확대 및 기술발전기금,종업원들을 위한 상금기금,문화후생기금,양성기금 같은 기금이다.

罗先经济贸易区外国投资企业财务管理规定

主体104（2015）年4月8日 最高人民会议 常任委员会 决定 第59号 制定

第一章 一般规定

第一条(使命)

　　为在罗先经济贸易区建立有关外国投资企业的资金筹备和财产管理,财务收入和支出,财务结算和清算的制度和秩序,制定本规定.

第二条(用语的含义)

　　用语的含义:

　　1.财务管理,是指对企业在经营活动中所需的货币资金进行筹集,分配和使用,是企业管理的一部分;

　　2.资本,是指企业的经营活动所需的本金,以货币形式体现;

　　3.注册资本,是指投资当事人出资的资本,是在企业设立审批机关进行注册登记的资本;

　　4.固定财产,是指维持其实物形态的情况下,通过多次参与再生产过程并将其价值逐渐地转移到新产品的财产;

　　5.流动财产,是指在一次性生产过程中完全被消费,并将其价值全部转移到新产品的财产;

　　6.支出,是指企业在生产,服务等经营活动中消费的所有货币支出;

　　7.财务收入,是指企业在经营活动中获得的所有形态的货币资金;

　　8.财务结算,是指对企业在一定期限内的经营活动结果从财务方面用数据来确定,核定和总结的经济活动;

　　9.企业基金,是指扩大生产规模及技术发展基金,职工奖金基金,文化福利基金,培训基金等基金.

제3조(적용대상)

이 규정은 라선경제무역지대(이 아래부터 지대라고 한다.)에서 다른 나라 투자가 또는 해외동포가 투자하여 창설운영하는 기업과 지사, 사무사(이 아래부터 기업이라고 한다.)에 적용한다.

제4조(재정관리의 책임자)

기업에서 재정관리의 제1책임자는 기업책임자이며 제2책임자는 재정회계책임자이다.

제5조(기업의 돈자리)

기업은 정해진 은행에 돈자리를 둔다.

지대외한관리기관의 승인을 받아 다른 나라에 있는 은행에도 돈자리를 둘수 있다.

제6조(재정계획의 등록요구)

기업은 공동협의기구 또는 리사회(이 아래부터 리사회라고 한다.)에서 토의결정한 재정계획을 지대세무기관에 등록하여야 한다.

제7조 (재정관리문건의 작성언어)

기업은 재정관리문건을 정해진 양식에 따라 조선어로 작성하여야 한다.

필요에 따라 다른 나라 말로 작성할 경우에는 조선어로 된 번역문을 첨부한다.

제8조 (기업재정관리사업에 대한 감독통제)

지대에서 기업의 재정관리사업에 대한 감독통제는 라선시인민위원회세무국(이 아래부터 지대세무기관이라고 한다)이 한다.

제2장 자본조성

제9조 (조본의 조성방식)

기업은 출자, 신용, 증여, 리윤축적같은 방식으로 자본을 조성할수 있다.

제10조 (등록자본의 규모)

투자가는 출자한 자본을 등록하여야 한다. 이 경우 등록자본의 규모는 총투자액의 30%이상 되어야 한다.

등록자본은 기업의 존속기간에 늘일수 있으나 줄일수 없다.

第三条 (适用对象)

本规定适用于外国投资人或海外同胞在罗先经济贸易区(以下简称为经贸区)投资并设立经营的企业,分公司,办事处(以下简称为企业).

第四条 (财务管理的负责人)

企业财务管理的第一负责人是企业负责人,第二负责人是财务会计负责人.

第五条 (企业的账户)

企业应在指定的银行开设账户.

经经贸区外汇管理机关的批准,可以在其他国家的银行设立银行账户.

第六条 (财务计划的登记要求)

对由共同协议机构或董事会(以下简称董事会)讨论决定的财务计划,企业应向经贸区税务机关进行登记.

第七条 (财务管理文件的编制语言)

企业按照规定的表格用朝鲜语编制财务管理文件.

根据需要用其他国家语音编制时,应附上朝文译本.

第八条 (对财务管理工作的监管)

在经贸区,由罗先市人民委员会税务局(以下简称经贸区税务机关)负责监管企业的财务管理工作.

第二章 资本的筹备

第九条 (资本筹备方式)

企业可以通过出资,信用,赠与,利润积累等方式来筹备资本.

第十条 (注册资本的规模)

投资人对出资的资本应当办理注册登记,注册资本不得少于投资总额的30%.

企业存续期间,可以增加注册资本,但不得减少注册资本.

제11조 (출자재산의 내용과 지적재산과의 비률)

투자가는 화폐재산, 현물재산과 지적재산권,기술비결 같은것으로 출자할수 있다.

지적재산권의 출자는 등록자본의 20%를 넘을수 없다.

제12조 (출자재산의 인정시점)

출자재산을 인정하는 시점은 다음과 같다.

1.화폐재산은 기업의 거래하는 은행의 돈자리에 입금시켰을 경우
2.부동산의 소유권 또는 리용권을 기업에 이전하는 등록수속이 끝났을 경우
3.부동산밖의 현물재산은 재산이 기업의 구내에 옮겨졌을 경우
4.재산권은 해당 기관에 등록되였을 경우

제13조 (출자재산의 가치평가)

출자하는 현물재산과 재산권의 가치평가는 출자당시의 국제시장가격에 준하여 한다. 이 경우 출자재산과 재산권의 가치는 회계검증기관의 검증을 받는다.

제3장 재산관리

제14조 (고정재산의 등록)

기업은 고정재산을 취득한 날부터 30일안으로 지대세무기관에 등록하여야 한다. 이 경우 고정재산등록신청서를 지대세무기관에 내야 한다.

제15조 (감가상각금의 적립대상과 방법)

감가상각금의 적립대상과 방법은 지대세무기관이 정한다.

제16조 (고정재산의 폐기, 양도, 저당과 재평가)

기업은 고정재산을 폐기, 양도, 저당,재평가할수 있다.

고정재산을 폐기, 양도, 저당,재평가하려 할 경우에는 지대세무기관의 합의를 받는다.

제17장 (류동재산의 내용)

류동재산은 현물재산과 화폐재산으로나눈다.

현물재산에는 원료, 자재, 연료, 용기 및 포장재, 소공구, 미성품, 반제품, 완제품 같은것이, 화폐재산에는 현금과 예금, 유가증권 같은것이 속한다.

第十一条(出资财产的内容及与知识产权之间的比例)

投资人可以用货币财产, 实物, 知识产权, 专有技术等财产出资.

以知识产权出资时, 其出资不得超过注册资本的20%.

第十二条 (出资财产的认定时间)

认定出资财产的时间点如下:

货币财产, 存入企业的开户银行账户时;

将房地产的所有权或使用权转让给企业的登记注册手续完了时;

除房地产权以外的实物财产, 把财产搬到企业内部时;

财产权, 向有关机关注册登记时.

第十三条(出资财产的价值评估)

以实物和财产权出资的, 参照出资时的国际市场价格进行评估. 此时, 实物和财产权的价值, 必须通过会计验证机关的验证.

第三章 财产管理

第十四条(固定财产的登记)

企业应自取得固定财产之日起30日内向经贸区税务机关办理登记手续. 此时, 应向经贸区税务机关提交固定财产登记申请书.

第十五条(固定财产折旧费的积累对象和方法)

固定财产折旧费的积累对象和方法, 由经贸区税务机关另行规定.

第十六条(固定财产的报废, 转让, 抵押及再评价)

企业可以报废, 转让, 抵押及再评价固定财产.

对固定财产进行报废, 转让, 抵押, 再评价时, 应经经贸区税务机关的同意.

第十七条(流动财产的内容)

流动财产分为实物财产和货币财产.

实物财产包括原料, 材料, 燃料, 容器及包装材料, 小工具, 未完成品, 半成品, 成品等财产; 货币财产包括现金, 存款, 有价证券等财产.

제18조 (화폐재산의 관리)

기업은 현금, 예금에 대한 관리체계를 바로 세우며 현금을 거래은행에 입금시켜야 한다.

제19조 (류동재산의 관리)

기업은 달마다 류동재산에 대한 실사와 재평가를 진행하고 해당 문건을 지대세무기관에 제출하여야 한다.

제4장 재정지출

제20조 (원가의 계산)

기업은 원료 및 자재비, 연료비, 동력비, 물자구입경비, 새 제품생산비, 류동비, 감가상각금, 로력비, 기업관리비, 도시경영세, 자동차량사용세, 토지사용료, 사회보험료 같은것을 원가에 넣어 계산하여야 한다.

제21조 (기타 지출의 계산)

기업은 무현금결제, 수수료와 채권손실금, 환자시세편차손실금 같은것을 기타 지출에 포함시켜 계산하여야 한다.

해당 수수료와 채권손실금은 경상계산하며 화자시세편차손실금은 년마다 계산한다.

제22조 (원가, 기타 지출의 금지대상)

기업은 몰수당한 재산손실액, 연체료, 벌금, 보상금, 위약금같은것을 원가 또는 기타 지출에 포함시켜 계산하지 말아야 한다.

제23조 (조업준비비의 계산)

기업은 조업준비비를 조업한 다음 년도별로 나누어 원가에 넣어 보상할수 있다.

조업준비비에는 행정관리비, 설비조립비, 건물임대료, 시제품생산비, 기능공양성비 같은것이 속한다.

제24조 (감가상각금의 계산)

기업은 계산된 고정재산감가상각금을 원가에 넣어 보상할수 있다. 이 경우 시초가치를 초과하여 계산하지 말아야 한다.

第十八条(货币财产的管理)

企业应建立对现金, 存款的管理体系, 现金应存入开户银行的账户.

第十九条(流动财产的管理)

企业应每月清点和再评估流动财产, 并向经贸区税务机关提交有关文件.

第四章 财务支出

第二十条(成本计算)

企业应将原材料费, 燃料费, 动力费, 物资购买费用, 新产品制造费, 流通费, 折旧费, 职工工资, 企业管理费, 城市管理税, 汽车使用税, 土地使用费, 社会保险费等费用列入成本里进行计算.

第二十一条(其他支出的计算)

企业应将非现金结算, 手续费, 债权损失款额, 汇率变动造成的损失等费用列入其他支出里进行计算.

对于手续费, 债权损失额, 应当经常进行计算;对汇率变动造成的损失, 每年进行计算.

第二十二条(成本, 其他支出的禁止对象)

企业不得将被没收的财产损失, 滞纳金, 罚款, 补偿金, 违约金等列入成本或其他支出里进行计算.

第二十三条(设立费用的计算)

企业开业之后, 可以将设立费用按年度列入成本里, 予以弥补.

设立费用包括行政管理费, 设备组装费, 建筑物租赁费, 试制品生产费, 技工培训费等费用.

第二十四条(折旧费的计算)

企业可以将计算好的固定财产折旧费列入成本里进行补偿.此时, 计算不得超过固定资产的原价.

제25조 (로력비의 계산)

기업은 종업원의 로임(가급금 포함), 장려금을 원가에 넣어 계산하여야 한다.

제26조 (사회보험료의 계산)

기업은 종업원월로임총액의 15%를 사회보험료로 원가에 넣어 계산하여야 한다.

제27조 (대외사업비의 계산)

기업은 대표단영접비와 파견비, 교제비같은 대외사업비를 관리비에 넣어 계산하여야 한다.

대외사업비의 지출기준은 년간세금납부액에 정해진 비률로 한다.

제28조 (직업동맹조직의 활동자금보장)

기업은 직업동맹조직의 활동자금을 보장하였을 경우 해당한 금액을 관리비에 넣어 계산하여야 한다.

제5장 재정수입

제29조 (재정수입의 구성)

재정수입에는 기업활동을 하며 얻은 수입금과 기타 수입금이 있다.

제30조 (조업준비기간의 수입금계산)

기업은 조업준비기간에 시제품의 판매수입이나 기타 수입이 이루어졌을 경우 그 수입금으로 조업준비기간에 지출한 비용을 보상하며 남은 수입금은 미처분리윤으로 적립하였다가 기업이 조업한 다음 결산리윤에 포함시켜 계산하여야 한다.

제31조 (수입금의 계산)

기업은 생산과 경영활동과정에 이루어지는 생산물판매수입, 상품판매수입, 건설공사인도수입, 봉사수입, 운임수입,료금수입, 임가공수입 기타 수입을 부문별로 갈라 수입이 이루어질 때마다 계산하여야 한다.

재정결산기말에는 모든 수입을 종합하여 계산한다.

제32조 (대치물자에 대한 수입금의 계산)

기업이 생산한 제품을 지대안에 판매한 값으로 대치물자를 받아 수출할 경우 판매한 값을 수입으로 대치물자의 값을 구입지출로 계산하여야 하며 생산비는 대치물자판매수입금으로 보상한다.

第二十五条(劳动力费用的计算)

企业应将职工的工资(包括津贴),奖励金列入成本里进行计算.

第二十六条(社会保险费的计算)

企业应将职工月工资总额的15%作为社会保险费列入成本里进行计算.

第二十七条(外事工作费用的计算)

企业应将代表团招待费,派遣费,社交费用等外事工作费用列入管理费里进行计算.

外事工作费用的支出标准,按照年度纳税缴纳额乘于规定的比例进行计算.

第二十八条(保障职工同盟组织的活动费用)

企业保障职工同盟组织活动费用的,应将相关资金列入管理费中进行计算.

第五章 财务收入

第二十九条(财务收入的组成)

财务收入包括通过经营活动所获得的收入和其他收入.

第三十条(开业准备期间的所得计算)

企业在开业准备期间产生了试制品销售收入或其他收入的,用该收入抵偿开业准备期间支出的费用,剩余的收入作为未处分利润积存,在企业开业以后再列入结算利润中进行计算.

第三十一条(收入的计算)

企业应对生产和经营活动中产生的产品销售收入,商品销售收入,建筑工程移交收入,服务收入,运输收入,收费收入,来料加工收入以及其他收入,按部门进行计算.

到财务结算末期,应综合计算所有收入.

第三十二条(对替换物资的收入的计算)

企业在经贸区内出售产品,作为对价接受替换物资并出口该替代物时,将销售产品的价格作为收入,将替代物资的价格作为采购支出进行计算,而生产费用用替代物资的销售收入来补偿.

제33조 (수입금에 대한 세금계산)

거래세와 영업세는 생산물을 판매하거나 또는 봉사한 다음 얻은 수입금에 정한 세률을 적용하여 계산한다.

제6장 재정결산

제34조 (재정결산주기, 결산문건의 제출기간)

기업의 재정결산은 분기, 년별로 한다.

기업은 분기회계결산서를 다음분기 15일까지, 년간회계결산서를 다음해 2월 안으로 지대세무기관에 내야 한다.

제35조 (리윤의 확정)

기업은 총수입금에서 원가와 기타 지출을 공제한 소득으로 리윤을 먼저 확정한 다음 리윤에서 거래세, 영업세, 자원세를 공제한 소득으로 결산리윤을, 결산리윤에서 기업소득세와 예비기금, 벌금, 연체료같은 금액을 공제한 소득으로 분배할 리윤을 확정하여야 한다.

제36조 (예비기금의 적립)

기업은 등록자본의 25%에 해당한 금액이 조성될 때까지 해마다 결산리윤의 5%에 해당한 금액을 예비기금으로 적립하여야 한다.

예비기금은 기업손실을 메꾸거나 등록자본을 늘이는데 쓴다.

제37조 (손실충당)

기업은 예비기금으로 다 메꾸지 못한 지난해 손실을 해당 년도의 결산 리윤에서 기업소득세를 납부한 다음 기금을 적립하고 남은 리윤으로 충당할수 있다.

제38조 (기업기금의 적립 및 리용대상)

기업은 결산리윤의 10%이상의 범위안에서 생산확대 및 기술발전자금, 종업원들을 위한 상금기금, 문화후생기금, 양성기금같은 기업기금을 조성하고 리사회의 결정에 따라 쓸수 있다.

제39조 (분배리윤의 처리)

기업은 분배할 리윤을 투자가들에게 분배하거나 투자몫을 상환하는데 리용하여야 한다.

第三十三条(对收入的税金计算)

交易税和营业税是对销售产品或提供服务获得的收入适用规定的税率进行计算.

第六章 财务结算

第三十四条(财务结算周期, 结算文件的提交期限)

企业应按季度, 年度进行财务结算.

企业应在季度结束后下一季度的15日之前向经贸区税务机关提交季度财务结算书;在年度结束后第二年的2月末之前,向经贸区税务机关提交年度财务结算书.

第三十五条(利润的确定)

企业从收入总额中扣除成本及其他支出,先确定利润;从该利润中扣除交易税, 营业税, 资源税后确定结算利润;从该结算利润中扣除企业所得税, 储备基金, 罚款, 滞纳金等费用后,确定可分配的利润.

第三十六条(储备基金的积累)

企业每年应当提取结算利润的5%列入储备基金.直到储备基金累计达到注册资本的25%.

储备基金用于弥补企业损失或者增加注册资本.

第三十七条(弥补损失)

企业的储备基金不足以弥补上一年度亏损的, 从当年的结算利润中首先缴纳企业所得税后,提取储备基金,用剩余的的利润可以弥补亏损.

第三十八条(企业基金的积累及使用)

企业可以提取10%以上的结算利润, 用于扩大生产及发展技术基金, 职工的奖励基金, 文化福利基金和培训基金等企业基金的建立, 并根据董事会决定使用上述基金.

第三十九条(可分配利润的处理)

企业的可分配利润应当用于向投资人分配利润或者偿还投资人的投资.

제40조 (투자몫의 상환과 리윤분배)

합작기업은 외국투자가의 출자몫상환과 리윤분배를 생산제품으로 하는것을 기본으로 한다.

계약에 따라 생산제품밖의 재산으로 출자몫을 상환하거나 리윤분배를 할수도 있다.

제41조 (지대납부금의 납부)

기업은 정해진 지대납부금을 계산하여 지대세무기관에 납부하여야 한다.

제7장 재정청산

제42조 (재정청산의 담당자)

해산,또는 파산되는 기업은 재정청산을 하여야 한다.

재정청산은 청산위원회가 한다.

제43조 (청산위원회의 구성)

청산위원회는 기업의 리사회가 조직한다.

청산위원회의 구성은 해당 기업의 책임자, 채권자대표, 재정회계일군, 그밖의 필요한 성원으로 한다.

제44조 (청산위원회의 조직권한)

기업이 파산되거나 투자관리기관의 행정적조치에 따라 해산될 경우에는 해당 재판소 또는 투자관리기관이 청산위원회를 조직할수 있다. 이 경우 투자관리기관, 해당 재정기관의 일군을 청산위원회의 성원으로 참가시킨다.

제45조 (청산안의 작성)

청산위원회는 해산 또는 파산되는 기업의 공인과 재산을 넘겨받고 청산안을 작성하여야 한다.이 경우 넘겨받은 재산의 가치를 재평가하여야 한다.

제46조 (청산안의 합의)

청산위원회가 작성한 청산안은 투자관리기관의 합의를 받는다.

파산에 의한 청산의 경우에는 해당 재판기관의 합의를 받는다.

재정신청과정에 납부금 같은 재정청산과 관련된 문제가 제기되었을 경우에는 해당 재정기관의 합의를 받는다.

第四十条(偿还投资和分配利润)

合作企业向外国投资者偿还投资和分配利润,原则上采用分配产品的方式.
根据合同约定可以用产品之外的财产偿还投资或者分配利润.

第四十一条(经贸区缴纳金的缴付)

企业应按规定计算经贸区缴纳金,并向经贸区税务机关缴纳.

第七章 财务清算

第四十二条(财务清算的负责人)

企业解散或破产的,应当进行财务清算.
由清算委员会进行财务清算.

第四十三条(清算委员会的组成)

企业的董事会组织清算委员会.
清算委员会由企业的负责人,债权人代表,财务会计人员以及其他必要人员组成.

第四十四条(组织清算委员会的权限)

企业因破产或者被投资管理机关的行政措施解散的,法院或者投资管理机关可以组织清算委员会.此种情况下,把投资管理机关,有关财政机关的人员作为清算委员会的成员予以参加.

第四十五条(制定清算方案)

清算委员会接管解散或者破产的企业的印章和财产,并制定清算方案.此时,对接管的财产应重新进行评估.

第四十六条(清算方案的协商)

清算委员会制定的清算方案经投资管理机关的同意.
因破产而进行清算的,经法院的同意.
清算过程中涉及缴纳金等与财务清算有关的问题的,须经有关财政机关的同意.

제47조 (청산재산의 처리순위)

청산재산의 처리는 납부금, 청산비용, 종업원의 로동보수, 은행대부, 담보채권이 붙은 채무, 일반채무의 청산같은 순위로 한다.

처리하고 남은 재산은 출자몫에 따라 당사자들에게 나누어 준다.

제48조 (손해배상당사자)

계약의무를 리행하지 않아 기업이 해산되였을 경우 입은 손해는 책임있는 당사자가 보상한다.

제49조 (청산위원회의 보고서제출)

청산위원회는 청산사업이 끝난 날부터 10일안으로 청산보고서를 작성하여 투자관리기관에 내야 한다.

기업이 파산되였을 경우에는 청산보고서를 해당 재판기관에 낸다.

제50조 (청산사업의 결속)

청산위원회는 청산사업이 끝났을 경우 기업등록증, 영업허가증, 세무등록증 같은것을 해당 기관에 바친 다음 거래은행의 돈자리를 막아야 한다.

第四十七条(清算财产的处理顺序)

清算财产的清偿顺序为：缴纳金，清算费用，职工的劳动报酬，银行贷款，有担保债权的债务，一般债务.

清偿后剩余的财产,根据投资比例分配给当事人.

第四十八条(损害赔偿当事人)

因未履行合同义务而导致企业解散的,所遭受的损失,由负有责任的当事人予以赔偿.

第四十九条(清算委员会报告的提交)

清算委员会应在清算工作结束之日起10日内制作清算报告书并提交投资管理机关.

企业破产的,向法院提交清算报告书.

第五十条(清算工作的结束)

清算结束后,清算委员会应向有关机关提交企业登记证,营业许可证,税务登记证等,并注销开户银行的账户.

14

라선경제무역지대
외국투자기업 회계규정

- -

罗先经济贸易区
外国投资企业会计规定

라선경제무역지대 외국투자기업 회계규정

주체104(2015)년4월8일 최고인민회의 상임위원회 결정 제60호 통과

제1조 (규정의 사명)

이 규정은 라선경제무역지대에서 외국투자기업(이 아래부터 기업이라고 한다.)의 회계계산과 회계문건작성에서 제도와 질서를 엄격히 세워 기업회계의 객관성을 보장하는데 이바지한다.

제2조 (회계년도)

기업의 회계년도는 1월1일부터 12월31일까지이다.

새로 창설되는 기업의 회계년도는 조업을 시작한 날부터 12월31일까지, 해산 또는 파산되는 기업의 회계년도는 1월1일부터 해산 또는 파산되는 날까지로 한다.

제3조 (회계화폐와 단위)

지대에서 회계화폐는 조선원 또는 정해진 화폐로 한다.

기업의 경제거래규모에 따라 화폐단위를 천, 만, 백만으로 할수 있다.

제4조 (회계업무의 담당자)

기업의 회계업무는 회계원, 계산원, 출납원 같은 회계일군이 한다.

기업은 회계일군을 따로 두지않고 회계업무를 회계검증사무소에 위탁할수도 있다.

제5조 (회계계산 대상)

기업의 회계계산대상은 다음과 같다.

1. 입금, 출금한 화폐자금
2. 발행, 인수한 유가증권
3. 고정재산, 류동재산
4. 발생, 청산한 채권과 채무
5. 증가, 감소한 자본
6. 발생, 처리한 수입과 지출

罗先经济贸易区外国投资企业会计规定

主体104(2015)年4月8日最高人民会议 常任委员会 决定第60号制定

第一条(使命)

为在罗先经济贸易区严格树立外国投资企业(以下简称企业)的会计核算和会计文件制作的制度和秩序,以保障企业会计的客观性,制定本规定.

第二条(会计年度)

企业的会计年度自1月1日起至12月31日止.

新设立的企业的会计年度自开业之日起至12月31日止;解散或者破产的企业的会计年度自1月1日起至解散或者破产之日止.

第三条(会计货币和单位)

在罗先经济贸易区(以下简称经贸区)会计核算以朝鲜元或者规定的货币为记账本位币.

根据企业的经济往来规模,可以千,万,百万为货币单位.

第四条(会计业务人员)

会计员,计算员,出纳员等会计人员办理企业的会计业务.

企业可以不设专职会计人员,而委托会计验证事务所办理会计业务.

第五条(会计核算的对象)

下列事项应当进行会计核算:

1.收入,支出的货币资金;

2.发行,购入的有价证券;

3.固定财产,流动财产;

4.发生和清算的债权债务;

5.增加,减少的资本;

6.发生和处理的收入和支出;

7. 확정 또는 분배, 처리한 리윤, 손실
8. 금융부문의 수입과 지출
9. 이밖의 회계계산의 필요한 대상

제6조 (회계계산 원칙)

회계계산에서 지켜야 할 원칙은 다음과 같다.
1. 회계기록을 정확한 자료와 증거에 기초하여 하여야 한다.
2. 회계계시와 거래내용을 정확히 표시하여야 한다.
3. 계산시점과 재산평가방법을 기간별로 비교할수 있도록 지속적으로 적용하며 정당한 리유없이 변동시키지 말아야 한다.
4. 자본거래와 손익거래, 자본초과금과 리윤적립금을 정확히 구분하여야 한다.
5. 회계계시와 금액의 중요내용을 회계결산서에 구체적으로 표시하여야 한다.

제7조 (회계서류의 작성 및 발행)

기업은 거래가 발생하면 해당 거래내용을 반영한 회계서류를 작성, 발행하여야 한다.

회계서류에는 전표, 집계표, 분기표가 속한다.

제8조 (회계서류의 반영내용)

회계서류에 반영할 내용은 다음과 같다.
1. 회계서류의 제목
2. 발행번호와 날자
3. 품명, 수량, 단가, 금액 같은 회계계산자료
4. 경제거래내용
5. 현금거래서류에는 수납인과 출납원의 확인도장
6. 회계서류를 발행한 기업 또는 기관의 명칭과 소재지

제9조 (회계서류의 검토, 처리)

다른 기업에서 발행한 회계서류를 접수한 기업은 회계서류의 약식, 기록내용, 계산의 정확성을 검토확인하여야 한다.

불비한 회계서류는 기업책임자 또는 회계부서책임자의 승인을 받고 돌려보낸다.

제10조 (회계서류의 재작성)

불비한 회계서류를 돌려받은 기업은 그것을 다시 작성하여야 한다. 이 경우 전표는 수정할수 없다.

7.确定或分配, 处理的利润, 损失;

8. 金融部门的收入和支出;

9.其他需要会计核算的对象.

第六条(会计核算原则)

进行会计核算应当遵循下列原则:

1.应当在准确的资料和凭证的基础上进行会计记录;

2.应当准确地表示会计项目和交易内容;

3.为了按期比较,应当持续使用核算时期和财产评价方法,无正当理由不得变更;

4.应当明确区分资本交易和损益交易, 资本储备金和盈余储备金;

5.应当在会计结算书上详细记载会计核算项目和款额的重要内容.

第七条(会计文书的编制及发行)

当发生经济交易时,企业应当编制和发行记载有关交易内容的会计文书.

会计文书包括发票, 总计表, 分期表.

第八条(会计文书应记载的事项)

在会计文书上应当记载下列事项:

1.会计文书的题目;

2.发行号码和日期;

3.产品名称, 数量, 单价, 金额等会计核算资料;

4.经济交易内容;

5.在现金交易文书上加盖收讫印和出纳员的确认印章;

6.发行会计资料的企业或者机关的名称和所在地.

第九条(会计文书的审核和处理)

企业收到其他企业发行的会计文书时, 应当对会计文书的表格, 记录内容和计算的准确性进行审核.

对记载不准确, 不完整的的会计文书, 经企业负责人或者会计部门负责人的批准, 予以退回.

第十条(会计文书的重开)

会计文书有错误被退回的,出具企业应当重新编制会计文书,但不得修改发票.

제11조 (회계장부의 구비)

기업은 회계장부를 종합계산장부와 세분계산장부로 나누어 갖추어야 한다.

종합계산장부는 경제거래를 시간적으로, 내용적으로 계산할수 있게 분기일기장과 계시원장으로 나누며 세분계산장부는 계산대상별로 세분화한다.

제12조 (회계장부의 작성)

회계장부의 작성은 검토확인한 회계서류에 기초하여 복식기입방법으로 한다.

회계장부양식과 기입방법은 이 규정의 시행을 위한 세칙에서 정한데 따른다.

제13조 (회계장부와 현물의 대조확인)

기업은 회계장부의 내용과 현물을 정기적으로 대조확인하여야 한다.

회계장부의 내용과 현물이 맞지 않을 경우에는 원인을 찾고 맞추어야 한다.

제14조 (회계장부의 수정)

기업은 회계장부에 잘못 기록한 내용을 삭제하고 다시 기록하거나 수정분기를 하여야 한다. 이 경우 삭제하고 다시기록한 부분에는 수정한 자의 도장을 찍는다.

제15조 (회계장부작성방법의 변경)

회계장부는 시작부터 마감까지 같은 방법으로 작성한다.

회계장부작성방법의 변경은 회계관련법규에 따른다. 이 경우 변경사유를 재정상태설명서에 밝힌다.

제16조 (회계계시의 리용)

기업은 라선시인민위원회 세무국(이 아래부터 지대세무기관이라고 한다.) 이 정해준 회계계시를 리용하여야 한다.

필요에 따라 지대세무기관의 승인을 받고 새로운 회계계시를 내오거나 세분하여 리용할수 있다.

제17조 (경상계산)

경상계산은 기업경영과정에 재산, 채무, 자본의 증감을 일으키거나 수입, 지출을 발생시키는 경영거래들을 시순적으로, 체계적으로 기록, 계산하는 방법으로 한다.

제18조 (경상계산)

경상계산결과의 검토는 종합계산자료와 세분계산자료를 대조하는 방법으로 한다.이 경우 틀린 자료는 원인과 책임한계를 밝히고 고친다.

第十一条(会计账薄的设置)

企业分设综合计算账薄和明细计算账薄.(总账和明细账)

综合计算账薄,为能按时,按内容对经济交易进行计算,分为分期日记账和科目计算账;明细计算账薄则按计算对象再细分.

第十二条(会计账薄的编制)

会计账薄,根据审核确认的会计文书以复式记录方法编制.

会计账薄的格式和记录方法,由为实施本规定而制定的细则中另行规定.

第十三条(会计账薄和实物的核对)

企业应当定期将会计账薄的内容与实物相互核对.

发现会计账薄内容与实物不相符的,应当查明原因并作出处理.

第十四条(会计账薄的更正)

企业应当删除会计账薄上错误记录的内容,并重新记录或更正记录,并由更正人员在删除而重新记录的部分盖章.

第十五条(会计账薄编制方法的变更)

会计账薄的编制方法,从头到尾应当一致.

会计账薄编制方法的变更,要依照有关会计法规.此时,应当在财务情况说明书中说明其变更事由.

第十六条(会计核算坐标的利用)

企业应当采用罗先市人民委员会税务局(以下简称经贸区税务机关)规定的会计核算坐标.

必要时经经贸区税务机关的批准,设立新的会计核算坐标或对会计核算坐标再细分利用.

第十七条(经常性核算)

经常性核算是对企业经营过程中产生的财产,债务,资本的增减或者发生收入,支出的经营活动,按照时间顺序系统地记录和计算的方法进行.

第十八条(经常经济核算结果的稽核)

对经常化核算结果的稽核,用对照综合核算资料和明细核算资料的方法进行.对有错误的资料,应当查明原因和责任界限,并予以更正.

제19조 (회계조정)

회계조정은 회계관련법규의 해당 내용이 수정보충되였거나 회계결산서를 보다 정확히 표시할수 있을 경우에만 한다.

제20조 (미확정거래의 기록)

미확정거래가운데서 손실액을 예측할수 있을 경우에는 결산서에 반영한다.그러나 손실액을 예측할수 없을 경우에는 재정상태설명서에만 반영한다.

제21조 (재정상태표의 작성)

재정상태표의 작성은 다음과 같이 한다.
1. 항목을 류동성배렬법으로 배렬한다.
2. 재산의 합계를 채무, 자본의 합계와 대비하여 표시한다.
3. 재산, 채무, 자본상태를 반영한 매 계시를 총액으로 표시한다.
4. 양식을 계시식으로 한다.

제22조 (손익계산서의 작성)

손익계산서의 작성은 다음과 같이 한다.
1. 항목을 발생원천에 따라 구분하여 배렬한다.
2. 수입의 합계에서 지출의 합계를 덜어 결산리윤을 확정하는 방법으로 표시한다.
3. 수입과 지출상태를 반영한 매 계시를 총액으로 표시한다.

제23조 (손익처분계산서의 작성)

손익처분계산서의 작성은 다음과 같이한다.
1. 리윤분배계산서는 전년도 조월리윤적립금, 결산순리윤, 예비기금 할당액, 기업기금할당액, 리윤배당금, 다음년도 조월리윤적립금으로 구분하여 표시한다.
2. 손실처리계산서는 전년도 조월손실액, 결산손실액, 손실처리에 들려지는 예비기금, 다음년도 조원손실액으로 구분하여 표시한다.
3. 리윤처분액과 손실처리액을 총액으로 표시한다.

제24조 (현금류동표의 작성)

현금류동표의 작성은 다음과 같이 한다.
1. 항목을 영업활동, 투자활동, 재정활동에 따라 구분하여 표시한다.
2. 현금의 기초잔고와 기간증감액을 합계하여 기말잔고로 표시한다.
3. 항목의 기간증감액과 기간감소액을총액으로 표시한다.
4. 간접법으로 작성한다.

第十九条(会计调整)

只有当会计法规的相关内容被修改, 补充, 或者更能正确地记录会计结算书的时候, 才可以进行会计调整.

第二十条(未确定交易的记录)

对未确定的交易, 可以预测亏损金额的, 记录在结算书上;不能预测亏损额的, 只能在财务情况说明书上予以记录.

第二十一条(资产负债表的编制)

按下列方式编制资产负债表:

1.对财务项目用流动性排列方法进行排列;

2.对财产的合计, 与债务, 资本的合计相对比进行表示;

3.反映财产, 债务, 资本情况的每个核算坐标用总额来表示;

4.采用核算坐标式的表格.

第二十二条(损益核算书的编制)

按照下列方式编制损益核算书:

1.对项目按照发生来源进行分类并排列;

2.确定结算利润的方法: 从收入合计减去支出合计来确定结算利润;

3.对反映收入和支出情况的每个核算坐标, 用总额来表示.

第二十三条(损益处理核算书的编制)

按下列方式编制损益处理核算书:

1.利润分配核算书对利润分为上年结转的积存利润, 结算净利润, 储备基金份额, 企业基金份额, 利润分配额, 结转下一年度的积存利润等进行编制;

2.损益核算书对亏损分为上一年度未弥补的亏损额, 结算亏损额, 用于亏损弥补的储备基金, 转入下一年度的未弥补的亏损额来进行编制;

3.用总额来反映利润处分额和亏损处分额.

第二十四条(现金流量表的编制)

现金流动表以下列方式编制:

1.对项目, 根据营业活动, 投资活动, 财务活动分别予以表示;

2.以现金的基础余额和期间增减额的合计来表示期末余额;

3.对项目的期间增加额和期间减少额用总额来表示;

4.用间接法编制现金流量表.

제25조 (결산기가 지난 다음 발생한 사항)

결산기가 지난 다음에 발생하여 재정상태표의 작성에 영향을 주는 사항은 재산, 채무, 자본에 반영한다. 그러나 재정상태표의 작성에 영향을 주지 않는 사항은 재정상태설명서에만 반영한다.

제26조 (회계결산서의 작성)

회계결산서의 장성은 다음과 같이 한다.
1. 재정상태표, 손익계산서, 리윤분배계산서 또는 손실처리계산서, 현금류동표를 검토하고 종합편찬한다.
2. 결산년도와 전년도의 회계자료를 비교하여 표시한다.
3. 재정상태표, 손익계산서에 따르는 보조명세표를 만든다.
4. 잘못 리해할수 있는 회계내용을 재정상태설명서에 반영한다.

제27조 (회계결산서의 작성주기)

회계결산서의 작성주기는 분기, 년간으로 한다.

기업은 분기회계결산서를 분기가 지난다음달 15일까지, 년간회계결산서는 회계년도가 지난 다음해 2월안으로 작성하여야 한다.

제28조 (회계결산서에 대한 책임)

회계결산서에는 기업의 책임자와 회계부서의 책임자가 수표한다.

회계결산서에 대한 책임은 수표한 당사자들이 진다.

제29조 (금지행위)

다음의 행위를 할수 없다.
1. 재산, 채무, 자본을 허위기록하거나 또는 기록하지 않거나 평가기준과 계산방법을 승인없이 변경하는 행위.
2. 수입을 숨기거나 지연 또는 앞당겨 계산하는 행위
3. 지출을 허위기록하거나 또는 기록하지 않거나 계산시점과 계산방법을 승인없이 변경하는 행위
4. 리윤계산과 리윤분배방법을 승인없이 변경하여 허위리익을 조성하거나 리윤을 숨기는 행위
5. 2중장부를 리용하는 행위

제30조 (회계프로그람리용에서 지켜야 할 사항)

회계프로그람리용에서 지켜야 할 사항은 다음과 같다.

第二十五条(结算期之后的事项)

结算期结束之后发生影响资产负债表编制的事项,应反映在财产,债务,资本中.但对编制资产负债表没有影响的事项,只在财务情况说明书上予以反映.

第二十六条(会计结算书的编制)

按下列方式编制会计结算书:

1. 对资产负债表,损益核算书,利润分配核算书或者损失处理核算书,现金流量表进行稽核后进行综合编制;
2. 对决算年度和上年度的会计资料进行对照并标明;
3. 编制对资产负债表和损益核算书的补充明细表;
4. 对容易混淆的会计内容,应在财务情况说明书上加以说明.

第二十七条(会计结算书的编制周期)

会计结算书的编制周期为季度,年度.

企业编制季度会计结算书应当在季度结束后下一个月15日之前完成;编制年度会计结算书应当于会计年度结束的第二年2月末之前完成.

第二十八条(对会计结算书的责任)

会计结算书应当由企业负责人和会计部门负责人签名.

对会计结算书由签名的当事人承担责任.

第二十九条(禁止行为)

不得有下列行为:

1. 对财产,债务,资本虚假记录或者不记录或者未经批准变更评价标准和核算方法;
2. 隐瞒收入,推迟或者提前确认收入
3. 对支出虚假记录或者不记录或者未经批准改变核算时间和核算方法;
4. 未经批准随意调整利润的计算,分配方法,编造虚假利润或者隐瞒利润;
5. 不得在法定账簿之外私设账薄.

第三十条(使用会计软件应遵守的事项)

使用会计软件应遵守的事项:

1. 경영활동을 통일적인 련관속에서 반영할수 있는 회계프로그람을 리용하여
   야 한다.
2. 회계관련법규에서 정한 계산방법과 회계의 원리에 맞아야 한다.
3. 회계결산지표의 유일성을 보장하여야 한다.
4. 화면양식, 인쇄양식은 회계문건양식과 같아야 한다.
5. 회계정보자료에 대한 2중보관체계를 세워야 한다.
6. 회계장부를 외부기억매체에 보관하는 경우에도 1부를 인쇄하여 보관하여
   야 한다.
7. 자체로 개발한 회계프로그람은 해당 기관의 승인을 받고 리용하여야 한다.

제31조 (기업의 업무분리, 재산실사)

기업은 출납업무, 회계장부작성업무, 회계문건보관업무, 재산보관업무를 각각
분리시키고 재산실사의 범위, 기간, 실사방법을 정하여야 한다.

제32조 (회계사업의 인계인수)

회계사업의 인계인수는 해당 일군의 립회밑에 한다.

회계원의 인계인수에 대한 립회는 회계부서책임자가, 회계부서 책임자의 인계
인수에 대한 립회는 기업책임자가 한다.

제33조 (회계문건의 보관)

기업은 회계서류를 5년까지, 회계장부와 년간회계결산서는 10년까지 보관하
여야 한다.

제34조 (벌금부과)

이 규정 제29조를 어겼을 경우에는 1000~10만€까지의 벌금을 부과한
다.

1.应当采用可以在整体关系中可以反映经营活动的会计软件;

2.应当符合会计法规规定的核算方法和会计原理;

3.应当保证会计结算指标的唯一性;

4.屏幕格式,印刷格式等显示格式应当与会计文件格式保持一致;

5.应当建立会计信息的双重保管体系;

6.利用外部存储介质保管会计账薄的,也应当打印一份并保管;

7.使用自行开发的会计软件,应当经过有关机关批准.

第三十一条(企业的业务分立,财产清点)

企业应当分开出纳业务,会计账薄编制业务,会计资料保管业务,财产保管业务等业务,并规定财产清点范围,期限,清点方法.

第三十二条(会计业务的交接)

会计业务的交接应在有关人员的监督之下进行.

会计部门的负责人监督会计人员的交接工作,企业负责人监督会计部门负责人的交接工作.

第三十三条(会计文书的保管)

企业对会计文书的保管期限为5年,对会计账薄和年度会计结算书的保管期限为10年.

第三十四条(罚款)

违反本规定第29条规定的,处以1000~100000€的罚款.

15

라선경제무역지대 세금징수 관리규정

罗先经济贸易区征税管理规定

15. 罗先经济贸易区征税管理规定

라선경제무역지대 세금징수 관리규정

주체104(2015)년6월10일 최고인민회의 상임위원회 결정 제66호 통과

제1조 (규정의 사명)
이 규정은 라선경제무역지대에서 세금징수관리제도와 질서를 세우는데 이바지한다.

제2조 (용어의 정의)
이 규정에서 용어의 정의는 다음과 같다.
1. 세금징수란 납세자 또는 공제납부자(이 아래부터 납세자라고 한다.)로부터 정해진 세금을 받아내는 세무기관의 활동이다.
2. 납세자란 지대안에서 소득을 얻는 외국투자기업과 외국인이다.
3. 공제납부자란 세금관련법규에 따라 납세자를 대신하여 세금을 공제납부하는당사자이다.
4. 세무조사란 납세자의 세금도피를 막고 탈세행위를 적발대책하기 위한 세무기관의 감독활동이다.

제3조 (적용대상)
이 규정은 라선경제무역지대(이 아래부터 지대라고 한다.)의 세무기관과 세금납부대상에 적용한다.
세금납부대상은 해당 세칙에서 정한다.

제4조 (세무기관의 지위)
라선경제무역지대 세무기관(이 아래부터 지대세무기관이라고 한다.)은 중앙세무지도기관의 지도밑에 지대에서 세무관련법규를 집행하는 감독통제기관이다.

제5조 (세금납부와 징수에서 공정성보장)
지대에서 모든 납세자는 세금납부에서 평등한 의무를 지닌다.
지대세무기관은 세금징수를 세금 관련법규에 근거하여 공정하게 하여야 한다.

罗先经济贸易区征税管理规定

主体104（2015）年6月10日 最高人民会议 常任委员会 决定 第66号 制定

第一条(使命)

为了在罗先经济贸易区建立征税管理制度和秩序,制定本规定.

第二条(用语的定义)

本规定用语的定义如下:

1. 征税,是指对纳税人或者扣缴义务人(以下简称纳税人)征收规定税款的税务机关的活动;
2. 纳税人,是指在经贸区内获得所得的外国投资企业和外国人;
3. 扣缴义务人,是指根据税务相关法规,代为纳税人扣税并缴纳税款的当事人;
4. 税务调查,是指为防止逃税,揭露偷税行为采取相应对策的税务机关的监督活动.

第三条(适用客体)

本规定适用于在罗先经济贸易区(以下简称为经贸区)的税务机关和纳税对象.

关于纳税对象在细则中另行规定.

第四条(税务机关的地位)

罗先经济贸易区税务机关(以下简称经贸区税务机关)是在中央税务指导机关的领导下在经贸区执行税务相关法规的监督管理机关.

第五条(保证纳税与征税的公正性)

在经贸区内所有纳税人负有平等的义务.

经贸区税务机关应当根据税务相关法规公正地征税.

제6조 (세금징수사업에 대한 간섭금지)

지대세무기관의 합법적인 세금징수사업에 대하여 누구도 방해하거나 간섭할수 없다.

제7조 (세무등록)

납세자는 정해진 기간안에 세무등록, 세무등록취소, 세무변경등록을 하여야 한다.

기업등록증 및 영업허가증발급기관은 해당 증서발급정형을 지대세무기관에 제때에 통지하여야 한다.

제8조 (세무등록증발급)

지대세무기관은 정해진 기간안에 세무등록증을 발급하여야 한다.

납세자는 세무등록증을 빌려주거나 그내용을 고칠수 없다.

제9조 (과세대상설정과 납세액확정)

지대세무기관은 세금종류에 따라 과세대상을 정확히 설정하고 납세액을 확정하여야 한다.

제10조 (재정회계문건관리)

납세자는 정해진 재정회계문건을 구비하고 해당한 내용을 정확히 기록, 보관, 리용하여야 한다.

제11조 (세금계산문건의 리용)

납세자는 지대세무기관이 유일적으로 발급한 세금계산문건양식만 리용하여야 한다.

세금계산문건은 지대세금기관이 정한데 따라 보관하거나 페기한다.

제12조 (납세신고)

납세자는 정해진 기간안에 납세신고를 하여야 한다.

납세신고는 납세신고서를 지대세무기관에 제출하고 확인을 받는 방법으로 한다.

제13조 (납세액의 사정)

지대세무기관은 납세자가 계산한 납세액이 정확하지 않을 경우 해당 법규에 근거하여 납세액을 사정할수 있다.

제14조 (세금납부서발급)

지대세무기관은 납세신고서를 접수하면 그것을 확인하고 세금납부서를 발급하여야 한다.

第六条 (禁止干涉征税工作)

任何人不得妨碍或者干涉经贸区税务机关的合法的征税工作.

第七条 (税务登记)

纳税人应当在规定的期限内办理税务登记, 税务注销登记, 税务变更登记.

颁发企业登记证, 营业执照的机关应当及时向经贸区税务机关通知有关证件的发放情况.

第八条 (颁发税务登记证)

经贸区税务机关应在规定的期限内颁发税务登记证.

纳税人不得出借税务登记证或者变更税务登记证的内容.

第九条 (征税对象的设定和纳税金额的确定)

经贸区税务机关应当根据不同的税种, 正确设定征税对象, 确定应纳税款.

第十条 (财务会计文件的管理)

纳税人应当具备规定的财务会计文件, 并对有关内容正确记录, 保管和使用.

第十一条 (税收核算文件的使用)

纳税人只能使用经贸区税务机关统一发放的税收核算文件格式.

根据经贸区税务机关的规定保管或者作废税收核算文件.

第十二条 (纳税申报)

纳税人应在规定的期限内, 申报纳税.

纳税申报, 以向经贸区税务机关提交纳税申报文件, 并经确认的方式进行.

第十三条 (纳税金额的审核)

纳税人计算应纳税款不正确的, 经贸区税务机关可以根据有关法规核定其纳税金额.

第十四条 (发放纳税单)

经贸区税务机关对接受的纳税申报书, 予以确认并开具纳税单.

납세자는 지대세무기관이 발급한 세금납부서에 따라 정해진 기간안에 세금을 납부하여야 한다.

제15조 (납세기간의 연장)

납세자는 부득이한 경우 지대세무기관에 제기하여 납세기간을 연장받을수 있다.

지대세무기관은 납세자로부터 납세기간연장신청을 받으면 그 사유을 확인하고 승인 또는 부결하여야 한다. 이 경우연장기간은 6개월을 넘을수 없다.

제16조 (세무자료관리)

지대세무기관은 세무등록자료, 고정재산등록자료, 기업실태자료, 상품수출입자료, 토지임대관련자료, 청부건설자료, 기업회계결산서같은 세무관련자료를 정상적으로 기록하고 관리하여야 한다.

세무관련자료는 정해진 기간까지 보관한다.

제17조 (세금징수당사자)

지대에서의 세금징수는 지대세무기관이 한다.

지대세무기관을 제외하고는 누구도 납세자에게 세금을 부과하거나 징수할수 없다.

제18조 (세금징수요구)

지대세무기관은 세금관련법규와 어긋나게 세금종류와 세률, 납세기간을 설정하거나 세금을 면세 또는 감면할수 없으며 세금을 징수하지 않거나 적게 또는 초과징수할수 없다.

제19조 (세금납부와 관련한 통지)

지대세무기관은 납세자에게 세금납부와 관련한 통지문을 보낼수 있다.

제20조 (세금의 감면신청)

세금을 감면받으려는 납세자는 지대세무기관에 세금감면신청서를 내야 한다. 이 경우 신청서에는 해당 기관이 확인하는 감면리유가 정확히 밝혀져야 한다.

감면리유에 대한 해당 기관의 확인이 법규와 맞지 않을 경우 지대세무기관은 감면승인을 거절할수 있다.

제21조 (납세담보물의 제공, 미납자의 출국금지)

세금을 미납한 납세자는 출국하려는 경우 미납액을 청산하거나 납세담보를 제공하여야 한다.

지대세무기관은 납세자가 납세담보를 제공하지 못하였거나 정당한 리유없이 거절하는 경우 해당 기관에 통지하여 그의 출국을 금지시킬수 있다.

纳税人根据经贸区税务机关开具的纳税单,在规定的期限内缴纳税款.

第十五条(纳税期限的延期)

纳税人有不得已的事由时,可以向经贸区税务机关提出申请,延长纳税期限.

经贸区税务机关收到纳税人的延期纳税申请后,应当审查其事由,并作出批准或者驳回的决定.延期期限不得超过6个月.

第十六条(税务资料的管理)

经贸区税务机关对税务登记文件,固定财产登记文件,企业实际情况文件,商品进出口文件,土地租赁文件,承包建设文件,企业会计结算文件等税务文件应当正确记录并管理.

对税务文件,按照规定的期限保管.

第十七条(征税当事人)

由经贸区税务机关负责经贸区的征税工作.

除经贸区税务机关外,任何人不得对纳税人征税.

第十八条(征税要求)

经贸区税务机关不得违反税务法规设置税种,税率和纳税期限,不得减征或免征税款,不得不征收,少征或多征税款.

第十九条(纳税通知)

经贸区税务机关可以向纳税人送达有关纳税的通知书.

第二十条(申请减免税款)

拟享受减免税款待遇的纳税人应向经贸区税务机关提交税款减免申请书,申请书应当记载经有关机关确认的减免理由.

有关机关确认的减免理由不符合法规规定的,经贸区税务机关可以拒绝.

第二十一条(纳税担保物的提供, 禁止未纳税人的出境)

未纳税人需要出境的,应缴清未缴纳税款或者提供纳税担保.

纳税人未能提供纳税担保或者无正当理由拒绝提供担保的,经贸区税务机关可以通知有关机关禁止其出境.

제22조 (강제집행조치)

납세자가 정해진 기간안에 미납된 세금을 납부하지 않거나 납세담보를 제공하지 않을 경우 지대세무기관은 납세자의 거래은행 또는 해당 기관에 통지하여그의 예금에서 미납액을 떼내거나 재산담보처분조치를 취할수 있다.

재산담보처분조치를 취하는 경우 지대세무기관은 납세자에게 미납된 세금에 대한 납세기한부를 정해주어야 한다.

제23조 (통합, 분리되는 기업에 대한미납된 세금징수)

지대세무기관은 기업이 세금을 미납한상태에서 통합되거나 분리되였을 경우 통합한 기업 또는 분리된 기업으로부터 미납한 세금을 징수하여야 한다.

제24조 (양도기업에 대한 미납된 세금징수)

지대세무기관은 기업이 세금을 미납한상태에서 양도되였을 경우 양도받은 기업으로부터 미납한 세금을 징수하여야 한다.

제25조 (해산 또는 파산기업의 미납된 세금징수)

기업이 세금을 미납한 상태에서 해산 또는 파산되는 경우 세금납부의무는 청산위원회가 진다.

청산위원회가 불가피한 사정으로 세금을 납부하지 않고 재산을 분배하였을 경우 세금납부의무는 해당 청산인과 그 재산을 분배받은 당사자가 진다.

제26조 (비법경영활동에 대한 세금징수)

지대세무기관은 기업 또는 개인이 비법적으로 영리활동을 하여 소득을 얻었을 경우 얻은 소득에 대한 납세액을 가산하여 세금을 징수하여야 한다.

제27조 (지대세무기관의 세무조사의무)

지대세무기관은 세금납부정형을 료해하기 위하여 세무조사를 한다.

세무조사에는 납세자의 세금납부정형을 정상적으로 료해하기 위한 담당조사와 탈세행위를 적발하기 위한 집중조사가 속한다.

제28조 (담당조사)

지대세무기관은 납세자가 탈세행위를 하지 않도록 그의 세금납부정형을 정상적으로 조사하여야 한다.

제29조 (집중조사)

지대세무기관은 납세자에게 탈세행위가 있다고 인정될 경우 라선시인민위원회의 승인을 받아 집중조사를 할수 있다.

第二十二条(强制执行措施)

纳税人未按照规定的期限缴纳税款或者不提供纳税担保的,经贸区税务机关可以通知纳税人的开户银行或者有关机关从其银行存款中扣除未缴纳的税款或者采取财产担保处分措施.

采取财产担保处分措施的,经贸区税务机关应当给纳税人指定对未缴纳税款的缴纳期限.

第二十三条(对合并,分立企业征收未缴纳税款)

企业在未缴纳税款的情况下合并或者分立的,经贸区税务机关应对合并或分立后的企业征收未缴纳税款.

第二十四条(对转让企业征收未缴纳税款)

企业在未缴纳税款的情况下被转让的,经贸区税务机关应对受让的企业征收未缴纳税款.

第二十五条(对被解散或破产企业征收未缴纳税款)

企业在未缴纳税款的情况下,被解散或破产的,由清算委员会承担缴纳税款的义务.

清算委员会有不可避免事由没有缴纳税款而进行财产分配的,由相关清算人和获得财产分配的当事人承担纳税义务.

第二十六条(对违法经营活动的征税)

企业或者个人因进行违法的营利活动获取收入的,经贸区税务机关应当追加计算所得收入的纳税额并予以征收.

第二十七条(经贸区税务机关的税务调查义务)

为了解纳税情况,经贸区税务机关可以进行税务调查.

税务调查包括为正常了解纳税情况的负责调查和为揭露偷税行为的集中调查.

第二十八条(负责调查)

经贸区税务机关应当经常调查纳税人的纳税情况,以防止其进行偷税活动.

第二十九条(集中调查)

经贸区税务机关在认定纳税人有偷税行为的,经罗先市人民委员会批准可以进行集中调查.

제30조 (조서의 작성)

지대세무기관은 세무조사과정에 세금납부와 관련하여 위법행위가 나타났을 경우 그에 대한 조서를 작성하여야 한다.

제31조 (자료의 고증)

지대세무기관은 세무조사과정에 나타난 정황과 자료를 기록, 록음, 복사할수 있다.

제32조 (납세자의 영업비밀보장)

지대세무기관은 세무조사과정에 알게 된 납세자의 영업비밀을 보장해주어야 한다.

제33조 (세무조사조건보장)

납세자는 자대세무기관의 세무조사에 필요한 조건과 자료를 제때에 보장하여야 한다.

제34조 (벌금부과)

이 규정을 어겼을 경우에는 해당 책임있는 자에게 벌금을 부과한다.

제35조 (신소와 그 처리)

세금징수와 관련하여 의견이 있는 당사자는 지대세무기관 또는 라선시인민위원회에 신소할수 있다.

신소를 접수한 기관은 30일안으로 료해처리하고 그 결과를 신소자에게 알려주어야 한다.

第三十条(制作相关调查文件)

在税务调查过程中出现与纳税有关的违法行为的,经贸区税务机关应当制作相关调查文件.

第三十一条(资料的考证)

经贸区税务机关可以对调查过程中出现的情况和资料,进行记录,录音和复制.

第三十二条(保守纳税人的营业秘密)

经贸区税务机关应当保守在调查过程中获知的纳税人的营业秘密.

第三十三条(保障税务调查的条件)

纳税人应及时保障经贸区税务机关进行税务调查所需的条件和资料.

第三十四条(处以罚款)

违反本规定的,对有关责任人员处以罚款.

第三十五条(申诉及其处理)

当事人对征税相关事宜有异议的,可以向经贸区税务机关或者罗先市人民委员会提出申诉.

收到申诉的机关应在30日内了解和处理申诉,并将其结果告知申诉人.

16

라선경제무역지대
외국투자기업 회계검증규정

- -

罗先经济贸易区
外国投资企业会计验证规定

라선경제무역지대 외국투자기업 회계검증규정

주체104(2015)년6월10일 최고인민회의 상임위원회 결정 제67호 통과

제1장 일반규정

제1조 (사명)

이 규정은 라선경제무역지대에서 외국투자기업에 대한 회계검증제도와 질서를 바로 세워 회계검증의 객관성과 공정성을 보장하는데 이바지한다.

제2조 (용어의 정의)

이 규정에서 용어의 정의는 다음과 같다.

1. 회계검증이란 외국투자기업의 경제활동에 대한 회계계산자료의 정확성과 합법성을 객관적으로 검토하고 증명하는 사업이다.

2. 투자검증이란 투자가가 출자한 재산실적의 정확성과 합법성, 효과성을 검토하는 사업이다.

3. 결산검증이란 기업의 결산기간마다정기적으로 작성제출하는 회계결산서의 정확성과 합법성을 검토하는 사업이다.

4. 청산검증이란 기업의 해산 또는 파산과 관련하여 청산위원회가 작성한 청산보고서의 정확성을 검토하는 사업이다.

5. 인계인수검증이란 기업의 책임자가새로 임명되었을 경우 그 당시 기업의 재정상태의 정확성을 검토, 확인하는 사업이다.

6. 대외협조검증이란 국제기구나 다른 나라 정부, 단체, 기업으로부터 받은 협조물자 또는 자금의 리용정형을 해당 기관의 의뢰에 따라 검토, 확인하는 사업이다.

7. 송금검증이란 외국투자기업 또는 외국인에게 리윤분배금과 투자상환금, 청산분배금 같은 해당 금액을 지출하는 경우 그 합법성을 확인하는 사업이다.

8. 고정재산변경검증이란 등록된 고정재산을 재평가하거나 폐기, 양도, 저당하는 경우 해당 고정재산에 대한 정확성과 합법성을 검토, 확인하는 사업이다.

罗先经济贸易区外国投资企业会计验证规定

主体104（2015）年6月10日 最高人民会议 常任委员会 决定 第67号 制定

第一章 一般规定

第一条（使命）

为建立罗先经济贸易区外国投资企业的会计验证制度和秩序,保障会计验证的客观性和公正性,制定本规定.

第二条（用语）

本规定用语的定义如下:

1. 会计验证,是指对外国投资企业经营活动相关的会计核算资料的正确性和合法性进行客观审查和证明的工作;

2. 投资验证,是指对投资人出资的财产实绩的正确性,合法性及效益进行审查的工作;

3. 结算验证,是指对企业在每个结算期定期编制提交的会计结算文件进行正确性和合法性审查的工作;

4. 清算验证,是指对清算委员会制定的有关企业的解散或者破产的清算报告书的正确性进行审查的工作;

5. 交接验证,是指在重新任命企业负责人的,审查和确认当的企业财务状况是否正确的工作;

6. 涉外协助验证,是指接受有关机关的委托对国际组织或者外国政府,团体,企业提供的协助物资或者资金的利用情况进行检查确认的工作;

7. 汇款验证,是指对向外国投资企业或者外国人分配的利润,偿还的出资及清算分配的财产等金额,确认其合法性的工作;

8. 固定财产变更验证,是指对已经登记的固定财产重新评估;或者报废,转让,抵押固定财产的,审查确认其正确性和合法性的工作.

제3조 (회계검증기관)

라선경제무역지대에서 외국투자기업에대한 회계검증은 라선경제 무역지대(이 아래부터 지대라고 한다.)에 조직된 외국투자기업 회계검증사무소(이 아래부터회 계검증기관이라고 한다.)가 한다.

제4조 (회계검증의 준거규정)

지대에서 회계검증은 이규정과 라선경제무역지대 외국투자기업 재정관리규정과 외국투자기업회계규정, 세금규정 같은 관련규정에 따라 한다.

제5조 (회계검증원칙)

회계검증기관은 회계검증에서 과학성과 객관성, 적법성, 비밀준수원칙을 지켜야 한다.

제6조 (적용대상)

이 규정은 지대안의 회계검증기관과 외국투자기업, 외국투자은행(이 아래부터 기업이라고 한다.)에 적용한다.

제2장 회계검증기관의 설립과 운영

제7조 (회계검증기관의 설립승인기관)

지대에서 회계검증기관을 설립하려는 기관, 기업소, 단체와 다른 나라 회계검증기관, 외국인은 라선시인민위원회를 통하여 중앙재정지도기관의 승인을 받아야 한다.

제8조 (회계검증기관설립신청문건의 제출)

지대에 회계검증기관을 설립하려는 기관은 신청문건을 라선시인민위원회에 제출하여야 한다.

신청문건에는 기관명칭과 소재지, 업무내용, 정원수, 자격관계같은 사항을 밝혀야 한다.

제9조 (회계검증기관의 주소등록)

회계검증기관은 승인받은 날부터 15일안으로 주소등록을 하여야 한다.

제10조 (회계검증기관의 업무내용)

회계검증기관의 업무내용은 다음과 같다.
1. 기업창설을 위한 투자검증
2. 결산보고서에 대한 회계검증

第三条 (会计验证机关)

由设在罗先经济贸易区(以下简称经贸区)的外国投资企业会计验证事务所(以下简称会计验证机关)负责罗先经济贸易区外国投资企业的会计验证工作.

第四条(会计验证的准据规定)

经贸区的会计验证, 根据本规定和罗先经贸区外国投资企业财务管理规定, 外国投资企业会计规定, 税务规定等有关规定进行.

第五条(会计验证原则)

会计验证机关在会计验证过程中应当遵守科学性, 客观性, 合法性, 保密性的原则.

第六条(适用对象)

本规定适用于经贸区内的会计验证机关和外国投资企业, 外国投资银行(以下简称企业).

第二章 会计验证机关的设立和经营

第七条(会计验证机关的设立审批机关)

拟在经贸区设立会计验证机关的机关, 企业, 团体和外国会计验证机关, 外国人, 应通过罗先市人民委员会获得中央财务指导机关的批准.

第八条(提交会计验证机关设立申请文件)

拟在经贸区设立会计验证机关的单位应当向罗先市人民委员会提交申请文件.
申请文件应当记载机关名称, 地址, 业务内容, 在编人数, 资格关系等事项.

第九条(会计验证机关的地址登记)

会计验证机关应自获得批准之日起15日内进行住所登记.

第十条(会计验证机关的业务内容)

会计验证机关的业务内容如下:

1. 设立企业的,对其投资进行验证;
2. 对结算报告书进行会计验证;

3. 통합, 분리되는 기업에 대한 회계검증
4. 고정재산변경 또는 유형재산에 대한 감정평가
5. 해산되는 기업의 청산보고서에 대한 회계검증
6. 기업회계관련 대리업무 또는 상담봉사
7. 이 밖에 회계관련법규에 정해진 업무

제11조 (회계검증료금)

회계검증을 받은 기업은 회계검증 또는 봉사와 관련한 료금을 내야 한다.
검증료금과 봉사료금을 정하는 사업은라선시인민위원회가 한다.

제12조 (손해보상준비금과 손해보상)

회계검증기관은 지대재정기관이 정한 비률에 따라 손해보상준비금을 적립하며
회계검증과정에 고의 또는 과실로 검증의뢰자나 제3자에게 손해를 주었을 경우
제때에 보상하여야 한다.

제13조 (손해보상준비금의 류용금지)

회계검증기관은 손해보상준비금을 손해보상에만 써야 한다.
손해보상준비금을 손해보상밖의 다른 용도에 쓰려고 할 경우에는 지대재정기관
의 승인을 받아야 한다.

제14조 (회계검증기관의 재정)

회계검증기관은 자체수입으로 지출을 보상하며 지대납부금을 바친 다음 기금을
세우고 쓸수 있다.

제15조 (분기 및 년간결산)

회계검증기관은 분기, 년간결산을 하여야 한다. 이 경우 분기결산문건을 첫 달
20일까지, 년간결산문건을 다음해 2월안으로 지대재정기관에 내야 한다.

제16조(회계검증보고문건의 보관기일)

회계검증기관은 회계검증보고문건을 회계검증대상에 따라 송금검증, 인계인
수검증과 관련한 문건은 5년까지, 고정재산변경검증, 회계감정과 관련한 문건은
10년까지 보관하여야 한다.
투자검증, 년간결산검증, 청산검증보고문건은 영구보관한다.

제17조 (회계검증사업정형보고서의 제출)

회계검증기관은 해마다 1~2차 회계검증사업정형에 대한 보고서를 작성하여
중앙재정지도기관에 제출하여야 한다.

3.对合并,分立的企业进行会计验证;

4.对固定财产的变更或者有形财产进行鉴定评估;

5.对解散企业的清算报告书进行会计验证;

6.对有关企业会计的代理业务或者咨询服务进行会计验证;

7.其他会计法规规定的业务.

第十一条(会计验证费用)

接受会计验证的企业,应当支付会计验证或服务费用.

由罗先市人民委员会负责对验证费用和服务费用的确定工作.

第十二条(损害赔偿预备金和损害赔偿)

会计验证机关应当按照经贸区财务机关规定的比例积存损害赔偿预备金.如在会计验证过程中故意或者过失给委托验证人或者第三人造成损失的,应当及的给予赔偿.

第十三条(禁止挪用损害赔偿准备金)

对损害赔偿准备金,会计验证机关只能用于损害赔偿方面.

损害赔偿预备金用于损害赔偿以外的其他用途的,应获得经贸区财务机关的批准.

第十四条(会计验证机关的财务)

会计验证机关自收自支,缴纳经贸区相关费用后可以建立基金并使用.

第十五条(季度及年度结算)

会计验证机关应当进行季度,年度结算.会计验证机关向经贸区财务机关在下一季度第一月的20日之前提交季度结算文件;在下一年的2月末之前提交年度结算文件.

第十六条(会计验证报告文件的保管期限)

会计验证机关根据会计验证项目的不同标准保管会计验证报告文件,有关汇款验证,交接验证的文件的保管期限为5年;有关固定财产变更验证,会计验证的文件的保管期限为10年.

对投资验证,年度结算验证,清算验证报告文件,应当永久保管.

第十七条(提交会计验证工作报告书)

会计验证机关每年制作1-2次的会计验证工作报告书,并提交中央财务指导机关

제3장 회계검증원의 자격과 임무

제18조 (회계검증원자격심의위원회와 자격시험)

회계검증원자격은 중앙회계검증원자격심의위원가 준다.

중앙회계검증원자격심의위원회는 해마다 회계검즈원자격시합을 조직하여야 한다.

제19조 (회계검증원자격증의 발급과 유효기간)

중앙회계검증원자격심의위원회는 회계검증원 자격시험에서 합격된 자에게 회계검증원자격증을 발급한다.

회계검증원자격증의 유효기간은 3년이다.

제20조 (자격시험에 응시하지 않고 회계검증원자격을 가질수 있는 대상)

재정회계부문의 학위, 학직, 명예칭호를 받았거나 중앙회계검증원 자격심의위원회가 정한 대상은 자격시험을 응시하지 않아도 회계검증원 자격을 가질수 있다.

제21조 (회계검증원의 의무)

회계검증원의 의무는 다음과 같다.

1. 회계검증사업에서 공정성과 객관성을 보장하여야 한다.
2. 검증과정에 알게된 비밀을 지켜야 한다.
3. 검증과정에 나타난 결과를 검증보고서에 그대로 반영하여야 한다.
4. 검증과정에 위법행위를 융화묵과하지 말아야 한다.
5. 검증결과에 대하여 법앞에 책임져야 한다.

제22조 (회계검증원의 권한)

회계검증원은 회계검증과 관련하여 해당 기업의 회계장부, 서류들을 열람할수 있다.

회계검증원은 회계검증과정에 기업의 부당한 요구를 거절할수 있으며 위법행위를 정당화하거나 이에 대하여 압력을 가하거나 위협, 공갈, 매수 같은 방법으로 검증사업을 방해할 경우 해당 기관에 제기할수 있다.

제23조 (회계검증원이 될수 없는 대상)

형사처벌을 받았거나 현재 법기관의 조사를 받고있는 자, 위조한 자격증을 가지고 있는 자는 회계검증원이 될수 없다.

第三章 会计验证员的资格与工作

第十八条(会计验证员资格审查委员会与资格考试)

由中央会计验证员资格审查委员会授予会计验证员资格.

中央会计验证员资格审查委员会应每年组织会计验证资格考试.

第十九条(会计验证员资格证书的颁发和有效期限)

中央会计验证员资格审查委员会向会计验证员资格考试合格的人员颁发会计验证员资格证书.

会计验证员资格证书的有效期限为3年.

第二十条(未参加资格考试, 可获得会计验证员资格的人员)

荣获财务部门的学位, 职称, 名誉称号或者中央会计验证员资格审查委员会指定的人员,未参加资格考试也可以获得会计验证员资格.

第二十一条(会计验证员的义务)

会计验证员行使职责:

1.保障会计验证工作的公正性与客观性;

2.保守验证过程中获知的秘密;

3.对验证过程中出现的结果,要如实反映在验证报告书上;

4.验证过程中不可容忍或放任违法行为;

5.对验证结果承担法律责任.

第二十二条(会计验证员的权限)

会计验证员可以查阅进行会计验证所需的企业的会计账簿, 文件.

会计验证员在会计验证过程中可以拒绝企业的不正当要求,对违法行为进行合理化或为此施加压力,以威胁, 恐吓, 收买等方式妨碍验证工作的,可以向有关机关反映.

第二十三条(不能成为会计验证员的对象)

受过刑事处罚或者正在接受法律机关调查的人员,持有伪造资格证件的人员,不得成为会计验证员.

제4장 회계검증절차와 방법

제24조 (회계검증을 받을 의무)

기업은 정해진 절차에 따라 지대회계검증기관의 회계검증을 의무적으로 받아야 한다.

제25조 (투자검증대상과 검증신청)

새로 창설하는 기업과 통합, 분리되는기업, 재투자하는 기업은 투자검증, 변경투자검증, 재투자검증을 받아야 한다.

새로 창설하는 기업은 투자검증을 조업전에, 통합, 분리되는 기업은 기업창설 승인기관에 변경등록을 한 날부터 2개월안으로, 재투자하는 기업은 투자가 끝난 날부터 1개월안으로 회계검증기관에 투자검증신청서를 내야 한다.

제26조 (투자검증기관)

회계검증기관은 투자검증신청서를 접수한 날부터 30일안으로 검증을 끝내고 투자검증보고서를 작성하여 의뢰자와 해당 기업등록기관에 보내야 한다.

제27조 (결산검증대상)

지대에서 경영활동을 하는 기업은 반년, 년간회계결산서에 대한 결산검증을 해마다 받아야 한다.

필요에 따라 분기회계결산서에 대한 결산검증도 의뢰하며 받을수 있다.

제28조 (결산검증신청)

기업은 년간결산검증신청을 회계년도가 끝난 다음해 2월안으로, 반년 또는 분기 결산검증신청을 반년 또는 분기가 지난 다음달 15일안으로 하여야 한다.

제29조 (결산검증기간)

회계검증기관은 년간결산검증신청서를접수한 날부터 30일안으로 검증을 끝내고 회계검증보고서와 세무조정계산서를 작성하여 의뢰자와 지대세무기관에 보내야 한다.

제30조 (결산검증기간의 연장)

회계검증기관은 부득이한 사정으로 결산검증을 정해진 기간안에 끝낼수 없을 경우 그 리유를 밝힌 결산검증기간연장문건을 의뢰자와 해당 기관에 내야 한다.

제31조 (청산검증대상)

기업해산과 관련하여 조직된 청산위원회는 청산보고서를 작성하며 기업재산을 청산하기전에 회계검증기관의 청산검증을 받아야 한다.

第四章 会计验证程序和方法

第二十四条(接受会计验证的义务)

企业有义务按照规定的程序接受经贸区会计验证机关的会计验证.

第二十五条(投资验证对象与验证申请)

新设立的企业和合并, 分立的企业, 再投资的企业, 应当接受投资验证, 投资变更验证, 再投资验证.

新设立的企业应当在开业之前;合并, 分立的企业应当在向企业设立审批机关办理变更登记之日起两个月之内;再投资的企业应当在投资完成之日起一个月之内向会计验证机关提交投资验证申请书.

第二十六条(投资验证期限)

会计验证机关应当自收到投资验证申请书之日起30日内结束验证,编制投资验证报告书,并报送委托人和企业登记机关.

第二十七条(结算验证对象)

在经贸区进行经营活动的企业每年应当接受对半年, 年度会计结算书的结算验证.

根据需要也可以委托会计验证机关对季度会计结算书进行结算验证.

第二十八条(申请结算验证)

企业应在会计年度结束的下一年2月末之前提交年度结算验证申请, 在半年或季度结束的下个月15日之前提交半年或者季度结算验证申请.

第二十九条(结算验证期限)

会计验证机关应自收到年度结算验证书之日起30日内完成验证,编制会计验证报告书和税务调整核算书,并报送委托人和经贸区税务机关.

第三十条(结算验证期限的延长)

会计验证机关因不得已的原因不能在规定期限内结束结算验证的, 应向委托人和有关机关提交说明其理由的结算验证期限延期文件.

第三十一条(清算验证对象)

因企业解散而组成的清算委员会应编制清算报告书,并在企业财产清算之前接受会计验证机关的清算验证.

파산되는 기업의 경우에는 해당 재판소의 의뢰에 따라 청산검증을 한다.

제32조 (청산검증기간)

청산보고서를 접수한 회계검증기관은 15일안으로 검증을 끝내고 청산검증보고 서를 작성하여 의뢰자와 해당 기관에 보내야 한다.

제33조 (인계인수검증대상)

기업의 책임자가 새로 임명되는 경우에는 필요에 따라 인계인수검증을 받을수 있다.

제34조 (인계인수검증의 신청)

인계인수검증을 받으려는 기업은 그 사유가 발생한 날부터 5일안으로 인계인수 하여야 할 재정상태에 대한 실사를 하고 인계인수검증신청을 하여야 한다.

제35조 (인계인수검증기간)

회계검증기관은 인계인수검증신청서를접수한 날부터 15일안으로 검증을 끝내 고 인계인수검증확인서를 의뢰자에게 발급해주어야 한다.

제36조 (송금검증)

기업은 리윤분배금과 투자상환금, 청산분배금을 지출하는 경우 회계검증기관 에 송금검증을 의뢰할수 있다. 이 경우 송금검증의뢰서에 회계결산서, 리윤분배 또는 투자상환과 관련한 리사회의 결정서를 첨부하여야 한다.

제37조 (고정재산변경검증)

고정재산을 재평가하거나 폐기, 양도, 저당하려는 기업은 고정재산 변경검증을 의뢰할수 있다. 이 경우 고정재산변경검증의뢰서와 회계처리설명서, 해당 증명문 건을 회계검증기관에 내야 한다.

제38조 (대외협조검증)

회계검증기관은 해당 기관 또는 기업의 의뢰에 따라 국제기구 또는 다른 나라 정부, 단체, 기업으로부터 받은 협조물자, 협조자금의 리용 및 지출정형을 검증 해줄수 있다.

제39조 (회계검증방법)

회계검증은 기업이 제출한 투자보고서에 반영된 출자상태, 회계결산서, 투자재 산변경문건, 재투자자료의 내용을 검토, 확인하는 방법으로 한다.

对破产企业,接受法院的委托进行清算验证.

第三十二条(清算验证期间)

收到清算报告书的会计验证机关应在15日内完成验证,编制清算验证报告书,并报送委托人和有关机关.

第三十三条(交接验证对象)

重新任命企业负责人的,根据需要可以接受交接验证.

第三十四条(申请交接验证)

拟接受交接验证的企业,自发生其事由之日起5日之内,对需要交接的财务状态进行清点并申请交接验证.

第三十五条(交接验证期间)

会计验证机关应自收到交接验证申请书之日起15日内完成验证,并向委托人报送交接验证确认书.

第三十六条(汇款验证)

企业因利润分配和投资偿还,清算分配而支付款额的,可以向会计验证机关委托汇款验证.此的,应提交汇款验证委托书,并附上会计结算书,有关利润分配或者偿还投资的董事会的决定书.

第三十七条(固定财产变更验证)

拟对固定财产重新进行评估或者报废,转让,抵押固定财产的企业,可以委托进行固定财产的变更验证.此的,应向会计验证机关提交固定财产变更验证委托书和会计处理说明书及有关凭证文件.

第三十八条(涉外协助验证)

会计验证机关根据有关机关或者企业的委托,可以对国际组织或者外国政府,团体,企业提供的协助物资,协助资金的利用及其支出状况进行验证.

第三十九条(会计验证方法)

会计验证机关通过对企业提交的投资报告书反映的出资状况,会计结算文件,投资财产变更文件,再投资资料的内容进行审查和核对的方法进行会计验证.

제40조 (회계검증보고서의 작성방법)

회계검증보고서에는 검증대상명, 검증내용과 그에 대한 의견, 검증날자를 밝히며 회계검증원이 수표하고 회계검증기관의 도장을 찍는다.

제41조 (상담봉사)

회계검증기관은 기업의 경영활동을 협조하는 상담봉사를 할수 있다.

상담봉사에는 투자상담과 관리상담봉사가 포함된다.

제42조 (대리업무봉사)

회계검증기관은 기업의 요구에 따라 기업회계 및 세금납부와 관련한 대리업무봉사를 할수 있다.

제5장 회계검증사업에 대한 감독통제

제43조 (감독통제기관)

지대에서 회계검증사업에 대한 감독통제는 라선시인민위원회와 해당 기관이 한다.

라선시인민위원회와 해당 기관은 회계검증사업을 법규의 요구대로 하도록 감독통제하여야 한다.

제44조 (법위반확인서의 제기)

회계검증기관은 회계검증과정에 검증의뢰자의 위법행위를 발견하였을 경우 법위반확인서를 받아 지대세무기관 또는해당 감독통제기관에 제기하여야 한다.

제45조 (손해배상)

회계검증기관은 회계검증과정에 기업의 합법적리익을 침해하였을 경우 그에 대한 손해를 보상하여야 한다.

제46조 (행정적 및 형사적책임)

회계검증사업질서를 어겨 엄중한 결과를 일으킨 자에게는 정상에 따라 행정적 또는 형사적책임을 지운다.

제47조 (신소와 그 처리)

회계검증사업과 관련하여 의견이 있는 당사자는 라선시인민위원회 또는 해당 기관에 신소할수 있다.

신소를 받은 기관은 30일안으로 료해처리하고 그 결과를 신소자에게 알려주어야 한다.

第四十条(会计验证报告书的制作方法)

会计验证报告书应记载验证对象名称, 验证内容和意见, 验证日期.会计验证员在会计验证报告书上签名并加盖会计验证机关的印章.

第四十一条(咨询服务)

会计验证机关可以提供协助企业经营活动的咨询服务.

咨询服务包括投资咨询和管理咨询服务.

第四十二条(代理业务服务)

会计验证机关根据企业的要求可以进行有关企业会计及缴纳税款的代理业务.

第五章 对会计验证工作的监控

第四十三条(监督管理机关)

罗先市人民委员会和有关机关监督管理经贸区的会计验证工作.

罗先市人民委员会和有关机关应当按照法规的要求进行监督和管理会计验证工作.

第四十四条(提交违法确认文件)

会计验证机关在会计验证过程中如发现验证委托人有违法行为的,应当编制违法确认书,并提交给经贸区税务机关或者有关监督管理机关.

第四十五条(损害赔偿)

会计验证机关在会计验证过程中侵害企业的合法利益的,应当对损害进行赔偿.

第四十六条(行政及刑事责任)

对违反会计验证工作秩序,造成严重后果的人员,根据不同情节追究其行政或者刑事责任.

第四十七条(申诉及处理)

对会计验证工作存有异议的当事人,可以向罗先市人民委员会或者有关机关提出申诉.

收到申诉的机关应在30日之内了解和处理申诉,并告知申诉人其结果.

17

라선경제무역지대
외국인 출입, 체류, 거주규정

罗先经济贸易区
外国人出 入境、滞留、居住规定

라선경제무역지대 외국인출입, 체류, 거주규정

주체104(2015)년 6월10일 최고인민회의 상임위원회 결정 제68호로 채택
주체105(2016)년 4월7일 최고인민회의 상임위원회 결정 제100호로 수정보충

제1장 일반규정

제1조 (사명)

이 규정은 라선경제무역지대에서 외국인의 출입, 체류, 거주질서를 엄격히 세우는데 이바지한다.

제2조 (적용대상)

이 규정은 다른 나라에서 라선경제무역지대(이 아래부터 지대라고 한다)에 직접 출입하거나 우리 나라의 다른 지역에서 지대에 출입하는 외국인(해외동포 포함)에게 적용한다.

제3조 (출입국사업의 담당자)

지대에서 출입, 체류, 거주와 관련한 사업은 라선경제무역지대 대외사업기관(이 아래부터 지대대외사업기관이라고 한다)과 라선경제무역지대 출입국사업기관(이 아래부터 지대출입국사업기관이라고 한다)이 한다.

제4조 (수속의 담당자)

지대에서 출입, 체류, 거주수속은 본인이 한다. 필요한 경우에는 대리인이 수속을 할수 있다.

미성인의 수속은 보호자가 한다.

제5조 (출입지점)

지대의 출입은 국가가 정한 출입지점으로 한다.

지대출입지점에는 국경철도역, 국경교두, 무역항, 항공역, 지대경계출입지점 같은것이 속한다.

罗先经济贸易区外国人出入境、滞留、居住规定

主体104(2015)年6月10日最高人民会议常任委员会 决定 第68号 制定
主体105(2016)年4月7日最高人民会议常任委员会 决定 第100号 修订补充

第一章 一般规定

第一条(使命)

为建立严格的罗先经济贸易区的外国人的出入, 滞留, 居住秩序,制定本规定.

第二条(适用对象)

本规定适用于从其他国家直接出入罗先经济贸易区(以下简称经贸区) 或者从朝鲜的其他地区出入经济贸易区的外国人(包括海外同胞).

第三条(负责出入境工作的单位)

由罗先经济贸易区外事机关(以下简称经贸区外事机关)和罗先经济贸易区出入境管理机关(以下简称经贸区出入境管理机关)负责经贸区的出入, 滞留, 居住相关的工作.

第四条(办理手续的当事人)

由本人办理经贸区的出入, 滞留, 居住手续.必要时可以由代理人代理.
未成年的手续由监护人负责办理.

第五条(出入地点)

从国家指定的出入地点出入经贸区.
经贸区出入地点包括边境火车站, 边境桥头, 贸易港口, 机场, 经贸区区界出入地点等.

제6조 (출입증명서의 소지의무)

지대에 출입, 체류, 거주하려는 외국인은 정해진 증명문건을 소지할 의무를 진다.

증명문건에는 려권과 출입증, 자동차통행증, 관광증, 체류등록증, 거주등록증 같은것이 속한다.

제7조 (신변안전 및 인권의 보장)

지대에서 외국인의 신변안전과 인권은 법에 따라 보호된다.

외국인은 인신과 주택의 불가침권, 서신의 비밀을 보장받는다.

법에 근거하지 않고서는 구속, 체포하지 않으며 거주장소를 수색하지 않는다.

제8조 (출입국사업에 대한 협조)

지대안의 기관, 기업소, 단체와 회사, 지사, 사무소는 지대대외사업기관과 지대출입국사업기관의 사업에 적극 협조하여야 한다.

제2장 외국인의 출입

제9조 (초청에 의한 지대출입질서)

지대안의 기관, 기업소, 단체(이 아래부터 초청기관이라고 한다)의 초청을 받은 외국인은 사증없이 지대에 출입할수 있다. 이 경우 초청기관은 외국인초청문건을 만들어 지대대외사업기관의 경유를 받아 지대출입국사업기관에 내야 한다.

초청문건은 정해진 양식대로 작성하고 초청기관의 도장을 찍는다.

제10조 (관광증에 의한 출입)

우리 나라 해당 기관 또는 다른 나라에 있는 우리 나라 외교 또는 령사, 관광대표기관이 발급한 우리 나라 관광증(관광려행승인문건 포함)을 가진 외국인은 사증없이 지대에 출입할수 있다.

제11조 (지대에서 우리 나라의 다른 지역에 출입하는 질서)

지대에서 우리 나라의 다른 지역에 출입하려는 외국인은 지대대외사업기관을 통하여 중앙대외사업기관의 승인을 받은 다음 지대출입국사업기관에서 려행증을 발급받아야 한다.

第六条(持有出入证件)

出入, 滞留, 居住经贸区的外国人, 有义务持有规定的证明证件.

证明证件包括护照和出入证, 汽车通行证, 旅游证, 滞留登记证, 居住登记证等.

第七条(保障人身安全与人权)

依法保护经贸区外国人的人身安全与人权.

外国人的人身和住宅不受侵犯权, 书信的秘密受到法律的保障.

未依法律的规定, 不得拘留, 逮捕, 搜查居住场所.

第八条(对出入境工作的协作)

经贸区内的机关, 企业, 团体和公司, 分公司, 办事处应积极协作经贸区外事机关和经贸区出入境管理机关的工作.

第二章 外国人的出入

第九条(依邀请出入经贸区)

收到经贸区内机关, 企业, 团体邀请(以下简称邀请机关)的外国人, 可以无签证出入经贸区.此时, 邀请机关应制作邀请外国人的文件, 经经贸区外事机关的批准后提交经贸区出入境管理机关.

邀请文件按规定的格式制作并加盖邀请单位的印章.

第十条(持旅游证的出入)

持有朝鲜有关机关或者朝鲜驻外外交, 领事, 旅游代表机关颁发的朝鲜旅游证(包括观光旅行批准文件)的外国人, 可以无签证出入经贸区.

第十一条(从经贸区出入朝鲜其他地区)

从经贸区出入朝鲜其他地区的外国人, 应经经贸区外事机关获得中央外事机关的批准后, 从经贸区出入境管理机关颁领旅行证.

제12조 (우리 나라의 다른 지역에서 지대에 출입하는 질서)

우리 나라의 다른 지역에 체류하는 외국인이 지대에 출입하려할 경우에는 해당 지역출입국사업기관의 승인을 받아야 한다. 그러나 우리 나라의 해당 기관 또는 다른 나라에 있는 우리 나라 외교 또는 령사, 관광대표기관에서 지대출입지점을 통과하여 다른 지역을 목적지로 하는 사증 또는 관광증을 발급받았을 경우에는 출입증 또는 관광증을 다시 발급받지 않는다.

제13조 (출입증, 관광증의 유효기간)

출입증의 유효기간은 30일간, 관광증의 유효기간은 15일간으로 한다.

출입증 또는 관광증의 유효기간을 연장하려할 경우에는 정해진 질서에 따라 유효기간연장신청문건을 지대출입국사업기관에 내야 한다.

제14조 (우리 나라의 다른 지역을 거쳐 출국하는 질서)

사증없이 지대에 들어온 외국인이 우리 나라의 다른 지역을 거쳐 출국하려할 경우에는 정해진 질서에 따라 사증을 발급받아야 한다.

제15조 (출입금지대상)

다음에 해당하는 외국인은 지대에 출입할수 없다.
1. 국제테로범
2. 마약중독자, 정신병자
3. 전염병환자 또는 전염병이 발생한 지역에서 오는자
4. 유효기간이 지났거나 위조하였거나 심히 오손되어 확인할수 없는 증명서를 가진자
5. 출입국사업기관 또는 해당 기관이 출입을 금지시킨자

제16조 (운수수단의 출입)

지대에는 승용차, 뻐스, 화물차를 가지고 출입할수 있다.

이 경우 해당 기관으로부터 차통행증을 발급받아야 한다.

제3장 통행검사

제17조 (통행검사를 받을 의무)

지대에 출입하는 외국인과 운수수단은 출입지점에서 통행검사기관의 통행검사를 받아야 한다.

통행검사를 받지 않고서는 지대에 출입할수 없다.

第十二条(从朝鲜其他地区出入经贸区)

滞留在朝鲜其他地区的外国人需要出入经贸区时,应获得有关经贸区出入境管理机关的批准.但从朝鲜有关机关或者朝鲜驻外外交,领事,旅游代表机关领取经过经贸区出入地点到朝鲜其他地区为目的地的签证或者旅游证时,不重新颁领出入证或者旅游证.

第十三条(出入证,旅游证的有效期限)

出入证的有效期限为30天,旅游证的有效期限为15天.

需要延长出入证或者旅游证的有效期限时,应根据规定向经贸区出入境管理机关提交有效期限延长申请文件.

第十四条(经过朝鲜其他地区出境)

无签证进入经贸区的外国人需要经过朝鲜其他地区出境时,应按规定获得签证.

第十五条(禁止出入对象)

有下列情形的外国人不得出入经贸区:

1.国际恐怖分子;

2.毒品中毒人,精神病患者;

3.传染病患者或者来自传染病疫区的人;

4.持有超过有效期限或者伪造或者严重污损而不能确认的证件的人;

5.由出入境管理机关或者有关机关禁止出入的人.

第十六条(交通工具的出入)

可以利用轿车,客车,货车出入经贸区.

此时,应从有关机关领取汽车通行证.

第三章 通行检查

第十七条(有义务接受通行检查)

出入经贸区的外国人和交通工具,应在出入地点接受通行检查机关的通行检查.

未经通行检查不得出入经贸区.

제18조 (통행검사기관의 사업내용)

통행검사기관은 다음과 같은 사업을 한다.
1. 출입하는 외국인의 출입국증명서를 검사한다.
2. 출입하는 운수수단에 대한 통행검사를 한다.
3. 출입지점의 안전보장과 통행질서유지사업을 한다.
4. 기재를 리용하여 출입하는 외국인에 대한 안전검사를 한다.
5. 단속한 금지품, 기밀에 속하는 문건과 자료를 해명, 처리한다.
6. 해당 기관 또는 출입하는 외국인에게 통행검사에 필요한 문건과 자료를 요구할수 있다.
7. 통행질서를 어겼거나 나라의 안전을 침해한 혐의가 있는자와 그 운수수단을 단속, 조사, 검색할수 있다.
8. 통행질서를 어긴 외국인과 해당 운수수단의 통행을 중지시킬수 있다.
9. 이밖에 국가가 위임한 사업을 한다.

제19조 (출입국증명서의 검사와 출입확인)

지대에 출입하는 외국인은 해당 출입지점에서 통행검사기관에 출입국증명서와 입출국수속표를 내고 검사를 받은 다음 출입국증명서의 확인란에 출국 또는 입국 확인도장을 받아야 한다.

제20조 (통과지점의 준수)

외국인은 출입국증명서에 지적된 출입지점으로만 출입하여야 한다.

부득이한 사정으로 출입지점이 아닌 곳으로 출입하거나 출입지점밖에서 통행검사를 받으려 할 경우에는 해당 통행검사기관에 알려야 한다.

제21조 (휴대금지품)

출입하는 외국인은 나라의 안전과 사회질서를 침해할수 있는 금지품과 기밀에 속하는 문건, 자료 같은것을 가지고 다니지 말아야 한다.

제22조 (운수수단의 출입자료통보)

교통운수기관과 해당 기관은 출입하는 렬차, 비행기, 배의 출발 및 도착시간, 장소, 려객 및 화물자료 같은것을 해당 운수수단의 도착, 출발전에 해당 통행검사기관에 통보하여야 한다.

비행기, 배의 책임자 또는 그 대리인은 해당 운수수단이 국제항공역, 무역항에 도착한 즉시 또는 출발전에 통행검사기관에 승무원명단, 려객명단을 내야 한다.

第十八条(通行检查机关的工作内容)

通行检查机关进行下列工作:

1. 检查出入外国人的出入境证件;
2. 对出入的运输工具进行通行检查;
3. 进行保证出入地点的安全和维持通行秩序的工作;
4. 对利用器材出入境外国人的安全检查;
5. 查明和处理管制的禁止物品, 属于机密的文件, 资料;
6. 向有关机关或者出入境的外国人要求通行检查所需的文件和资料;
7. 对违反通行秩序或者有侵犯国家安全嫌疑的人及其运输工具进行管制, 检查, 搜查;
8. 中止违反通行秩序的外国人和有关运输工具的通行;
9. 其他国家委任的工作.

第十九条(检查出入境证件和确认出入)

出入经贸区的外国人应在有关出入地点向通行检查机关提交出入境证件和手续表,并接受检查后在出入境证件确认栏上加盖出境或者入境确认章.

第二十条(遵守通关地点)

外国人应从出入境证件指定的出入地点出入.

因不得已的缘由需要从不是出入地点的其他地点出入或者在通关地点外边接受通行检查时,应通知有关通行检查机关.

第二十一条(禁止携带物品)

出入外国人不应携带可以侵犯国家安全和社会秩序的禁止物品和属于机密的文件, 资料等.

第二十二条(通报运输工具出入境资料)

交通运输机关和有关机关应在有关运输工具到达, 出发之前向有关通行检查机关通报出入境的火车, 飞机, 船舶的出发及到达时间, 场所, 旅客和货物资料等.

飞机, 船舶的负责人或者其代理人应在有关运输工具在国际机场, 贸易港口出发之前或者到达后立即向通行检查机关提交乘务员名单和旅客名单.

제23조 (운수수단책임자의 의무)

운수수단의 책임자는 출국검사를 받고 출국하기 전까지, 입국하여 입국검사를 받기 전까지 통행검사기관의 승인없이 운수수단에서 인원들이 오르내리게 하거나 짐을 부리우거나 싣지 말아야 한다.

운수수단에는 출입이 금지된자를 태우지 말아야 하며 출입이 금지된자가 운수수단에 오른것을 알았을 경우에는 통행검사기관에 즉시 알려야 한다.

제24조 (자동차통행증의 검사, 국경통과시간의 준수)

외국인은 자기가 직접 운전하는 자동차로 국경을 통과할 경우 지대출입국사업기관 또는 다른 나라 해당 기관이 발급한 자동차국경통행증을 검사받아야 한다.

자동차를 타고 또는 걸어서 국경교두를 통과하는 외국인은 정해진 국경통과시간을 지켜야 한다.

제25조 (다른 나라 배의 통행검사를 받을 의무, 항해질서)

다른 나라 배는 무역항에 입항하기 전에 배길안내대기지점에서 통행검사기관의 검사를 받아야 한다.

다른 나라 배는 우리 나라 수역에서 정해진 항로를 리탈하여 항해하는 행위를 하지 말아야 한다.

제26조 (다른 나라 선원의 상륙)

무역항에 입항한 다른 나라 배의 선원이 배에서 내리려 할 경우에는 선장 또는 그 대리인이 해당 통행검사기관에 상륙신청을 하고 승인을 받아야 한다.

상륙승인을 받은 선원은 정해진 시간안에 자기 배로 돌아와야 한다.

제27조 (승선, 겹선질서)

외국인은 배에 오르내릴 때 출입국증명서 또는 해당 승인문건에 대한 통행검사기관의 검사를 받아야 한다.

다른 나라 배와 우리 나라 배가 겹선하려 할 경우에는 통행검사기관에 겹선 또는 승선신청문건을 내고 승인을 받는다.

제28조 (되돌려보내는 인원에 대한 책임)

출입이 금지된자를 태우고 우리 나라에 온 운수수단의 책임자 또는 그 운수수단이 속한 기관은 그 대상을 돌려보낼 책임을 지며 그와 관련한 비용을 부담하여야 한다.

第二十三条(运输工具负责人的义务)

　　运输工具负责人应在接受出国检查后出国之前,入境时接受入境检查之前未经通行检查机关的许可,禁止任何人上下运输工具或者装卸货物.

　　不应搭乘被禁止出入境的人员,如得知被禁止出入境的人员乘坐运输工具时,应立即通知通行检查机关.

第二十四条(检查汽车的通行证, 遵守口岸过境时间)

　　外国人开车通过边境口岸时,应接受检查经贸区出入境事务机关或者其他国家有关机关颁发的汽车边境通行证.

　　乘坐汽车或步行通过边境桥头的外国人,应遵守规定的通关时间.

第二十五条(外国船舶接受通行检查的义务, 航海秩序)

　　外国船舶进入贸易港口之前,应在待引航锚地接受通行检查机关的检查.

　　外国船舶在朝鲜水域内应按规定的航线行使,不得脱离航线.

第二十六条(外国船员上岸)

　　进入贸易港口的外国船舶的船员,需要上岸时,船长或其代理人应向有关通行检查机关提交上岸申请并获得批准.

　　获得上岸批准的船员,应在规定的时间内返回自己的船舶.

第二十七条(上船, 贴船秩序)

　　上下船的外国人应接受通行检查机关对出入境证件或者有关批准证件的检查.

　　其他国家船舶与朝鲜船舶相贴船时,应向通行检查机关提交贴船或者上船申请文件,并应获得批准.

第二十八条(对退回人员的负责)

　　搭乘被禁止入境人员到达朝鲜边境口岸的运输工具负责人或者运输工具所属机关,有责任遣返人员和承担相关费用.

제4장 외국인의 체류, 거주

제29조 (체류의 구분)

외국인은 지대에 단기 또는 장기체류할수 있다.

단기체류는 입국한 날부터 년중 체류일수가 30일까지, 장기체류는 31일이상으로 한다.

제30조 (체류등록과 체류승인)

지대에 출입하는 외국인은 지대에 도착한 때부터 24시간안으로 체류등록신청서를 지대대외사업기관의 경유를 받아 지대출입국사업기관에 내고 체류등록 및 체류와 관련한 수속을 하여야 한다.

제31조 (체류승인방법)

체류승인신청문건을 받은 지대출입국사업기관은 려권 또는 그를 대신하는 출입국증명서에 승인된 체류기일을 밝히고 확인도장을 찍어주어야 한다.

제32조 (장기체류등록)

지대에 년중 31일이상 체류하려는 외국인은 체류등록을, 1년이상 체류하려는 외국인은 거주등록을 하여야 한다.

체류등록 또는 거주등록을 한 외국인은 그 유효기간안에 지대에 제한없이 출입하며 지대에서 살림집과 개인승용차를 등록하고 리용할수 있다.

제33조 (거주등록증의 발급대상)

거주등록증은 지대에 설립된 회사, 지사, 사무소의 관리운영을 위하여 승인받은 외국인에게 발급한다.

제34조 (체류등록증, 거주등록증의 발급신청절차)

체류등록 및 거주등록증발급신청문건은 초청기관을 통하여 지대대외사업기관의 경유를 받아 지대출입국사업기관에 내야 한다.

신청문건은 정해진 양식대로 작성하며 신청자의 사진(3X4cm) 2매, 려권자료, 해당 기관이 발급한 확인문건을 첨부한다.

제35조 (체류등록증, 거주등록증의 발급)

지대출입국사업기관은 체류 및 거주등록증발급신청서를 접수한 날부터 7일안으로 해당 증명서를 발급하여야 한다.

체류등록증 또는 거주등록증은 17살이상의 성인에게만 발급한다.

미성인은 부모 또는 후견인의 체류등록증 또는 거주등록증에 동반자로 기재한다.

第四章 外国人的滞留、居住

第二十九条(滞留区分)

外国人在经贸区可以短期或者长期滞留.

短期滞留是自入境之日起当年滞留期限为30日为止的;长期滞留是期限为31日以上的.

第三十条(滞留登记与滞留批准)

出入经贸区的外国人应自到达经贸区时起24小时内经经贸区外事机关向经贸区出入境管理机关提交滞留登记申请文件,并办理有关滞留登记及滞留手续.

第三十一条(批准滞留方法)

收到滞留批准申请文件的经贸区出入境管理机关,应在护照或者相应的出入境证件上记载批准的滞留日期并加盖确认印章.

第三十二条(长期滞留登记)

需要在经贸区滞留31日以上的外国人应办理滞留登记,滞留一年以上的外国人应办理居住登记.

办理滞留登记或者居住登记的外国人在其有效期限内可以不限次数的出入经贸区,并可以登记和使用个人住宅和汽车.

第三十三条(居住登记证的颁发对象)

向为了经营管理设立在经贸区的公司,分支公司,办事处而得到居住批准的外国人,颁发居住登记证.

第三十四条(滞留登记证,居住登记证颁领程序)

滞留登记及居住登记证颁发申请文件,通过邀请机关经由经贸区外事机关向经贸区出入境管理机关提交.

申请文件按规定的格式制作并附加两张申请人的照片(3X4cm),护照资料,有关机关颁发的确认文件.

第三十五条(颁发滞留登记证,居住登记证)

经贸区出入境管理机关应自收到滞留或者居住登记证颁发申请书之日起7日内颁发有关证件.

滞留登记证,居住登记证只向17岁以上的成年人颁发.

关于未成年人,在父母或者监护人的滞留登记证或者居住登记证中记载为同伴.

제36조 (체류등록증, 거주등록증의 유효기간)

체류등록증의 유효기간은 6개월까지, 거주등록증의 유효기간은 1년까지로 한다.

체류등록증 또는 거주등록증의 유효기간을 연장하려할 경우에는 유효기간이 끝나기 10일전에 초청기관을 통하여 유효기간연장신청문건을 지대대외사업기관의 경유를 받아 지대출입국사업기관에 내야 한다.

제37조 (체류등록, 거주등록자의 신분변동등록질서)

장기체류등록증 또는 거주등록증을 발급받은 외국인은 자녀출생, 사망, 결혼, 리혼, 직장직위, 체류 및 거주지 변동같은 신분변동사유가 생긴 날부터 5일안으로 초청기관을 통하여 신분변경등록신청문건과 해당 사유를 증명할수 있는 문건을 지대대외사업기관과 지대출입국사업기관에 내고 해당한 수속을 하여야 한다.

제38조 (장기체류등록의 삭제)

체류등록증 또는 거주등록증을 발급받은 외국인은 사업을 끝마치고 돌아가려 할 경우 지대출입국사업기관에서 장기체류등록을 삭제하고 체류등록증 또는 거주등록증을 바쳐야 한다. 이 경우 초청기관은 지대대외사업기관에 장기체류등록의 삭제정형을 통지하여야 한다.

제39조 (증명문건의 재발급)

지대출입국사업기관에서 발급한 출입증, 자동차통행증, 체류등록증, 거주등록증 같은 증명서를 오손시켰거나 분실하였을 경우에는 제때에 지대출입국사업기관에 신고하며 재발급신청문건을 내고 해당 증명서를 다시 발급받아야 한다.

제40조 (수수료)

체류등록증, 거주등록증의 발급, 재발급, 유효기간의 연장, 신분변동등록을 하였을 경우에는 정해진 수수료를 낸다.

제5장 제재 및 신소

제41조 (행정적 및 형사적책임)

이 규정을 어겼을 경우에는 증명문건의 회수, 벌금부과, 입출국금지 같은 행정적책임을 지운다.

정상이 무거울 경우에는 우리 나라 령역밖으로 추방하거나 형사적책임을 지울수도 있다.

第三十六条(滞留登记证, 居住登记证的有效期限)

滞留登记证的有效期限是六个月为止, 居住登记证有效期限是一年为止.

需要延长滞留登记证, 居住登记证的有效期限时, 应在有效期限届满10日前, 经邀请机关和经由经贸区外事机关的审议后向经贸区出入境管理机关提交有效期限延长申请文件.

第三十七条(滞留登记, 居住登记人的身份变更登记)

颁领长期滞留登记证或者居住登记证的外国人应自子女出生, 死亡, 结婚, 离婚, 工作单位, 滞留及居住地变更等身份变更事由发生之日起5日内, 经邀请机关向经贸区外事机关和经贸区出入境管理机关提交身份变更登记申请文件和证明有关事由的文件, 并办理有关手续.

第三十八条(注销长期滞留登记)

颁领滞留登记证或者居住登记证的外国人结束工作后需要回国时, 应在经贸区出入境管理机关注销长期滞留登记, 并退还滞留登记证或者居住登记证.此时, 邀请机关应向经贸区外事机关通知长期滞留登记的注销情况.

第三十九条(补发证明文件)

由经贸区出入境管理机关颁发的出入证, 汽车通行证, 滞留登记证, 居住登记证等证件被污损或遗失时, 应及时通知经贸区出入境管理机关, 并提交补发申请文件, 重新颁领有关证件.

第四十条(手续费)

在滞留登记证, 居住登记证的颁发, 补发, 延长有效期限, 办理身份变更登记时, 应缴纳规定的手续费.

第五章 制裁及申诉

第四十一条(行政及刑事责任)

违反本规定时, 可以处以吊销证件, 课赋罚款, 禁止出入境等行政责任.

情节严重时, 可以处以驱逐出境或者追究刑事责任.

제42조 (신소와 그 처리)

이 규정의 집행과 관련하여 의견이 있을 경우에는 지대출입국사업기관 또는 해당 기관에 신소할수 있다.

신소를 접수한 기관은 15일안으로 료해처리하여야 한다.

第四十二条(申诉及其处理)

对本规定的执行存有异议时,可以向经贸区出入境管理机关或者有关机关提出申诉.

收到申诉的机关应在15日之内进行了解和处理.

18

라선경제무역지대 중계무역규정
罗先经济贸易区转口贸易规定

라선경제무역지대 중계무역규정

주체105(2016)년 4월7일 최고인민회의 상임위원회 결정 제99호로 채택

제1조 (규정의 사명)

이 규정은 라선경제무역지대에서 중계무역과 관련한 제도와 질서를 세워 대회경제관계를 확대발전시키는데 이바지한다.

제2조 (중계무역의 정의)

중계무역은 다른 나라의 상품(이 아래부터 중계화물이라고 한다)을 들여다 그대로 또는 선별, 재포장하거나 일정한 기간 보관하였다가 다른 나라에 내가는 무역이다.

제3조 (중계무역당사자)

라선경제무역지대(이 아래부터 지대라고 한다)안의 기관, 기업소, 단체와 외국인투자기업(이 아래부터 중계업자라고 한다)은 라선시인민위원회로부터 승인을 받고 중계무역을 할수 있다.

제4조 (중계화물의 반출입통로)

중계화물의 반출입은 정해진 무역항, 철도역, 항공역과 국경교두 같은 국경통과지점을 통해서만 할수 있다.

제5조 (세관등록)

중계무역허가를 받은 중계업자는 15일안으로 지대세관에 세관등록을 하여야 한다.

제6조 (중계화물의 반출입수속)

중계화물의 반출입과 관련한 세관수속은 지대짐임자대리기관에 위탁하여 하거나 중계업자가 직접 할수 있다.

罗先经济贸易区转口贸易规定

主体105(2016)年4月7日最高人民会议 常任委员会 决定 第99号 制定

第一条(使命)

为树立罗先经济贸易区的转口贸易有关的制度和秩序, 扩大和发展对外经济关系, 制定本规定.

第二条(转口贸易的定义)

转口贸易是进口外国的商品(以下简称转口货物)后原封不动或经过分类, 再包装或者保管一定期间后再出口其他国家的贸易.

第三条(转口贸易当事人)

罗先经济贸易区(以下简称经贸区)的机关, 企业, 团体与外国人投资企业(以下简称中间商)经罗先市人民委员会批准后可以从事转口贸易.

第四条(转口货物的进出口通道)

转口货物的进出口, 只能通过规定的贸易港, 火车站, 机场和边境口岸桥头等边境出入境口岸进行.

第五条(海关登记)

获得转口贸易许可的中间商, 应在15日内向经贸区海关进行海关登记.

第六条(转口货物的进出口手续)

有关转口货物进出口的海关手续, 可以委托经贸区货主代理机关或者由中间商直接办理.

제7조 (중계화물에 대한 세관검사)

중계화물은 세관검사를 하지 않고 감독만 한다. 그러나 다른 나라 짐임자 또는 중계업자가 요구하거나 세관이 필요하다고 인정되는 경우에는 중계화물에 대한 세관검사를 할수 있다.

제8조 (중계화물의 품질검사)

지대검사검역기관은 필요한 경우 중계화물에 대한 품질검사를 할수 있다.

제9조 (중계화물에 대한 관세면제)

지대에서 중계화물에 대하여서는 관세를 면제한다.

제10조 (중계화물의 반입금지)

금지품, 통제품이 들어있는 중계화물은 반입할수 없다.

제11조 (원산지명권보호)

중계화물은 우리 나라의 원산지명과 상표를 붙여 반출할수 없다.

제12조 (중계화물취급계약과 그 리행)

다른 나라 짐임자 또는 중계업자는 지대짐임자대리기관과 중계화물취급과 관련한 대리업무계약을 맺어야 한다.

지대짐임자대리기관은 계약에 따라 중계화물의 접수, 발송, 작업 및 보관, 비용청산, 사고처리, 수송 같은 수속을 조직하여야 한다.

제13조 (중계화물의 보관)

중계화물은 지대세관이 승인한 보세창고, 항, 야적장 같은 일정한 보관시설을 갖춘 장소에 보관하여야 한다.

제14조 (중계화물의 선별, 재포장)

중계업자는 중계화물을 선별, 재포장할수 있다. 이 경우 지대세관의 감독밑에 정해진 장소에서만 하여야 한다.

제15조 (중계화물의 수량확인)

중계화물의 수량확인은 지대무역화물검수기관이 검수, 검량한 수량에 준한다.

제16조 (중계화물의 보관기간과 연기)

중계업자는 중계화물에 대한 보관을 1년까지 하며 필요에 따라 지대세관의 승인을 받아 6개월까지 더 연장할수 있다. 이 경우 보관기간이 끝나기 10일전에 보관기간연장 신청문건을 지대세관에 내야 한다.

第七条(对转口货物的海关检查)

对转口货物不进行海关检查, 只负责监督.但桥头国家货主或者中间商要求或者海关认为必要时,可以对转口货物进行海关检查.

第八条(转口货物的质量检查)

经贸区检查检疫机关认为必要时,可以对转口货物进行质量检查.

第九条(免除转口货物的关税)

经贸区免除转口货物的关税.

第十条(禁止转口货物进口)

含有禁止物品,管制物品的转口货物,不得进口.

第十一条(保护原产地标记)

转口货物不得标注朝鲜原产地名称与商标后出口.

第十二条(转口货物合同及其履行)

外国货主或者中间商应与经贸区货主代理机关签订有关转口货物相关的代理业务合同.

经贸区货主代理机关应根据合同组织办理转口货物的接受, 发送, 作业以及保管, 费用清算, 运输等相关的手续.

第十三条(转口货物的保管)

转口货物应保管在经贸区海关许可的保税仓库, 港口, 露天储放场等具备一定保管设施的场所.

第十四条(转口货物的挑选, 再包装)

中间商可以对转口货物进行分类, 再包装.此时,应在经贸区海关的监督下,在指定的场所进行.

第十五条(确认转口货物的数量)

确认转口货物的数量,以经贸区贸易货物验收机关验收, 检查的数量为准.

第十六条(转口货物的保管期间与延期)

中间商对转口货物的保管期间为一年, 必要时在取得经贸区海关的批准, 可以再延长6个月.此时, 应在保管限期限届满10日前向经贸区海关提交保管期间延期的申请文件.

제17조 (중계무역에 대한 지도와 감독통제)

중계무역과 관련한 지도와 감독통제사업은 라선시인민위원회와 지대세관이 한다.

제18조 (중계화물에 대한 반출입중지 및 벌금)

다음의 경우 중계화물의 반출입을 중지시키거나 벌금을 물린다.
1. 정해진 국경통과지점을 거치지 않고 중계화물을 반출입하는 경우
2. 중계화물을 지정된 장소에 보관하지 않는 경우
3. 반입이 금지된 중계화물을 들여오는 경우
4. 중계화물에 우리 나라의 원산지증명서와 상표를 붙여 반출하는 경우
5. 중계화물취급과정에 환경을 오염시켰을 경우

제19조 (행정적 또는 형사적책임)

이 규정을 어겨 지대중계무역사업에 엄중한 결과를 일으킨 기업과 개인에게는 정상에 따라 행정적 또는 형사적책임을 지운다.

제20조 (분쟁해결)

중계무역과정에 발생한 분쟁은 협의의 방법으로 해결한다.

협의의 방법으로 해결할수 없을 경우에는 중재 또는 재판의 방법으로 해결한다.

第十七条(对转口贸易的领导与监督控制)

由罗先市人民委员会与经贸区海关负责对转口贸易的领导和监督管控工作.

第十八条(中止转口货物的进出口及罚款)

有下列情形之一时,中止转口货物的进出口或者处以罚款:

1. 未经指定的边境口岸而进出口转口货物时;
2. 未在指定场所保管转口货物时;
3. 进口禁止进口的转口货物时;
4. 转口货物标注朝鲜原产地证明和商标出口时;
5. 在办理转口货物过程中污染环境时.

第十九条(行政或者刑事责任)

违反本规定对经贸区转口贸易工作带来严重后果的企业和个人,根据情节轻重追究其行政或者刑事责任.

第二十条(解决纠纷)

转口贸易过程发生的纠纷,通过协商的方法解决.

通过协商未能解决纠纷时,通过仲裁或诉讼的方式解决.

19

라선경제무역지대 가공무역규정

罗先经济贸易区加工贸易规定

라선경제무역지대 가공무역규정

주체105(2016)년 4월20일 최고인민회의 상임위원회 결정 제105호로 채택

제1장 일반규정

제1조 (규정의 사명)

이 규정은 라선경제무역지대에서 가공무역과 관련한 제도와 질서를 세워 가공무역당사자들의 권리와 리익을 보호하기 위하여 제정한다.

제2조 (가공무역의 정의)

가공무역은 외국기업으로부터 원료나 자재, 반제품 또는 부분품을 수입하여 가공 또는 조립하여 주고 가공비를 받은 다음 다시 수출하는 무역이다.

제3조 (가공무역당사자)

라선경제무역지대(이 아래부터 지대라고 한다)에 영업장소를 가지고 있는 기관, 기업소, 단체와 외국인투자기업(이 아래부터 가공자라고 한다)은 라선시인민위원회로부터 가공무역승인을 받고 가공무역을 할수 있다.

제4조 (가공무역원칙)

지대에서는 가공무역을 적극 장려한다.

가공자는 국제시장수요와 가공능력을 타산하여 가공지표를 선정하며 가공무역에서 신용을 지켜야 한다.

제5조 (가공무역에 대한 지도)

지대에서 가공무역에 대한 장악과 지도는 라선시인민위원회가 한다.

罗先经济贸易区加工贸易规定

主体105(2016)年 4月 20日 最高人民会议 常任委员会 决定 第105号 制定

第一章 一般规定

第一条(使命)

为树立罗先经济贸易区加工贸易相关的制度和秩序,保护加工贸易当事人的权利和利益,制定本规定.

第二条(加工贸易的定义)

加工贸易是从外国企业进口原料或材料,半成品或配件,通过加工或者组装后收取加工费,并再出口的贸易.

第三条(加工贸易当事人)

在罗先经济贸易区(以下简称经贸区)拥有营业场所的机关,企业,团体与外国人投资企业(以下简称加工方),从罗先市人民委员会获得加工贸易许可后可以从事加工贸易.

第四条(加工贸易原则)

经贸区积极鼓励加工贸易.

加工方应考虑国际市场需要和其加工能力,选定加工指标,并应遵守加工贸易的信用.

第五条(对加工贸易的指导)

由罗先市人民委员会负责管理和指导经贸区的加工贸易工作.

제2장 가공무역의 대상과 승인

제6조 (가공무역의 대상)

지대에서 가공무역은 전자제품조립 및 가공, 수산물가공, 경공업제품가공 같은 부문을 대상으로 한다.

주민들의 건강, 건전한 사회도덕생활에 저해를 줄수 있는 대상, 환경보호와 동식물의 생장에 해를 줄수 있는 대상에 대하여서는 가공무역을 할수 없다.

제7조 (가공무역의 신청)

가공무역을 하려는 당사자는 라선시인민위원회에 가공무역승인신청문건을 제출하여 승인을 받아야 한다.

가공무역신청서에는 가공자의 명칭과 소재지, 업종, 가공능력, 로력, 설비 및 기술상태, 가공비 및 계산기초자료 같은것을 밝힌다.

제8조 (가공무역신청에 대한 승인 및 부결)

라선시인민위원회는 가공무역신청문건을 접수한 날부터 10일안으로 검토하고 승인하거나 부결하여야 한다.

제9조 (가공무역허가증의 발급)

라선시인민위원회는 가공무역을 승인하였을 경우 가공무역허가증을 발급하며 부결하였을 경우에는 신청자에게 그 리유를 통지하여야 한다.

제10조 (가공무역허가증의 유효기간)

가공무역허가증의 유효기간은 2년으로 한다.

유효기간을 연장하려 할 경우에는 유효기간이 끝나기 30일전에 연장신청문건을 라선시인민위원회에 내야 한다.

제11조 (세관등록)

가공무역허가증을 발급받은 당사자는 15일안으로 지대세관에 등록하여야 한다.

제3장 가공무역계약의 체결과 리행

제12조 (가공무역계약의 당사자)

가공무역계약은 가공자와 주문자사이에 체결한다.

주문자로는 다른 나라의 법인 또는 개인이 될수 있다.

第二章 加工贸易的标与批准

第六条(加工贸易的标)

经贸区的加工贸易的对象是装配及加工电子产品,加工水产品,加工轻工业品等.
对影响居民的健康,健全的社会道德生活的对象,危害环境保护与动植物生长的
对象,不得进行加工贸易.

第七条(加工贸易的申请)

需要从事加工贸易的当事人,应向罗先市人民委员会提交加工贸易批准申请文件,
并应获得批准.

加工贸易批准申请书上应记载加工方的名称和地址,行业,加工能力,劳动力,设
备及技术状况,加工费及核算基础资料等.

第八条(对加工贸易申情的批准或者驳回)

罗先市人民委员会自收到加工贸易批准申请文件之日起10日内进行审查后做出
批准或驳回的决定.

第九条(颁发加工贸易许可证)

罗先市人民委员会批准加工贸易时,应颁发加工贸易许可证.做出驳回决定时应向
申请人说明其理由.

第十条(加工贸易许可证的有效期限)

加工贸易许可证的有效期限为两年.

需要延长有效期限时,应在有效期限届满30日以前向罗先市人民委员会提交延长
申请文件.

第十一条(海关登记)

颁领加工贸易许可证的当事人应在15日之内,向经贸区海关进行登记.

第三章 加工贸易合同的签订与履行

第十二条(加工贸易合同的当事人)

加工贸易合同由加工方与客户签订.

客户是外国的法人或者个人.

제13조 (가공무역계약서에 밝힐 사항)

가공무역계약서에는 계약당사자명, 소재지, 원료, 반제품, 부분품명과 그 수량, 가공조립할 제품명과 그 수량, 규격, 포장 및 상표조건, 원산지명, 검사기준과 방법, 납기기간 및 제공지점, 가공 및 조립제품의 보증기간, 가공비, 부대비용과 그 지불방법, 지불기간, 지불화페, 결제은행과 돈자리, 위험부담관계, 위약 및 손해보상책임, 분쟁해결방법 같은것을 밝힌다.

제14조 (계약의 리행)

가공무역계약당사자는 계약상의무를 성실히 리행하여야 한다.

가공무역계약에 따라 주문자는 원료, 반제품, 부분품을 보장하고 가공비를 지불하며 가공자는 가공품의 질과 납입기일을 보장하여야 한다.

제15조 (계약리행의 중지)

가공무역계약당사자는 자연재해 같은 불가항력적인 사유가 발생하였을 경우 계약상의무리행을 중지할수 있다. 이 경우 계약상대방에게 해당 사유를 즉시 통지한 다음 그것을 확인하는 공증문건을 보내야 한다.

제16조 (계약위반에 대한 손해방지대책)

가공무역계약당사자는 상대방의 계약상의무위반으로 손해가 발생하는 경우 즉시 손해를 막기 위한 대책을 세워야 한다.

손해방지대책을 제때에 세우지 않아 발생한 손해에 대하여서는 손해보상청구를 할수 없다.

제17조 (계약불리행에 대한 위약금, 손해보상 지불의무)

정당한 근거없이 계약상의무리행을 거절하거나 지연시킨 당사자는 위약금을 물거나 손해를 보상하여야 한다.

위약금과 손해보상금의 기준, 지불방법은 가공자와 주문자가 협의하여 정한다

제18조 (연체료지불)

주문자는 가공비를 정해진 기간에 지불하지 못하는 경우 매일 미지불금액의 0.1%에 해당한 연체료를 가공자에게 지불하여야 한다.

제19조 (가공제품에 대한 판매처분조건)

주문자가 3개월이 지나도록 가공제품을 넘겨받지 않는 경우 가공자는 가공제품을 판매처분할수 있다. 이 경우 가공자는 판매처분하여 얻은 금액중에서 가공비, 보관관리비, 연체료 같은것을 공제한 나머지금액을 주문자에게 돌려주어야 한다.

第十三条(加工贸易合同书内容)

加工贸易合同书的内容包括合同当事人名称, 所在地, 原料, 半成品, 部分产品名称及其数量, 拟加工组装的产品名及其数量, 规格, 包装及商标条件, 原产地名, 检查标准与方法, 交付期限与交付地点, 加工及组装产品的担保期限, 加工费, 附带费用及其支付方法, 支付期限, 支付货币, 结算银行及账户, 风险负担关系, 违约及损失补偿责任, 纠纷解决方法等.

第十四条(合同的履行)

加工贸易合同当事人应诚实地履行合同.

按照加工贸易合同, 客户应保障原料, 半成品, 部分产品, 支付加工费, 加工方应保障加工产品的质量与交付日期.

第十五条(中止合同的履行)

加工贸易合同当事人, 如遇自然灾害等不可抗力的事由时, 可以中止合同的履行.此时, 应及时向合同相对方通知有关事由,然后送达相应的确认事由的公证文件.

第十六条(违反合同的损害防止措施)

加工贸易合同当事人如果因对方违反合同而发生损失时, 应立即采取相应的损害防止措施.

对于因未及时采取损害防止措施而发生的损失,不得请求损害补偿.

第十七条(不履行合同的违约金, 损害补偿金的支付)

无正当的依据,拒绝或者推迟履行合同的当事人,应支付违约金或者损害补偿金.

违约金与损害补偿金的标准, 支付方法由加工方与客户通过协商决定.

第十八条(支付滞纳金)

在约定的期限内, 客户未能支付加工费时,应向加工方支付每天相当于未支付金额的0.1%的滞纳金.

第十九条(对加工产品的销售处理条件)

超过3个月客户还未接收加工产品时, 加工方可以销售处理加工产品.此时, 加工方应在销售处理而获得的款额中除掉加工费, 保管管理费, 滞纳金等后剩余的款额还给客户.

제20조 (원료, 반제품, 부분품에 대한 검사)

가공자는 주문자가 제공한 원료, 반제품, 부분품에 대한 검사를 하여야 한다.

검사과정에 결함이 나타난 경우에는 그것을 교환하거나 보충해줄것을 주문자에게 요구할수 있다.

제21조 (가공제품에 대한 접수거절과 재포장요구)

주문자는 가공자가 가공제품을 계약조건대로 가공하지 못하였거나 포장을 잘하지 못하였을 경우 재가공, 재포장할것을 요구할수 있다. 이 경우 발생한 추가비용은 가공자가 부담한다.

제4장 가공무역을 위한 경영활동

제22조 (가공무역에 필요한 물자의 구입)

가공자는 가공무역에 필요한 원료, 반제품, 부분품과 포장재, 기계설비 같은 생산용물자를 주문자로부터 제공받아야 한다.

제23조 (기술협조요구)

가공자는 주문제품의 가공, 조립을 위하여 주문자에게 기술협조를 요구하거나 기술전습을 위하여 기술자, 전문가를 다른 나라에 파견할수 있다.

제24조 (위탁가공)

가공자는 주문자와의 합의밑에 지대 또는 지대밖의 우리 나라 기업에 원료, 반제품, 부분품의 가공을 위탁할수 있다. 이 경우 위탁가공계약을 맺고 라선시인민위원회의 승인을 받아야 한다.

제25조 (물자의 보관관리)

가공자는 주문자가 제공한 기술적요구대로 원료, 반제품, 부분품과 가공제품을 보관관리하여야 한다.

기술적요구대로 보관관리하지 않아 발생한 손해는 가공자가 보상한다.

제26조 (물자의 류용)

가공자는 주문자의 승인없이 원료, 반제품, 부분품과 가공제품을 다른 대상에 돌려쓰거나 국내에 판매할수 없다.

第二十条(对原料, 半成品, 配件的检查)

加工方应对订户提供的原料, 半成品, 配件, 进行检查.

在检查过程发现缺陷时, 可以向客户要求交换或者补充.

第二十一条(加工产品的拒绝接收与要求再包装)

加工方未接照合同条件加工或者包装加工产品时, 客户可以要求再加工, 再包装.此时, 产生的额外费用由加工方承担.

第四章 为加工贸易的经营活动

第二十二条(购买加工贸易所需的物资)

加工方应从客户获得加工贸易所需要的原料, 半成品, 配件与包装材料, 机器设备等的生产物资.

第二十三条(要求技术合作)

加工方为完成客户所定产品的加工, 装配, 可以向客户要求技术合作或者为学习技术向外国派遣技术人员, 专家.

第二十四条(委托加工)

加工方与客户协商后可以向经贸区或者经贸区外的我国企业委托加工原料, 半成品, 配件.此时, 应签订委托加工合同和获得罗先市人民委员会的批准.

第二十五条(物资的保管管理)

加工方应按照客户提供的技术要求, 保管和管理原料, 半成品, 配件与加工产品.

未按技术要求保管和管理而发生的损失, 由加工方补偿.

第二十六条(物资的挪用)

加工方未经客户的许可, 不得把原料, 半成品, 配件与加工品用于其他项目或在国内销售.

부득이한 사유로 다른 대상에 돌려쓰거나 국내에 판매하려는 경우에는 주문자와 합의하고 해당 세관에 통지한다.

제5장 감독통제

제27조 (감독통제기관)

가공무역에 대한 감독통제는 라선시인민위원회와 해당 감독통제기관이 한다.

제28조 (벌금)

다음의 경우 가공자에게 벌금을 물린다.
1. 가공무역을 승인받지 않고 진행하는 경우
2. 가공무역허가증의 유효기간을 연기하지 않고 가공무역을 계속하는 경우
3. 승인없이 위탁가공을 하였을 경우

제29조 (행정적 또는 형사적책임)

이 규정을 어겨 지대가공무역사업에 엄중한 결과를 일으킨 가공자와 책임있는 일군에게는 정상에 따라 행정적 또는 형사적책임을 지운다.

제30조 (분쟁해결)

가공무역계약체결 및 리행과 관련하여 발생한 분쟁은 협의의 방법으로 해결한다. 협의의 방법으로 해결할수 없는 경우에는 중재 또는 재판의 방법으로 해결한다.

因不得已的事由需要用于其他项目或者在国内销售时,应与客户进行协商,然后通知有关海关.

第五章 监督控制

第二十七条(监督控制机关)

对加工贸易的监督管控工作,由罗先市人民委员会和有关监督控制机关负责.

第二十八条(罚款)

发生下列情况时,处以加工方罚款:

    1.未经批准进行加工贸易时;

    2.未延长加工贸易许可证的有效期限而继续进行加工贸易时;

    3.未经批准进行委托加工时.

第二十九条(行政或者刑事责任)

因违反本规定而对经贸区加工贸易工作造成严重后果时,根据情节轻重追究加工方与负责人的行政或者刑事责任.

第三十条(纠纷解决)

与加工贸易合同的签订及履行相关联而发生纠纷时,通过协商的方式解决.

通过协商未能解决时,通过仲裁或者诉讼的方式解决.

20

라선경제무역지대 독성물질 취급규정

罗先经济贸易区有毒物质管理规定

라선경제무역지대 독성물질 취급규정

주체106(2017)년9월8일 최고인민회의 상임위원회 결정 제153호로 채택

제1장 일반규정

제1조 (규정의 사명)

이 규정은 라선무역경제지대에서 독성물질의 생산 및 수출입, 공급 ,보관, 리용 ,운반과 관련한 제도와 질서를 엄격히 세워 독성물질에 의한 사고를 방지하고 사회의 안정과 인민의 생명건강, 생태환경을 보호하는데 이바지한다.

제2조 (독성물질의 정의)

이 규정에서 독성물질이란 자연적인 생물독을 제외한 치사량(LD50)이 500mg/kg이하로서 인체에 피해를 주거나 강하천과 바다, 대기, 산림, 토지를 오염시키는 물질을 말한다.

제3조 (독성물질의 치사량확정)

새로 생산하거나 수입한 독성물질의 치사량확정은 지대인민보안기관의 의뢰에 따라 중앙의학과학연구기관이 한다.

제4조 (독성물질의 취급원칙)

라선경제무역지대(이 아래부터 지대라 한다.)에서 독성물질취급은 경제적리익보다 사람의 생명, 건강을 더 중시하고 생태환경을 보호하는 원칙에서 하도록 한다.

제5조 (적용대상)

이 규정은 지대안의 기관, 기업소, 단체와 공민, 외국투자기업과 외국인에게 적용된다.

제6조 (련관법규와의 관계)

이 규정에서 규제하지 않은 사항은 해당 법규에 따른다.

罗先经济贸易区有毒物质管理规定

主体106（2017）年9月8日最高人民会议 常任委员会 决定 第153号 制定

第一章 一般规定

第一条（规定的使命）

为在罗先经济贸易区建立严格有关有毒物质生产及进出口, 供应, 保管, 使用, 运输的制度和秩序, 以防止发生有毒物质事故, 稳定社会和保护人民生命健康, 生态环境, 制定本规定.

第二条（有毒物质的定义）

本规定中的有毒物质是指除自然性的生物毒之外的致死剂量(LD50)低于500mg/kg, 对人体造成危害或对江河, 海洋, 大气, 山林, 土地造成污染的物质.

第三条（有毒物质的致死剂量的确定）

新生产或进口的有毒物质的致死剂量, 根据地区人民保安机关的委托, 由中央医学科学研究机关确定.

第四条（有毒物质的处理原则）

在罗先经济贸易区(以下简称经贸区)处理有毒物质, 应当遵循与经济利益相比更加重视人的生命, 健康, 并保护生态环境的原则.

第五条（适用对象）

本规定适用于经贸区的机关, 企业, 团体和公民及外国投资企业和外国人.

第六条（与有关法规的关系）

本规定未规定的事项适用有关法规的规定.

제2장 독성물질의 생산 및 수출입

제7조 (독성물질의 생산허가)

독성물질을 생산하려는 기관, 기업소,단체와 외국투자기업(이 아래부터 기업이라고 한다)은 기관명칭, 생산건물의 위치, 생산하려는 독성물질의 이름, 생산목적, 생산수량, 생산기간 같은것을 밝힌 독성물질생산허가신청문건을 인민보안기관에 내야 한다.

인민보안기관은 신청문건을 구체적으로 검토하고 독성물질생산건물과 설비,창고에 대한 검사를 진행한 다음 생산허가를 하여야 한다.

제8조 (독성물질생산시설의 검사)

독성물질의 생산건물, 창고를 짓거나설비를 옮기려고 할 경우에는 국토환경보호기관의 환경영향평가를 받은 다음 건설명시서와 설계문건에 대한 인민보안기관의 합의를 받아야 하며 시공이 끝난 다음에는 해당기관의 검사를 받아야 한다.

제9조 (독성물질생산허가 및 검사유효기간)

독성물질생산허가기간과 검사유효기간은 독성물질의 특성에 따라 6개월~1년으로 한다.

생산허가기간, 검사유효기간이 끝났을 경우에는 다시 검사를 받고 생산허가기간, 검사유효기간을 연장하여야 한다.

제10조 (독성물질생산공장의 안전보장조건)

독성물질생산공장은 살림집지구, 수원지, 방목지, 양어장, 강, 호수와 같은 중요지역으로부터 500m이상 떨어진 곳에 있어야 한다.

제11조 (독성물질생산공장의 출입질서)

독성물질생산공장에는 정해진 성원만이 나들수 있다.

제12조 (독성물질의 수입)

독성물질을 수입하려는 기업은 반입하기전에 독성물질의 보관과 관련하여 인민보안지도기관의 합의를 받아야 한다.

수입계약을 맺을 경우에는 상표와 주의사항, 사용설명서의 조선어표기와 관련하여 상대측과 협의하여야 한다.

제13조 (생산 및 수입한 독성물질의 검정)

기업은 독성물질을 새로 생산하였거나수입하였을 경우 해당기관의 독성검정을 받은 다음 3일안으로 인민보안기관에 등록하여야 한다.

第二章 有毒物质的生产及进出口

第七条(有毒物质的生产许可)

拟生产有毒物质的机关, 企业, 团体和外国投资企业(以下简称为企业) 应当向人民保安机关提交记载机关名称, 生产建筑物的位置, 拟生产的有毒物质的名称, 生产目的, 生产数量, 生产期间等事项的有毒物质生产许可申请文件.

人民保安机关具体审查申请文件, 对有毒物质的生产建筑物和设备, 仓库进行检查之后, 许可生产.

第八条(对有毒物质生产设施的检查)

建设或搬迁有毒物质的生产建筑物, 仓库的, 应当经国土环境保护机关的环境影响评价, 并经人民保安机关对建设明示文件和设计文件的协商同意;施工结束后应当接受有关机关的检查.

第九条(有毒物质生产许可及检查的有效期限)

对有毒物质生产许可期限和检查有效期限,按有毒物质特性定为6个月至1年.

生产许可期限,检查有效期限届满的,应当重新检查,延长生产许可期限,检查有效期限.

第十条(有毒物质制造厂的安全保障条件)

有毒物质制造厂应位于距离住宅区,水源地,牧场,养鱼池,江河,湖泊等重要地区500米以上的地方.

第十一条　(有毒物质制造厂的进出秩序)

只有规定的人员才能出入有毒物质工厂.

第十二条(有毒物质的进口)

进口有毒物质的企业,在进口前应当就有毒物质的保管事项与人民保安指导机关协商一致.

签订进口合同的,应当与对方协商有关商标和注意事项, 使用说明书的朝鲜语标记等事项.

第十三条(对生产及进口的有毒物质的鉴定)

企业新生产或者进口有毒物质的,应当经有关机关对其毒性的检验,并在3日内向人民保安机关备案.

제3장 독성물질의 공급, 보관 및 리용

제14조 (독성물질의 공급, 보관, 리용의 허가)

독성물질을 공급, 보관, 리용하려는 기업은 기업명, 취급내용과 목적, 취급기 간과 같은 내용을 밝힌 허가신청문건을 인민보안기관에 내여 허가를 받아야 한다.

제15조 (독성물질의 비법적인 취급의 금지)

독성물질은 승인없이 가지고 있거나 팔고 사거나 바꿈질을 할수 없다.

기업과 개인은 독성물질을 비법적으로가지고있다는 자료를 알고 있을 경우 제때 에 인민보안기관에 알리며 독성물질을 얻었을 경우에는 해당 기관에 바쳐야한다.

제16조 (독성물질의 공급대상)

독성물질의 공급은 독성물질공급계획에 따라 인민보안기관의 독성물질리용 허가를 받은 단위에만 한다.

제17조 (독성물질의 표식)

독성물질포장용기에는 독성물질표식과독성물질명, 주의사항, 사용방법, 만든 날자 같은것을 밝힌다.

제18조 (독성물질의 보관)

기업은 독성물질을 독성물질보관창고에 보관하며 안전기술공학적요구를 지켜 야 한다.

독성물질보관창고를 새로 건설하거나 이설, 구조변경하려는 기업은 설계(위치 및 부근지형도, 설계도, 설명서)와 허가신청문건을 해당 인민보안기관에제출하여 합의를 받으며 건설이 끝난 다음에는 해당 기관과 인민보안기관으로부터 준공검 사를 받아야 한다.

독성물질보관창고에는 관건장치를 하고 경비를 세워야 한다.

제19조 (독성물질 보관관리방법)

독성물질의 보관관리방법은 다음과 같다.

1. 독성물질은 기업의 책임자, 회계책임자, 창고장의 수표가 있는 문건에 의 해서만 창고에 넣거나 내주며 그 정형을 독성물질입출고대장에 기록하여 야 한다.

2. 독성물질을 창고에 넣었을 경우에는 그 수량을 확인한 다음 종류별로 갈라 넣으며 독성물질밖의 다른물질을 넣지 말아야 한다.

第三章 有毒物质的供应、保管及使用

第十四条(对供应，保管和使用有毒物质的许可)

拟供应, 保管, 使用有毒物质的企业, 应当提交许可申请文件, 并经人民保安机关批准.许可申请文件应当载明企业名称, 处理内容和目的, 处理期限等内容的提交.

第十五条(禁止对有毒物质的非法经营)

未经许可, 不得持有, 买卖, 交换有毒物质.

企业和个人知道非法持有有毒物质的资料的, 应当及时向人民保安机关报告;取得有毒物质的, 应当向有关机关提交.

第十六条(有毒物质的供应对象)

有毒物质,仅供给按照有毒物质供应计划获得人民保安机关使用许可的单位.

第十七条(有毒物质的标识)

在有毒物质包装容器上注明有毒物质标识,有毒物质名称,注意事项,使用方法,生产日期等事项.

第十八条(有毒物质的保管)

企业应当将有毒物质存放在有毒物质保管仓库中,并遵守安全技术工学要求.

新建, 移建有毒物质保管仓库, 或改变有毒物质保管仓库结构的企业, 应当向人民保安机关提交设计(位置及附近地形图, 设计图, 说明书)和报批申请文件并取得同意, 建设完成后应当接受有关机关和人民保安机关的竣工检查.

应当在有毒物质保管仓库设置关键装置并设警备.

第十九条(有毒物质的保管管理方法)

有毒物质的保管管理方法如下:

1. 有毒物质只能依据企业负责人, 会计负责人, 仓库负责人签字的文件入库或者出库,并将其情况记录在有毒物质出入库台账上.
2. 有毒物质入库时,应确认其数量后,按类别分开存放,不能放进有毒物质之外的其他物质.

3. 독성물질을 내줄 경우에는 계량한 다음 용기에 넣거나 포장하여 해당 취급원에게 사용방법과 주의사항을 알려주어야 한다.
4. 독성물질은 하루에 쓸 량만큼 내주는것을 기본으로 하며 생산공정상 계속 쓰이는 경우에는 2일간 쓸 량만큼 내주어 현장보관고에 보관하고 쓰도록 하여야 한다.
5. 작업현장에 필요없이 남아있는 독성물질은 회수하여 창고에 넣으며 독성물질을 담았던 용기나 포장재는 창고에 보관하거나 해당 공급단위에 보내주어야 한다.
6. 독성물질보관창고를 잘 관리하며 정해진 성원외에는 독성물질보관창고에 들여놓지 말아랴 한다.
7. 독성물질을 다룰 경우에는 로동보호용구를 착용하며 창고를 비울 경우에는 쇠를 잠근 다음 봉인하여야 한다.
8. 독성물질의 현물을 매일 실사하고 그 정형을 단위 책임자와 해당 기관에 보고하여야 한다.

제20조 (독성물질의 리용)

독성물질의 리용에서 다음과 같은 요구를 지켜야 한다.
1. 독성물질취급에서 주의할 점과 지켜야 할 내용을 사용자에게 알려주어야 한다.
2. 사용지도서의 요구대로 조작, 리용하여야 하며 사용지도서가 없는 독성물질은 쓰지 말아야 한다.
3. 독성물질을 담는 그릇이나 병과 같은 용기는 고정시키며 그 용기를 다른용도에 쓰는 일이 없도록 하여야 한다.
4. 독성물질을 취급하는 작업장에는 다른 인원이 나들지 못하게 하며 독성물질을 용도밖에 쓰는 일이 없어야 한다.
5. 독성물질취급사업은 일기조건을 고려하여 조직하여야 한다.
6. 독성물질을 처음 다루는 일군은 기술학습과 안전교양을 받아야 한다.

제21조 (사고발생시 통보)

독성물질로 인한 사고가 생길 위험이 있거나 사고가 발생하였을 경우 즉시 해당한 대책을 세우는것과 함께 상급기관과 인민보안기관에 알려야 한다.

제22조 (독성물질의 리용금지대상)

독성물질은 짐승이나 고기잡이에 리용할수 없다.

3.发放有毒物质,应当计量之后装入容器或者包装,并告知领用人员相关的使用
   方法和注意事项.

4.发放有毒物质应当坚持一天用多少出多少的原则,在生产工程中持续使用的,
   可以发放2天的用量,并允许放在现场储藏库保管并使用.

5.对生产现场剩下的多余的有毒物质,应当回收入库,对于装入有毒物质的容器
   或包装材料,应当存入仓库保管或者送到有关供应单位.

6.妥善管理有毒物质保管仓库,除规定的成员外,禁止进入有毒物质保管仓库.

7.使用有毒物质的,应当佩戴劳动防护用具;仓库没有人的时候,应当加锁并封存.

8.每天对有毒物质的实物进行清点,并向单位负责人和有关机关报告.

第二十条(有毒物质的使用)

使用有毒物质,应当遵循以下要求:

1.应当告知用户处理有毒物质应当注意的事项和遵守的内容.

2.应当按照使用指导书的要求操作,利用,不得使用没有使用指导书的有毒物质.

3.盛装有毒物质应当使用专用的碗,瓶等容器,对这些容器不得挪作他用.

4.对处理有毒物质的场所,禁止其他人员进出,不得将有毒物质用于其他用途.

5.组织关有毒物质的作业,应当考虑气候条件.

6.首次使用有毒物质的人员,应当接受技术学习和安全教育.

第二十一条(事故发生时的通报)

可能发生有毒物质事故或者已经发生事故的,应当立即采取相应措施并通知上级
机关和人民保安机关.

第二十二条(禁用有毒物质的对象)

有毒物质不能用于捕捉动物或捕鱼.

제4장 독성물질의 운반

제23조 (독성물질의 운반허가)

독성물질을 운반하려는 기업은 인민보안기관의 허가를 받아야 한다.
독성물질의 운반은 정해진 성원이 한다.

제24조 (독성물질의 운반수단)

독성물질을 운반하려 할 경우에는 독성물질이 새지 않게 짐함(운반함)에 넣어 운반하며 운수수단에는 인수원과 호송원밖의 다른 인원을 태우지 말아야 한다.
독성물질은 려객렬차 또는 려객기, 려객선, 려객뻐스에 실을수 없다.

제25조 (독성물질운반의 안전보장)

독성물질을 나르는 운수수단에는 안전시설을 갖추고 위험표식을 하며 독성물질의 피해를 받을수 있는 다른 물건을 함께 싣지 말아야 한다.

제26조 (운반도중의 독성물질에 대한 경비)

독성물질을 실은 운수수단을 정차 또는 주차 시키려 할 경우에는 경비근무를 조직하며 안전상태에 대하여 점검 하여야 한다.

제5장 독성물질취급에 감독통제

제27조 (감독통제기관)

독성물질취급에 대한 감독통제사업은 인민보안기관이 한다.
인민보안기관은 독성물질취급정형을 정기적으로 료해검열하며 독성물질을 규정대로 취급하도록 엄격히 감독통제하여야 한다.

제28조 (비법적인 독성물질취급행위금지)

기업과 개인은 비법적으로 독성물질을가지고 있거나 팔고 사거나 또는 제조,수출입, 바꿈질, 사용하는것 같은 행위를 하지 말아야 한다.
비법적으로 독성물질을 취급하는 행위를 발견하였을 경우에는 즉시 해당 인민보안기관에 신고하여야 한다.

第四章 有毒物质的运输

第二十三条 (有毒物质的运输批准)

运输有毒物质的企业,应当经人民保安机关批准.

有毒物质由规定的人员运输.

第二十四条(有毒物质的运输工具)

运输有毒物质,应当装在搬运箱运输,以防泄漏.

运输工具不得乘载接受人员和护送人员以外的其他人员.

有毒物质不能载在旅客列车或客机,客轮,客车上.

第二十五条(运输有毒物质的安全保障)

运输有毒物质的运输工具,应当配备安全设施,标明危险标志,不得与其他可能受到有毒物质损害的物品装载在一起.

第二十六条(对运输中的有毒物质的警备)

载有有毒物质的运输工具需要停车或者伯车的,应当组织警备进行执勤,并对安全状况进行检查.

第五章 对有毒物质的监督管制

第二十七条(监督控制机构)

人民保安机关对有毒物质处理工作进行监督和监管.

人民保安机关应当定期了解和检查有毒物质处理情况,并实施严格监管,确保按照规定处理有毒物质.

第二十八条(禁止对有毒物质的非法经营行为)

企业和个人不得实施非法持有,买卖,制造,进出口,交换,使用有毒物质等行为.

发现有非法经营有毒物质行为的,应当立即向有关人民保安机关举报.

제29조 (중지처벌)

다음의 경우에는 독성물질의 취급을 중지시킨다.

1. 불비한 생산설비로 독성물질을 생산하면서 사고위험을 조성하였거나 사고를 일으켰을 경우
2. 포장을 정해진 규격대로 하지 않았거나 치사량과 사용지도서가 없는 독성물질을 공급하였을 경우.
3. 독성물질용기를 정해진대로 사용하지 않았을 경우.
4. 독성물질보관 및 정화시설이 불비한 경우.

제30조 (몰수처벌)

다음의 경우에는 해당 독성물질을 몰수한다.

1. 인민보안기관의 합의를 받지않고 독성물질을 수입하였을 경우.
2. 독성물질의 운반질서을 어겼을 경우.
3. 허가없이 독성물질을 생산, 공급, 보관, 사용하였을 경우.
4. 공급계획에 없는 독성물질을 공급하였을 경우.
5. 용도에 맞지 않게 독성물질을 사용 하였을 경우.
6. 인민보안기관의 합의 또는 허가를 받지 않은 곳에 독성물질을 보관하였을 경우.
7. 개인이 독성물질을 가지고 있을 경우.

제31조 (벌금처벌)

다음의 경우에는 벌금을 적용한다.

1. 기업 또는 개인이 독성물질을 허가없이 사용하였을 경우.
2. 독성물질의 공급계획량을 초과공급하였을 경우.
3. 독성물질보관창고에 대한 경비조직사업을 무책임하게 하였을 경우.
4. 제19조를 어겼을 경우.

제32조 (행정적 또는 형사적책임)

이 규정을 어겨 독성물질취급사업에 엄중한 결과를 일으켰을 경우에는 정상에 따라 행정적 또는 형사적책임을 지운다.

第二十九条(中止处罚)

在下列情况下,中止经营有毒物质:

1. 用不完备的生产设备生产有毒物质,造成事故危险或者已经造成事故的;
2. 未按照规定的规格进行包装,或者提供没有标明致死剂量,没有使用指导书的有毒物质的.
3. 未按照规定使用有毒物质容器的.
4. 有毒物质的保管及净化设施不完备的.

第三十条(没收处罚)

下列情况下没收有毒物质:

1. 未经人民保安机关协商同意进口有毒物质的;
2. 违反有毒物质运输秩序;
3. 未经许可生产,供应,保管,使用有毒物质的;
4. 供应没有列入供应计划的有毒物质的;
5. 使用有毒物质不符合用途的;
6. 在未经人民保安机关协商同意或者许可的地方存放有毒物质的;
7. 个人拥有有毒物质的.

第三十一条(罚款处罚)

下列情况,可以处以罚款:

1. 企业或者个人未经许可使用有毒物质的;
2. 与有毒物质供应计划相比超量提供的;
3. 没有认真负责有毒物质仓库的警备组织工作;
4. 违反第十九条规定的.

第三十二条(行政及刑事责任)

违反本规定,对有毒物质的处理工作造成严重后果的,按照情节轻重,追究行政或者刑事责任.

21

라선경제무역지대
수산자원조성 및 보호규정

罗先经济贸易区
水产资源营造及保护规定

라선경제무역지대 수산자원조성 및 보호규정

주체106(2017)년 11월 24일 최고인민회의 상임위원회 결정 제164호로 채택

제1조(사명)

이 규정은 라선경제무역지대에서 수산자원조성 및 보호제도와 질서를 엄격히 세워 수산업을 발전시키고 인민생활을 향상시키는데 이바지 한다.

제2조(적용대상)

이 규정은 라선경제무역지대(이 아래부터 지대라고 한다.)에서 수산동식물을 양어, 양식하거나 생산, 수출하는 기관, 기업소, 단체와 외국인투자기업(이아래부터는 기업이라고 한다.), 개인에게 적용한다.

제3조(수산자원조성 및 보호사업에 대한 장악지도)

지대에서 수산자원의 조성 및 보호사업에 대한 장악과 지도는 지대수산자원보호기관이 한다.

제4조(지대비상설자원개발심의위원회의 기능)

지대에서 수산자원의 조성 및 보호와 관련한 중요한 문제들은 지대비상설자원개발심의위원회에서 협의대책을 한다.

제5조(수산자원조성계획의 시달 및 실행)

지대계획기관과 수산자원보호기관은 수산자원조성계획을 바로 세우고 양어장, 양식장을 관리하는 기업에 시달하여야 한다.

수산자원조성계획을 시달받은 기업은 그것을 어김없이 실행하고 지대수산자원보호기관에 보고하여야 한다.

수산자원조성계획을 실행하지 않은 기업은 수산자원을 생산할수 없다.

제6조(수산자원조성에 대한 검사,확인)

해당 기업은 양어장, 양식장에 양어, 양식시설물만들어넣기와 인공성에조성, 새끼고기넣어주기, 종자뿌리기 같은 수산자원조성을 하려 할 경우 그 질과 량에 대하여 지대수산자원보호기관의 검사, 확인을 받아야 한다.

罗先经济贸易区水产资源营造及保护规定

主体106（2017）年11月24日 最高人民会议 常任委员会 决定第164号制定

第一条（使命）

为树立严格的罗先经济贸易区水产资源营造及保护制度和秩序,发展水产业和提高人民生活水平,制定本规定.

第二条（适用对象）

本规定适用于在罗先经济贸易区(以下简称经贸区) 从事水产动植物养鱼, 养殖, 生产, 出口的机关, 企业, 外国人投资企业(以下简称企业) , 个人.

第三条（水产资源营造及保护工作的监管和指导）

由经贸区水产资源保护机关负责经贸区水产资源的营造及保护工作的监管及指导工作.

第四条（经贸区非常设资源开发审议委员会的职责）

经贸区水产资源的营造及保护相关的重要的问题, 由经贸区非常设资源开发委员会协议和制定对策.

第五条（水产资源营造计划的下达及实施）

经贸区计划机关和水产资源保护机关应正确树立水产资源营造计划,并下达给管理养鱼场, 养殖场的企业.

收到水产资源营造计划的企业应准确地实施该计划,并报告经贸区水产资源保护机关.

未实施水产资源营造计划的企业,不能生产水产资源.

第六条（水产资源营造的检查, 确认）

有关企业对养鱼场, 养殖场进行放置养鱼, 养殖设施设备和营造人工鱼礁, 放流鱼子, 播种等水产资源营造工作时,对其质量要接受经贸区水产资源保护机关的检查, 确认.

제7조(양어장, 양식장의 리용권)

양어장, 양식장을 리용하려는 기업은 지대수산자원보호기관에 양어장, 양식장 리용등록신청서를 내야 한다.

신청서를 접수한 지대수산자원보호기관은 그것을 검토하고 지대비상설자원개발심의위원회의 승인을 받아 양어장, 양식장리용등록증을 발급하여야 한다.

양어장, 양식장의 수산자원은 그것을 조성한 기업만이 생산할수 있다.

제8조 (수산자원보호조치)

지대비상설개발심의위원회는 수산자원보호와 관련하여 다음과 같은것을 정한다.
1. 수산자원보호구
2. 보호하여야 할 수산자원의 종류
3. 종류별수산자원의 보호시기
4. 잡거나 뜰수 있는 수산자원의 크기
5. 쓰지 말아야 할 어구와 어로방법

제9조(수산자원보호월간)

지대수산자원보호기관과 기업, 개인은 해마다 수산자원보호월간인 4월과 7월에 수산자원의 보호사업을 집중적으로 진행하여야 한다.

제10조(수산자원특별보호구관리)

지대수산자원보호기관은 수산자원특별보호구를 바로 정하고 해당 기업에 그 관리를 분담하여야 한다.

수산자원특별보호구관리를 맡은 기업은 보호구관리계획을 세우고 어김없이 실행하여 수산자원을 적극 보호증식시켜야 한다.

수산자원특별보호구에서는 자연서식하는 수산자원을 잡거나 뜰수 없다.

제11조 (수산자원보호를 위한 금지사항)

기업과 개인은 수산자원보호를 위하여 다음과 같은 행위를 할수 없다.
1. 수산자원의 종류별 보호시기에 해당 종류의 수산자원을 잡거나 뜨는 행위
2. 정해진 크기에 이르지 못한 수산자원을 잡거나 뜨는 행위
3. 연해에서 밑층뜨랄이나 트지 같은 금지된 어구와 어로방법을 사용하여 수산자원을 잡거나 뜨는 행위

제12조 (양어수역에서 물고기보호)

기업은 양어수역에서 물고기의 알쓸이와 겨울나이조건을 잘 지어주며 물고기들이 양어수역을 벗어나지 못하게 하여야 한다.

第七条(养鱼场, 养殖场的使用权)

使用养鱼场, 养殖场的企业应向经贸区水产资源保护机关提交养鱼场, 养殖场使用登记申请书.

受理申请书的经贸区水产资源保护机关应对其进行审查, 经经贸区非常设资源开发委员会的批准后颁发养鱼场, 养殖场使用登记证.

养鱼场, 养殖场的水产资源, 只能由营造它的企业进行生产.

第八条(水产资源保护措施)

与水产资源保护相关联, 由经贸区非常设资源开发委员会确定下列事项:

1.水产资源保护区

2.需要保护的水产资源的种类

3.按种类需要保护的水产资源的时期

4.捕捞或采集的水产资源的大小

5.禁止使用的渔具和捕捞方法

第九条(水产资源保护月)

经贸区水产资源保护机关和企业, 个人应在每年的水产资源保护月4月和7月, 集中进行水产资源保护工作.

第十条(水产资源特别保护区管理)

经贸区水产资源保护机关应正确确定水产资源特别保护区, 并向有关企业下达管理的分担责任.

分担水产资源特别保护区的企业, 应准确制定保护区管理计划和实施该计划, 积极保护和增殖水产资源.

在水产资源特别保护区内禁止捕捞或采集自然栖息的水产资源.

第十一条(水产资源保护的禁止事项)

为了保护水产资源, 对企业和个人禁止下列行为:

1.按种类保护水产资源的时期, 捕捞或采集有关种类水产资源的行为

2.捕捞或采集未达规定大小的水产资源的行为

3.在沿海地区使用地拉网, 拖网等禁止的渔具和捕捞方法捕捞或采集水产资源的行为

第十二条(在养鱼水域保护鱼)

在养鱼水域企业应认真准备好鱼的产卵, 越冬条件, 防止鱼逃离养鱼水域.

제13조 (물고기보호에 리로운 풀의 채취금지, 낚시질질서)

기업과 개인은 승인없이 바다와 하천, 저수지, 호소에서 물고기보호에 리로운 풀을 듣지 말며 정해진 낚시질질서를 지켜야 한다.

제14조 (바다와 하천, 저수지, 호소의 오염방지)

기업과 개인은 수산자원에 피해를 줄수 있는 미광이나 정화하지 않은 버림물, 방사성물질, 독성물질, 오물과 페설물을 바다와 하천, 저수지, 호소에 버리지 말아야 한다.

제15조 (어장분할과 어업허가)

어장분할과 어업허가는 지대비상설자원개발심의위원회가 한다.

어장분할, 어업허가를 받으려는 기업은 어장분할, 어업허가와 관련한 신청문건을 지대수산자원보호기관을 통하여 지대비상설자원개발심의위원회에 제기하여야 한다.

어장을 분할받거나 어업허가를 받은 기업은 그 정형을 지대수산자원보호기관에 등록하여야 한다.

제16조 (수산자원보호검사등록증발급)

어업허가를 받은 기업은 지대수산자원보호기관에 신청하여 수산자원보호검사등록증을 발급받아야 한다.

수산자원보호검사등록증발급을 신청하는 경우에는 기업의 명칭과 소재지, 배의 번호, 선적항, 마력수, 어장리용관계 같은 것을 밝히며 지대해사감독기관이 발급한 배등록 및 운항증서사본을 첨부한다.

제17조 (수산자원생산)

기업은 지대계획기관이 시달한 수산자원생산계획에 따라 수산자원을 생산하여야 한다.

제18조 (수산자원생산과 리용정형에 대한 기록)

기업은 고기배별로 수산자원의 계획, 생산, 지령, 계수대장과 물고기잡이일지 같은 문건을 갖추고 수산자원생산과 리용정형을 정확히 기록하여야 한다.

제19조 (고기배의 등록)

기업은 수산자원생산에 리용하는 배를 지대배등록기관에 빠짐없이 등록하고 그 정형을 지대수산자원보호기관에 알려주어야 한다.

등록하지 않은 배를 수산자원생산에 리용하거나 승인없이 배를 다른 단위 또는 개인에게 빌려주거나 넘기는 행위를 할수 없다.

第十三条(禁止采集对鱼保护有利的草和钓鱼秩序)

未经批准企业和个人禁止在大海, 河流, 水库, 湖泊采集对鱼保护有利的草和遵守规定的钓鱼秩序.

第十四条(防止海洋, 河流, 水库, 湖泊的污染)

禁止企业和个人向海洋, 河流, 水库, 湖泊排放侵害水产资源的尾矿, 未净化的污水, 放射性物质, 毒性物质, 垃圾和废弃物.

第十五条(渔场分割与渔业许可)

渔场分割与渔业许可由经贸区非常设资源开发委员会负责.

需要获得渔场分割, 渔业许可的企业应通过经贸区水产资源保护机关向经贸区非常设资源开发委员会提交渔场分割, 渔业许可相关的申请文件.

获得渔场分割或渔业许可的企业, 应向经贸区水产资源保护机关登记其情况.

第十六条(颁发水产资源保护检查登记证)

获得渔业许可的企业应向经贸区水产资源保护机关申请并应获得水产资源保护检查登记证.

需要申请水产资源保护检查登记证时, 应表明企业的名称, 所在地, 船舶号, 船籍港, 马力, 渔场使用关系等, 并附上经贸区海事监督机关颁发的船舶登记及航运证书的副本.

第十七条(生产水产资源)

企业应按经贸区计划机关下达的水产资源生产计划, 生产水产资源.

第十八条(水产资源生产和使用情况的记录)

企业应按渔船配置水产资源计划, 生产, 指令, 季度账本, 捕捞日志等文件, 正确记录水产资源生产和使用的情况.

第十九条(渔船的登记)

企业应如实地向经贸区船舶登记机关登记用于水产资源生产的船舶, 并向经贸区水产资源保护机关告知其情况.

禁止使用未登记的船舶用于水产资源生产和未获批准向其他单位或个人租借或售卖船舶的行为.

제20조 (수산단속초소설치, 어구와 수산물에 대한 검사)

수산자원생산을 위하여 바다에 나드는 기업은 지대수산자원보호기관으로보터 어구와 생산한 수산자원에 대한 검사를 받아야 한다.

지대수산자원보호기관은 필요한 장소에 수산단속초소를 세우고 어구와 생산한 수산자원에 대한 검사를 엄격히 하여야 한다.

어구와 생산한 수산자원에 대한 검사를 받지 않고서는 수산자원생산을 위하여 바다에 나둘수 없다.

제21조 (수산자원의 수출)

기업은 지대계획기관이 시달한 수출계획에 따라 수산자원을 수출하여야 한다. 이 경우 지대수산자원보호기관이 정한 수산자원은 수출할수 없다.

양어, 양식한 수산자원은 품종과 계절에 관계없이 수출할수 있다.

수출하는 수산자원은 지대수산자원보호기관의 검사확인을 받는다.

제22조 (자원비의 납부)

수산자원을 수출하는 기업은 정해진데 따라 자원비를 납부하여야 한다.

양어, 양식한 수산자원에 대해서는 자원비를 납부하지 않는다.

제23조 (양어장, 양식장사용료의 납부)

양어장, 양식장을 리용하는 기업은 정해진데 따라 양어장, 양식장사용료를 납부하여야 한다.

제24조 (수산자원조성 및 보호사업에 대한 감독통제)

수산자원조성 및 보호사업에 대한 감독통제는 지대수산자원보호기관과 해당 감독통제기관이 한다.

지대수산자원보호기관과 해당 감독통제기관은 기업과 개인이 수산자원조성 및 보호질서를 엄격히 지키도록 감독통제하여야 한다.

제25조 (수산자원특별보호구, 양어장, 양식장의 정리 및 이관)

다음의 경우에는 수산자원특별보호구, 양어장, 양식장을 정리하거나 이관할수 있다.

1. 수산자원조성계획을 전혀 실행하지 못하였을 경우
2. 단위당 생산량을 늘이지 못하였을 경우
3. 비법적으로 수산자원특별보호구, 양어장, 양식장을 리용하였을 경우

第二十条(设置水产管制哨所, 检查渔具和水产物品)

为了生产水产资源出入海洋的企业, 应接受经贸区水产资源保护机关对渔具和生产的水产资源的检查.

经贸区水产资源保护机关应在必要的场所设置水产管制哨所, 严格检查渔具和生产的水产资源.

如不接受对渔具和生产的水产资源的检查, 不得出入海洋从事水产资源的生产.

第二十一条(出口水产资源)

企业应按照经贸区计划机关下达的出口计划出口水产资源.

此时, 不能出口经贸区水产资源保护机关确定的水产资源.

养鱼, 养殖的水产资源可以不分种类和季节, 随时都可以出口.

出口的水产资源应接受经贸区水产资源保护机关的检查和确认.

第二十二条(缴纳资源费)

出口水产资源的企业, 应按规定缴纳资源费.

对养鱼, 养殖的水产资源, 无需缴纳资源费.

第二十三条(养鱼场, 养殖场使用费的缴纳)

使用养鱼场, 养殖场的企业, 应按规定缴纳养鱼场, 养殖场的使用费.

第二十四条(水产资源营造及保护工作的监督管控)

水产资源营造及保护工作的监督管控, 由经贸区水产资源保护机关和有关监督管控机关负责.

经贸区水产资源保护机关和有关监督管控机关应严格管控企业和个人遵守水产资源营造及保护秩序.

第二十五条(水产资源特别保护区, 养鱼场, 养殖场的整理及移交)

下列情况下, 可以整理或移交水产资源特别保护区, 养鱼场, 养殖场.

　　1.完全未履行水产资源营造计划的;

　　2.未能增加每单位生产量的;

　　3.非法使用水产资源特别保护区, 养鱼场, 养殖场的.

제26조 (제재)

이 규정을 어겼을 경우에는 해당 기업과 개인에게 정상에 따라 벌금, 중지, 변상, 몰수 같은 행정적제재를 준다.

정상이 특히 무거울 경우에는 형법의 해당 조문에 따라 형사적책임을 지운다.

제27조 (신소와 그 처리)

수산자원조성 및 보호사업과 관련하여 의견이 있을 경우에는 지대수산자원보호기관과 해당 기관에 신소할수 있다.

신소를 접수한 기관은 30일안으로 료해처리하여야 한다.

第二十六条(制裁)

违反本规定时,可以向有关企业, 个人按其情节处以罚款, 中止, 抵偿, 没收等行政制裁.

情节特别严重时,根据刑法的有关条款追究其刑事责任.

第二十七条(申诉及处理)

与水产资源营造及保护工作相关联存有异议时,可以向经贸区水产资源保护机关和有关机关提出申诉.

受理申诉的机关,应在30日内进行了解和处理.

22

라선경제무역지대 항무감독규정

罗先经济贸易区港务监督规定

라선경제무역지대 항무감독규정

주체107(2018)년 5월24일 최고인민회의 상임위원회 결정 제188호로 채택

제1장 일반규정

제1조 (사명)

이 규정은 라선경제무역지대의 항무감독사업에서 제도와 질서를 세워 항에서 사람과 배, 항시설물의 안전을 보장하며 환경을 보호하는데 이바지한다.

제2조 (항무감독기관의 설치)

라선시인민위원회는 항에 항무감독이관(이 아래부터 지대항무감독기관이라고 한다.)을 설치하고 항무감독을 엄격히 하도록 한다.

제3조 (지대항무감독기관의 임무와 권한)

지대항무감독기관의 임무와 권한은 다음과 같다.

1. 정해진 수역에서의 해상교통관리를 한다.
2. 배에 대한 입출항련합검사를 조직지휘한다.
3. 인원과 륜전기재의 항출입질서를 세운다.
4. 항수역경제, 가박지, 정박지를 설정한다.
5. 항에서의 짐작업, 환경보호사업에 대한 감독을 한다.
6. 항시설물과 설비의 안전상태에 대한 감독을 한다.
7. 배길표식물의 정상운영에 대한 감독을 한다.
8. 배길안내를 조직하고 감독한다.
9. 배의 입출항과 이동정형을 해당 기관에 통지한다.

제4조 (적용대상)

이 규정은 항에서 일하거나 항을 리용하는 기관, 기업소, 단체와 공민, 외국투자기업과 다른 나라 또는 국제기구의 대표기관, 다른 나라 법인과 외국인에게 적용한다.

罗先经济贸易区港务监督规定

主体107(2018)年5月24日最高人民会议常任委员会 决定 第188号 制定

第一章 一般规定

第一条(使命)

为树立罗先经济贸易区港务监督工作的制度和秩序, 保障港口中人和船舶, 港口设施的安全和保护环境, 制定本规定.

第二条(设立港务监督机关)

罗先市人民委员会应在港口设立港务监督机关(以下简称经贸区港务监督机关), 并严格履行港务监督职责.

第三条(经贸区港务监督机关的任务和权限)

经贸区港务监督机关的任务和权限如下:

1.管理规定水域内的海上交通;

2.组织和指挥船舶的进出港联合检查;

3.制定人员和运输工具的进出港秩序;

4.设定港口水域界限, 锚地, 停泊地;

5.监督港口内货物作业, 环境保护工作;

6.监督港口设施和设备的安全状况;

7.监督水路标志物的正常运转;

8.组织和安排水路引航工作;

9.向有关机关通知船舶进出港和移动情况.

第四条(适用对象)

本规定适用于在港口工作或利用港口的机关, 企业, 团体和公民, 外国投资企业和外国或国际机构的代表机构, 外国法人和外国人.

제5조 (해당 법규와의 관계)

라선경제무역지대에서 항무감독사업과 관련하여 이 규정에서 정하지 않은 사항은 해당 법규에 따른다.

제2장 해상교통관리

제6조 (해상교통지휘초소)

지대항무감독기관은 해상교통관리수역의 필요한 장소에 해상교통지휘초소를 내오고 배에 대한 해상교통지휘를 실시간으로 하여야 한다.

해상교통관리수역에 여러개의 초소를 내오는 경우에는 초소마다 분담수역을 정해주어야 한다.

제7조 (해상교통관리수역의 범위)

해상교통관리수역에는 해상교통지휘초소로부터 20n.mile안에 있는 수역과 항, 부두, 잔교가 속한다.

제8조 (해상교통관리의 적용대상)

해상교통관리의 적용대상에는 다음과 같은 배가 속한다.
1. 국제항해에 종사하는 배
2. 위험화물수송배
3. 예선선단
4. 배자동식별장치를 설치한 배

제9조 (항해규칙의 공포)

지대항무감독기관은 해상교통관리수역에서 배가 지켜야 할 항해규칙을 제정하고 중앙해운지도기관의 승인을 받아 공포한다.

지대항무감독기관이 공포한 항해규칙은 국제해상충돌예방규칙 같은 일반 항해규칙보다 우선권을 가진다.

제10조 (무선통신설비의 가동)

배는 해상교통관리수역에서 해상교통지휘초소의 호출에 응답할수 있도록 해당 무선통신설비를 의무적으로 가동시켜야 한다.

제11조 (배이동)

해상교통관리수역에서 배는 지대항무감독기관의 지휘에 따라 이동, 정지, 투묘하거나 부두에 대고 떼야 한다.

第五条(与有关法规的关系)

在罗先经济贸易区与港务监督工作相关联,本规定未作出规定的事项适用有关法规.

第二章 海上交通管理

第六条(海上交通指挥岗)

经贸区港务监督机关应在海上交通管理水域必要的地点设置海上交通指挥岗,实时对船舶进行海上交通指挥.

海上交通管理水域设置多个岗时,应确定各岗的分担水域.

第七条(海上交通管理水域的范围)

海上交通管理水域包括从海上交通指挥岗距离20海里(n.mile)内的水域和港口,码头,栈桥.

第八条(海上交通管理的适用对象)

以下船舶属于海上交通管理的适用对象:

1.从事国际航海的船舶;

2.危险货物运输船;

3.拖引船队;

4.设置了船舶自动识别装置的船舶.

第九条(航海规则的公布)

经贸区港务监督机关应制定海上交通管理水域内船舶应遵守的航海规则,获得中央海运指导机关的批准后予以公布.

经贸区港务监督机关公布的航海规则,比国际海上防碰撞规则等一般规则具有优先权.

第十条(无线通讯设备的启动)

为应对海上交通管理水域内海上交通指挥岗的呼叫,船舶有义务启动有关无线通讯设备.

第十一条(船舶移动)

在海上交通管理水域内船舶应按照经贸区港务监督机关的指挥移动,停泊,抛锚或离靠岸.

기본배길에서는 정지시키거나 투묘할수 없으며 불가피한 사정으로 정지, 투묘하려는 경우에는 지대항무감독기관의 승인을 받아야 한다.

제12조 (배움직임에 대한 감시와 대기지점의 지정)

지대항무감독기관은 해상교통관리수역에 있는 모든 배의 움직임을 장악하며 배가 항으로 들어오는 경우 안전한 대기지점을 지정해주어야 한다.

제13조 (해상교통관리에 필요한 정보의 통지)

해당 기관은 해양기상, 해난구조, 항행경보, 해상 및 해저공사와 같은 정보를 지대항무감독기관에 제때에 알려주어야 한다.

지대항무감독기관은 해당 정보를 접수한 즉시 해상교통관리수역안의 모든 배에 통지하여야 한다.

제14조 (항해안전과 관련한 정보의 통지)

지대항무감독기관은 배로부터 요구가 있을 경우 항해안전과 관련한 다음의 정보를 알려주어야 한다.

1. 접근하는 배의 침로와 속도, 항해의도
2. 배길이나 변침점에 대한 배의 상대적위치
3. 위험짐수송배 또는 흘수, 조종성능이 제한된 배의 위치
4. 배에 조성될수 있는 위험정황
5. 수로안내원승선지점이나 수로안내순위
6. 항해금지구역이나 제한구역

제15조 (위험정황의 방지)

지대항무감독기관은 해상교통관리수역에서 위험한 정황이 발생하였을 경우 그것을 방지하기 위한 지시를 할수 있으며 모든 배는 그 지시에 복종하여야 한다.

제16조 (해상교통관리정형의 기록 및 보관)

지대항무감독기관은 해상교통관리정형을 실시간으로 기록하고 그 자료를 중앙해운지도기관에 제출하여야 한다.

해상교통관리의 기록자료는 2년간 보관하며 람발하거나 변경시킬수 없다.

제17조 (해사분쟁사건과 관련한 자료의 보장)

지대항무감독기관은 해사분쟁사건의 해결을 위하여 재판기관, 중재기관, 해난사고조사처리기관이나 분쟁당사자들이 해상교통관리정형과 관련한 기록자료를 요구하는 경우 중앙해운지도기관의 승인을 받아 해당 기록자료를 보장할수 있다.

主航线上不可以停泊或抛锚,不得已需要停泊,抛锚时,应取得经贸区港务监督机关的同意.

第十二条(对于船舶动向的监视和等待地点的指定)

经贸区港务监督机关应掌握海上交通管理水域内所有船舶的动向,船舶入港时应指定安全的等待地点.

第十三条(海上交通管理所必要的信息通知)

有关机关应及时向经贸区港务监督机关通知海洋气象,海难救助,航行警报,海上及海底工程等信息.

经贸区港务监督机关接到有关信息时应立即通知海上交通管理水域内的所有船舶.

第十四条(与航海安全相关的信息通知)

船舶有要求时经贸区港务监督机关应通知如下与航海安全有关的信息:

1.接近船舶的航向和速度,航海意图;

2.航线或航线变换地点与船舶的相对位置;

3.危险货物运输船或吃水,控制性能有限的船舶位置;

4.对于船舶可能造成危险的情况;

5.水路引航员乘船地点或水路引航顺序;

6.禁止航海区域或限制区域.

第十五条(防止危险情况)

在海上交通管理水域内发生危险情况时,经贸区港务监督机关可以下达防止该危险的指示,所有船舶都应服从该指示.

第十六条(海上交通管理情况的记录及保管)

经贸区港务监督机关应实时记录海上交通管理情况,并向中央海运指导机关提交该资料.

海上交通管理的记录资料应保管2年,不可滥发或更改.

第十七条(保障与海事纠纷事件相关的资料)

为解决海事纠纷事件,法院,仲裁机关,海难事故调查处理机关或者纠纷当事人要求与海上交通管理情况有关的记录资料时,得到中央海运指导机关的批准后,经贸区港务监督机关可以保障(提出)有关记录资料.

제3장 배의 입출항과 짐작업에 대한 감독

제18조 (입출항신청서의 제출)

항에 들어오거나 나가려는 배는 입출항예정 24시간전에 배운영기관 또는 외국배대리기관을 통하여 지대항무감독기관에 입출항신청서를 내야 한다. 이 경우 입출항신청서에는 배의 이름, 국적, 선적항, 소속기관명, 배의 길이, 너비, 흘수, 총톤수, 순톤수, 기관출력, 짐종류와 수량, 대기지점도착예정시간 같은것을 밝힌다.

제19조 (입출항승인)

지대항무감독기관은 항의 짐 및 배취급능력과 실을 짐의 준비상태, 배와 인원, 짐의 수속정형, 입출항련합검사결과 같은것을 확인하고 입출항승인을 하여야 한다.

배는 지대항무감독기관의 승인없이 항에 나들수 없다.

제20조 (입출항시간)

배가 항에 나드는 시간은 날이 밝을 때부터 어두워질때까지이다.

부득이한 사유로 밤에 입출항하려는 경우에는 지대항무감독기관과 국경통행검사기관의 승인을 받아야 한다.

제21조 (위험짐을 실은 배의 입출항)

위험짐을 실었거나 실으려는 배는 전용항 또는 해당 설비가 구비되여있는 항에만 나들며 지대항무감독기관이 정해준 위치에 정박하여야 한다.

위험짐을 실은 배는 눈에 잘 보이는 곳에 낮에는 국제해상신호 B기발을 띠우며 밤에는 붉은색등을 켜야 한다.

제22조 (배의 통보의무)

항에 들어온 배는 항해중에 발견하였거나 자기 배에서 발생한 다음의 사항을 지대항무감독기관에 알려야 한다.

1. 해난사고
2. 선원, 려객의 생명안전과 관련한 문제
3. 각종 배길표식물의 파괴, 손상, 위치변경사실
4. 기타 항해에 지장을 줄수 있다고 인정되는 사실

지대항무감독기관은 해당 사고처리기관에 통지받은 사항을 알려주어야 한다.

제23조 (입출항련합검사대상)

항에 나드는 다른 나라 배와 다른 나라로 나가거나 다른 나라에서 들어오는 우리 나라 배는 입출항련합검사를 받아야 한다.

第三章 对于船舶进出港和货物作业的监督

第十八条(提交进出港申请书)

计划进港或出港的船舶, 应在进出港预定时间24小时前通过船舶经营机关或外轮代理机关向经贸区的港务监督机关提交进出港申请书.此时, 进出港申请书应记载船名, 国籍, 船籍港, 所属机关名称, 船的长度, 宽度, 吃水深度, 总吨数, 纯吨数, 发动机功率, 货物种类和数量, 到达等待地点预定时间等.

第十九条(批准进出港)

经贸区港务监督机关应确认港口的货物及船舶处理能力和待装货物的准备状况, 船和人员, 货物的手续情况, 进出港联合检查结果后, 方可批准进出港.

未经经贸区港务监督机关的批准, 船舶不得出入港口.

第二十条(进出港时间)

船舶可以进出港的时间是天亮起至天黑.

因不得已的事由要在夜间进出港时, 应得到经贸区港务监督机关和国境通行检查机关的批准.

第二十一条(装有危险货物船舶的进出港)

已装或要装危险货物的船舶只能进出专用港口或已具备了有关设备的港口(码头), 并停泊于经贸区港务监督机关指定的位置.

装有危险货物的船舶在显眼的地方, 白天悬挂国际海上信号－－B信号旗, 夜晚点亮红色灯.

第二十二条(船舶的通报义务)

进港的船舶在航行途中发现或自己船舶上发生下列事项时, 应通知经贸区港务监督机关:

1.海难事故;

2.与船员, 旅客的生命安全有关的问题;

3.各种水路标志物的破坏, 损伤, 位置变更事项;

4.其它认为障碍航海的事项.

经贸区港务监督机关应向有关事故处理机关通报所受理的事项.

第二十三条(进出港联合检查对象)

进出港口的外国船舶和出港, 或从外国回港的我国船舶都应接受进出港联合检查.

지대안의 항에서 서해안의 항으로 또는 그 반대로 나드는 배도 입출항련합검사를 받는다.

제24조 (입출항련합검사조직)

입출항련합검사는 지대항무감독일군이 책임지고 국경통행검사, 세관검사, 국경위생검역, 외국배대리기관일군을 망라하여 조직한다.

입출항련합검사에 참가하는 해당 검사성원들은 지대항무감독기관이 세운 입출항련합검사일정의 요구를 지켜야 한다.

제25조 (입출항련합검사)

지대항무감독기관은 가박지나 부두 같은 장소에서 배등록증서와 국제톤수증서, 최소안전정원증서 같은 배에 비치된 증서와 문건의 유효성과 해당 증서에 따르는 항해 및 인명안전설비와 짐작업설비, 환경보호설비의 설치 및 운영정형, 짐의 수송안전성, 항해준비정형 같은것을 정확히 확인하여야 한다.

결함이 나타났을 경우에는 퇴치시키거나 해당 기관에 통지하여 대책을 세우도록 한다.

제26조 (입출항련합검사대상이 아닌 배의 입출항검사)

입출항련합검사대상이 아닌 배도 항에 나드는 경우 지대항무감독기관과 국경통행검사기관의 입출항검사를 받아야 한다.

제27조 (출항허가증의 발급)

지대항무감독기관은 출항련합검사결과에 따라 출항허가증을 발급하여야 한다. 이 경우 출항허가증은 당일에만 효력을 가진다.

지대항무감독기관밖의 다른 기관은 출항허가증을 발급할수 없다.

제28조 (출항중지)

지대항무감독기관은 다음과 같은 경우 배의 출항을 중지시킬수 있다.

1. 해당 검사를 받지 않았거나 검사에서 지적된 결함을 고치지 않았을 경우
2. 항의 환경을 오염시켰을 경우
3. 사고를 내였거나 사고에 관계되였을 경우
4. 만재잠김선을 초과하여 짐을 실었거나 려객을 태웠을 경우
5. 항만비용과 료금을 물지 않았을 경우
6. 입출항련합검사과정에 부과된 벌금을 물지 않았을 경우
7. 배와 짐의 안전성이 담보되지 않을 경우
8. 재판기관의 억류판정이 있을 경우

从经贸区内的港口到西海岸港口或相反方向进出港的船舶,也应接受进出港联合检查.

第二十四条(组织进出港联合检查)

进出港联合检查,由经贸区港务监督工作人员负责组织国境通行检查,海关检查,国境卫生检疫,外国轮船代理机关人员进行.

参加进出港联合检查的有关检查人员,应遵守经贸区港务监督机关所定的进出港联合检查日程的要求.

第二十五条(进出港联合检查)

经贸区港务监督机关应在锚地或码头等场地正确地确认船舶登记证书,国际吨位证书,最少安全定员证书等随船具备的证书和文件的有效性和符合证书的航海及人员安全设备,货物作业设备,环境保护设备的设置与管理情况,货物的输送安全性,航海准备状况等.

有缺陷时,应退回或通知有关机关采取措施.

第二十六条(不属于进出港联合检查对象的船舶的进出港检查)

不属于进出港联合检查对象的船舶进出港口时,也应接受经贸区港务监督机关和国境通行检查机关的进出港检查.

第二十七条(颁发出港许可证)

经贸区港务监督机关应根据出港联合检查结果颁发出港许可证.此时,许可证只在当日有效.

经贸区港务监督机关以外其他机关无权颁发出港许可证.

第二十八条(中止出港)

经贸区港务监督机关在下列情况下可以中止船舶的出港:

1.没有接受有关检查或没有纠正被指出的缺陷的;
2.污染港口环境的;
3.造成事故或与事故有关的;
4.装载的货物或乘客超过了满载水线的;
5.没有支付港务费用和其他费用的;
6.没有支付出入港联合检查过程中课赋的罚款的;
7.不能担保船舶和货物的安全性的;
8.有裁判机关的扣留判决的;

9. 연유, 식료품 같은 항해예비물자를 해당 항차보장에 필요한만큼 충분히 갖추지 못하였을 경우
10. 출항전검사합격증이 없을 경우
11. 기타 지대항무감독기관이 필요하다고 인정하는 경우

제29조 (배길안내조직)

배의 입출항과 관련한 배길안내조직은 지대항무감독기관이 한다.

제30조 (짐작업에 대한 감독)

지대항무감독기관은 배와 짐작업기관이 짐작업을 다음과 같이 할것을 요구하여야 한다.
1. 짐을 안전하게 싣고 부리도록 한다.
2. 만재잠김선을 초과하여 짐을 싣지 않도록 한다.
3. 실은 짐의 고루펴기, 결박을 정해진대로 하도록 한다.
4. 위험짐과 유독성화학물질취급질서를 엄격히 지키도록 한다.
5. 짐작업장소와 시간에 따라 조명을 비롯한 작업조건과 로동안전조건을 충분히 보장하도록 한다.
6. 화재방지대책을 세우도록 한다.
7. 짐의 류실을 막기 위한 대책을 세우도록 한다.
8. 짐작업이 끝난 다음 주변을 깨끗이 정리하도록 한다.

제31조 (고체산적짐의 싣기)

지대항무감독기관은 고체산적짐을 배에 싣는 경우 짐임자로부터 해당 짐의 수송수분한계증서와 수분함유량확인서를 받아 대조확인한 다음 짐싣기를 승인하거나 부결하여야 한다.

짐싣는 과정에 수분함유량이 확인서의 내용과 차이나는 경우에는 짐임자에게 수분함유량을 다시 확인할것을 요구할수 있다.

수송수분한계증서는 지대해사감독기관이, 수분함유량확인서는 지대수출입품검사기관이 발급한다.

제32조 (짐작업과정에 발생한 사고의 처리대책)

배와 짐작업기관은 짐작업과정에 사고가 발생하였을 경우 즉시 지대항무감독기관에 알리고 해당한 대책을 세워야 한다.

9.没有充分配备保障该航次的燃油, 食品等航海备用物资的;

10.没有出港前检查合格证的;

11.其他经贸区港务监督机关认为有必要的.

第二十九条(组织水路导航)

经贸区港务监督机关组织安排与船舶进出港有关的水路导航工作.

第三十条(对货物作装卸业的监督)

经贸区港务监督机关应要求船方和货物作业机关按下列程序装卸货物:

1.安全的装卸货物;

2.货物装卸不超过满载水线;

3.按照指定的要求对货物进行平仓, 捆绑;

4.严格遵守危险货物和有毒性化学物质管理规定;

5.根据货物作业场地和时间,要充分地保障照明等作业条件和劳动安全条件;

6.建立防止火灾对策;

7.建立防止货物流失的对策;

8.装卸货物作业结束后应清理周边场地.

第三十一条(固体散装货物的装船)

固体散装货物装船时,经贸区港务监督机关应从货主接受该货物运输水分界限值证书和水分含量确认书,对照确认后方可同意或否决装卸货物.

装卸货物过程中发现水分含量与确认书内容不不一致时,可以向货主要求再次确认水分含量.

运输水分界限证书由经贸区海事监督机关颁发,水分含量确认书由经贸区进出口商检机关颁发.

第三十二条(装卸过程中发生事故时的处理对策)

船舶和装卸货物机关在装卸货物过程中发生事故时,应立即通知经贸区港务监督机关并采取相应的对策.

제4장 항운영에 대한 감독

제33조 (항운영)

기관, 기업소, 단체는 항운영을 하거나 배취급을 하려는 경우 라선시인민위원회의 승인을 받아야 한다.

라선시인민위원회의 승인을 받지 않고서는 항을 운영하거나 배취급을 할수 없다.

제34조 (항출입)

항에 외부 인원과 륜전기재가 나들려는 경우에는 지대항무감독기관과 국경통행검사기관의 승인을 받아야 한다.

제35조 (승선 및 접선)

지대항무감독기관과 국경통행검사기관의 승인없이는 누구도 배에 오를수 없으며 배를 서로 접선시킬수 없다.

제36조 (작업신청 및 승인)

항에서 다음과 같은 작업을 하려는 경우에는 지대항무감독기관의 승인을 받아야 한다.

1. 배의 기관 및 설비수리, 녹벗기기, 도색작업 같은 배수리 및 정비작업을 하려 할 경우
2. 선원훈련을 하려 할 경우
3. 발라스트물을 배출하려 할 경우
4. 위험짐을 싣거나 부리려 할 경우
5. 수중작업을 하려 할 경우
6. 기타 배와 항시설물의 안전과 환경에 영향을 줄수 있는 작업을 하려 할 경우

제37조 (항수역과 배길의 유지보호)

지대항무감독기관은 배길과 가박지, 부두수역에 대한 준첩을 정상적으로 하여 정해진 물깊이를 보장하도록 하며 배길이나 가박지, 부두수역에 있는 장애물을 제때에 없애도록 하여야 한다.

제38조 (계선설비의 보호)

지대항무감독기관은 계선작업과 짐작업에 지장이 없도록 방현재, 계선주 같은 계선설비와 기재들을 정상적으로 보수하도록 하여야 한다.

第四章 对于港口经营的监督

第三十三条(港口的运营)

机关, 企业, 团体拟经营港口或管理船舶时, 应获得罗先市人民委员会的批准.

未获罗先市人民委员会的批准, 不得经营港口或管理船舶.

第三十四条(进出港口)

外部人员和交通运输工具拟进出港口时, 应获得经贸区港务监督机关和国境通行检查机关的批准.

第三十五条(登船及连接船舶)

未经经贸区港务监督机关和国境通行检查机关的批准, 任何人都不可以登船和连接船舶.

第三十六条(作业申请及批准)

拟在港口内进行下列作业时, 应获得经贸区港务监督机关的批准:

1. 拟对船舶船进行发动机及设备修理, 除锈, 涂漆作业等修船及维修作业的;
2. 拟进行训练船员的;
3. 拟排放压舱水的;
4. 拟装卸危险货物的;
5. 拟进行水下作业的;
6. 拟进行对于其他船舶及港口设施的安全和可能对环境造成影响的作业时.

第三十七条(港口水域和水路的维持及保护)

经贸区港务监督机关应对水路和锚地, 码头水域进行正常的挖掘工作, 保障所确定的水深, 并及时清除水路或锚地, 码头水域内的障碍物.

第三十八条(系船设备的保护)

经贸区港务监督机关为不影响系船作业和装卸作业, 应经常维护好护舷材, 系船柱等系船设备和器材.

제39조 (화재방지설비)

지대항무감독기관은 항안에 있는 건물과 창고, 배에 있는 소화설비와 기재들을 규정의 요구대로 갖추고 정상적으로 유지관리하도록 하여야 한다.

제40조 (인화성물질취급)

지대항무감독기관은 폭발성 및 인화성물질의 취급을 규정의 요구대로 하도록 하여야 한다.

제41조 (진화대책)

지대항무감독기관은 화재가 발생하였을 경우 불을 끄기 위한 필요한 모든 대책을 세워야 한다.

항안에 있는 기관, 기업소, 단체와 공민은 지대항무감독기관의 조직사업에 따라 불끄기에 의무적으로 동원되여야 한다.

부득이한 경우 지대항무감독기관은 불이 난 배와 짐을 물속에 가라앉히도록 지시할수 있다.

제42조 (구조작업)

지대항무감독기관은 항수역에서 해난사고가 발생하였을 경우 제때에 구조작업을 조직지휘하고 해난구조기관에 통지하여야 한다.

항안에 있는 해난구조기관과 기관, 기업소, 단체, 공민은 구조작업에 동원될데 대한 지대항무감독기관의 지시에 복종하여야 한다.

제43조 (난파선의 제거)

배임자 또는 짐임자는 난파선이나 난파물을 지대항무감독기관이 정한 기간안에 건져내여 지정된 장소로 내가야 한다.

난파선이나 난파물의 제거작업을 하려는 시공자는 시공계획과 방안을 지대항무감독기관에 내고 승인을 받은 조건에서만 할수 있다. 이 경우 기름오염방지와 관련한 지대해사감독기관의 담보를 미리 받아야 한다.

난파선이나 난파물을 정한 기간안에 제거하지 못하였을 경우 지대항무감독기관은 다른 시공자를 선정하여 제거하게 한 다음 그 비용을 배임자 또는 짐임자로부터 회수하여 보상해준다.

제44조 (오염방지대책)

지대항무감독기관은 항안의 오물처리시설과 설비를 정상적으로 운영하도록 하며 항구내와 항수역에 오물을 버리거나 기름, 오수를 배출하지 않도록 하여야 한다.

第三十九条(防止火灾设备)

经贸区港务监督机关应按规定配备港口内建筑物和仓库, 船上消防设备和器材, 并应经常性的进行维护和管理.

第四十条(易燃物品的管理)

经贸区港务监督机关应规定管理易爆物及易燃物品的管理.

第四十一条(救火措施)

经贸区港务监督机关如发现发生火灾时,应采取救火所必要的的一切措施.

在港口内的机关, 企业, 团体和公民应按照经贸区港务监督机关的指挥, 有义务参加救火行动.

不得已的情况下经贸区港务监督机关可以下达指示沉没起火的船舶和货物.

第四十二条(救助作业)

在港口水域内发生海难事故时,经贸区港务监督机关应及时组织, 指挥救助工作并通知海难救助机关.

在港口内的海难救助机关和机关, 企业, 团体, 公民应服从经贸区港务监督机关对于参加救助作业的指示.

第四十三条(清除失事船舶)

船主或货主应在经贸区港务监督机关指定的期间内打捞失事船舶, 失事船舶货物,并应移送到指定的场所.

拟进行清除失事船舶或失事船舶货物作业的打捞方向经贸区港务监督机关提交施工计划和方案,并应得到批准后才可以进行.此时, 应事先接到经贸区港务监督机关关于油污防止的担保.

在指定期间内未能够清除海难船舶或失事船舶货物时, 经贸区港务监督机关可以选择其他打捞方进行清除,事后向船主或货主收取相关费用予以补偿.

第四十四条(污染防止对策)

经贸区港务监督机关应正常运营港口内的垃圾处理设施和设备, 在港口内和港口水域禁止丢弃垃圾和排放油类, 污水.

제45조 (위생관리)

지대항무감독기관은 항안에서 기관, 기업소, 단체와 공민이 건물과 설비, 도로와 마당, 일터를 늘 깨끗이 관리하고 유지하도록 하여야 한다.

청소를 하지 않은 화차와 륜전기재는 항안에 들어올수 없으며 항안에서 화차와 륜전기재를 정비하거나 수리하려 할 경우에는 지정된 장소에서 하여야 한다.

제5장 항무감독사업에 대한 지도통제

제46조 (항무감독사업에 대한 지도)

지대항무감독사업에 대한 장악과 지도는 중앙해운지도기관과의 련계밑에 라선시인민위원회가 한다.

라선시인민위원회는 지대항무감독사업과 관련한 국가의 정책집행정형을 정상적으로 장악지도하여야 한다.

제47조 (항무감독사업에 대한 협력)

국경통행검사, 세관검사, 국경위생검역, 수출입품검사, 무역화물검수, 해사감독, 외국배대리기관은 지대항무감독기관의 사업에 적극 협력하여야 한다.

제48조 (인증)

지대항무감독기관은 배의 선장이 요구하는 경우 해난보고서와 항해일지, 기관일지에 적힌 항해기록자료에 대한 인증을 해줄수 있다.

제49조 (손해보상)

이 규정을 어겨 인명사고를 발생시켰거나 항시설과 설비, 배, 배길표식물, 짐에 피해를 주었거나 환경을 오염시켰을 경우에는 해당한 손해를 보상시킨다.

제50조 (행정처벌)

다음과 같은 경우에는 정상에 따라 해당한 행정처벌을 준다.

1. 해상교통관리수역에서 지대항무감독기관의 승인없이 정지, 투묘하였거나 항해규칙을 어겼을 경우
2. 배자동식별장치를 가동시키지 않아 해상교통지휘에 지장을 주었을 경우
3. 입출항련합검사질서를 어겨 배와 항운영에 지장을 주었거나 대외적권위를 훼손시켰을 경우
4. 의무적배길안내를 거부하거나 회피하였을 경우

第四十五条(卫生管理)

经贸区港务监督机关应管理港口内机关, 企业, 团体和公民, 时刻保持建筑物和设备, 道路, 院子, 工作场地的干净整洁.

未清洁的货车和运输工具不得进入港口, 在港口内维修或保养货车和运输工具时应在指定的场地进行.

第五章 关于港务监督工作的指导管制

第四十六条(对港务监督工作的指导)

对经贸区港务监督工作的了解和指导, 在中央海运指导机关的联系下由罗先市人民委员会负责.

罗先市人民委员会应经常性的了解和指导与经贸区港务监督工作有关的国家政策执行情况.

第四十七条(关于港务监督工作的协助)

国境通行检查, 海关检查, 国境卫生检疫, 进出口商品检查, 贸易货物验收, 海事监督, 外轮代理机关应积极协助经贸区港务监督机关的工作.

第四十八条(认证)

应船长的请求, 经贸区港务监督机关可以对海难报告书, 航海日记, 船舱日记上记载的航海记录资料给予认证.

第四十九条(损害赔偿)

违反本规定引发人命事故或造成港口设施和设备, 船舶, 船水路标志, 货物的损害或污染环境时, 可以处于相应的损害赔偿.

第五十条(行政处罚)

发生下列事项时, 可以根据具体情况处以相应的行政处罚:

1. 未经经贸区港务监督机关许可在海上交通管理水域擅自停泊, 抛锚或违反航海规则时;
2. 未启动船舶自动识别装置给海上交通指挥造成影响时;
3. 违反进出港联合检查秩序影响船舶和港口经营, 或毁损对外权威时;
4. 拒绝或回避水路引航义务时;

5. 수송수분한계증서와 수분함유량확인서를 위조하여 수분함유량이 초과되는 짐을 실었을 경우

6. 배 및 짐취급질서를 어기였을 경우

7. 해난구조, 난파선제거와 관련한 지시를 거부하였을 경우

8. 항구내와 항수역에 오수, 오물을 버리거나 배출시켜 물과 대기를 오염시켰을 경우

9. 기타 이 규정의 요구를 어겨 엄중한 결과를 일으켰을 경우

제51조 (형사적책임)

이 규정 제50조의 행위가 범죄에 이를 경우에는 형법의 해당 조문에 따라 형사적책임을 지운다.

제52조 (분쟁해결)

항무감독사업과 관련하여 발생한 분쟁은 협의의 방법으로 해결한다.

협의의 방법으로 해결할수 없을 경우에는 해사중재 또는 해사재판절차로 해결한다.

5.伪造运输水分界限证书和水分含量确认书而装载了超过水分含量的货物时;

6.违反船舶及货物管理秩序时;

7.拒绝与海难救助,清除失事船舶有关的指示时;

8.在港口内和港口水域乱扔垃圾或排放污水,污染水和大气时;

9.其他违反本规定而造成严重后果时.

第五十一条(刑事责任)

违反本规定第五十条的行为达到犯罪时,可以按照刑法有关条款追究其刑事责任.

第五十二条(纠纷解决)

与港务监督工作相关联而发生纠纷时,通过协商的方式解决.

通过协商未能解决纠纷时,可以通过海事仲裁或海事诉讼程序解决.

23

라선경제무역지대
기관, 기업소의 재정관리규정

罗先经济贸易区
机关、企业财务管理规定

라선경제무역지대 기관, 기업소의 재정관리규정

주체107(2018)년6월7일 최고인민회의 상임위원회 결정 제191호 통과

제1장 일반규정

제1조(사명)

이 규정은 라선경제무역지대 기관,기업소의 재정관리에서 제도와 질서를 엄격히 세워 기관,기업소의 경영활동을 원만히 보장하는데 이바지 한다

제2조(적용대상)

이 규정은 라선경제무역지대(이 아래부터 지대라고 한다.)에서 경영활동을 하는 기관,기업소,단체(이 아래부터 기관,기업소라고 한다.)에 적용한다.

제3조(지대재정기관의 임무)

라선시인민위원회와 지구인민위원회(이 아래부터 지대재정기관이라고 한다.)는 기관,기업소에서 재정계획의 등록과 실행,재정결산,지대납부질서를 엄격히 지키도록 하여야 한다.

제4조(재정관리의 책임자)

기관,기업소의 재정관리 제1책임자는 해당 단위 책임자이며 제2책임자는 재정회계책임자이다.

제5조(기업의 돈자리)

기관,기업소는 정해진 은행에 돈자리를 두어야 한다.

지대재정기관의 승인을 받아 외국투자은행이나 다른 나라 은행에도 돈자리를 둘수 있다.

罗先经济贸易区机关、企业财务管理规定

主体107（2018）年6月7日 最高人民会议 常任委员会 决定 第191号 制定

第一章 一般规定

第一条(使命)

为建立罗先经济贸易区机关, 企业的有关财务管理的秩度和秩序, 以保障机关, 企业正常的经营活动, 制定本规定.

第二条(机关, 企业财务规定的适用对象)

本规定适用于在罗先经济贸易区(以下简称经贸区) 进行经营活动的机关, 企业, 团体(以下简称机关, 企业).

第三条 (经贸区财务机关的任务)

罗先市人民委员会和经贸区人民委员会(以下简称经贸区财务机关) 应监督机关, 企业严格遵守财务计划的登记和实施, 财务计算, 经贸区缴纳秩序.

第四条 (财务管理的负责人)

机关, 企业的财务管理第一负责人是有关单位的负责人, 第二负责人是财务会计负责人.

第五条 (企业的账户)

机关, 企业应在指定的银行开设账户.

经经贸区财务机关的批准, 可以在外国投资银行或外国银行开设账户.

제2장 자금조성

제6조(자금조성의 구분)

기관,기업소의 자금은 국가투자자금, 지대예산자금, 자체적립자금, 지대신용자금, 외국신용자금, 기증금으로 구분한다.

제7조(국가투자자금)

기관,기업소는 경영활동에 필요한 자금을 국가로부터 투자받아 리용할수 있다.

제8조(지대예산자금)

기관,기업소는 지대예산에 맞물려 경비예산자금,기본건설 및 대보수자금,류동자금,사업비 같은것을 공급받아 리용할수 있다.

제9조(자체적립자금)

기관,기업소는 자체적립자금을 조성하고 확대재생산과 종업원들의 물질문화생활수준을 높이는데 리용하여야 한다.

제10조(지대신용자금)

기관,기업소는 금융기관 또는 다른 기관,기업소로부터 반환을 전제로 하여 자금을 대부받거나 정해진 질서에 따라주민화폐자금을 동원하여 경영활동에 리용할수 있다.

제11조(외국신용자금)

기관,기업소는 외국투자은행이나 외국인투자기업,외국인,다른 나라 회사 또는 경제조직으로부터 자금을 대부받아 경영활동에 리용할수 있다.

대부받은 자금은 계약시간안에 채권자에게 원금과 리자를 상환하여야 한다.

제12조(기증금)

기관,기업소는 기증받은 화폐자금이나 물자재산을 국가재산으로 등록하고 재정회계계산에 반영하여 경영활동에 리용하여야 한다.

제3장 재산관리

제13조(고정재산의 등록)

기관,기업소는 고정재산을 장소별,형태별로 구분하여 고정재산등록대장에 기록하여야 한다.

第二章 资金筹备

第六条 (资金筹备的区分)

机关, 企业的资金分为国家投资资金, 经贸区预算资金, 自身储备资金, 经贸区信贷资金, 外国信贷资金, 赠与资金.

第七条 (国家投资资金)

机关, 企业在经营活动中所需的资金, 可以接受国家投资并加以使用.

第八条 (经贸区预算金)

机关, 企业根据经贸区预算接受经贸区提供的经费预算资金, 基本建设及大型维修资金, 流动资金, 事务费等加以使用.

第九条 (自身储备资金)

机关, 企业应当建立自身储备资金, 用于扩大再生产, 提高职工的物质文化生活水平.

第十条 (经贸区信贷资金)

机关, 企业可以利用金融机关或其他机关, 企业提供的以偿还为前提的贷款, 或者按规定的程序筹集居民货币资金, 进行经营活动.

第十一条 (外国信贷资金)

机关, 企业可以利用外国投资银行或外国人投资企业, 外国人, 外国公司或经济组织提供的贷款, 进行经营活动.

在合同期限内应当偿还债权人的本金和利息.

第十二条 (赠与资金)

机关, 企业将受赠的货币或物资作为国家财产进行登记并反映在财务会计计算上, 并利用其进行经营活动.

第三章 财产管理

第十三条 (固定财产的登记)

机关, 企业应当按照不同的场地, 不同的形态区分固定财产, 并记录在固定财产登记台账.

새로 구입한 고정재산은 그것을 취득한 날부터 30일안으로 지대재정기관에 등록하여야 한다.

제14조(감가상각금의 적립대상과 방법)

기관, 기업소는 고정재산에 대하여 감가상각금을 적립하여야 한다.

감가상각금의 적립대상과 방법은 지대재정기관이 정한다.

제15조(고정재산의 이관, 인수와 폐기)

기관, 기업소는 고정재산을 다른 기관, 기업소에 이관, 인수하거나 폐기할수 있다. 이 경우 정해진 질서를 지켜야 한다.

제16조(고정재산의 임대)

기관, 기업소는 해당 계약을 맺고 고정재산을 다른 기관, 기업소에 임대할수 있다. 이 경우 임대료를 지불하여야 한다.

제17조(고정재산의 실사)

기관, 기업소는 분기, 년을 주기로 고정재산에 대한 실사를 진행하여야 한다.

고정재산실사는 고정재산등록대장에 등록된 내용과 현물을 대조확인하는 방법으로 하며 남거나 모자라는 원인과 책임한계를 밝혀야 한다.

제18조(고정재산의 재평가)

기관, 기업소는 지대적조치가 있거나 가격변동이 있을 경우 고정재산을 정확히 재평가하여야 한다.

고정재산의 재평가가격은 지대재정기관의 승인을 받는다.

제19조(류동재산의 구분과 실사)

류동재산은 원료, 자재, 연료, 미성품, 반제품, 완제품같은 현물재산과 현금, 예금, 유가증권 같은 화폐재산으로 구분한다

기관, 기업소는 달마다 류동재산에 대한 실사를 진행하며 남거나 모자라는 원인과 책임한계를 밝혀야 한다.

제20조 (화폐재산의 관리)

기관, 기업소는 현금, 예금, 유가증권 같은 화폐재산은 재정회계일군이 관리한다.

기관, 기업소는 은행돈자리를 통하여 대금결제를 진행하며 생산과 경영활동과정에 이루어지는 수입금은 거래은행에 입금시켜야 한다.

新购进的固定财产应在取得之日起30日内向经贸区财务机关办理登记手续.

第十四条(折旧费的建立对象和方法)

机关, 企业应建立固定财产的折旧费.

经贸区财务机关规定折旧费的建立对象和方法.

第十五条(固定财产的移交, 接管和报废)

机关, 企业可以向其他机关, 企业移交, 接管或报废固定财产, 并应当遵守规定的秩序.

第十六条(固定财产的租赁)

机关, 企业通过签订合同可以向其他机关, 企业租赁其固定财产.此时, 应支付租赁费用.

第十七条(固定财产的清查)

机关, 企业应以季度, 年度为周期清查固定财产.

固定财产的清查, 应当对固定财产登记台账登记的内容和实物进行对照并予以确认.清查过程中应查明剩余或不足的原因, 并确定责任界限.

第十八条(固定财产的再评价)

当有经贸区措施或价格有变动时,机关, 企业应当重新评估和正确作价固定财产.

固定财产的再评价价格,应获得经贸区财政机关的批准.

第十九条(流动财产的区分和清查)

流动财产分为实物和货币.实物包括原料, 材料, 燃料, 未成品, 半成品, 成品等财产,货币包括现金, 存款, 有价证券等财产.

机关, 企业每个月对流动财产进行清查, 查明剩余或不足原因,确定责任界限.

第二十条(货币财产的管理)

在机关, 企业,对现金, 存款, 有价证券等货币财产,由财务会计人员负责管理.

机关, 企业应通过银行账户进行货币结算,并将生产和经营收入存入开户银行.

제4장 재정계획

제21조 (지대인민경제발전계획과 재정계획의 맞물림)

기관, 기업소는 정해진 계획작성절차와 방법, 당해 년도계획작성방향에 따라 현물지표별계획과 총수입계획, 원가계획, 예산자금계획을 지대의 인민경제발전계획과 재정계획에 정확히 맞물려 세워야 한다.

제22조 (예산제기관재정계획의 작성)

예산제기관은 지대재정기관이 정한데 따라 경비예산계획을 작성하여야 한다.

제23조 (예산자금조절계획의 작성)

기관, 기업소는 예산자금으로 사업비를 받아쓰는 대상이라고 하여도 당해년도 예산자금계획 또는 총수입계획에서 계획된 지출을 충당하고 남은 자금이 있을 때 예산에서 받아쓰는 사업비계획을 줄이고 총수입계획에 맞물려 대상과제를 수행하는 것으로 재정계획을 세워야 한다.

제24조 (기업소재정계획의 작성)

기업소는 당해년도 총수입계획을 지난 3년간 평균실적수준에서 장성된 계획으로 세워야 한다.

기업소재정계획에는 경영수입계획, 경영지출계획, 원가계획, 생활비계획, 소득과 그 분배계획, 지대납부계획 같은것이 속한다.

제25조 (재정계획의 등록, 평가)

기업소는 시달받은 지대의 인민경제발전계획과 재정계획을 지대재정기관과 지대통계기관에 등록하고 그 실행에 대한 평가를 받아야 한다.

제26조 (재정계획의 실행)

기관, 기업소는 등록된 재정계획을 월별, 분기별로 어김없이 실행하여야 한다.

제5장 재정지출

제27조 (재정지출의 요구)

기관, 기업소는 지출항목에 따라 재정지출을 정확히 하며 한푼의 자금이라도 절약하여 분배리용하여야 한다.

第四章 财务计划

第二十一条(与经贸区国民经济发展计划和财务计划的联系)

机关, 企业根据规定的计划制定程序, 方法和当年年度计划的制定方向, 结合经贸区国民经济发展计划和财务计划, 正确制定实物指标计划, 总收入计划, 成本计划, 预算资金计划.

第二十二条(预算制机关财务计划的制定)

实施预算制的机关, 应当根据经贸区财务机关的规定, 制作经费预算计划.

第二十三条(预算资金调节计划的制定)

机关, 企业即使是接受预算资金作为工作经费的单位, 但在当年年度预算计划或总收入计划中扣除计划中应支出的费用之后, 还有剩余时, 应缩减预算中支出的工作费计划, 再结合总收入计划, 制定财务计划, 以完成项目工作.

第二十四条(企业财务计划的制定)

企业应制定比过去3年平均业绩水平更高的当年年度总收入计划.

企业财务计划包括经营收入计划, 经营支出计划, 成本计划, 生活费计划, 所得及其分配计划, 经贸区缴纳计划等.

第二十五条(财务计划的登记和评价)

企业对接到的经贸区下达的人民经济发展计划和财务计划, 应向经贸区财务机关和经贸区统计机关进行登记, 并接受对其实施的评价.

第二十六条(财务计划的实施)

对登记的财务计划, 机关, 企业必须按月份, 按季度实施.

第五章 财务支出

第二十七条(财务支出的条件)

机关, 企业按照支出项目正确地进行财务支出, 即使是一分钱的资金也要节约分配利用.

제28조 (예산제기관의 경비예산지출)

예산제기관은 지대재정지관이 정한 항목별 지출기준에 따라 경비예산자금을 지출하여야 한다.

제29조 (조업준비자금지출)

조업준비자금은 조업준비기간의 생활비, 사무비, 려비, 로동호보비, 합숙유지비, 이동작업비, 기능공양성비 같은 항목별로 지출하여야 한다.

제30조 (과학기술발전자금자출)

과학기술발전자금은 생산방법연구비, 새제품개발비, 새기술개발비, 과학기술발전에 기여한 일군들에 상금 등으로 지출하여야 한다.

제31조 (자체건설 및 대보수자금지출)

자체건설 및 대보수자금은 고정재산을 새로 마련하거나 갱신, 보수하는데 지출하여야 한다.

제32조 (경영지출)

경영지출에는 생산물판매지출, 건설공사인도지출, 류통지출, 봉사 및 운영지출, 기타 경영지출이 속한다.

제33조 (원가의 계산)

기관, 기업소는 원료 및 자재비, 연료비, 동력비, 료금 및 수송비, 감가상각금, 일반비를 원가에 넣어 정확히 계산하여야 한다.

제6장 재정수입

제34조 (자체수입금의 등록)

기관, 기업소는 경영활동과정에 조성되는 자체수입금을 정확히 등록하여야 한다.

제35조 (조업준비기간수입)

조업준비기간에 조성된 수입금은 조업준비자금지출을 보상하는데 리용하며 남는 자금은 자체적립자금으로 리용하여야 한다.

조업준비기간은 기업소가 해당 기관으로부터 업종승인을 받아 영업활동을 시작할 때까지의 기간이다.

第二十八条(预算制机关的经费预算支出)

实施预算制的机关,应当按照经贸区财务机关规定的不同项目的支出标准支出经费预算资金.

第二十九条(开业准备资金的支出)

开业准备资金应分别用于开业准备期间的生活费、办公费、差旅费、人力保护费、宿舍维修费、流动作业费, 技工培训费等项目的支出.

第三十条(科学技术发展资金的支出)

科学技术发展资金应用于生产方法研究费、新产品开发费、新技术开发费、生产工艺改进费、对于科学技术发展有贡献人员的奖金的支出.

第三十一条(自身建设及大修理资金的支出)

自身建设及大修理资金应用于购置新的固定财产或维修等项目的支出.

第三十二条(经营支出)

经营支出包括产品销售支出,移交建设工程支出,流通支出,服务及经营支出,其他经营支出.

第三十三条(成本计算)

机关,企业应将原料及材料费,燃料费,动力费,各种收费及运费,折旧费,普通费等费用作为成本进行计算.

第六章 财务收入

第三十四条(自身收入的登记)

机关,企业应正确登记通过经营活动获得的自身收入.

第三十五条(开业准备期间的收入)

开业准备期间的收入应用于补偿开业准备资金的支出,剩余的资金作为储备资金使用.

开业准备期间是企业从有关机关获得行业许可开始到进行营业之间的期限.

제36조 (기업소의 기본수입)

기업소의 기본수입은 업종에 따라 생산물판매수입 , 공사인도수입, 봉사수입, 운임수입, 료금수입, 임가공수입 같은것으로 구분한다.

제37조 (기타 수입의 구분)

기업소의 기타 수입은 고정재산 및 류동재산판매수입, 리자수입, 고정재산 및 부동산임대수입, 환자시세편차리익금수입, 위약금수입, 종업원들에게 적용한 변상수입 같은것으로 구분한다.

제38조 (재정수입의 확정)

재정수입은 최종적으로 생산물과 봉사대금, 기타 수입금이 출납, 금고, 은행돈자리에 입금되었을 때와 창고에 화폐적가치로 계산할수 있는 현물이 입고되었을 때 확정한다.

제7장 소득 및 분배

제39조 (소득확정)

기관, 기업소는 경영수입에서 생활비를 제외한 경영지출을 공제하여 소득을 확정하여야 한다.

제40조 (소득분배원칙)

기관, 기업소는 소득분배를 지대납부몫을 먼저 떼놓고 확대재생산과 종업원들의 생활을 높이는데 기본을 두고 하여야 한다.

제41조 (지대납부금과 지대유지금)

기관, 기업소는 조성된 소득에게 정해진 지대납부금을 먼저 바쳐야 한다. 이 경우 지대예산소속밖의 기관, 기업소는 지대유지금을 납부하여야 한다.

지대납부금에는 경영납부금과 부동산사용료, 사회보험료가 포함된다.

제42조 (기업소몫의 규모와 분배)

기관, 기업소는 조성된 소득에게 지대납부금을 바치고 남은 자금을 기업소몫으로 분배하여야 한다.

경영손실이 발생하였을 경우 기업속몫에서 먼저 경영손실을 보상하여야 한다.

第三十六条(企业的基本收入)

企业的基本收入根据不同的行业分为产品销售收入, 工程移交收入, 服务收入, 运费收入, 收费收入, 来料加工收入等收入.

第三十七条(其他收入的区分)

企业的其他收入区分为固定财产及流动财产销售收入, 利息收入, 固定财产及不动产租赁收入, 汇率变动利益收入, 违约金收入, 适用于职工的赔偿收入等收入.

第三十八条(财务收入的确定)

财务收入最终以产品和服务费, 及其他收入存入到出纳, 金库, 银行账户时, 及用货币可以计算的实物入库时确定.

第七章 所得及分配

第三十九条(确定所得)

机关, 企业应在经营收入中扣除生活费以外的经营支出之后确定其所得.

第四十条(所得分配原则)

机关, 企业进行所得分配, 应先扣除经贸区缴纳金, 将剩余所得以保障扩大再生产, 提高职工生活为基本原则, 进行分配.

第四十一条(经贸区缴纳金和经贸区维持金)

机关, 企业在所得中应先缴纳经贸区缴纳金, 而不属于经贸区预算的机关, 企业应缴纳经贸区维持金.

经贸区缴纳金包括经营缴纳金, 不动产使用费, 社会保险费.

第四十二条(企业财产的规模和分配)

对企业收入, 先支付经贸区缴纳金, 剩余款项作为企业的财产份额进行分配.

发生经营亏损的, 从企业财产份额中先行弥补经营亏损.

제43조 (기업소자체충당금의 분배)

기관, 기업소는 기업소몫에서 재산보험료와 생활비를 분배하고 기업소자체충당금을 분배하여야 한다.

제44조 (로동보수)

기관, 기업소는 종업원들의 로동보수를 조성된 로동보수원천범위내에서 일한것만큼, 번것만큼 정확히 계산지불하여야 한다.

제45조 (총수입계획초과몫의 리용)

기관, 기업소는 총수입계획초과몫에 대하여 지대가 정한 비률에 따라 일부를 지대예산에 납부하고 남은 자금을 기업소몫으로 리용하여야 한다.

총수입계획초과몫은 총수입 실적에서 총수입계획을 더는 방법으로 확정하여야 한다.

제8장 재정총화 및 결산

제46조 (일생산 및 재정총화)

기업소는 작업반을 단위로 일생산 및 재정총화를 엄격히 하는것을 제도화, 생활화하여야 한다.

제47조 (재정총화내용)

기관, 기업소는 월, 분기, 반년, 년재정총화를 하여야 한다.

재정총화는 재정관리에서 나타난 우결함을 정확히 분석하고 재정관리 개선대책을 바로 세우는 방향에서 실속있게 하여야 한다.

제48조 (재정공개)

기관, 기업소는 월, 분기, 반년, 년을 주기로 하여 재정총화결과를 공개하여야 한다.

제49조 (재정회계결산과 결산문건의 제출)

기관, 기업소는 분기, 년간을 주기로 재정회계결산을 진행하여야 한다. 이 경우 분기회계결산서는 다음 분기 첫달 15일까지, 년간결산서는 다음해 1월안으로 작성하여 지대재정기관에 제출하여야 한다.

제50조 (회계검증을 받은 의무)

기업소는 재정회계결산서에 대하여 회계검증기관의 검증을 받아야 한다.

第四十三条(企业准备金的提取)

机关,企业在企业财产份额中先支付财产保险费和生活费,再提取企业准备金.

第四十四条(劳动报酬)

机关,企业对于职工的劳动报酬,应在劳动报酬来源范围内按多劳多得,按劳分配的原则计算并支付.

第四十五条(总收入计划超过部分的使用)

机关,企业对于超过总收入计划的收入按照经贸区所定的比率将其一部分作为经贸区预算予以缴纳,剩余的资金归企业使用.

超过总收入计划的收入,以在总收入业绩中减去总收入计划的方法确定.

第八章 财务总结及结算

第四十六条(日生产及财务总结)

企业以每个作业车间为单位进行日生产及财务总结,并将其制度化,生活化.

第四十七条(财务总结内容)

机关,企业应进行月份,季度,半年,年度为周期的财务总结.

财务总结应当正确分析财务管理过程中出现的优点和缺点,以制定财务管理改善对策为方向,踏踏实实做好.

第四十八条(财务公开)

机关,企业应进行月份,季度,半年,年度为周期公开财务总结结果.

第四十九条(财务会计结算和结算文件的提交)

机关,企业应以季度,年度为周期进行财务结算.其中季度会计结算书应在下一个季度的第一个月的15日之前,年度会计结算书应在第二年的1月末之前制作并向经贸区税务机关提交.

第五十条(接受会计验证的义务)

企业应接受会计验证机关对于财务会计结算书的验证.

제9장 재정관리사업에 대한 지도통제

제51조 (재정관리사업에 대한 통일적지도)

지대에서 기관,기업소의 재정관리사업에 대한 통일적인 지도는 라선시인민위원회가 한다.

제52조 (비상설라선재정금융위원회의 운영)

지대에서 재정관리사업과 관련하여 제기되는 중요한 문제는 비상설라선재정금융위원회에서 토의결정한다.

비상설라선재정금융위원회는 라선시인민위원회와 해당 은행을 비롯한 재정,금융부문의 일군들로 조직한다.

제53조 (재정검열)

기관,기업소에 대한 재정검열은 지대재정기관과 해당 감독통제기관이 한다.

지대재정기관과 해당 감독통제기관은 기관,기업소의 재정관리정형을 정기적으로, 계획적으로 료해검열하여야 한다.

제54조 (재정청산의 대상)

해산되거나 통합되는 기관,기업소는 재정청산을 하여야 한다. 이 경우 청산위원회를 조직하여야 한다.

제55조 (청산위원회의 활동)

청산위원회는 라선시인민위원회가 조직한다.

청산위원회는 기관, 기업소의 공인과 재산을 넘겨받으며 해당 절차에 따라 청산안을 작성하고 승인을 받아 집행한다.

제56조 (행정적 및 형사적책임)

이 규정을 어긴 기관,기업소의 책임있는 일군과 개별적공민에게는 정상에 따라 행정적 또는 형사적책임을 지운다.

第九章 对财务管理工作的指导管理

第五十一条(对于财务管理工作的统一指导)

在经贸区,罗先市人民委员会统一指导机关,企业的财务管理工作.

第五十二条(非常设罗先财务金融委员会的运营)

对于经贸区内因财务管理工作而提起的重要问题,由非常设罗先金融管理委员会讨论决定.

非常设罗先财务金融委员会由罗先市人民委员会和有关银行等财政,金融部门的人员组成.

第五十三条(财务监督)

对机关,企业进行财务监督,由经贸区财务机关和有关监管机关进行.

经贸区财务机关和有关监管机关应定期,有计划地了解检查机关,企业的财务管理情况.

第五十四条(财务清算的对象)

解散或合并的机关,企业应当进行财务清算,并组织清算委员会.

第五十五条(清算委员会的工作)

罗先市人民委员会组织清算委员会.

清算委员会接管机关,企业的公章和财产,按照有关程序制作清算方案,并经批准后执行.

第五十六条(行政及刑事责任)

对违反本规定的机关,企业的负有责任的工作人员和个别公民,根据不同情节可以追究其行政或刑事责任.

조한대역(朝汉对译) **저자소개**(作者简介)

로청석(卢青锡)
1969년생, 중국연변대학법학원부교수, 법학박사(연세대학교),
연변대학조선한국학연구중심 법률연구소 소장

저서
중한환경행정소송리론과 판례, 한국행정법과 행정소송법,
한국행정법 등

리해연(李海燕)
1972년생, 연변대학법학원 교수, 법학박사(길림대학),
연변대학조선한국학연구중심 법률연구소 겸직연구원

저서
중국종류주식제도도입에 관한 구상